重审斯芬克斯之谜

《云南社会科学》法学论文精编

陈慧妮　编

商务印书馆
创于1897　The Commercial Press

序 一

陈慧妮主编的《重审斯芬克斯之谜——〈云南社会科学〉法学论文精编》一书在商务印书馆如期出版,甚感欣慰。出版前收悉并阅读了她给我的书稿,这是从《云南社会科学》法学栏目创栏 10 年刊发的 175 篇法学论文中精选出 26 篇所形成的一本合集。书名初看不觉得新奇,但细读发现,它不只是单纯的论文汇集,其重要特色在于从一个编辑的视角,展示了每篇文章当时的选稿和刊发理由、专家评价、事后转载等情况以及编辑的工作体会等内容,编排很有创意。我认为,这在目前的论文集出版物中是独树一帜的。

书中的 26 篇文章均由慧妮自己编发,属于《云南社会科学》法学栏目认定质量较高的作品,包括法理学、民法学、刑法学、行政法学、诉讼法学等不同学科,不论作者是名家或青年学者,以文章水准取舍,有佳作展示之意。我想慧妮编写本书是颇有思考也很具价值的。首先,将部分优秀法学文章汇集成册作为二次文献,可以方便尚未读过这些论文的读者学习、研究。其次,把每篇文章的选稿和刊发理由、专家评价、转载情况等附上,对于读者(尤其是青年教师和学生)阅研论文的选题价值、观点创新、论据使用、论证方法安排等,有一定的指导和参考作用。最后,慧妮作为这些文章的编辑提出的选稿、编稿、刊发标准以及在编发稿件时与作者沟通等切身工作体会,对撰写文章并要向刊物投稿的作者群了解编辑工作的要求和流程、写作高水平的稿件、正确投稿、理解稿件取舍缘由、精心修改文章、形成作者与编者之间的良性互动等也很有启发意义。应该说,本书的内容对爱好法学的读者、写作论文的作者、从事相关工作的编辑等都有一定的阅读价值。

慧妮 20 年前就读于中南财经政法大学法学院国际法系,毕业后在广东省多地从事过律师助理等工作,2012 年起在云南社会科学院从事编辑工作,

2013 年开始负责《云南社会科学》法学栏目。这些年经常回校与我和其他老师同学交流，当然她并没有因此就"特殊照顾"母校师生的文章，相反对来自母校作者的文章更为严格。她对我讲过，这样才能维护母校的荣誉。本书 26 篇选文中，母校老师们的文章只有 3 篇。慧妮在校学习和现在工作一贯是认真做事，清白做人，性格率真，思考独到。此次选编《云南社会科学》法学栏目创栏 10 年文章精选就颇有创意，这是她工作 10 余年的心血凝结，也是对学术圈的一个奉献。

众所周知，人文社会科学领域的学术评价机制已受到一些质疑，目前最具代表性的核心标准包括北大核心期刊、南大核心期刊（C 刊）、中国人文社会科学核心期刊（A 刊）等。据说"核心期刊"原非期刊评价标准，本意是给读者阅读和为图书管理部门与图书馆购买图书、订阅报刊提供参考。由于尚无普遍认定的期刊评价标准，相当一部分的教学科研机构、管理部门等将其直接作为"准则"，这不适当地放大了核心期刊的功能，也带来了一些不合理的结果，使之成为评价学术期刊的"绝对标准"，让人只偏重期刊的标签而忽略了论文本身。慧妮以质量来选编并推出这本论文汇集，或许能起到纠正偏颇认识的作用，也是在期刊界率先作出的一种尝试。本书是她辛勤努力的结果，我作为她大学期间的老师，在此表达赞赏之意。

有感而发，是为序。

方世荣

2023 年 12 月 31 日

序 二

接到陈老师为其新书作序的邀请,我深感荣幸,亦表愧怍。如我所闻,作序多由前辈或同辈师友撰写,而我作为深受陈老师提携的晚辈,实为忝幸。对于陈老师而言,我可能只是她提携帮助过的众多作者之一,但陈老师及其担任责编的《云南社会科学》于我而言则是意义非凡。砺行学术之路以来,我首篇 CSSCI 来源期刊文章即由陈老师编辑并刊发于《云南社会科学》,有幸被《中国社会科学文摘》转载的首篇文章也由陈老师编辑并刊发于《云南社会科学》。这些对于经年阅历寒木春华的陈老师而言视若平常,对一位名不见经传的青年学者而言,却意义深远。《重审斯芬克斯之谜——〈云南社会科学〉法学论文精编》作为由陈老师编发的代表性作品及其评析汇编,凝聚了陈老师 10 余年从业的心血。我想,从一位作者和一个晚辈的角度,如能以作序的方式做一个纪念,也是一份难得的荣幸和缘分。

"人生万事须自为,跬步江山即寥廓。"2016 年,陈老师编辑刊发了我撰写的《论中国共产党党内法规的法治化》一文,在此之前,我和陈老师缘悭一面。初次相遇,还是在我攻读北大博士期间,收到陈老师面见邀约之时,我既为能够当面表达感激之情而欣悦,也为陈老师约稿的主动而不解,因为这与彼时认知中编辑与作者的相处模式与"地位差距"大相径庭。日久见人心,这些年与陈老师从相遇到相知才切实感知到,识才尊贤,为优质稿源而奔波劳碌,对于陈老师这种兢兢业业、恪守己任的编辑工作者而言,实属稀松平常。在当下的行业规则与评价体系中,尽管核心期刊的稀缺性毋庸置疑,但作为核心期刊的编辑,仍有人若陈老师一般,不愿坐享其成,不肯随波逐流,以一颗举贤为公的初心寄怀"人生万事须自为,跬步江山即寥廓",情愿选择更加艰辛的路,也不愿抱明珠蒙尘的遗憾。也正因如此,这些优质量、高水准、好口碑的文章才得以在陈老师笔下面世。

"可巧手以继拙作，不可庸工以当精制。"一篇优秀文章的本源固然是一位优秀的作者，但若想成为令人瞩目的惊艳之作，则离不开编辑老师的"匠心"和"巧手"。经陈老师雕琢的，既有王利明教授、方世荣教授、刘艳红教授、周长军教授等名家前辈的杰作，也难免会碰到我这种初出茅庐者的拙作。回溯至 2015 年，我投稿的《论中国共产党党内法规的法治化》笔触尤为稚嫩，当时学界研究党内法规的热度与深度也不能与今时同日而语。陈老师作为责编，凭借深厚的专业功力，对文章提出了一针见血的修改意见，进而赋予文章跨越时间的生命力，使得拙文如今还常被同行提及引用，足见其专业之精湛。本书所载的 26 篇文章皆为陈老师精挑细选的良作佳品，这些文章的精华与亮点也是编者对文章质量督责鞭策的佐证。

陈老师曾在发表于《学报编辑论丛》(2023 年第 30 辑)的《建立并维护作者与编辑之间的信任关系》一文中强调了作者与编辑之间信任关系的重要性，也在本书中特别阐述了"信"之深意。琳琅佳作，因"信"而生。以诚待人，以信守义，咫尺匠心，从来都是知易行难，但陈老师和她的作者们做到了，相信在未来，还会继续做下去。是为序。

谢宇

2023 年 12 月 29 日

目　录

编者前言

　　编者工作几年后就有这种念头，想做一本"只凭质量的书"——法学栏目精编文选。我常常想，作者和编辑之间不应该是隔阂、对立的，而应该是良性的沟通关系，理想的状态是相互信任。学者获得尊重靠的是学识和人品，同样，编辑靠专业素质和敬业精神才能获得认可与尊重，除此之外，严守职业道德和公平公正的处事原则同样重要。

　　因为《云南社会科学》法学栏目体量较小，无法在各部门法之间进行平衡，也无法对学术热点进行长期系统的跟踪，故而只根据文章质量进行挑选。即自然来稿、约稿、专题组稿均有可能，基本挑选标准是结构合理、论述清晰、推理严谨、形式严密，有较高的学术价值。说明一下为什么请方老师和小谢来作序，他们对刊物和法学栏目比较熟悉，都是我比较喜欢的作者。方老师的学术水平和为人不用我赘述；小谢10年前还在博士阶段时，除了文章质量高，还表现出不同于一般年轻人的谦虚和低调，非常难得，给我留下了很深的印象。本书每篇文章末尾都简略说明了编者选择该文的理由，同时为了增加说服力和可读性，编书时还特意邀请各学科知名专家担任评论人，对文章进行简要点评。简要解释一下书名，不同学者对法律有不同的理解，不同读者也会对什么是好文章有不同的界定，要寻找到标准答案几乎是不可能的事。本书仅以自己的视角对为什么是好文章做了回答，算是解开斯芬克斯之谜的小小尝试。

　　编者前后负责过《云南社会科学》刊物中的三个栏目，法学、政治学和国际问题，其各有不同的特点。实际上，编辑也不是唯核心评价体系是从，不是盲目追逐影响因子，如果那样，办刊就失去了意义。刊物特色不是停留于表面,能把栏目办到接近理想的状态才是编辑存在的价值和追求。很多作者抱怨社会的不公现象,却没有看到很多人默默作出的抗争和努力,不知道别人的抗争需要多大勇气和付出什么代价,不知道别人对自己的帮助有多么可贵,哪怕只是提出修改建议也要消耗很多时间和精力。如果没有人性之光和平凡人所做的种种努力,这生活会变得令人绝望。好在,这希望之光永远不会熄灭。

当然,我也明白自己的要求过于理想,甚至有点严苛,和作者对接的时候也许有点严厉。这一点是性格使然,我不擅长用温柔的语言去维系关系,而是希望用实力说话。评价是双方的,作者又凭什么把最好的成果给你?仅凭编辑的职业道德肯定远远不够。所以编辑与作者之间是一个漫长的互相寻找与认可的过程。10多年的工作令我改变了很多,但是也有不变的地方,那就是工作追求与做人原则。

什么是好的法学文章?这个问题没有具体的标准,较有主观性,但是我们可以尽量去总结一下好文章的共同特征,如"真善美"。"真"就是求实,文章不要有太多虚的东西,把道理讲明白。"善"就是责任与担当,不是为了凑数或者仅仅为了评职称和课题结项。这里例子太多了,编者暂只列举劳东燕老师和刘艳红老师,读她们的文章能感受到强烈的现实精神和批判精神。"美"就是流畅生动,而不是读来令人昏昏欲睡。这里不是指文字美,而是整篇文章带给作者的阅读美感和冲击感,如《法理》杂志2022年登载的《何为公司》一文,打破了我一贯认为法理学枯燥的看法。作者关于公司定义的质疑、宗族公司的比喻等,好几处让我感到震惊与有趣。几处诗意的比喻也很有意思,以前我没想过法理学与诗意能有什么关系。再如《法理》杂志2023年登载的埃琳·达莉《德沃金式的尊严:好好生活的权利与责任》一文,带给读者唤醒热情的阅读体验。这种文章让人受教,让人感动,带给读者枯燥的生活一些慰藉。好的文章能引发读者的共鸣与思考,这就是好文章的力量,让你久久回味,欲罢不能。

我们可以做些什么?很多人更关注发表核心期刊成果的"技巧",也许技巧是存在的,但是质量、付出和人品更加重要。一篇文章付出多少,编辑看得出来,学术道路需要长期的坚守和默默耕耘的决心。当然,我们犯不着去标榜,没有人是完美的,人也不可能是完美的。每个人都有缺点,但这也更加真实。马克思说过,"社会不是以法律为基础的。那是法学家们的幻想。相反地,法律应该以社会为基础"。我们通过认识不同的人去感知这世界的宽度与厚度,又通过人生经历去更加清晰地认识自己,认识到自己适合干什么,找到自己的定位。最终落脚点是认识自己、剖析自己。所以我们需要镜子——朋友,需要交流,而这本书也是一种交流,献给我认识与不认识的人。平时接作者的电话听到了太多的催促和怨言,编者希望大家多一份对别人的理解、包容和感谢。

编辑也不是一天练成的,也需要克服很多障碍,也有无数失眠的夜、咽下的泪。我们都是从年轻的阶段走过来的,一路跌跌撞撞,寻找自己的生活方式,也许没有人来指导。我想与年轻读者共勉的是,积极对人生和事业展开策划,不要把计划留到"明天",到了"明天"也许你还是无所作为,或者失去了行动的勇气与热情,而且过了时机,境遇已变,自己也在变,也许"明天的自己"还不如"今天的自己"更有创造力。去行动、去总结、去反思、去交流、去学习。人如何去成长没有标准答案,走过的路需要自己承担代价,在其中,如何寻找自己的兴趣点和特长是比较重要的,要合理看待工作中的各种要求,最终明确自己的定位,不为名利所扰,扎扎实实地积累。也许你发表的文章暂时无人关注,你的书籍也找不到名家作序,但是仍然应该坚持向下扎根努力,通过 5 年、10 年,你会逐渐看到自己的蜕变,实现自己的成长。成长不是在哪一刻,而是因为你的坚持不懈、不言放弃,才成就更好的你。比如给出一个选题,5 年、10 年后你是否能写出更好的文章?希望你的回答不是否定的。

整个编辑过程中,非常感谢好友吴国邦不断鼓励我,帮助我策划,并细致提醒各种注意事项。如果没有他的大力推进,我早已经放弃了编辑此书的想法,也不可能在短短半年内确定全书的结构。虽然我一直很想呈现这本书,但我算是一个悲观的人,对工作追求严苛的同时也会把自己逼到非常紧张的境地,容易陷入低沉,尤其是近两年精神状态和身体状态都非常差,工作进入了新的瓶颈期。朋友的帮助非常可贵，又激发了我的工作热情和希望。此外，还要感谢各位外审老师无私的帮助。我并没有什么可以回报大家，也占用了大家的时间，但是每位老师都很爽快地答应我、支持我。如刘艳红老师不仅对我的请求一口答应，而且是最快回复我审稿意见的。也非常感谢方世荣、朱庆育、陈一峰等各位老师。谨以此书，希望为作者和编辑之间缺失的交流起到一点弥补作用。

陈慧妮

2023 年 10 月 30 日

第一编

法律理论

从"法律的统治"到"法律人的统治"

——对当下中国"法律人"观念的反思

吴　彦①

摘　要：对法律人观念的分析揭示了其所依赖的前提以及由此导致的论争。首先是法律与人的关系，这一层面展现出的是一种被型构起来的二元对立图景，即法治和人治；其次是法律普遍主义与法律特殊主义之间的对立，这一层面揭示了法律人观念的法律普遍主义前提；最后阐明法律人的观念在根本意义上以中国人的生存秩序观念为前提。如果说中国人的生存秩序观念要建立在政治共同体的意志决断以及蕴含在生存活动之中的法理基础之上的话，那么当下中国法学自我反思和重构的基本要求就必须重新考虑某些已经被我们遗弃了的东西。因此，对法律、政治与道德之间关系的重新思考也必将占据我们对法律问题的思考的核心。

关键词：法律人；法律职业论；法律普遍主义；法律特殊主义

一、法律职业论与法律人观念

当下中国的法律人观念以及与之相对应的法律职业论兴起于 20 世纪 90 年代。可以说，该理论的兴起正处于中国构建法治国家、确立法律自主性的大潮之中。因此在这种意义上，该理论正应和了当下中国主流法学话语的基本旨趣：建构"法治国家"，确立法律权威，使法律成为不受政治或经济其他

① 吴彦，复旦大学政治学博士后流动站研究人员，现为同济大学副教授。

因素干涉的自主系统；或者说，通过各种不同方式和途径确立起"法律自主性"。对此，可把这种占支配地位的法学话语称为追寻"法律自主性"的话语。

　　从总体上看，"法律职业论"是近30年来中国主流法学思想的理论进路之一，其主要的目的在于实现法律相对于政治的独立性。无论是"私法路向"对于法律自身之内在独立性的强调，或是"程序路向"的"去政治化"处理，还是"职业人路向"对于与法律打交道的人的"去人格化"的思维处理，所有这些进路都致力于法律的自主性或自治性。这一共同的目的在很大程度上是反思之前的"阶级斗争法学"的整体性效应的结果。20世纪80年代以来，中国法学最为基本的处境是法治现代化话语的空前繁荣。这既是因为继承了近代中国人一直以来的现代化诉求，同时也反映了20世纪80年代以来的法学对于之前几十年法学发展基本状况的不满与否定。因此，从这种意义上看，80年代以来的法学思想的基本性质以及基本的精神气质（ethos）是在对"阶级斗争法学"的批判、否定和反思的基础上建立起来的。①

　　因此，法律与政治的关系问题就成为新中国成立以来中国法学思想演进的一条最内在的线索。贯穿于西方法学思想演进的自然法与法律实证主义关于法律与道德的争论在新中国成立以来的中国法学思想中并不占据核心位置；相反，同样内在于自然法与法律实证主义论争的法律与政治的关系问题②对于我国而言则更为真实、迫切和本质。如果说80年代以来的法学思想在关于法律与道德的问题上持一种法律实证主义立场的话，那么从法律与政治的关系视角看，则应把80年代以来的法学思想视为"自然法主义"的，即试图把法律构建为超越于人之意志，可以对抗政治／国家、驯化政治／国家并使政治／国家"法律化"的工具。因此，像凯尔森（Hans Kelsen）这样的政治／国家的驯化者、哈特（H. L. A. Hart）这样的法律命令论的批评者很

---

　　① 当下中国法学界对于"阶级斗争法学"未曾给予足够的重视。在我看来，理解我们这个时代的法学思想状况在很大程度上依赖于理解我们诞生于其中的这个时代的法学的基本状况和性质。因此，它要求我们首先必须严肃而认真地对待"阶级斗争法学"，阐释其基本的性质，而排除任何意识形态的先行判断。

　　② 以此视角处理西方法律思想演进的一本重要著作是罗门的《自然法》。参见 Heinrich A. Rommen，*The Natural Law：A Study in Legal and Social History and Philosophy*，Translated by Thomas R. Hanley，Liberty Fund Press，1998。

自然就成为了 80 年代后法学输入和法学建构活动中被借鉴的核心人物。

因此,"法律职业论"也内在地参与到这样一种整体性的思潮之中。在笔者看来,"法律职业论"在 20 世纪 90 年代之后的兴起,一方面是基于其与现实的紧密联系,可直接和有效地被运用到政治政策中;另一方面,"法律职业论"相对于"私法路向"和"程序路向"等理论来讲更为精致,它是在回应"私法路向"和"程序路向"诸理论所遭遇的困境和批评的基础上被建构起来的。也就是说,"法律职业论"试图通过把"法律自身的自主性"转化为施行法律的"人的自主性"进而实现其目的。

这样,这一从"法律的自主性"向"法律人的自主性"的转化达成了如下一些深具理论和现实意义的主张:(1)法律必须由某些专业性的人掌握;(2)这些专业性的人所具有的思维必须是区别于日常人思维的法律思维——技能性的(提供技术)和伦理性的(提供义务);(3)有一个独立的机构对这些人施行统一的法学教育,其目的就是要培养法律人;(4)有一套统一的执业资格标准,以便使这些受过教育的符合资格标准的法律人能参与到实际的社会运作过程之中。在所有这些主张之中,最核心的观念显然就是法律人和法律人的教育。无论是教育机构的设置,还是考试制度的设计,其基本目标就是培养法律人。这种观念正迎合了当代世界的基本发展趋向:分工的不断细化,以及与之相伴随的专业化和职业化。同样地,在法律领域中,掌握法律知识的人就更有可能主张法律上的"正义",或者说他们更有"技能"掌握获得"正义"的手段,甚至是定义"正义"的手段。对于他们来说,正义只是法律的正义,只有在"实在法"中才有正义。正义感只是日常生活中的人所具有的关于行为之"当为"和"不当为"的一种模糊判断,而"实在法"会在另一个层面上作出一种更"正确"的判断。因此,重要的不是我们是否拥有一种正义感,而是我们是否知道法律的具体规定;因此,重要的不是任何外在于法律的东西(如正义、道德等),而是一种法律的技能。

二、法律人观念之前提:法律普遍主义

从某种意义上讲,法律人的观念是当下中国法学思想之基本特性的最生动表现。因此,我们可以通过对这一观念的进一步分析而看到某些更本

真的问题。在笔者看来,法律人观念所集中表现出的问题在这样两个层面上呈现出来:一是法律与人的生活的关系,二是法律普遍主义和法律特殊主义之间的冲突和紧张。下面,笔者在这样两个层面上对法律人的观念进行进一步的剖析,以探明在法律人观念中所预设的基本前提:法律普遍主义。

从第一个层面上看,首先,我们必须探明法律职业论是如何达致从"法律的自主性"向"法律人的自主性"的转化的。法律职业论所设想的法律人的自主性是通过将"法律思维"区别于"日常的道德性/情感性思维"而获得的。因此,"法律的逻辑"与"日常的道德性/情感性逻辑"的区分是这里的关键。关于这一对立,亦可以在西方法律哲学中的"理性与情感"(reason vs. emotion)或"法律与道德"(law vs. moral)的对立中找到其最初的原型。这种将理性/法律置于情感/道德之上的叙事是通过如下这种推理获得的:首先,"理性"作为先天(apriori)、永恒且必然地把握世界的能力是与"情感"这一经验性的、现世的且偶然的感受力区分开来的。并且,"理性"作为人之区别于"低人"的能力以及作为使经验得以可能的条件,使自身成为某种优先性的能力。其次,尤其是通过霍布斯-休谟一路的道德哲学对于古典道德哲学(亚里士多德)的批判,道德的基础在根本意义上从原来的"理性"转化为"情感"。① 在此意义上,当人们谈论道德问题的时候,他们不再谈论那些与理性行动相关联的东西,而是谈论死亡恐惧、荣誉感以及道德感(moral sense)。对他们而言,理性只是某种消极的被动的能力,它只能关涉达致目的的手段,而目的本身则是由活跃的情感(如死亡恐惧)决定的。最后,这一转化对于近代法律哲学产生了深远的影响,道德的偶然性被不断地加以强调,以至于古典法律哲学中的法律与道德的原初关联性被切断。由此,法律为了摆脱道德的偶然性以及为了实现其自身的永恒性而进一步与道德决裂,而从"理性"中寻求出路。自此,"法律/理性"与"道德/情感"的对立便成为近代哲学批判古典哲学的一个基本后果。

正是在这种意义上,可以看到法律人的自主性所预设的一个基本前提:法律自身的自主性。在这里,"法律人的自主性"主张的关键就是法律对人

---

① 参见 David Hume, *A Treatise of Human Nature*, China Social Sciences Publishing House, 1999,pp. 455-476。

的驯化——把"日常的道德/情感的人"驯化为"法律的人"。所以"人的驯化",或者说,"人的法律化",把人的生活按照法律的逻辑进行规训,就是法律职业论最内在的理论逻辑。

在此,不是人的生活成为法律的目的,而是法律成为人的生活的目的。对此,法律职业论可能反驳如下:其所致力于的是一个分工的观念,法律人的培养只是为了那绝大部分人的生活,而不是让所有人都去学习法律,成为法律人。基于社会分工和专业化的要求,法律人只是承担其专业范围内的事情。但是,无论是少数还是多数,无论是专业的还是日常的,"法律职业论"所设想的法律人与日常人所共同致力于的都是同样一个目的,即法律的统治,而不是人的统治。① 在此,人的日常生活逻辑不再被视为优先的;相反,法律的逻辑才是优先的。这样,通过型构"法律的理性—道德的情感性","法律的逻辑—日常生活的逻辑"这样一些二元对立结构,法律职业论在法律与人的关系上达致了这样一个结果——"人的法律化"。

那么,在法律与人的关系这一问题上,"人的生活的法律化"这一过程是如何在历史中展开的?其内在的逻辑是什么?对此,韦伯(Max Weber)曾将其视为理性化的除魅过程,涂尔干(Emile Durkheim)将其视为从"机械团结"到"有机团结"的过程,梅因(Henry Maine)将其视为从"身份"到"契约"的过程,同时在中国社会中,我们亦可将其把握为从"人情"到"法理"的转化过程。在所有这些论述之中,可以立刻发现这样一种普遍的趋势,即"形式化的普遍化"。这也引出了上文提到的第二层面上的问题:法律的普遍主义与法律的特殊主义。

为什么将其称为"形式化的普遍化"?因为存在两种普遍化的基本形态:一种是形式化的普遍化,一种是实质的普遍化。在此,"人的法律化"观念所依赖的西方普遍主义话语是通过形式化来达致其普遍化效果的。这一

---

① 人治(rule of man)和法治(rule of law)这一对立结构的建构正是法制现代化话语最为基本的理论旨趣之一。其通过将"人治"等同于"文革"时期的"阶级斗争法学"而对其加以拒斥,再通过历史的叙事,将接受西方法治之前的整个古代中国的治理方式等同于"人治"而对整个古代中国的治理方式进行拒斥。这应和了百年来中国的基本情感诉求,即激进的反"封建"。因此,从"传统"到"现代",从"文革"到"后文革"的历史叙事就成为此种主张正当性的基本根据。

思维样式在亚里士多德关于"形式"(form)与"质料"(material)的区分中便已呈现出来。在康德的先验哲学进路中,把正当(recht)与伦理(ethics)做某种形式与质料的对应处理后而达致的先验的形式主义进路为后世的"新康德主义者"——罗尔斯(John Rawls)、哈贝马斯(Jürgen Habermas)开辟了一个广阔的重构空间。因此,从这一意义上看,"形式化"是西方法律普遍主义话语最内在的特性,同时也构成了当下中国法学思想最基本的特征。

因此,法律人的观念在这样一系列的过程中激进地表达着当下中国法学思想的基本状态:人的法律化—法律的形式化—人的形式化。在这里,人不再是实性的(concrete),不再是情境性的(context),不再是中国的(Chinese),而是被拉扯到一个非人的冷漠的形式化了的法律世界之中。从总体上看,这是一种人的异化。

三、法律人观念之反思:人类具体生活与法律特殊主义

对于法律人观念的探讨和分析已经把人们带至一个更具根本性的问题:在今天,人们应当如何去"是/成就"(sein/being)——成就人们的生活、人们的生活秩序? 对于这个问题的思考、回答和决断构成了反思和决断应当培养什么样的法律人以及应当如何培养法律人的前提性条件,同时也构成了应当制定什么样的法律以及应当如何施行这些法律的前提性条件。

或许,对于20世纪80年代之前的生存状态的恐惧是当下法学思想把"政治-法律"问题视为意识形态而加以排斥的根本缘由。然而,对于"法律之外的问题"的忽视也是法律职业论者所倡导的法律人观念的一个必然结果。法律人观念所禀受的就是"专业化"这一在当下中国教育中最盛行的思考模式和教育模式。在他们看来,法学教育就是一种专业化的特殊教育,培养特殊的法律人才。

然而,当人们开始反思自己所置身其中的社会秩序的基本性质时,法律这一关涉到人们自身之基本生存秩序的问题就不再是法律人所独有的,不再是他们的话语所垄断的。因此,这迫使人们反思法律人观念,乃至由法律人观念所预设的基本前提。在他们看来,形式化和理性化的法律是社会整合最为基本的形式,它超越所有道德的和政治的论争,而成为某种中立性的

普世共享的原则的基础。尽管人们生活在各自的狭小圈子之中，但是，他们却共同生活在"法律"这一平台之上。并且，"法律"，正如康德所表明的，是所有理性存在者（rational being）所共同享有的。因此，任何特定的政治共同体都必须以此为基础。

然而，事实的确如普遍主义法律话语所述说的那样吗？人的确可以超越他的特定性而达致他的普遍性，超越他置身其中的特定共同体而达致一个普遍性的世界吗？或许亚里士多德已经为此提供了一条确当的线索：人在本性上是城邦性动物。也就是说，人基于其本性必然生活在某一个特定的城邦之中。这一方面意味着人将脱离"神"和"动物"而被设置在一个共同的"类"（human being）之下，另一方面则意味着人将通过"城邦"而成为某个特定的"族类"。人不是生活在一个普遍的宇宙秩序之中，而是生活在某个特定的城邦秩序之中（cosmo-polis）。城邦的习俗、传统、精神气质成为人之存在的基本背景。每个特定的城邦所遵循的都是某种特定的存在方式，每个人也必然以这种特定的存在方式生活着。这些城邦共同体通过城邦的政治意志维系着他们特定的生存样式。

西方现代民族-国家（nation-state）的诞生在一定程度上承继了希腊城邦共同体的基本信念，但却衍生出了一种与希腊精神相左的东西："普世性人"的观念。这一观念的诞生得益于基督教神学对于希腊哲学的改造，得益于上帝—人的二元结构中所衍生的平等人的观念。人不再是城邦的（亚里士多德），而是社会的（阿奎那）。人不再被认为是生活在特定而具体的某个城邦之中，而被认为是生活在上帝所创造的普遍秩序之中。人性（human nature）成为18世纪启蒙运动所宣称的用希腊哲学来对抗基督教神学最为重要的武器之一，然而，这里恰恰却是最最基督教的（too Christian），是与希腊精神最为基本的政治确信相背离的。近代中国对于西方制度、思想的继受也正是在启蒙运动的"普遍性人"观念的基础上进行的。从这一意义上看，所谓的"现代化"也正是要实现这一内在于启蒙运动的基本历史逻辑：从"未充分人性的状态"向"普遍性人性的状态"的转化。

这一历史叙事也潜在地支配着我们对政治-法律的思考。法律不再被视为共同体特定生活样式的表征，而成为某种超越共同体的法律理性的表征。政治也不再被视为共同体维持某种特定的生存样式的意志的表征，而成为

"政治任意性"的代名词。而这正是我们这个时代最为根本的错乱之一,以为我们可以生活在一个体现普遍理性的法律世界。然而问题恰恰是:我们只是偶然地、意外地被置设在某个特定的生存秩序之中。习俗、传统和精神气质构筑着我们的自我理解。先辈所曾实践的一切构成了我们之所以可能存在的基本背景。这一在时间和空间维度上同时展开的共同体的观念必然以先于普遍性的世界观念的面貌呈现给我们。这一共同体为了维系其自身的存在样式而体现出的政治意志也必然是先于普遍性的理性观念的。因此,可以说:法律的观念或法律人的观念必然以中国人/中国人的生存秩序的观念为前提。并且,如果说中国人/中国人的生存秩序的观念要建立在我们生存其中的这个政治共同体之意志决定的基础之上而不是某种普遍理性的基础之上的话,那么,重提"法律/理性"与"政治/意志"的论争在很大程度上必然成为当下中国法学自我反思和重构的基本要求。同时,当法律职业论者要将何谓正义、何谓当为之事完全托付给法律而不是生活本身的时候,或许,"返回日常生活中的法理"的呼声也必将不断地响彻在我们的耳边。

当"法律职业论"依循法律实证主义的信条一方面将"日常道德"排除在"法律"之外,另一方面将"政治意志"排除在"法律"之外的时候,它同时也实现了双重的僭越:首先,它将关于人类行为之正当与否的判断完全包揽于自身,实现了对日常道德的攻讦;其次,它宣称自身是超越于所有具体意志之上的理性,从而实现了对政治意志的攻讦。这种排除与僭越活动从根本意义上实现了三个领域——道德、法律与政治——的分离与隔绝,也确立了法律的绝对尊崇地位。

卡尔·施米特(Carl Schmitt)在诊断现代法律与政治的基本发展趋势时曾提出这样一个论断:"现代宪制发展的所有趋势均倾向于限制这个意义上的(置身于正式生效的法律秩序之外的)统治者。"可以说,20世纪80年代以来中国法学的发展也正体现了这种基本的趋势。对于法律自主性的强调是这个时代法律思想的核心,它旨在重新寻找回那个过度政治化的时代取消掉的法律。然而,当人们开始寻找回对于法律的自信的时候,也开始了"法律殖民"的时代。因为,为了建立一种独立于政治系统的法律系统,首先不能通过诉诸一般意志(general will)进行直接的法律建构,因为这必然会重新陷入政治之中;其次也不能通过诉诸大众的日常道德来建构法律,因为这不仅会使法律陷入道德之中,同时也会使法律无法达到某种系统性的要求。因此,80 年代后法律思想的发展在根本上就在于寻找"法律自身的逻辑"。

首先,人们所看到的是"法律概念"的自主性。它不仅使法律的东西区别于日常具体的东西,同时也使法律的东西能够被用来规范日常具体的东西,也就是说,法律被用作模板(model)来整合所谓杂乱的生活秩序。其次,人们看到的是"法律推理"的自主性,通过概念与概念之间的连接和推论,以及通过仅根据法律理由的法律推理,人们实现了某个法律的"网络系统"。通过这一"网络系统",法律得以对整个世界作出"法律的"界定,从而确定它们具体的法律意义。最后,人们通过这个法律的网络系统对整个世界,包括日常道德世界以及政治世界,进行系统的"改造"。日常人所持有的道德判断仅仅只是一种次要的东西,并且是一种需要被改造的东西。同样地,政治共同体的意志被视为一个虚幻的对象,法律的理性以及法律的逻辑才是真正重要的东西。因此,80 年代以来,当法律获得"解放"之后,它就开始了不断向政治领域和道德领域进发的征程。也就是说,80 年代之前的那种法律极度萎缩的不正常状态开始向另一个同样不正常的状态(法律极度膨胀的状态)进发。

这一不正常的隔绝状态已经在两个不同方向上造成了某种后果。一是在道德方面,不仅造成了对道德的忽视,也造成了对道德的怀疑。道德成为个人之事而与作为公共之事的法律相对立,因而仅仅只是偶然的。由此,道德怀疑论伴随着法律对于道德的排除活动而不断蔓延开去。二是在政治方面,法律对于政治的怀疑直接导致 80 年代的法学思想对于"阶级斗争法学"的否定。"政治"在某种意义上成为"任意性"的同义词。法律的功能就在于限制政治的意志。因此,在这里,经过形式化处理后的抽象概念取代了只能在具体情境中才具有意义的政治意志而成为真正的"主权者"。"去政治化"成为这个时代最典型的特征之一。

因此,当我们开始重新思考具体情景中的法律以及具体情景中的人和人的生存秩序的时候,如果我们要重新确立起法律、道德与政治之间的恰当关系的话,我们或许应当考虑这样两种基本诉求:一是重新寻找回政治共同体的意志,一是寻找回具体生活中的道德(法理)。

现代世界在根本上改变了人们思考道德、法律与政治的方式,尤其是在普遍主义话语盛行的情况下,道德和政治都受到了怀疑和否弃。道德因为被归之于个人的判断而受到拒斥,而政治则因被归于某个特定群体之意志的表达也受到限制和否定。只有法律在普遍主义的旗帜之下实现了它的整体性扩张。然而,任何法律的规定首先要考虑的是正义,而这种观念本身不可能存在于抽象的法律概念之中,只能存在于具体的生活事实中,而法律仅仅只能体现这种具体的生活事实,不能用其自身的抽象逻辑来强行压制生活本身的逻辑。而政治作为这种具体生活逻辑的意志表达,不仅应当具有某种优先性的考量,而且要将这种意志外化到法律之中。因此,当我们开始怀疑法律普遍主义话语并重新思考我们自身的具体处境之时,或许我们不仅需要重新找回已经被我们遗弃了的政治意志以及生活法理,还需要某种伴随法律现代性之出现而被废弃了的"道德-法律-政治的共同体"的观念。或许,在很大程度上,重新思考和整合这三者之间的关系会成为中国法学进行自我反思和重构的核心。

原文发表于《云南社会科学》2013 年第 4 期

入选理由:

　　本文系从自然来稿中筛选登出。文章从"法律的统治"到"法律人的统治"的角度对当下中国法律人观念展开反思,比较有新意。虽然由于篇幅限制没法给作者更多的发挥空间(2017 年以前《云南社会科学》大多数文章维持在 8000 字左右的篇幅),但该文仍然不失为一篇有思想的法哲学文章。

专家评论:

　　法律、政治与道德之间的关系是贯穿中西方法律思想演进的重要线索,是法哲学研究的重要内容。吴彦一文在"法律的自主性"向"法律人的自主性"的转化过程中,反思了当下中国法律人的观念,为中国法学的自我反思和重构找到了切入点。

——聂鑫,清华大学教授

被害人抗争与压力型司法

栗　峥[①]

摘　要:当下中国的被害人抗争形态多样,呈一种由弱到强的梯度变化,因具体案件性质、惩罚方式、犯罪的严重程度、对被害人伤害程度的不同而不同。影响与决定抗争力度的维度是多方面的。被害人抗争的用意在于给司法机关施压,一旦抗争产生效果,刑事司法的压力即明显升级,其直接后果是形成一种独特的司法形态——压力型司法。被害人抗争不能成为束缚司法运作的手段,现代司法应当理性对待与处理被害人抗争的问题。

关键词:被害人抗争;压力型司法;伤害

当下中国的转型正经历着立法及司法的巨大变革,随着新《刑事诉讼法》、新《民事诉讼法》的相继出台,中国正逐渐走上立法成熟、司法完善的现代化之路。中国的刑事司法历经一系列立法、造法和司法改革运动之后,呈现出更为理性、坚实的法治运行状态。但也应当注意到,目前中国刑事司法还存在诸多亟待解决的问题,尤其在保障人权方面还存在着权利配置不均的问题,即犯罪嫌疑人、被告人的保障与被害人及其家属的权利救济难以匹配,被害人权利拓展的空间十分有限。这使得对加害人的惩罚没有及时化解被害人的怨气,呈现出被害人抵制与抗争的恶性表征。最近几年全国各地越来越多地涌现出被害人激烈抗争的事件,印发传单、街头游行、隔空喊话、噱头性表演等做法层出不穷。比如在药家鑫案件中,被害人张妙家人及

---

①　栗峥,中国政法大学副教授,现为中央财经大学教授。

其律师张显通过网络微博、传媒报道等方式不断造势,前期拒绝赔偿,后期又上门索赠,上演种种事件,风波不断。① 又如为了阻止一起故意杀人案的被害人亲属上访与自杀,河南省平顶山市中级人民法院竟然"承诺"对该案的犯罪嫌疑人判处死刑,并与被害人家属签署"死刑保证书"。②

一、被害人抗争的特征与类别

被害人抗争是指被害人及其家属基于朴素的正义观与道德感,针对司法裁判向司法机关表达的种种不满或抗拒、抵制、排斥司法程序或司法裁判的行为与方式。被害人抗争形态多样,大体可以分为如下几种。其一,个体性抗争与群体性抗争。抗争中的被害人既可以是被害人本人或其家属,也可以是受被害事件感染或影响的群体。被害人本人及其家属所引发的抗争可称为个体性抗争,以被害人个体为核心纠集众多利益相关者甚或利益无关者(如街头围观的群众)而引发的抗争可称为群体性抗争。个体性抗争依赖被害人自身力量完成,力度受限,方法单一,如被害人自行与司法人员沟通交流、写匿名信等,社会影响相对有限。群体性抗争则借助于被害人家属、亲朋、乡里等社会网络中的力量形成群体合力,或者依赖网络传媒等现代传播方式网罗社会力量形成合力。群体性抗争因群体力量而易于产生社会影响,也容易左右司法程序,使司法裁决产生波动。因而被害人往往希望借自身之力诱发滚雪球效应,将一个单纯的、对自己的伤害转化为一场包含公共舆论声讨的群体性事件,左右或改变司法。为此,由个体性抗争向群体性抗争的转变就成为了被害人抗争的主要目标,其方法在于讲述受苦的故事,使自身的苦难成为新闻报道的故事来源,用悲情的受害史感动受众,形成同情的共识,达到对司法不公形成舆论谴责,进而影响司法的目的。这种方法恰恰与传媒所希望获取奇特故事源的初衷不谋而合,于是群体性抗争通过借助媒体力量而获得关注成为当下被害人抗争的一种

---

① 《药家鑫案八个月后的索赠风波》,http://news.163.com/12/0210/07/7PSR68BR-00014AED.html,2012 年 12 月 11 日访问。

② 《平顶山法院为维稳与被害人家属签"死刑保证书"》,http://news.china.com/domestic/945/20120606/17241889.html,2012 年 12 月 11 日访问。

主流趋势。

其二,利益性抗争与情感性抗争。这一分类依据的是抗争的用意。利益性抗争是指被害人抗争的目的是获得经济利益,所有的手段都是为了获得更多的赔偿,即一旦利益赔偿的愿望难以满足,抗争的力度就会异常强大。情感性抗争是指被害人并不在意赔偿的经济数额,而在意内心感受,由伤害所产生的巨大痛苦与心理失衡导致被害人执意要求加害方承受严厉的惩罚。这两种抗争有着鲜明的差异:情感性抗争往往基于被害人彻底的绝望与仇恨的心理,通常意味着被害人生存价值的彻底颠覆,生活利益被彻底剥夺,从而激发出复仇心理;利益性抗争重在获利,其抗争的手法更多受获得赔偿的务实策略的指导,内心的不满也能有效控制,并不会因复仇欲望而破坏了有效的抗争计划。因此,利益性抗争可以通过司法程序获得有效赔偿,并有相对宽裕的商谈空间;情感性抗争常常遭遇法律规则的排斥与拒绝,复仇逻辑难以在谦抑性的司法程序中获得支持,其沟通空间也明显有限。

其三,言语性抗争与行动性抗争。言语性抗争注重沟通,用话语的方式交换彼此的想法和解决方案。言语性抗争成本较低,风险较小,容易达到良好的沟通与理解的效果,对司法的伤害与破坏也较弱——当然,这依赖于抗争者良好的表达能力与解释水平。行动性抗争指被害人采用某种舞台手法当众表演或展示痛苦,如在司法机关门前摆灵堂、奏哀乐以引起公众的注意,博得媒体的关注,形成某种带有公共讨论性的事件。当行动性抗争发生时,由于其反常规的表现手法,往往会引发围观效应;而一旦出现围观现象,就会助长被害人的士气,从而形成某种恶性循环。行动性抗争恰恰是通过将苦难形象化与视觉化来获取公众认同,并因参与的群体数量的递增而积攒出更多影响司法的合力,引发对司法程序的某种干扰或刺激的。

二、被害人抗争的维度

大体而言,被害人抗争存在一个由弱到强的梯度变化,因具体案件性质、惩罚方式、犯罪的严重程度、对被害人伤害程度的不同而不同,其中影响与决定抗争力度的维度包括如下几个方面。

(一)被害人的收益预期与实际获得之间的差距

被害人的收益预期是指被害人希望获得的赔偿,它由被害人的苦难决定,既包括受到的身心打击,也包括对司法不公所产生的气愤。被害人的苦难不同,其赔偿预期也不同。如果被害人因犯罪行为彻底破坏了其生存的可能而损失惨重(比如,导致家庭劳动力的死亡或严重伤残等),其预期的赔偿额就会明显偏高;如果犯罪行为只是影响到被害人的生活,给其带来诸多不便,未摧毁生产生活的核心因素,被害人预期的赔偿额也会相对较低。可见被害人的苦难因伤害的程度而存在轻重差别,被害人的求偿预期也因而表现出不同形态。从经济层面上看,被害人希望获得经济补偿,同时也要求赔偿潜在的未来损失,以缓解后续的负效应。从心理层面上看,被害人的苦难大多来自因伤害而产生的生产生活损失,这种痛苦因持久地存在而演变成愤怒,继而演化成为强烈的报复心理。可见,无论从经济层面还是心理层面来看,只要司法裁决难以满足求偿预期,两者之间出现较大差别,抗争就是必然的。这种差别体现在两个方面:一方面是因司法程序不公而产生的怀疑与不信任,或者是程序不公开导致被害人预期的不确定,这可以称为"程序性偏差";另一方面是因司法裁判的最终结果并未符合被害人的预期或差距较大而产生的巨大距离感,这可以称为"实体性偏差"。程序性偏差和实体性偏差都可能对被害人造成致命的打击,使其难以纾解内心的痛苦。这时,其所引发的抗争就会变得异常猛烈。

(二)被害人抗争的政治环境

中国的被害人抗争是在社会转型的大背景下基于中央与地方的关系与政治维稳的需要而发展出的独特司法景观,是在特定国情下所体现出的社会矛盾的一个方面,它表明在当下政治环境中的被害人力图寻求司法外的某种政治救济,以形成对司法机关的有效影响。当下中国社会矛盾复杂、贫富差距拉大、社会风险加剧。为此中央要求各地方做好维护社会稳定、促进社会和谐的工作,将解决人民群众的矛盾纠纷作为考核政绩的重要指标,维稳成为行政与司法机关的核心考量因素。在这样的政治环境下,被害人抗争就有了一个有效施压的政治机遇。被害人往往借助将自身案件问题化、社会化与严重化,升级为焦点事件,博得行政与司法部门的关注,进而左右司法裁判,这是当下被害人抗争的一种新形态。

(三)被害人抗争的社会情境

被害人抗争的社会环境可以分为宏观背景与微观情境。宏观背景是指转型期社会及其制度环境,它指涉社会流动性大、异质化程度高、市场活动频繁、矛盾冲突剧烈的当下社会情境。微观情境是指被害人抗争发生的具体个案场景,它牵涉个案实践中司法机关的具体实际操作与特定地域下被害人的行动逻辑和民众参与的情况。被害人抗争正是基于这一大一小的背景展开行动、塑造角色、选择策略。

在"国家—社会"的背景下,被害人扮演了弱者的角色,遭受犯罪侵害的巨大痛苦催生出被害人的悲情表演,博得了观众的同情。由此,刑事案件转化成为以被害人为主角的悲剧故事。这样的叙事手段配以"还我正义"的横幅道具,可以轻易地俘获观众的注意力与内心的公正偏向。可见,被害人的弱者身份被其成功转化为视听强势、效果震撼的优势武器,激起观众(如围观的群众)与表演者(被害人)的情感互动,抗争也随之跌宕起伏。

(四)被害人抗争的媒介因素

在现代社会,强大的媒介平台可以使一个细小的案件上升为极具影响力的社会事件。传媒正在借助自身的信息传播方式引领着社会传播的方向,并成为公众感知的延伸与评论的源头。通过媒介,全社会可以在一夜之间形成对同一事件的多方评价,其中既有来自底层的草根逻辑,也有来自精英阶层的专业化评价,还有来自管理部门的主流声音。多种声音的交织可以起到相互监督、相互质疑、相互论证的社会化效果,进而避免了案件处理过程的不透明和处理手段的不公正所导致的错误与疏漏。正是由于媒介的上述优势,被害人往往希望将案件扩大化为舆论评价的材料。近些年,有相当一批社会影响性案件恰恰是通过媒介的曝光与公众的参与促成了司法处理上的改变。这些案件在一定程度上促使其他类似案件纷纷效仿,导致被害人往往寻求一种通过媒体将事件公开化进而左右司法机关的非常规路径。由此可见,媒介已经成为新时期刑事司法所不可忽视的重要影响因素之一。

三、压力型司法

那么,被害人抗争究竟会产生怎样的效果、形成怎样的局面呢？被害人抗争的用意在于给司法机关施压,一旦抗争产生效果,刑事司法的压力即明显升级。笔者将被害人抗争的直接后果概括为一种独特的司法形态,即压力型司法。压力型司法是对当下我国司法机关行事逻辑的一种形象性概括,这些压力既包括既定司法指标的数量化分配,也包括上级机关与领导的一票否决制（如取消评优评奖资格、不考虑晋升等）。任何影响司法机关发展的行为或事件都会直接触动司法机关的敏感神经,进而形成对司法机关的某种压力。

(一)压力型司法的具体表现

1. 被害人抗争容易将问题扩大化、复杂化。被害人抗争往往掺杂了司法之外的社会因素、情感因素与其他非必要因素,导致单纯的事实问题和法律问题演变成社会性问题,牵动公众的态度与情绪,引发滚雪球式的社会反应。因此随着社会舆论的深度参与,一个问题将演变为诸多问题,一个案件将牵连出诸多事件,进而使司法程序所关注的焦点分散化、凌乱化。同时,由于被害人抗争的初衷是将事情闹大,这一目的本身就有可能影响社会的稳定,扩大问题的波及面,产生某种不良的示范效果。

2. 被害人抗争使问题的解决昂贵化。被害人选择了非常规的社会动员手段,即意味着必然追加更多的资本,牵引出更多的社会资源,耗费更多的人力、物力和财力。追加更多的资本投入,必然要求更高的利益回报,必然导致司法资源的累积与成本附加,进而导致司法资源的持续投入,使问题处理成本昂贵化。

3. 被害人抗争影响司法的权威性。被害人抗争本身就意味着对司法程序与裁判的不满,是一种对司法权威的抵触和不认同。寻求行政机关支持与关注的行动也说明在案件处理过程中,行政机关的力量显然高于司法机关的力量,被害人对前者的信任程度远远大于对后者的信任程度。这种明显的不信任容易刺激社会公众产生类似的印象,进而误导不知情的公众产生对司法工作的巨大怀疑,从而影响到法治的进步与昌明。

（二）压力型司法的形成原因

为什么被害人敢于对司法机关施加压力，而司法机关经常左右为难呢？其实，被害人抗争的频繁奏效并不是法律程序没有得到遵守或执行导致的，也不是因为被害人所指责的种种司法腐败或暗箱操作，更不是因为办案人员缺乏足够的伦理良心和正义感，而是中国司法运作的制度环境和社会现实使然。

1.政治环境。在追求社会和谐的政治氛围下，被害人抗争的景观规模越大，抗争力度越强，越有可能成为一种影响政府的政治议题，越会被纳入维稳工作的行政体制之内，获得更多上级甚或中央的关注，越能影响司法运作的实际效果。

而司法机关对社会稳定的焦虑与渴望，使政治性在刑事司法中的地位得以提升，这一任务迫使面对被害人抗争，司法机关不得不步步退让，回避、拖延矛盾问题，采取息事宁人的策略，来换取暂时的、表面的安宁。而被害人尝到甜头，又加剧了司法机关的安抚性手段，进而有可能使裁判结果退化为丧失原则和底线的权宜性交易。在通常情况下，司法机关对同级地方政府存在较强的依附性，司法机关的办案经费与人员编制均受制于地方政府，案件的处理需要符合政府的公共政策导向与目标。因此，司法机关不得不顾全大局，尽量营造有利于和谐的司法环境，这决定了被害人抗争可预见的结局——他们会采取静坐、上访堵路、摆灵堂等方式使政府"买单"。而政治机遇结构又潜在地支撑了被害人抗争升级，形成压力型司法，呈现出"越维稳越不稳"的怪圈。

2.意识形态。国家意识形态为被害人的抗争提供了充足的依据与说辞，毛泽东时代的人民至上话语和改革开放以来的安定团结话语，直至今天的和谐社会话语，都在某种程度上为被害人的抗争赋予了时代的合法性与政策的支持，使抗争不是"公开的造反"，而是"为权利而斗争"，不是"非法的捣乱"，而是"苦难的表达"。

我国司法机关一贯的意识形态强调"为人民服务""保护弱势群体""关心照顾困难群众"。最高人民法院院长王胜俊将全国人民法院的工作定位概括为"三个至上"，其中"人民利益至上"是核心思想之一。这些公共政策实际上在一定程度上为被害人所借用。但现代司法理念要求司法机关依法行事,建立"有所为有所不为"的"有限度司法",而不是无所不包、无所不管的"全能型司法"。这就导致被害人与司法机关形成一种内在的张力,司法行为或裁判结果引发被害人不满正是这一张力难以消解的表现。

3.司法格局。从司法运作的内部看,我国司法体制始终是"政治＋法律"的"政法型"结构模式,[①]这决定了司法在本质上是一种用权利话语重写历史、以程序技术掩饰实质矛盾的社会控制策略。[②] 它需要牺牲纯粹意义上的法律适用而保持司法内外的平衡,以社会效果(满意与不满意)为导向,而非以法律效果(合法与不合法)为导向。司法机关需要为裁判"兜底",使被害人的抗争可以洞穿裁判的终局性,使"反复纠缠"成为可能,司法机关缺乏底线的程序观念与对无理抗争断然拒绝的态度和能力。

4.伦理优势。大多数情况下,被害人的"伦理正义"与"道义公平"远比法律规范更具道德优势,更易于为民众所宣扬与传播,获得同情的理由也更为人性化。因此被害人的抗争多以伦理为依据,其特点是利用日常交往的朴素道理、杀人偿命的伦理逻辑来影响司法机关的司法行为,如跪地叫苦、在遗像前静立甚至自杀,这些"踩线而不越线"的边缘化越轨,没有直接触及违法禁区,却可以触动司法机关的敏感神经,达到施压的目的。加之被害人诉争的道理又合乎人情,相比而言,司法机关应对被害人抗争的方法反倒显得单薄了很多。

5.身份优势。被害人的抗争大多以弱者的身份呈现,通过自身的弱势反衬对方的强横,以不惜自身尊严甚至生命的破釜沉舟式的哭诉换得同情。这一抗争技法,表面上是低姿态的自卫,实际上是采用更为柔软、强韧的方式进行纠缠战。其实,越具有位置上劣势,越有抗争的底线资本与不惜代价的强度和持久度,被害人的弱者身份本身就是最大的保护伞。

6.法律传统。被害人抗争频频奏效的原因还在于中国司法历来兼顾着规范合法性评判与社会效果评判的双重标准,属于混合式实用主义模式,即从法律文本上呈现出依法有据的面貌,而从司法实践上又顾及情罪相符的

① 徐昕:《"调判结合"的困境——以民事审判结构理论为分析框架》,《开放时代》,2009年第6期。

② 冯象:《政法笔记》,江苏人民出版社,2004年,第168页。

社会正义性，这是我国司法传统"准情用法"和"情法两尽"的传承体现。这种以"准法而制的面目将事实真相包装起来"的司法技艺，既符合法律适用上的统一性要求，不与之"相去甚远"，又"准情酌理而变道之"，实现天理、国法、人情的一体化。所以，法律传统历来要求司法机关平衡法理与情理、法意与人心、合理性与合法性、公正性与公共性，实现双赢。

在此，需要发问的是：虽然被害人所遭受的痛苦以及某种程度上的不公值得同情，但是否能以此为由抗争要挟司法呢？对此笔者持保留意见。被害人抗争不能成为司法运作的紧箍咒。从正面来说，在当下转型巨变的社会场景中，对维护社会稳定的公共利益的追求本无可厚非，但值得警醒的是，公共利益是一个商讨与博弈的结果，是足够多数群体认同的价值取向，而非个体或少数人借此进行道德讹诈的尚方宝剑，既不能简单地沦落为被害人抗争的伦理噱头，也不能被轻易构建为良心强迫的工具。司法机关必须以法治运转的正面价值为衡量标准，坚持司法理智，如果不能坚守司法正义的底线，司法空间将被各种纷繁复杂的利益与不合理诉求挤压，司法人员将难以抵挡种种劝诱和逼迫，最后的结果很可能是使法治秩序建立在一触即溃的流沙之上。对法治底线的固守、对合理裁判的执拗恰恰是对社会桀骜之徒的最好规训，也是确立司法权威并使其内在化的难得契机。从反面来说，一旦司法机关生产出趋从于被害人意愿的行动或裁判，很容易引发其他个体诉求的广泛效仿，整个司法运作的水准非但不会因为被害人的权利抗争而有所提升，反而会因为各种司法体制外的压力而滋生"反司法的"迁就与妥协。长此以往，迁就与妥协会逐渐成为司法运作中的内在化经验，抗争就会因得到默认而淹没司法正义的真谛。没有足够的定力作为司法的基石，没有自主选择的勇气与胆量作为行事的保障，司法秩序的建立与权威感的确立就从根本上无从实现。

况且，对被害人抗争的认识与理解也不宜过度诠释。将这种抗争视为带有强大政治风险的有组织破坏行为的观点有耸人听闻之嫌。从被害人抗争的群体范围到操作手段，大多是一种非组织性、局部化、具体化的伦理之争，而不存在触动社会稳定结构的趋向，并不构成对社会秩序的威胁。而且，被害人抗争借助传媒、网络而为社会公众所认同的情形存在极大的偶然性。被害人的诉苦表达渠道能否聚集足够多的草根力量，从而整合公共空间中的民众舆论产生足够的压力,始终是一个因情境与机遇而不断变化的问题,不应视为一种长效的运行机制。

原文发表于《云南社会科学》2013 年第 2 期

入选理由：

　　本文是从 2012 年的纸质投稿中挑选出来的,当时尚未正式设立法学栏目,刊物收稿用的还是纸稿。本文问题意识明确,有独立的思考和想法。那几年司法改革比较热门,但越是有热点,越是考验学者自身的学术积淀和独立思考。

专家评论：

　　该文对被害人抗争与司法形态提出了独到的学术见解,为构建刑事司法的良性运行机制提供了宝贵的建议。　　——刘艳红,中国政法大学教授

迈向回应型法

——我国地震预报立法的反思与完善

张　健[①]

摘　要:我国地震预报立法存在明显的"压制型法"的特征,这突出表现在政府垄断地震预报信息、行政机关地震预报信息发布权限过于集中、地震局职能错位等方面。压制型地震预报立法模式在实践中已暴露出合法性危机,有必要对我国地震预报立法展开反思,尝试打破政府地震预报信息垄断,把地震预报权适当下放,明确地震局的职能与定位,建立一种新的立法模式——"回应型"地震预报立法模式。

关键词:地震;地震预报;回应型法;压制型法;立法

汶川地震、玉树地震以及最近发生的雅安地震惨痛的人员伤亡和经济损失一次次拷问着中国现有的地震预报制度。如何认真地反思我国当下地震预报立法,提高对大规模自然灾害的预报水平,成为摆在我们面前的一项紧迫任务。同样急迫的,是如何建立和完善高水平的、更加专业化的地震预报法律制度。然而目前学界对我国地震立法模式的反思与分析依旧空白,本文试图寻求突破。

一、我国地震预报立法的基本现状

早在 20 世纪 60 年代,我国就开始尝试建立地震预报制度。1997 年,全

[①]　张健,浙江大学博士研究生,现为江苏大学教授。

国人大常委会制定颁布实施《中华人民共和国防震减灾法》(以下简称《防震减灾法》),1998 年《地震预报管理条例》颁布,2008 年汶川地震发生后修改《防震减灾法》。《防震减灾法》的颁布修改标志着中国地震预报立法体系初步完成。然而,与日新月异的科技发展和国家立法相比,尤其是与 20 世纪取得的一系列地震预报成就相比,晚近几十年中国的地震预报工作乏善可陈,饱受批评。由于行政机关对社会稳定和经济建设的担心,中国的地震预报成绩不是在提高,而是在退步。在汶川、玉树、雅安地震以后,地震局坚称"地震无法预报"而屡受指责。中国地震预报 20 世纪的辉煌和当下的惨淡说明,当下预报工作的失败在很大程度上可归咎于立法与制度。考察现有地震预报法律法规,可以发现现有立法严重阻碍了地震预报的运作,种种弊端使其难以发挥有效作用。

现有地震预报立法对地震预报的决策主体和决策程序做了明确规定。按照现有立法,一次完整的地震预报流程需要"三步走":首先,形成地震预报的意见;其次,专家委员会召开会议,针对地震预报意见进行评审;最后,行政机关发布地震预报。第一,形成地震预报的意见。《地震预报管理条例》第 6、7、8 条规定,任何民间团体或公民个人都可以根据其观测结果向其所在地或者所预测地区的县级以上政府的地震机构或者直接向中国地震局提出书面预测意见;上述机构应针对预测意见召开震情会商会研究讨论,进而形成地震预报意见。第二,针对预报意见组织专家评审。《地震预报管理条例》第 9、10、11、12 条规定,地震预报意见形成后,由省级以上地震部门组织专家对意见进行评估。第三,发布地震预报信息。《防震减灾法》第 16 条和《地震预报管理条例》第 3 章规定国务院和省级人民政府是地震预报发布的权威部门,禁止其他任何单位和公民个人发布地震预报信息;其中,全国性的长期地震预报和中期地震预报由国务院负责发布,中长期的区域性地震预报、短期地震预报以及临震预报信息由省级人民政府负责发布。

根据上述规定我们可以对地震预报的"三部曲"做简略概括,即体制内外的地震预测主体对地震提出预测信息后,由地震部门组织专家开展会商评审,在会上形成地震预报意见,并将该预报意见提交地震局组织的专家委员会评审,如果评审结果为肯定,则向省级以上人民政府报告,由政府决定是否发布地震预报。其中涉及三类主体:地震预测主体,它包括体制内的地震局以及体制外的民间团体和公民个人;预报意见形成主体,即地震局;作为地震预报发布主体的政府。[1] 从法律规定上看来,三类主体各司其职。《防震减灾法》和《地震预报管理条例》的颁布实施,标志着我国的地震预报制度开始有章可循。然而实践中,上述法律法规所规定的地震预报制度存在诸多不合理之处,这些因素很大程度上阻碍了中国地震预报工作的顺利开展。

二、压制型法:现有地震预报立法存在的问题

行政立法模式作为一个国家特定时期相对稳定的立法惯例与制度,与一国的现实国情、法制传统、行政体制以及社会意识形态相契合。20 世纪 60 年代,美国法律社会学研究重镇加州大学伯克利分校的"伯克利学派"代表人物诺内特(Nonet)和塞尔兹尼克(Selznick)出版了《转变中的法律与社会:迈向回应型法》(*Law and Society in Transition:Toward Responsive Law*)一书,把立法模式分为"压制型法""自治型法""回应型法"三种。[2] 从某种意义上说,这种分类关涉的是立法与政治、立法与社会秩序划分演进的类型化。诺内特和塞尔兹尼克为我们分析我国当下的地震预报立法提供了一个框架。

压制型法首要的目的在于维护公共安宁,它是以屈从于政治权力为主要特征的前现代法律。压制型法关注的是社会秩序的达成,保持现有社会的稳定。作为一个法治后发型国家,政府在我国的法治建设实践中起到了核心作用。政府立法呈现出浓厚的行政色彩与工具色彩,具备了压制型法的基本特征。这一立法模式带来的权力过分集中、政企不分、效率低下、机构臃肿、监督不力等问题已经显现。具体到地震预报立法上,压制型的行政立法具有以下几个特征。

---

① 闵娜娜:《地震灾害公共警告研究》,中国政法大学硕士论文,2012 年,第 20 页。

② P. 诺内特、P. 塞尔兹尼克:《转变中的法律与社会:迈向回应型法》,张志铭译,中国政法大学出版社,2004 年,第 18 页。

(一)特征之一:政府垄断地震预报信息

压制型立法的第一个特征就是强调政府的权威和全面干预。它主张
"国家全能主义",国家对人力、物力进行集中调配与管理,强调管理的权威
性、强制性与统一性。这样的立法模式固然可以提高行政效率,实现短期效
益,但它与社会自治之间存在负相关关系。庞大的行政公权力吞噬了社会
自治的空间,带来了巨大的交易成本,消耗了社会资源,更加重了政府本不
应该承担的负担。反映到地震预报立法上,则是国家垄断了地震预报的权
力与技术,垄断了地震预报的话语权。

地震预测是地震预报的前提。我国《地震预报管理条例》第6条规定,任
何民间团体或公民个人都可以根据其观察结果提出地震预测意见。但《防
震减灾法》第29条规定,地震预报意见由国家统一发布。除学术研究或学术
交流外,禁止任何单位和个人发布地震预测信息。换句话说,即使民间组织
或者公民个人能够准确预测到地震,也必须通过政府这一渠道发布地震信
息,如果擅自发布便属于违法。诚然,地震预报作为一项行政行为,其发布
权当然专属于行政机关。但这一规定却忽略了民间科研力量和民众对地震
来临前自然环境的了解和掌握。

此外,实践中民间地震预测意见能够进入官方地震预报决策机制的途
径过于狭窄,地震局也无意搜集广泛的异常信息或预测意见,政府与民间并
没有形成有效的合作机制。政府与民间合作的唯一渠道是"地震预报卡"。
但根据《地震预报管理条例》,地震预报卡应该包括地点、时间、震级等地震
三要素内容,预测内容应当严格按照表格中规定的三要素要求进行填写,并
提供所做预测的依据和方法,否则预报卡无效。由于民间科研机构缺乏精
细而完善的预测设施,地震预报卡过于严苛的要求实际上限制了民间预测
意见的上报途径,导致官方监测信息与民间监测信息的分离,最终导致距离
准确的地震预测相去甚远。

从历史经验看,多元化的地震预测主体和地震预测信息发布主体是产
生准确地震预报意见的前提。20世纪,国家制定的"预防为主,专群结合,土
洋结合"原则是地震预报得以成功的重要因素。当前政府对地震预报权力
的垄断意味着其对人民生命财产安全的法律与道义责任。基于国家安全、

政治稳定、经济发展的考虑,长期以来政府对地震预测信息严防死守,不但不依法履行信息公开的义务,还禁止民间团体和个人将其地震预测信息向社会公开。的确,政府对地震预测信息的封锁消除了"虚报"的可能性,行政官员也不必为此承担责任,但这种行为首先侵犯了公众的知情权,当一种潜在的灾害可能影响到公众的生命财产安全时,公众应该对此知情,以此决定采取何种应对之策。如果政府将这种信息垄断,那就意味着它要承担灾害发生时的所有责任。在"地震仍无法预测"的今天,地震预报无疑是烫手山芋。权力意味着责任,一味封锁地震预报信息不仅不利于政府信誉的提升,相反导致了一次次的地震漏报,使政府的公信力受到损害。

(二)特征之二:地震预报发布权过于集中

在压制型的立法模式中,上一级行政机关的权力没有固定的边界,这尤其体现为中央机关权力的"统得过死"。上级行政机关过多的管制压制了下级行政机关的积极性和活力。中央权力的蔓延和扩张,吞噬了基层行政机关的自治空间,并导致社会泛行政化。

从类型化角度看,地震预报一般分为中长期地震预报和短临地震预报两类。考虑到两类地震预报紧迫性和风险性的区别,对于地震预报的发布主体和发布程序的要求必然存在不同。《地震预报管理条例》第15条规定:"已经发布地震短期预报的地区,如果发现明显临震异常,在紧急情况下,当地市、县人民政府可以发布48小时之内的临震预报,并同时向省、自治区、直辖市人民政府及其负责管理地震工作的机构和国务院地震工作主管部门报告。"考虑到地震预报的影响,这一立法初衷不难理解。但从实践角度及历史经验看来,目前的地震预报发布的行政级别设置并不合理。现有立法仅规定省级以上政府有权发布地震预报,这一规定的可操作性比较差,不利于地震预报和临震警报的发布。基层形成的地震预报信息必须一级一级上报到省级以上政府,才能由后者决定是否发布,在紧急的情况下,特别是临震信息,可能程序尚未走完,地震已经发生。在之前发生的三次大地震中,类似情况已经屡见不鲜。地震灾害发生的突发性与现有体制、程序的复杂性之间存在着巨大的张力,所以我国目前的地震预报权统一集中于省级以上人民政府的做法,并不利于即时发布地震预报信息,特别是短期和临震预报。过分刚性的预报制度,不能为公民采取急救措施提供宝贵的时间。对于地震预报而言,不合理的制度设计有可能成为"杀人利器"。

(三)特征之三:地震局的职能错位

压制型立法的第三个特征表现为行政主体的意志权威化,行政机关处于绝对支配地位,它不仅被奉若神明,而且还被赋予了绝对的支配力,不容置疑和反驳。具体到科学与行政上则是行政绑架甚至抑制了科学的创新性和独立性,架空了科学本身具有的价值和意义。

国家设立地震预报评审制度的目的是利用科学的力量对地震预报意见进行评估。该程序是一个先"科学评估"再"行政决策"的渐进过程。在这一过程中,科学家与行政机关各负其责。然而,当前参加震情评审的所谓"专家"却有大量并非内行的"官员专家"或"伪专家"。地震预报程序政治、行政色彩浓烈,只见行政的力量,少见科学的影子。"政治、行政干预科学"的情况普遍存在,导致地震局在地震预报中无法发挥其应有的作用。

针对地震预报工作,周恩来总理曾说过,"科学家就是搞科研,不要考虑政治"。但在当下的实践中,地震预报强调行政主导,地震预报不仅是技术评估的问题,更是一个政治问题。对于地震科研机构来说,它的天职就是进行独立的科学研究,为政府决策提供全面、客观的研究成果和咨询意见,简单说就是要"知无不言,言无不尽",除此之外不应该再负担其他的责任。但是,我国地震科研机构在历史上承载了过多的政治与行政压力,尤其是唐山大地震发生以后。当"学术正确"与"政治正确"被牢牢捆绑在一起时,因为误报而带来的成本也会被人为地放大并反过来扭曲独立的科学研究,由此产生不敢报的心理。然而,一旦发生地震漏报,代价却极为惨重。

另外,地震局是地震预报得以形成和发布的关键,但目前地震局的职能范围已经涵盖了"地震灾害预防""地震应急救援"以及"地震监测预报"等内容。原本属于建设部门的"地震灾害预防"职能和原本由民政部门主导的"地震应急救援"已经由地震局接管,而作为地震局基本职能的"地震监测预报"则因为其风险大、难度大,更因为创收少而被弱化。

三、迈向回应型法:地震预报立法改进的路径

塞尔兹尼克和诺内特在《转变中的法律与社会:迈向回应型法》一书中阐述了回应型法的内涵,另外也有学者认为回应型的行政立法应该具备妥协、协商、限权、平等、尊重等特征。① 笔者认为,从压制型立法到回应型立法范式转换的关键在于探索更有效适应社会发展和更具回应能力的新立法模式。它强调政府与公民对社会公共生活的共同管理,以及市民社会的积极参与。回应型法的典型功能是调整而非压制,回应型法也因为其直接的参与性和回应型、开放和灵活的立法模式而具有与现代社会变迁相伴而生的内在品质,备受人们推崇。它蕴含着平等、灵活、对话、开放与包容的立法理念。

(一)从政府万能到有限政府:打破地震预报信息发布的政府垄断

压制型立法的理念在于它信仰"政府万能",它"信奉或致力于实践一种设计美好生活图景的全面理论",并且以这一美好的图景作为基础来设计一个面面俱到的改善该国公民物质和道德境况的计划。政府将职能的触角伸展到了社会生活的各个领域。② 但全能式的政府越来越背离了人们对民主社会的基本要求,而有限政府看到了人类理性的不足与政府能力固有的缺陷,所以它强调社会自治和社会的自我管理。从一定意义上说,当前地震预报立法改革首先要改变"政府万能"的理念。

地震灾害预报的本质是一种对风险的防范与推断。良好的风险规制,并不单单是政府的行政行为,它更要尊重社会公众对其自身生活方式的选择。③ 地震预报作为一项行政行为,其发布权当然只能掌握在政府手中。然而,如果跳出"地震预报"这一概念,我们完全可以考虑实现"地震预测"信息

---

①   崔卓兰、蔡立东:《从压制型行政模式到回应型行政模式》,《法学研究》,2002 年第 4 期。

②   米尔伊安·R.达玛什卡:《司法和国家权力的多种面孔:比较视野下的法律程序》,郑戈译,中国政法大学出版社,2004 年,第 228 页。

③   Elizabeth Fisher, *Risk Regulation and Administrative Constitutionalism*, Hart Publishing, 2007.

发布主体的多元化,考虑允许民间预测机构和公民个人成为地震预测意见的发布主体,通过各种渠道将其研究或观察成果向社会公布。不可否认,基于社会稳定的考虑,地震预测信息发布主体多元化可能会给人们带来一定的恐慌,造成社会秩序混乱。然而,谣言止于智者,谣言更止于公开。若政府未及时公布预报信息或习惯性地封锁消息,一些谣言和小道消息很可能在人群中迅速传播,进而对聚集和行动起到催化作用,使得群情激奋、人心惶惶。伴随着公权力的信任赤字,信息接收者多秉持"宁可信其有,不可信其无"的心理。相反,如果政府对地震预测信息予以及时公开,公民的忧虑及困惑便会减少,谣言自然也会减少。

那么在预报地震和散布谣言之间,应如何进行界定? 笔者认为,谣言本质上属于"无中生有";相反,有一定根据的地震预测因为存在一定的概率性,所以它本质上不是"无中生有",不应该被视作谣言。对于地震预报,法律应该倾向于鼓励有依据的预报,即使后来证明是发生了误判,但只要是出于公共利益的考虑就应该予以豁免。当民间预测与官方预测充分公开竞争、预测信息足够丰富的时候,民众自然会基于自己的判断作出选择。地震预测信息充分公开可以使官方与民间机构、公民个人预测之间形成一种潜在的比较和竞争,经过实践比较,民众自然会发现哪个机构的预测准确率更高一些,这构成了民众是否采取防震措施的前提。

对于政府来说,政府应该更多披露地震相关信息,将信息发布变成一个例行的、必需的公众服务,让公众自行判断是否采取措施应对地震。信息披露的范围不仅应涵盖地震预报,还应该包括专家学者们对地震预报所做的争论以及研究成果。政府应该意识到,封锁信息就意味着要承担责任,行政信息的公开则会使更多的人关注身边潜在的风险。20 世纪六七十年代成功的短临预报告诉我们,政府信息的公开透明化以及地震预报的"群测群防"政策是正确的。在"地震仍无法预测"的今天,公开预测信息,落实"群测群防"政策显得非常必要。

(二)从单一主体到多元主体:地震预报立法改进的路径

传统的压制型立法模式在处理统一性与灵活性相结合原则时片面强调了上一级行政机关的统一领导,基层行政机关的灵活性被忽略,所以,在新型立法模式下,要认真处理好统一性与灵活性相结合的原则,充分发挥基层各个行政机关的积极性和灵活性,探索尝试打破我国地震预报统一发布制度。

目前,地震预报的发布主体基本限于"省级以上政府",这一规定尽管保障了地震预报信息发布的权威性,但刚性有余、灵活性不足。及时性和紧迫性是所有自然灾害救援的特征。针对该问题,应该对地震的中长期预报与短期、临时预报作出区别规定。对于短期尤其是临时性地震预报,由于灾害发生的紧迫性,不宜就地震预报级别做过高限制。考虑到县级区域面积小,灵活性较大以及发生错报的风险性小,可以考虑在一定的前提下将短期临时地震预报发布权适当下放到县级人民政府。

首先,县级政府发布地震预报的前提是,有一定的地震预测意见而省级以上政府由于种种因素难以达成准确的共识,不敢贸然发布预报。此时可以将此类预测意见及时通知县级人民政府,由县级政府对其区域的当前形势作出评估,在信息公开和社会秩序稳定之间进行权衡,由县级人民政府决定本区域地震预报信息是否发布。其次,县级地方政府应被授权在收到群众或专家汇报的地震前兆或地震预测的情况下自主决定是否在本行政区域内采取一定行动或者作出抗震防灾的指示,这种做法在我国的抗震减灾实践中已经有所尝试。建议在修订现有立法的同时,尽快出台行政法规、行政规章以及地方规章,规范和细化县级人民政府防震减灾的程序与方式,使其真正落实到每一个环节。最后,逐步推进地震多发地区的县一级政府结合本地实际建立健全防震减灾工作机构,加强防震工作队伍建设,设立防震减灾专项资金。防震专项资金主要用于地震监测台网建设和改造、地震预防基础工作、地震应急准备、群众防震减灾知识宣传教育、防震减灾新技术推广运用等工作,强化基层政府在防震减灾中的职能与作用。

(三)科学的相对独立:明确地震局的职能与定位

回应型立法主张行政机关应该自觉维持其合理的边界,而不是漫无边际地扩张,它应该为科研预留下广阔的自治和独立空间。尽管从表面上看,地震局属于事业单位,但其实质运行已经行政化,地震局自身的职能定位发生错误。此外地震局的职能设置也不尽合理,其关键核心的地震监测预报职能已经被边缘化。相反,地震局却担负起了救灾、建筑抗震标准制定等民政部和建设部的职能,这是造成地震局目前的地震预测预报工作鲜有成效的重要原因。从职能定位上说,应该明确将地震局定位为科学研究机构,这意味着地震局要淡化甚至消除其政治和行政色彩。作为一个学术研究机构,地震局只是负责形成科学的地震预报意见,而不是直接参与行政决策。对地震局职能应该进行重新定位和改革,将行政的归于行政,把科学的归于科学,才能使中国地震预报走上正轨。

科学与行政两者都有其自身的运行规律,不可能也不应该相互包办。完善的地震预报立法模式应该是行政与科学资源的合理配置,相互制约进而产生良性互动。回应型立法改变了过去以行政绑架科学的理念,它充分尊重科学家的判断与创造,并以法律予以保护,尊重地震预测预报科学研究活动的自主性、独立性,确保了地震预报中科学权力与行政权力的平衡。针对目前地震局职能错位的现状,应该加强地震局的学术性和科学性建设,尊重其学术权力,推动地震预报制度中行政权力和科学权力分离,形成科学权力与行政权力相互独立、相互促进的地震预报均衡机制。

从汶川地震到玉树地震再到雅安地震,一次次的"国殇"已经为中国的地震预报制度敲响了警钟。接二连三的强震漏报暴露出了中国在地震预报立法上的软肋,建立和完善高水平、专业化的地震预报法律制度成为了当前的一项紧迫课题。中国的地震预报立法应当从压制型立法向回应性立法转变,后者的基本理念定位是人本、公平、回应、参与和效能。相应地,中国的地震预报立法必须走出泛行政化的误区,充分发挥地震预测与地震预报的效能,服务社会,服务民生。

原文发表于《云南社会科学》2014 年第 1 期

入选理由:

本文为自然来稿筛选发文。全文有主题,有论证,有思考,是一篇不错的博士作品。

重审斯芬克斯之谜

专家评论：

　　从压制型到回应型行政法治理模式的转变，是推动国家治理体系和治理能力现代化不可忽视的重要面向。张健一文立足于当时地震预报立法存在的问题，对压制型地震预报立法模式潜在的合法性危机提出了较为细致的应对方案，有助于进一步优化政府职责体系。　　——聂鑫，清华大学教授

中国殡葬法制的意外后果

王启梁　刘建东[①]

摘　要：我国的殡葬法制在实施过程中并没有完全达到节约土地的制度目标，反而产生了公墓危机以及"二次土葬""缴费土葬"等大量越轨行为。这些法制的意外后果源于习俗和国家对丧葬的双重社会控制之间未能有效调适以及殡葬管理、执法中存在的种种问题。为了完善法制、克服法制的意外后果，一是需要采取经验性的研究进路，关注法律实施过程和后果，二是需要引入社会科学，克服法学及立法领域的智识"孤岛"问题。法制改革的起点在于对对象的实质性认知，其限度在于对法制后果的把握。要完善殡葬法制，必须对民众的生活、世界观等有所理解，基于对制度实施者、民众的行为及其逻辑、后果的实质性把握，寻求法制与习俗的契合可能。

关键词：殡葬法制；习俗；法律；意外后果；行动

一、问题：殡葬法制的后果与目标的差距

死亡是人类的永恒话题。而丧葬就是如何面对和处理死后之事的文化建构，并非个人事务，其具有极强的公共性和制度性。

中国古代早有律法规范丧葬行为，主要是通过丧葬用器和仪式上各种

---

① 王启梁，云南大学教授，现为云南民族大学教授。刘建东，昆明市官渡区地方税务局工作人员。

细致的规定来强调等级的尊卑,维护社会的礼法秩序。[①] 这个时候的国家对于丧葬的关注点是其象征意义,丧葬成为礼法的表象,国家通过礼仪与法律的双重引导与控制实现礼教秩序并维护了阶级的差异。而现代国家的产生伴随着一种新的管理理念的产生,国家的权力越来越深入人们生活的每个方面,对生老病死的进一步规范是国家权力和统治的重要表现。由"丧葬"到"殡葬"的词义侧重便可以说明国家视角的聚焦变化。"丧葬"包含了办理丧事和埋葬死者的诸多事宜,不同时代、地区和群体孕育了丰富多样的丧葬习俗,而"殡葬"一词则主要突出表达对遗体的处理方式。"殡"字有"停柩"之义,《说文》中的解释是:"殡,死在棺,将迁葬柩,宾遇之。"因此,我国当今采用的"殡葬管理"或者"殡葬改革"的表述体现出了与古代不同的公共管理策略,着眼点已经主要聚焦到死后遗体的处理方式上,极大地根除了传统社会丧葬的阶级意义,其制度设计中同时削减了传统丧葬所具有的文化意义。

1956 年,毛泽东发起《倡议实行火葬》的文书并带头签字,当时几乎所有国家重要领导人都马上表态签字,表明由领导人带头火葬,在全国自上而下推行火葬的观念。这个时候的殡葬改革,主要依靠一种政治评价来对人们的殡葬行为作出一种定性和引导。直到 1985 年,才出现了《国务院关于殡葬管理的暂行规定》,1997 年国务院正式出台《殡葬管理条例》,从此中国的殡葬制度正式步入依法改革的阶段。

然而,2013 年 12 月,距离新中国成立初期领导人带头提倡火葬已经有57 年,中共中央办公厅、国务院办公厅印发了《关于党员干部带头推动殡葬改革的意见》,要求"深刻认识推动殡葬改革的重要性和紧迫性;充分发挥党员、干部带头作用,积极推动殡葬改革;大力营造有利于殡葬改革的良好环境"。为何在殡葬改革已经提倡这么多年的情况下,中央还是不得不重新试图以加强党员的带头作用来引导社会?为何在《殡葬管理条例》出台之后,并没有形成一个理想的秩序,反而是出现诸多乱象乃至怪象?

本文试图基于社会现实的存在,研究殡葬法制改革的一系列意外后果,由此讨论法律与社会的互动关系,尤其是在以法律为主导的社会改革进程中,为何不同主体间会出现利益和价值观冲突。在更广泛的意义上,本文的

---

① 瞿同祖:《中国法律与中国社会》,商务印书馆,2010 年,第 207 页。

核心问题是,法律作为促进社会变革的工具,具有引导新秩序和整合社会结构的功能,然而其同时又如何受制于社会? 法律应该如何对待习俗? 法制改革的起点和限度是什么?

二、对丧葬的双重社会控制:习俗与法制

　　死亡是一种事实,如何面对和处理死者依赖于规范,最早的规范就是作为非正式制度的丧葬习俗,而国家则不断建构关于丧葬的正式制度。丧葬融汇了对死亡的理解,是人们对死亡的现实反应。不同的群体在不同的时空中经由生活实践孕育出关于生命与死亡的世界观,形成不同的丧葬制度。丧葬制度既是具体的死后事宜安排,又是对活人与死者、活人间的关系的安排和体现。无论习俗还是国家法制都定义着何为合规、何为越轨。

　　在中国古代,丧葬在孝道文化中具有十分重要的地位,然而它的社会功能更体现在对礼法秩序的维护上,其根本上是一种来自国家的社会控制。人固有一死,然而死的等级却不同。《礼记》云:"天子曰崩,诸侯曰薨,大夫曰卒,士曰不禄,庶人曰死。"整个殡葬过程中的用器和仪式,自死亡开始到入土无不显示着阶级的差异,同时,各朝各代也在律法中详细规定了实行准则与处罚方式。[①] 古代中国的民间生活与上层统治者共享着相同的世界观,汉文化中的丧葬习俗体现了"礼"的精神。同时,现代国家建立之前,国家对各少数民族的管理也没有能力深入到丧葬这样一些民俗领域。也因此,在国家关于丧葬的规范设计与民间的丧葬秩序之间没有过大的张力和冲突。而在当代社会,现代殡仪馆、医院和公墓的产生表明对于死亡的监管发展为了一种更加苛刻的卫生文化和土地资源管理,在这个过程中,法制的运用成为现代国家推行丧葬公共管理的共识。随着《殡葬管理条例》的出台,可以发现,国家已经从一种地理区域上的划分(火葬区还是土葬区)和民族身份的划分(汉族还是少数民族)来预设我们死后的尸体处理选择方式。[②] 死亡也并不意味着脱离了国家对我们的身份管理,火化遗体必须有死亡证明,办

---

① 瞿同祖:《中国法律与中国社会》,第 207—221 页。
② 参见《中华人民共和国殡葬管理条例》(2012 年修订)第 4、6 条。

理销户手续需要有火化单。① 当然,连我们死后的"住房待遇"(公墓墓穴的占地面积和使用年限)也有规定。② 这种细致的程序性和技术化管理旨在使政府拥有一种更便于观察的视角,以便及时发现越轨行为:比如仅仅从无法提供火化单便可发现公民是否有按规定火葬,而公墓墓穴的占地面积和使用年限则是一种简单的度量和计算,整片整齐划一的公墓象征着一种井然有序的秩序。《规训与惩罚》一书中,福柯提到了"驯顺的肉体"③,而在这里可以看到,权力不仅可以规训活着的人,还能轻易触及死者的肉体。

基于行为主体和制度依据的不同,产生了对殡葬行为的非正式社会控制和正式社会控制。④ 其中非正式的社会控制在古代中国一个显著的表现就是墓地的风水纠纷,而当事人对于对方的这种越轨行为往往采取一种私力救济的方式;倘若是不同宗族之间的纠纷,甚至会演变成激烈的冲突与械斗。⑤ 而国家制定的法律作为一种正式社会控制,不仅拥有其他社会控制所不具有的国家强制力,其监控的视角也更为广泛,殡葬中的个人行为越来越多地被纳入其控制中。可以说,殡葬法制发展至今,反映的正是国家对社会的高度监控这一现代性特征。⑥ 现代性的这一维度本身就蕴藏着导致冲突的因素和可能。因为,越轨乃由规则所定义,不同的规则之间对同一行为的定义可能不同。这就导致,在习俗中的合规行为,遭遇国家法制时可能被定义为越轨或违法;同样,国家法制和执法行为也可能被民众基于对习俗、传统的认知而定义为越轨或不合情理。

对我们而言,今天的问题不仅来自丧葬受到习俗和国家的双重控制,更重要的是随着殡葬改革的进行、国家对丧葬管理的细化和深入,在社会与国

---

① 参见《中华人民共和国殡葬管理条例》(2012 年修订)第 13 条。

② 参见《中华人民共和国殡葬管理条例》(2012 年修订)第 11 条。

③ 米歇尔·福柯:《规训与惩罚》,刘北成、杨远婴译,生活·读书·新知三联书店,2012 年,第 156 页。

④ 王启梁:《习惯法/民间法研究范式的批判性理解——兼论社会控制概念在法学研究中的运用可能》,《现代法学》,2006 年第 5 期。

⑤ 陈启钟:《风生水起——论风水对明清时期闽南宗族发展的影响》,《新史学》,2007 年第 3 期。

⑥ 安东尼·吉登斯:《民族-国家与暴力》,胡宗泽、赵力涛译,生活·读书·新知三联书店,1998 年,第 18—24、361—363 页。

家之间、习俗与国家法制之间缺乏较高程度的文化契合度的地区,殡葬法制在推进中不断遭遇阻碍和冲突,并引发了制度的意外后果。①

三、殡葬法制改革的意外后果

丧葬行为受到习俗和法制的双重控制,导致了人们生活在并不完全一致甚至冲突较大的双重制度结构中。从二者对行动者的影响出发,才能更好地理解殡葬改革立法目的与现实效果之间的差距,尤其是弄清楚殡葬法制改革为何会产生意外后果。

(一)实践结果与立法目的的差距

殡葬改革和法制经由各种行动者实践后,并没有如立法预期那样达到较好的节地目标,相反,却出现了公墓危机、公墓规划和建设混乱等问题。

在殡葬改革中,国家意在以火葬的管理方式来代替以往广泛存在的土葬行为。这个目标提出的逻辑考量是节约土地,乃至达到完全节地,"在实行火葬的地区,国家提倡以骨灰寄存的方式以及其他不占或者少占土地的方式处理骨灰"②。依照殡葬改革的立意,人们在进行火葬之后骨灰问题也应当从简。可现实并非如此,民政部一零一研究所发布的2013年《中国殡葬事业发展报告》指出:"全国人口每年死亡约800万,还在随老龄化程度提高呈逐年增长趋势;而大部分省份的现有墓穴都将在10年内用完。"③当下的

---

① 在认识殡葬法制的问题上,需要注意到中国是一个多民族、文化多样、社会情势复杂的国家,殡葬法制的推行所带来的成效、后果和影响在各个区域和社会中并不均衡。例如,在笔者较为熟悉的云南西双版纳地区的傣族社会中,傣族的传统就是火葬且使用公共的墓地,墓地形成了独特的生态林。这与国家的殡葬改革目标就完全吻合。参见张晓辉、王启梁:《民族自治地方的生态环境保护——云南省西双版纳傣族自治州的个案研究》,《西南民族大学学报》(哲学社会科学版),2002年第7期。陈柏峰的调查也表明,火葬政策的推行在不同的村庄中产生了不同的社会后果和实践形态。参见陈柏峰:《火化政策的实施与丧葬仪式的变迁——基于江西安远县的调查》,《南京农业大学学报》(社会科学版),2012年第3期。

② 参见《中华人民共和国殡葬管理条例》(2012年修订)第5条。

③ 参见曹玲娟:《墓地还够用几年》,《人民日报》,2014年4月4日。

公墓危机恰是以"节地"为目标推行的火葬政策所导致的。为何以"节地"为出发点的目标反而产生了"地荒"的意外后果,正是由于国家的逻辑与行动者基于传统习俗对何为恰当的丧葬的认知之间存在着较大差距。

依照《殡葬管理条例》的规定,对划分在火葬区内的汉族死者实行火葬是一种"强制"规定,然而遗体的骨灰处理方式则是一种"倡导"。行动者在行动时受自身知识的指引,而这种知识既来自习俗,也来自法律。对于选择火葬的死者家属来说,他们可能是出于内心的真实选择,也有可能是为了避免引起法律上的越轨行为,在死者尸体处理方式上顺从了法律上关于火葬的强制规定。但是对于骨灰的处理方式,既然在法律上只是一种倡导,达不到人们的内心形成行动共识的程度,死者家属就更情愿依照习俗对骨灰采取墓葬的方式,因为墓葬意味着以后可以有个寄托情感的拜祭场所,也更符合传统殡葬习俗的经验。

国家的逻辑在于通过火葬提倡一种不占地或者是少占地的骨灰处理方式,民众在国家推行火葬、管控土葬的情况下却发生了对公墓的巨大需求是国家始料不及的。① 而单纯地扩大公墓的建造也并不是长远之道,因为大部分的公墓包含主要以水泥或石料制成的墓穴和墓碑,其布局就如同给土地包上了一层白色的坚硬外壳,其风化瓦解期也十分漫长,对环境的后续影响不容忽视。② 在公墓规划下的土地因此很难有再利用的可能,而传统的土葬看似占地更多,却存在着自然淘汰的过程,尸体随着时间的推移消融于大地之中,坟墓随着世代的更替遗忘了姓名。中国自古以来便有"孝不过三"的说法,人们对于无共同生活经历的先祖并不会产生共同的场景记忆,那些年代久远的墓穴慢慢地将无人拜祭而失去存在的痕迹,先祖留下的最后痕迹也许仅仅是祠堂里的灵牌或者族谱中的记载。这种更替的法则千百年来莫不如此,而为了火葬管理而规划出来的公墓则不同于零散存在的土葬墓穴,其具有高度的集中性,淘汰的过程也不再是自然的过程,而是具体规划出来

① 参见马金生等:《我国墓葬用地的扩张态势及调控策略》,《广西社会科学》,2012年第6期;王立波、张儒晋:《土地资源可持续发展的一个潜在危机》,《生态经济》,2008年第7期。

② 李冰:《殡葬建筑生态化设计研究》,哈尔滨工业大学博士学位论文,2009年,第61页。

的"使用年限"。目前我国大部分省市将公墓的使用年限定位在 50—70 年，而护墓费为 20 年一个周期，即便如此，不少民众还是担忧自己死后万一不及时续费或者年限到了之后将面临被清理出公墓的状况，加上现在全国各大城市普遍存在公墓紧缺的形势，民众的心态将更加复杂。而以火葬方式为主导的殡葬改革如果继续扩大公墓建设，则与当初的节约土地的目标背道而驰，反而走入一种死循环的状态。因此，寻找火葬之后的出路也势必将目光放到新型的遗体安葬方式上。

最近 10 多年来，国家所大力提倡的"生态葬"形式无疑是意在消除公墓危机所带来的弊端。[①] 然而生态葬的问题不是其理论上的有效性，而在于它能在多大程度上被人们认同并效仿。

有两个 2013 年由政府推行海葬而效果不同的典型例子。

第一个例子是上海市政府部门为了推行完全不占地的海葬方式，大幅提高海葬补贴标准，每盒骨灰的补贴金额由原来的 400 元提升为 2000 元，然而效果却不尽如人意，目前上海传统墓葬、节地生态葬和海葬的比例分别是 80∶19∶1。[②]

第二个例子发生在汕头市澄海区，该区骨灰撒海占全年火化总数比例达到 70%。集体海葬委托火葬场集中出海撒放骨灰，出海费用从 2011 年起便由政府全部买单；单独海葬也有专门修建的码头和船为其提供条件。莱芜岛和南澳岛之间的海域水流汹涌，能把骨灰全部冲入远海，而不会引起回流。如今的澄海区平均一周一次集体海葬。海葬观念能如此成功推行和"老年人协会"（当地俗称的"老人组"）有莫大关系。澄海区溪南镇东社村还专门聘请乡里一位德高望重的老人为治丧主持，积极引导村民文明节俭办丧事，大力宣传骨灰撒海是先人最好的归宿，得到良好反响。[③]

---

① 生态葬是指人的遗体火化后，通过"壁葬""塔葬""海葬""树葬""花葬""草坪葬"等不占地或少占地的方式来处理骨灰，具有环保、节能和成本低等特点。有关葬式对生态环境的影响及生态葬的介绍，详见乔宽元：《生态葬式评估体系研究》，载李伯森主编：《中国殡葬事业发展报告（2014—2015）》，社会科学文献出版社，2015 年，第 160—180 页。

② 参见吴善阳：《北上广等城市墓地开始限售，"墓地危机"期待解决之道》，http://news.xinhuanet.com/yuqing/2013-04/03/c_124538953.htm，2014 年 5 月 11 日访问。

③ 参见刘谷婷：《几天一次集体海葬，七成骨灰溶存大海》，《汕头日报》，2013 年 4 月 5 日。

从这两个例子可以看到,同样是由政府补助并倡导,可是差别却如此之大,海葬的比例一个是1‰,一个是70%,可见单纯的惠民经济措施并不足以改变人们的观念和行为。生态海葬能在汕头澄海区成功推行,至少有三个重要因素:一是政府部门创造便利条件,既提供集体海葬便利条件也根据个人需要提供单独海葬条件,如果没有相关码头与船只的完善配套,这是无法实现的;二是有效的宣传引导因素,这种宣传并不是由政府和法律单方面倡导,而是利用村落的传统组织文化,由具有影响力的老人推动,[①]人们口口相传从而从内心认可并效仿实施的;[②]三是地理文化因素,澄海区濒临南海,海岸线长达66.9公里,得天独厚的海洋文化不仅为骨灰的撒放提供了地理条件,在文化观念上也有利于令海葬在当地形成一种新的殡葬文化。当然,这在另一个角度上也说明了海葬的地理局限性。

因此,生态葬的推行应当因地制宜、因人制宜,在一个地方成功的生态葬并不意味着在另一个地方也能成功,制度需要条件。殡葬改革是个长期的过程,解决方式也并非一劳永逸,这也是对当地政府的执行力能否因地制宜的一种考验。从现实看,生态葬的推行遇到各种各样的情况,各地民众接受程度不一,但总体效果距离解决公墓危机、节地的目标仍然较远。[③]

(二)制度制造越轨

在具体的实践中,除了大家熟知的偷卖偷葬之外,围绕着"火化率"产生出灰色地带,在殡葬管控过程中出现了大量的越轨行为。

火化率是一种指标控制手段。经常可以看到报纸上说全国的火化率是

---

① 在潮汕农村地区,传统观念仍保留较多,老人在红白喜事等公共事务中掌握了相当大的话语权,有点类似于费孝通所说的"长老统治"。

② 汕头澄海区有一位老太太,六年前亲手将老伴的骨灰撒入大海,不仅开了当地"海葬"的先河,更是逢人就宣传海葬的好处,影响了不少乡邻相继效仿。参见《汕头澄海一位八旬老太逢人便宣传海葬的好处》,http://www.ycwb.com/gb/content/2005-04/04/content_878243.htm,2015年5月11日访问。

③ 参见裴春悦、尹胜:《北京市节地生态葬现状调查与分析》,载李伯森主编:《中国殡葬事业发展报告(2014—2015)》,第337—348页;潘园园:《生态葬,如何走出"遇冷"尴尬》,《福建日报》,2013年4月3日;郝迎利、王燕:《生态葬缘何西安遇冷?》,《西安日报》,2010年4月4日;何祖谋:《生态葬推广难在哪?》,《福建日报》,2015年4月8日。

多少,而某某省份的火化率又是多少,在全国排名第几位。殡葬改革中的火葬执行也就变成一串更为简单直观的数字,火化率的实质是对死亡管理与监控的技术化。通过对殡仪馆火化场实现监管,每一具尸体火化之后都会反馈为一个简单的数字"1",然后一个个"1"与当年死亡人数总数相除,便得出可以在国家眼里"放之四海而皆准"的火化率。通过火化率就可以看出一个地方的火葬执行程度,上级政府关于殡葬改革的大政方针主要也以提高火化率为考察目标,对下级政府的管理工作会定期验收考评。在个别地方居然出现了所谓的"火化指标",甚至导致盗尸倒尸的恶性事件。[1] 预先规划每年的火化任务,要求基层干部按量完成,其背后是管理思维的僵化与政绩工程的盲目。

国家逻辑的目标是贯彻火葬的确实执行,然而这种依据数字的简单管理存在以偏概全、把火葬等同于火化率的风险和监控盲点。缺失对法律运行过程的动态关注,除了会产生类似"火化指标"的僵化管理,更为值得警惕的是将会导致执法的灰色地带。数字背后究竟有没有对尸体实现火化?火化之后的骨灰是否有按法律规定放置?我们无法从火化率中看出来,这就极有可能产生法律所影响到,但又看不清的灰色地带,后者往往会催生越轨行为的出现,比如下文即将要分析的"二次土葬"与"缴费土葬"现象。

"二次土葬"是指火化后骨灰装棺再土葬的行为,在全国尤其是农村地区都不同程度地出现。[2] 韩国学者李德珠在《中国农村殡葬改革实践》一文中指出了村民选择"二次土葬"的心态:"火化之后,人们不用担心什么保留遗体引起的卫生问题了,也不用怕调查,也许还有了一种心态,就是你要的我都做了,花我的钱,你不能管,不能继续公开办丧事了。'对,烧就行,不烧不行……你烧了以后怎么折腾,你举办仪式吧,丧葬仪式,吹吹打打,他就不管了。你买棺材买什么烧了,买多大的烧了,也就不管了。'"[3]可以看到,村民的行为近乎有一种赌气的心态,因为在中国的乡村社会,哪家哪户死了人

---

① 邱明、张周来:《摊派"火化指标"催生"盗尸倒尸"》,《新华每日电讯》,2014 年 11 月 25 日。

② 肖思思、詹奕嘉:《农村"二次土葬"缺监管,入土岂能安》,《新华每日电讯》,2009 年 6 月 11 日。

③ 李德珠:《中国农村殡葬改革实践》,《南通大学学报》(社会科学版),2010 年第 4 期。

是不可能不会走漏风声到基层政府和乡村干部耳中的，再加上传统殡葬仪式的举行讲究公开性，因此在村民眼中看来，"不烧不行"，政府会像苍蝇见到肉一样盯住你。至于火化之后，村民帮基层政府达成火化率，那么基层政府也应当不继续为难村民。

而为了完成上级政府对于火化率的考察工作，基层政府把工作的重心放在了狠抓火化率上面。为了完成工作目标，在基层政府心中也有个"主次之分"，主要的是上级政府"看得到"的火化率，次要的是上级政府"看不到"的骨灰埋葬情况。于是，为了在村民之间彼此留个情面，不引起更大的社会矛盾，执法者对于"二次土葬"往往也采取睁一只眼闭一只眼的态度。这种变相土葬行为的产生实际上是执法者与村民之间的博弈，而村民在无奈的权衡下最终选择了这么一种越轨行为，这也意味着火化率作为一种监控手段的目标以及法律上节约土地的目标再一次落空。

如果说"二次土葬"是基层政府与村民之间在桌子底下的"窃窃私语"，那么"缴费土葬"则是基层政府与村民在台面上的公然买卖。"缴费土葬"是指死者家属通过买通执法人员，对遗体直接采取土葬的一种行为，部分地区甚至还可以直接买到合法的火化单。① 在广东茂名市的坡心镇，"缴费土葬"的出现是一个村民与政府讨价还价的过程，一开始村民由于不想火化而抱着不被发现的侥幸心理采取偷埋土葬的行为，政府发现后便威胁要强制挖坟，并要求缴纳罚款，而在政府收钱后村民则可以将坟墓保住。久而久之，村民与政府间便达成一种事前缴费的习惯，只要事前缴费了执法人员就会在坟墓上做标记，凡是作了标记的坟墓在执法活动中都会平安无事。而且，为了能顺利收到钱，政府的土葬缴费定价近几年也是一降再降。②

"缴费土葬"由于比"二次土葬"少了火化环节，为了逃过国家的火化率监控，在有的地方甚至诞生了一种闻所未闻、突破伦理的地下新产业——"尸体盗卖"。犯罪者通过冒充殡仪馆工作人员向其他市的殡仪馆买取尸体，或者是以盗墓的方式挖取新旧尸骨，然后向那些有需要的丧户倒卖尸

---

① 参见郭立场：《从"花钱买土葬"看殡葬改革的是非》，《中国商报》，2009 年 12 月 15 日。

② 参见南方农村报讯：《广东茂名收钱默许土葬，价码可与镇政府商量》，http://www.nfncb.cn/2011/importantnews_0405/57298.html，2015 年 5 月 11 日访问。

体,在火化之前完成调包。① 这种行为在社会上虽然是个别现象,但是造成的影响极为恶劣,尤其是给被盗尸体的家属带来不可平复的心理创伤。可以看到,围绕着土葬的越轨行为演变到骇人听闻的地步,卷入其中的基层政府、殡仪馆、丧户都不能置身事外,这是我们所不愿看到的整个社会的扭曲现象。

与二次土葬、缴费土葬现象伴生出来的是非法墓地的出现,②这些越轨或违法行为的发生导致了殡葬改革的节地目标受挫,同时消减了殡葬法制的合法性。

(三)越轨行为的产生过程及其后果

法律会内化为人们的知识,一旦具备这种知识,无论民众选择服从还是规避或反对,都表明法律成为影响行动者行为选择的结构因素;反过来,行动者不同的行为后果则会进一步影响人们对法律的评价。因此,在以动态的眼光考察上述不同土葬情景中越轨行为的发生时,关注点在于死者家属作为行动者从何种角度对内心的法律知识进行了理解? 同样以土葬为目的的两种不同越轨行为的变量是哪些? 越轨行为在多大程度上会影响法律秩序的构建?

"二次土葬"现象的出现在法律上是一个值得深思的状况。笔者思考的是,为何同样是法律的强制性规定,在"二次土葬"中人们会对"火葬"这个强制规定选择遵守,对"按规定埋葬"的规定却选择违反? 村民的越轨行为之所以出现在后面一种情况,表明村民对于两个不同的越轨行为进行了权衡,综合了对国家法律与基层政府的理解,选择了一种既不会给基层政府带来太大的执政压力,也满足自身习俗的越轨行为。同时,这种冲突较少的越轨行为的产生很容易为身边的其他人所效仿,无意间形成了一种大家心照不宣的新秩序,使得民间殡葬越来越背离原有法律所设定的目标。然而,这种局面导致了民众对于殡葬改革的合法性的怀疑。例如在实践中就有村民认为"火葬政策变成了'火化而后土葬'的政策——火化了之后还是土葬。所

---

① 参见邱明、张周来:《摊派"火化指标"催生"盗尸倒尸"》,《新华每日电讯》,2014年11月25日;佚名:《火化指标催生地下新"产业"——民政局官员卖尸案调查》,http://news.sina.com.cn/o/2005-03-30/09405504127s.shtml,2015年5月11日访问。

② 参见王彬等:《活人购买墓地非法频现》,《济南日报》,2011年4月6日。

以他们觉得火葬不是（像国家政策宣传的那样）为了节约土地,而是件'没啥意思'的事情"①。"缴费土葬"对法制的危害性显然更大,虽然对于村民来说"以钱代烧"同样是一种妥协行为,但是在这个过程中,基层政府的态度却大为不同,在"缴费土葬"中基层政府表现出来的是对经济收入赤裸裸的追求,并且无视国家的火葬政策,使法律几乎形同虚设。在村民眼中,法律的强制性规定变成了基层政府得以捞钱的工具,也就是只要有钱,只要能同政府工作人员勾结到一起,就可以避开国家法律施加的影响。这种越轨行为不仅会使法律偏离原来的目标,更会在人们心中形成金钱、权力大于法律的观念。

最后还有一个情况需要探讨的是,由于偷埋土葬的行为大多出现在农村地区,基层执法者的形象也对越轨行为的出现产生了重要影响。基层执法者或被委托实施监管的人员大多也跟村民生活在同一个"熟人社会"的圈子里,可以说,基层执法者是国家与村民之间的"中介"。基层执法者作为具有能动性的行动者,他们的内心也会受限于法律政策的要求以及村民的情感因素这两种知识的冲突,他们的行为态度也将直接为村民越轨行为的产生创造条件。"二次土葬"中基层执法人员采取了一种两边不得罪的折中行为,"缴费土葬"中基层执法人员采取的则是一种利用手中权力的寻租行为。吴毅把基层执法人员的这种特殊角色地位与行为定义为"双重边缘化",他指出:"结果,本应该在国家与村庄的互动中起到上下有机连接作用的村干部却没能有效地实现这种连接;本应为政府和农民双方所依赖的村干部,却反而成为双方既不能有效依赖,又不能有效约束的自在性力量。由此所可能产生的不良后果,就不仅仅是村政的懈怠,而同时可能也是上层政治结构与底层社会结构的疏离,而由于这一疏离曾经给中国历史治乱兴衰所带来的教训是应该引起人们足够重视的。"②

法律本应是对秩序的构建,对社会结构的整合,然而在殡葬法制改革中,越轨行为的大量出现表明现行法律不仅没有构建一种有效秩序,反而扭

---

① 刘燕舞、李德瑞:《火葬政策的国家实践与村庄效果》,《华中科技大学学报》(社会科学版),2008年第1期。

② 吴毅:《双重边缘化:村干部角色与行为的类型学分析》,《管理世界》,2002年第11期。

曲了原本存在于民间的殡葬秩序。在一些民众眼中,法律成了一种打乱生活秩序的外来物,殡葬管理成了基层政府或执行者寻租的权力。不同主体在殡葬中扮演了不同的角色,整个社会结构并没有得到有效整合,反而加大了鸿沟,法律也将越来越难以走进民众的心中。

四、讨论:法制改革的起点与限度

法制是促进社会变迁的工具,但其成效受制于社会,成败系于多种因素。其中最为重要的是制度设计能否影响人们的认知并形成对法律的认同,而不仅仅是对行为的监控,监控常有疏漏,这一点常被忽略。

中国的汉民族及一些少数民族对死者有"入土为安"的观念,因此形成了土葬习俗。这种习俗在过去并没有受到国家的过多干预,然而,随着社会的发展,人口因素和土地因素在现代社会成了一个不得不考虑的因素。传统的土葬行为带来的意外后果是土地危机(当然,这一危机是否真实还可以讨论),因此导致正式社会控制的进一步介入和加强。用一种因果的链条来表示上述过程就是:传统土葬(有限知识)——土地危机(意外后果)——提倡火葬(法律调控)。在这里,土葬为因,火葬为果。这种因果循环并不是一种自动的均衡调节,而是国家对意外后果进行选择性的"信息过滤",从而完成具有反思性的自我调控。[①] 在社会变迁中,法律正是通过国家的协调和动员能力以期望构造出一种新的秩序,而这种新的法律与旧的习俗观念一经遭遇,就会触发人们不同的、新的行动。然而,如果说国家作为一名设计者,法律是其重要蓝图,那么正如个人的行为会产生意外后果,法律的规划一样会产生意外后果。

意外后果是所有制度设计的大敌。如何克服法制引起的意外后果,是以法制改革社会时必须面对的难题。而困难在于,我们都只具备哈耶克所说的有限知识。[②] 如何在一定程度上克服有限知识的问题? 首先应该认识

---

①　安东尼·吉登斯:《社会的构成》,李猛译,生活·读书·新知三联书店,1998 年,第 91—92 页。

②　弗里德里希·冯·哈耶克:《法律、立法与自由》(第 1 卷),邓正来等译,中国大百科全书出版社,2000 年,第 12 页。

到,意外后果是实践的结果。一切制度的意外后果均来自行动者在制度约束(结构)之下的行动实践,其包含了不同行动者对制度的认知和反应以及不同的行动者之间的互动。意外后果的发生,无疑与制度设置不完善和执行过程有直接关系。要克服或减少制度的意外后果,需要的是关于制度实践和人如何行动的知识,这里至少有两个重要方面:一是有必要采取经验性的研究进路,密切关注法律实施的过程和后果,使法制在"试错"中具备改善、逐步健全的经验基础;二是克服法学及立法领域的智识"孤岛"问题,引入社会科学对立法试图影响的行动者的行为及行动逻辑的理解,完善立法的知识基础。更直接地讲,立法必须对法律的实施者、实施对象及其生活、世界观等有实质性的理解和认识,立法需要关于社会的知识。因此,法制改革的起点在于对对象的实质性认知,其限度在于对法制后果的把握。具体到殡葬法制改革的领域,需要对法律执行者、管理者的行动逻辑以及民众的丧葬行为、逻辑、后果的实质性理解。在未来的殡葬法制推进和完善中,应该充分注意到以下问题。

第一,虽然经济因素对于理解火葬政策的推行及阻碍很重要,但是丧葬行为本身的逻辑核心并不在于经济理性,而是其文化性。要使人们认同殡葬法制的目标,不仅需要使民众享受到经济上的成本最小化,更需要使殡葬管理的具体措施具有一定的文化契合度。

殡葬管理出于卫生或资源节约的考虑,但是其实现的程度和效果依赖于改革措施能否在一定程度上替代已有的习俗。罗伯特·赫尔兹(Robert Hertz)认为:人的死亡与动物的死亡的不同之处就在于,它会引起相应的社会信仰、情绪变化和仪式活动;而殡葬作为一种仪式则达到了使生者从禁忌与痛苦中回归社会,而死者从社会中分离出去成为祖先的社会目的,在这里实现了死者社会身份上的转变。① 因此,为死者举行葬礼不仅是将死者"隔离"出社会,同时是为他找到新的归宿,这不仅是社会的需要,也是亲属情感的需要。在这个过程中世界各地发展出了丰富而又各有差异的丧葬观念与文化,而整个丧葬文化的合理性本身却是相同的,它重构了生者与死者的联

----

① 罗伯特·赫尔兹:《死亡与右手》,吴凤玲译,上海人民出版社,2011年,第61、69页。

系,并重新整合了社会关系。公墓危机等问题的出现意味着尽管法律的制定可以影响人们的行为选择,但是却无法决定人们的最终行为。对于传统习俗,人们也许不知道行为背后的直接意义,但是传统本身就是"内在地充满了意义,而不仅仅是为习惯而习惯的空壳"①。法律的困境在于它用"理性"的知识去除传统的"无知",但往往由于缺乏对文化性的关照而不能弥补人们内心的价值空缺,告诉人们什么才是生活的意义,告诉人们做什么才是有意义的。在法律与传统观念冲突的情况下,它又应当如何促成其目标的实现?生态葬的例子给法律的启示是,在社会生活中仅仅依靠法律的单方面倡导与强制并不能使人们形成行动观念,法律与传统观念带来的冲突"往往可以通过看似法律之外的方式得到解决"②。行动条件与环境的创建、对习俗文化的转化和有效利用、尊重地理文化因素等方式,都将有可能决定一部法律能否成功实现其目标。反之,如果通过法律构建的制度忽视甚至阻挠了人们由传统观念形成的心理动因,这个时候往往不止会在效果实施层面上出现制度的意外后果,而且会伴随着人们对制度做直接对抗的越轨行为。

因此,在殡葬改革中,需要发展出细致、具体、因地制宜和因文化制宜的殡葬管理措施,转化或替代传统的丧葬仪式、习俗,在一定程度上承载传统的价值观,使人们能够维系与死者之间的联系,例如追思的便利、场所设置的合理。而这些途径的选择和创造,无疑依赖于人类学、社会学、心理学等社会科学的介入。

第二,对于殡葬法制及具体的管理领域出现的意外后果,特别是殡葬管理不当引发的违法行为需要引起足够的重视,这些现象降低了殡葬改革的合法性和合理性,并引发民众的质疑。

这些越轨行为中,最严重的是部分殡葬管理部门从殡葬管理和殡葬事业中牟取暴利,③这不仅导致火葬的成本相比土葬更高、墓穴超标等问题,还使部分管理部门和执法者卷入到与民众违法土葬的"合谋"中,更导致了民众对殡葬管理和殡葬法制合法性的怀疑。殡葬改革必须回到公益事业这一

---

① 安东尼·吉登斯:《现代性的后果》,田禾译,译林出版社,2011年,第92页。

② 王启梁:《迈向深嵌在社会与文化中的法律》,中国法制出版社,2010年,第209页。

③ 罗瑞明、符向军:《整治殡葬暴利迈开第一步》,《中国纪检监察报》,2015年8月6日。

立场上,控制寻租的空间,降低民众的火葬成本。

从法律执行暴露出的问题看,针对二次土葬这一突出现象,一是要重新设计对火化之后骨灰安置的制度要求,对于划定为火葬区的地方不能为二次土葬这样的潜规则留下空间;二是要更加合理地划分火葬区和土葬区,在推行火葬条件还不适合的地区不宜冒进;三是要完善对殡葬管理的考核方式,避免因片面追求火化率导致大量对二次土葬的放任。而对缴费土葬,则需更加严格地执法,予以坚决制止。

还有一个重要的问题是前文讲到的公墓的设置及坟墓的建筑规制方面。由于缺乏更加细致的规则和生态的考量,公墓设置在相当程度上没有达到节地和生态友好的目标,这就导致殡葬宣传与实际后果之间存在差异,民众因此不能完全接受公墓设置的合理性。一些具体的制度和手段有必要发展,例如较为明晰的公墓墓地规格与标准,开发新型的、能够历经一定年代后回归自然的环保材料的运用等。

第三,由于与人们的世界观、价值观紧密相连,丧葬是容易引发冲突的领域,改革的进程、措施和力度应当有所节制,这也是法制改革的限度。

费孝通先生认为日常生活中的传统习俗具有一种让人敬畏的魔力:"不必知之,只要照办,生活就能得到保障的办法,自然就会随之发生一套价值。"[1]因此,殡葬习俗对于人们的影响不仅体现在思想方面,更直接透过仪式以行为的方式表现出来。在殡葬仪式中,行动者并非都能清楚解答每个步骤的含义,习俗在这里内化成一种无意识的知识,行动者正是根据这种知识使场景得到忠实的再现。殡葬仪式作为一种特殊的人生仪式具有宗教感染力,而"宗教之所以能够产生出规范,关键在于它作为一种世界观界定了什么是失范和越轨,并且发展出对失范和越轨的挽回方式"[2]。也因此,这一领域的改革不仅需要更多地从社会性和文化性的角度寻求出路和措施,还需要具有必要的耐心。

原文发表于《云南社会科学》2016 年第 1 期

---

[1]   费孝通:《乡土中国》,北京出版社,2011 年,第 74 页。
[2]   王启梁:《迈向深嵌在社会与文化中的法律》,第 190 页。

本文是向王启梁老师约的稿,全文转载在《中国社会科学文摘》2016年第6期,论点摘编在《学术界》2016年第3期,是我刊法学栏目中较早被转载的刊文,也是首次获得《中国社会科学文摘》全文转载的刊文。文章指出"我国的殡葬法制在实施过程中并没有完全达到节约土地的制度目标,反而产生了公墓危机以及'二次土葬''缴费土葬'等大量越轨行为",围绕殡葬活动进行了深入探讨。本文写作结合了法学、社会学、政治学等多学科知识,展现了作者深厚的学术功底,文章最后落脚在"法制改革的起点与限度"。全文有现实回应,有学术思考。非常感谢作者对我刊法学栏目的支持。

专家评论：

中国的法制变迁与其赖以生存的历史文化土壤密切相关。在现代社会,殡葬法制改革使得传统意义上"礼""俗""法"的创造性融合与互动成为可能。王启梁、刘建东一文,以法制改革的起点与限度为落脚点,对丧葬的双重社会控制机制改革进行了较为全面的阐述,为把握法制改革过程中的价值基准提供了可靠的思路来源。   ——聂鑫,清华大学教授

第二编

法典编纂

民法典合同编通则中的
重大疑难问题研究

王利明①

摘　要:合同编在民法典中具有举足轻重的地位,民法典合同编通则的制度构建具有重大意义。中国未来民法典的立法体系决定了合同编应当发挥债法总则的功能,故扩充合同编合同履行部分的内容,增设"准合同"一节规定无因管理和不当得利制度就具有必要性和合理性。在合同订立制度方面,应完善以实际履行方式订约的规则且进一步完善预约合同制度,先期谈判中的允诺不宜视为合同条款。在合同效力制度方面,现行民法典合同编草案对于未生效合同效力的规则仍需完善,无权处分合同原则上应当认定为有效。在合同履行制度方面,应当完善利益第三人合同的规则和情势变更制度,规定清偿抵充规则和以房抵债协议。在合同保全制度方面,应当在法律上明确合同保全的法律效果;债权人在行使代位权后未获得全部清偿的,仍有权向债务人主张债权,且代位权与撤销权不宜同时主张。在合同的变更制度方面,应当肯定和鼓励金钱债权的转让,应删除现行草案中"通知规则的例外条款";在债权人与第三人达成并存的债务承担协议时,应当允许债务人提出异议,但如果债务人没有对第三人的加入提出异议,或者明知第三人代替其履行债务而没有提出异议的,则应当认定并存的债务承担有效;还应当协调不安抗辩权与预期违约之间的关系。在合同解除制度方面,应当明确合同解除制度的地位,确认合同僵局下违约方申请解除合同的规则并规定当事人就合同解除发生异议时的解决规则,且完善合同解除后的

---

①　王利明,中国人民大学研究员,现为中国人民大学教授。

损害赔偿制度。在违约责任制度方面,应明确违约责任原则上不救济精神损害,完善可得利益赔偿制度,规定约定损害赔偿的调整制度,并完善违约金责任规则。

关键词:准合同;合同订立;合同履行;并存的债务承担;合同保全;合同解除;违约金

合同法是交易法,是市场经济的基本法,也是鼓励交易、创造财富、维护交易安全与交易秩序的重要法律。合同法在民法典中具有举足轻重的地位。根据 2019 年 12 月底审议的《中华人民共和国民法典草案》,未来中国民法典总条文在 1260 条左右,其中合同编就将达到 520 多条,这也反映出合同编在民法典中的重要地位。合同法涉及的问题很多,但最为基础的问题还是民法典合同编通则中的若干编纂问题。所谓"通则",是关于合同的一般规则,实际上也就是合同法的总则,但为了与民法总则的表述相区别,合同编使用了合同法通则的提法也不无道理。本文拟对合同编通则中的一些重大疑难问题谈一点粗浅的看法。

一、合同法与债法总则的关系

(一)合同法应当发挥债法总则的功能

笔者一直主张在民法典中设立债法总则,规定一些债的基本规则,从而使民法典体系更为完善。但立法机关经过反复研究,决定不设置债法总则编,而使合同法总则发挥债法总则的功能。这一决定也具有合理性,主要体现在以下几个方面。

一是便于法官适用法律。一方面,从立法层面来看,中国历史上并没有制定过独立的债法总则,而仅制定了《中华人民共和国合同法》。民法典不设债法总则编,显然是考虑到法官法律适用的习惯和便利,另一方面,设置债法总则确实有可能导致法律规则层层嵌套。债法总则主要是调整交易的规则,其可能与民法总则中的法律行为制度以及合同法的内容发生重复。换言之,设置债法总则可能会给法官找法带来困难。例如,在当事人就合同的订立发生纠纷时，如果设立债法总则，则法官不仅要从合同法和民法总则中寻找依据，而且可能需要从债法总则中寻找法律依据，这显然过于烦琐。

二是维护合同法总则规则体系的完整性。合同法总则的规则体系具有完整性，它是按照合同发生及发展的时间先后顺序而构建的，合同法总则的规则涵盖了合同从订立、生效到履行以及违约救济的全过程。具体而言，在合同订立阶段，当事人需要进行一定的磋商；在合同订立之后，需要判断合同的效力；对于依法成立并生效的合同而言，当事人双方均负有履行合同的义务；在合同履行过程中，当事人还可能享有同时履行抗辩权、不安抗辩权等抗辩权；而在当事人不履行合同或者履行合同不符合约定时，还会产生违约责任，甚至可能导致合同的解除或者终止。可见，合同法总则的规则贯穿了合同从订立、履行到违约以及终止的全过程，具有明显的"单向度"特点，合同法总则的规则也具有明显的"同质性"（homogeneity）特征，侵权法规则显然并不具有这一特点。① 如果要设置债法总则，则会导致合同法总则的大量内容被纳入债法总则中，导致合同法总则被分解。事实上，传统大陆法国家债法总则的内容主要是从合同法中抽象出来的，并且主要适用于合同法领域，如关于债的履行、债的变更、债的转让、债的担保等，很难适用于侵权之债中。因此，将这些规定在合同法之中也是顺理成章的。还应当看到，从立法层面看，由于中国自 1999 年颁布《合同法》以来，就构建了较为完善的合同法体系，合同法的内容和体例已经为广大法律人所熟悉和了解。所以，在当前制定民法典的过程中，一定程度上而言，也确实没有必要仿照国外民法典的规定，拆解合同法的内容，将其中的一些规则纳入债法总则中，继续保持合同法总则体系的完整性也确实具有其自身的合理性。

三是顺应民法的债法制度以合同法为中心的发展趋势。从债法的发展趋势来看，现代民法出现了所谓"合同中心主义"的发展趋势，即在立法层面将合同制度视为债法制度的核心，同时将合同规则类推适用于其他债的关系之中。② 许多国家的民法典（如意大利、西班牙、奥地利以及魁北克省等国

---

① 参见 Lucinda Miller，*The Emergence of EU Contract Law: Exploring Europeanization*，Oxford University Press，2011，p.70。

② C. Witz，Contrat ou acte juridique?，in *Pour une reforme du droit des contrats* (*sous la direction de F. Terré*)，Dalloz，2009，p.63。

家和地区的民法典),都秉持了"合同中心主义"的立法模式。① 在法国债法修订过程中,卡塔拉(Catala)教授所提出建议稿中第三编的名称就叫"合同与一般契约之债",瑞士债法同样秉持了合同中心主义的立法模式。②《欧洲示范民法典草案》(DCFR)也采取了合同中心主义的做法,即将合同规范作为其他渊源所生之债的基准规范。按照合同中心主义,合同规范不仅是债法的基准规范,同时也是其他渊源所生之债的基准规范。中国民法典草案保持合同法体系的完整性,使其发挥债法总则的功能,也顺应了这一立法发展趋势。

(二)扩充合同编内容以实现债法总则功能

由于没有债法总则编,可能出现一些制度缺失,例如,按份之债与连带之债也应当是债的基本分类之一,而中国目前只是在《民法总则》中规定了按份责任与连带责任,并没有对按份之债与连带之债作出规定。但责任与债并非同等概念,故立法未规定两者,也属于立法上的缺漏。因此,在民法典不设置债法总则的情形下,如何规定债的分类规则以及各类债的履行规则,值得探讨。为了使合同法更好地发挥债法总则的功能,弥补因为没有债法总则而造成的缺陷,民法典合同编适度扩张了合同履行一章的内容,在其中规定了债的分类规则,包括可分之债与不可分之债、选择之债、按份之债与连带之债等各类债的履行规则,并借助准用性规则的设置而直接适用于其他债的关系。在被合同编合同履行部分确认之后,这些规则虽然从体例上而言位于合同编之中,但同样适用于其他债的关系。

(三)增设"准合同"一节

在不设置债法总则的情形下,如何妥当规定各类法定之债(如不当得利、无因管理等)的规则,存在疑问。民法典合同编草案第一稿曾将不当得利、无因管理规定在合同编分则之后,作为典型合同加以规定,这显然是不

---

① 李世刚:《中国债编体系构建中若干基础关系的协调——从法国重构债法体系的经验观察》,《法学研究》,2016 年第 5 期。

② 李世刚:《中国债编体系构建中若干基础关系的协调——从法国重构债法体系的经验观察》。

妥当的。因为不当得利、无因管理显然并非有名合同。但在不设置债法总则的情形下，如何规定这些法定之债的规则值得探讨。就此，笔者认同现行草案的做法，即借鉴英美法和法国法上"准合同"的概念，对各类法定之债的规则作出规定，并将其置于合同编最后。① 所谓准合同，是指类似于合同的债的关系。② 准合同的概念起源于罗马法，盖尤斯（Gaius）认为，不当得利、无因管理也在一定程度上体现了当事人的意思，因此是类似于合同的债的关系，③这一观点后来被法国法和英美法所吸收。从法律上看，将无因管理、给付型不当得利的规则规定在准合同部分是没有问题的，因为此类债的关系与合同之债类似，都与当事人的意思具有一定的联系，但就加害型不当得利而言，其属于典型的侵权行为，与当事人的意思表示并不存在直接关联，如果将其规定在准合同之中，则可以考虑在加害型不当得利的规则之后增加规定准用条款，规定其可以参照适用侵权责任编的规定。

二、完善合同订立规则

（一）完善以实际履行方式订约的规则

根据《合同法》第 10 条，合同可以采用书面形式、口头形式或其他形式订立。所谓其他形式，主要是指以实际履行方式订约。在实践中，当事人在交易过程中通过协商谈判，没有就合同主要条款达成书面合同或者口头协议，但事后一方当事人向对方作出了实际履行（例如交付了一定数量的货物），而对方也接受当事人实际履行的，认定合同已经成立。这种订约方式也被称为以实际履行的方式订立合同。此种订约方式的特点是，主要通过法律规定认定当事人具有订立合同的效果意思，从而发生法律效果。④ 从鼓励交

---

① 王利明：《准合同与债法总则的设立》，《法学家》，2018 年第 1 期。

② 李世刚：《中国债编体系构建中若干基础关系的协调——从法国重构债法体系的经验观察》。

③ 丁超：《论准契约的基本问题》，载费安玲编：《学说汇纂》（第 3 卷），知识产权出版社，2011 年，第 68 页。

④ 谢鸿飞：《合同法学的新发展》，中国社会科学出版社，2014 年，第 114 页。

易的目的出发,民法典合同编应当对以实际履行方式订约这一合同订立方式作出规定。民法典合同编草案第282条规定:"在签字、盖章或者按指印之前,当事人一方已经履行主要义务,对方接受时,该合同成立。"该条确立了合同不成立的补正规则,明确了以实际履行方式订约。

但对于以实际履行方式订约需要具备哪些条件才能使合同成立,该条并没有作出明确规定。笔者建议,应当从如下两方面完善相关规则。

一是必须是一方履行了主要义务。之所以要求一方履行主要义务,是因为以实际履行方式订约也必须完成要约、承诺的过程,即一方必须以实际履行的方式发出要约。由于要约的内容必须具体、确定,也就是说必须包含未来合同的主要条款,因此一方的实际履行必须包含未来合同中的主要条款。何为未来合同中的"主要条款"?对此,依据《合同法司法解释(二)》第1条规定:"当事人对合同是否成立存在争议,人民法院能够确定当事人名称或者姓名、标的和数量的,一般应当认定合同成立。但法律另有规定或者当事人另有约定的除外。"笔者认为,司法解释的上述规定针对买卖合同而言是有道理的,因为买卖合同主要具备当事人、标的和数量这三个主要条款,但对其他类型的合同而言,其未必都要具备这三项。例如,提供劳务的合同就未必需要具备上述三项主要条款。合同的性质不同,其主要条款也不相同,不可泛泛而论,而应当根据合同的性质确定合同主要条款。根据合同的性质,如果能够认定一方当事人所履行的义务涵盖了合同的主要条款,并且对方接受该履行的,则应当认定合同已经成立。

二是另一方必须无条件地接受履行,且并未提出异议。对于如何判断"对方已经接受履行"经常发生争议。此处所说的接受,应当是指完全接受,而不能附带条件或提出任何异议。例如,如果一方向另一方交付100吨钢材,另一方只接受50吨,而不接受另外50吨,这意味着当事人可能只是就50吨钢材的买卖作出了承诺,而对于另外50吨钢材则并未达成买卖协议。但如果这100吨钢材的交易是完整的、不可分割的整体,则不应当认定合同成立,而应当认定受领钢材的一方向对方当事人发出了新的要约。

在判断合同成立时,上述两个要件缺一不可。这表明以实际履行方式订约也应当由当事人双方就合同的主要条款完成要约、承诺的过程,即就合同的主要条款形成合意,否则不能产生订立合同的效果。

重审斯芬克斯之谜

（二）进一步完善预约合同制度

所谓预约，也称为预备性契约，它是指当事人达成的、约定在将来一定期限内订立合同的允诺或协议。[①] 当事人在将来一定期限内所订立的合同称为本约合同，而当事人所约定的在将来订立本约的合同即为预约合同。

由于预约在实践中已经广泛采用，时常发生纠纷，而中国现行合同法并没有对此作出规定，不利于保护合同当事人的利益。例如，甲向乙购买房屋，双方签订了购房意向书，甲向乙支付了 5 万元定金，后因房屋价格上涨，乙又将该房屋出卖给丙，后甲主张乙构成违约，请求乙承担继续履行的违约责任。在该案中，由于甲乙之间仅订立了预约合同，而没有订立房屋买卖合同，如果法律不承认预约合同，则购房人甲无权请求乙承担违约责任，而只能主张缔约过失责任。显然，这对购房人甲而言是极其不利的。可见，在法律上承认预约合同，对消费者权益保护也是十分重要的。因此，2012 年最高人民法院《关于审理买卖合同纠纷案件适用法律问题的解释》（以下简称《买卖合同司法解释》）第 2 条规定："当事人签订认购书、订购书、预订书、意向书、备忘录等预约合同，约定在将来一定期限内订立买卖合同，一方不履行订立买卖合同的义务，对方请求其承担预约合同违约责任或者要求解除预约合同并主张损害赔偿的，人民法院应予支持。"该条对预约合同以及违反预约合同的违约责任作出了规定，一定程度上填补了《合同法》的漏洞。但应当看到，在民法典合同编的制定中，究竟如何规定预约制度，还有如下几个问题需要探讨。

首先，在名称上究竟使用"预约"还是"预约合同"，存在一定的争议。考虑到在实践中"预约"经常作为动词使用，如预约购房、预约租房、预约买货等，为避免歧义，民法典合同编借鉴司法解释的规定，采用"预约合同"的提法不无道理。

其次，要区分预约和意向书。民法典合同编草案二审稿第 287 条规定，"当事人签订认购书、订购书、预订书、意向书、备忘录等预约合同"，受法律保护。该条采用了"意向书"的提法。笔者认为，在法律上应当严格区分预

---

① Werk, in Münchener Kommentar zum BGB, Vor § 145, Rn. 60.

约与意向书,两者的区别主要表现在三点。一是是否具有订立本约合同的意图不同。意向书本身是一种订约的意向,对于当事人而言一般不具有法律上的拘束力,[①]而预约合同的成立要求当事人必须明确表达在将来订立本约的意思表示,同时,当事人应当有受其意思表示拘束的意思。[②] 在实践中,虽然当事人已经达成了意向书、备忘录,但如果无法确定当事人有在将来一定期限内订立本约的义务,则不应当认定在当事人之间成立预约合同,其对当事人不具有拘束力。[③] 二是是否包含了订立本约合同的内容不同。意向书本身并未确定任何合同的条款,但是预约中却往往确定了部分合同条款。也就是说,与意向书相比较,预约的内容应当具有一定的确定性。[④] 三是是否包括了违约责任的约定不同。有一些预约实际上也约定了违约责任,而在意向书中,由于其内容通常并不十分明确,往往没有关于违约责任的约定。应当看到,在实践中,当事人在订立合同时往往将预约写作意向书,但是法律应当引导当事人尽量避免使用"意向书"这一表述,司法实务更应从内容上加以区别。

再者,要区分预约和本约。在实践中,有的法院在裁判有关预约的纠纷时,要求违反预约的一方当事人承担支付违约金等违约责任,这显然没有明确区分预约与本约。笔者认为,应当依据如下标准区分预约与本约。一是当事人约定的内容。预约的内容是将来订立本约,而本约则是关于合同具体内容的约定。[⑤] 例如,在房屋租赁合同中,预约是将来订立租赁合同的约定,而关于价金、具体房屋的约定则属于本约的内容。二是违反合同的责任后果不同。当事人违反预约合同时,非违约方可以主张违约方订立合同,而当事人违反本约合同时,并不产生请求对方当事人订立合同的违约责任,而只是产生继续履行、赔偿损失等违约责任。

---

① 刘承韪:《预约合同层次论》,《法学论坛》,2013 年第 6 期。

② 陈进:《意向书的法律效力探析》,《法学论坛》,2013 年第 1 期。

③ Werk, in Münchener Kommentar zum BGB, Vor §145, Rn. 63. BGH NJW 2006, 2843 Rn. 11;NJW-RR 1992, 977, 978;1993, 139, 140;RGZ 73, 116,119.

④ BGHZ 97,147,154 = NJW 1986,1983,1985; BGH BB 1953, 97 = LM §705 Nr. 3;NJW 2001,1285,1286.

⑤ 刘承韪:《预约合同层次论》。

最后,明确违反预约的责任。区分预约和本约在很大程度上是为了区分二者的违约责任。如果双方当事人在预约中约定了违约责任,则应当根据当事人的约定确定其违约责任。但如果预约中没有约定违约的后果,则违反预约的一方究竟应当承担何种责任,应当依据具体情况予以判断。例如,要求当事人进行磋商或对不能订立合同的损失进行损害赔偿,①实际履行是否可以成为预约的违约责任承担方式,在各国立法中不尽相同。除了极个别国家(如俄罗斯民法)允许强制违约方实际履行,其他国家一般都允许由法官依据具体情形确定违约责任。例如,在房屋买卖的预约中,如果开发商已经将房屋出售,就无法适用实际履行的违约责任方式。但如果在违反预约合同的情形下,由于当事人并未达成本约,因而不能要求本约中履行利益的赔偿,非违约方只能请求违约方承担"为准备订约而支付的各项合理费用的损害赔偿"。可见,违约责任的规则不能完全适用于预约合同,违反预约合同的违约责任,应当根据案件具体情况予以认定。

三、关于先期谈判中的允诺能否视为合同条款

所谓先期谈判中的允诺,是指一方在谈判中作出的允诺。关于先期谈判中的允诺的效力,民法典各分编草案一审稿第 281 条曾规定:"当事人一方在订立合同前向对方所作的允诺内容具体确定,对合同的订立有重大影响,对方有理由相信其为合同内容的,该允诺视为合同条款。"该条实际上源于司法解释中关于商品房买卖中广告和宣传资料视为要约的规定。②对于要约邀请可以作为合同内容的观点早就存在,③在民法典合同编的起草中,不少人建议将该司法解释的规定全部纳入合同编中,以强化诚实守

---

① 韩强:《论预约的效力与形态》,《华东政法学院学报》,2003 年第 1 期。

② 最高人民法院《关于审理商品房买卖合同纠纷案件适用法律若干问题的解释》第 3 条规定:"商品房的销售广告和宣传资料为要约邀请,但是出卖人就商品房开发规划范围内的房屋及相关设施所作的说明和允诺具体确定,并对商品房买卖合同的订立以及房屋价格的确定有重大影响的,应当视为要约。该说明和允诺即使未载入商品房买卖合同,亦应当视为合同内容,当事人违反的,应当承担违约责任。"

③ 隋彭生:《论要约邀请的效力及容纳规则》,《政法论坛》,2004 年第 1 期。

信原则。但笔者认为,将该条扩展到整个合同法之中的观点并不妥当,主要理由在于:

第一,上述司法解释的规定主要适用于商品房买卖交易,其目的在于强化商品房买卖中的消费者权益的保护,如果将该规定纳入合同法总则之中,普遍适用于各种交易,就不适当地扩张了该条的适用范围。因为在交易过程中,当事人在谈判缔结合同的过程中通常都要进行反复磋商,其间各方都有可能向他方作出各种允诺,但这绝不意味着这些允诺都可以成为合同的内容,合同内容的确定应当以最终的合同文本为准。

第二,当事人在合同订立过程中可能会作出各种允诺,但是一个理性的商人如果认为谈判中对方作出的允诺是十分重要的,则其应当坚持将该允诺纳入合同文本之中。如果最终的文本并未写入该条款,则可以认为,当事人并不认为该允诺对其是重要的,或是该允诺因缺乏足够的对价而无法被写入最终的合同文本。在当事人已经签订正式的合同文本后,任何一方当事人均不得再根据对方在订约阶段作出的允诺而推翻合同正式文本的内容,否则将极大地影响合同正式文本的严肃性。

第三,书面证据优先性规则有利于维护合同的严肃性。普通法上有所谓口头证据规则(parol evidence rule),要求不得以口头证据反驳和排斥书面文件的内容。[1] 依据这一规则,应当通过书面合同文本确定合同的内容,除非证明存有欺诈等情形,书面合同文本之外的证据(如口头约定等)不应当成为确定合同内容的依据,同时,当事人也无权通过其他外在的证据(如口头证据)推翻合同正式文本,[2]这有利于体现书面合同的价值,故先期允诺作为口头证据不得否定作为书面证据的合同文本。

总而言之,在订立书面合同文本的情形下,应当以当事人最后的书面合同来明确合同内容,当事人在谈判过程中所作出的口头允诺不宜认定为合同的内容。

---

[1]　伊丽莎白·A. 马丁编著:《牛津法律词典》,蒋一平等译,上海翻译出版公司,1991 年,第 368 页。

[2]　何宝玉:《合同法原理与判例》,中国法制出版社,2013 年,第 261 页。

四、关于合同效力

(一)关于未生效合同的效力

所谓合同未生效,是指法律规定了合同生效应当满足特别的要件,在这些要件未被满足时合同的状态。[①] 未生效合同的典型形态是依据法律、行政法规应当办理批准才能生效的合同,对于此类合同,如果当事人未办理批准手续,则该合同就属于未生效的合同。未生效的合同是与法律法规明确规定的审批义务联系在一起的。在实践中,有一些合同涉及如采矿权、探矿权的转让,从事证券经纪、期货经纪业务,国有企业转让国有资产等,依据法律法规必须经过有关部门的批准方能生效。此类合同在实践中发生了不少纠纷,但现行《合同法》对该类合同的效力、违反该合同所应承担的责任等并未作出明确规定,因此,民法典合同编有必要对这一问题作出规定。合同编二审稿第 294 条第 2 款曾规定:"法律、行政法规规定应当办理批准、登记等手续生效的,依照其规定。当事人未办理批准、登记等手续的,该合同不生效,但是不影响合同中履行报批、登记等义务条款以及相关条款的效力。应当办理申请批准或者登记等手续的当事人未履行该义务的,对方可以请求其承担违反该义务的责任。"该条对未生效合同的效力作出了规定,弥补了《合同法》规定的不足,但仍有需要完善之处。

第一,必须区分批准与登记的效力。《物权法》第 15 条规定:"当事人之间订立有关设立、变更、转让和消灭不动产物权的合同,除法律另有规定或者合同另有约定外,自合同成立时生效;未办理物权登记的,不影响合同效力。"依据该条规定,除法律有特别规定或者当事人另有约定外,合同一经成立,只要不违反法律、行政法规的强制性规定和公序良俗,即可发生效力。当事人未办理登记只是不能发生物权变动的效力,但并不影响合同的效力。[②] 例如,在订立房屋买卖合同之后,即便当事人没有办理变更登记,房屋

---

① 谢鸿飞:《合同法学的新发展》,第 179 页。

② 全国人大常委会法制工作委员会民法室:《中华人民共和国物权法条文说明、立法理由及相关规定》,北京大学出版社,2007 年,第 23 页。

所有权尚未移转,也不影响当事人之间买卖合同的效力,买受人基于该合同对房屋的占有仍应当受法律保护。因此,除非法律另有规定,不然登记就只是物权变动的要件,其对合同的效力不应当产生影响。在《物权法》施行之前,司法实务中,有些当事人与银行订立房屋抵押合同,一旦银行向其发放借款,其就以未办理抵押登记为由主张合同未生效,拒绝办理抵押登记,并主张银行无权请求其承担违约责任。如果认为未经登记合同不发生效力,将可能鼓励一些行为人恶意规避法律,甚至利用房屋买卖、抵押等方式欺诈他人,或逃避责任。因此,《担保法》中抵押合同自登记时发生效力的规定已经为《物权法》所摒弃。笔者认为,根据《物权法》的上述规定,应当将上述草案中的"登记"二字予以删去。

第二,应当区分未生效合同与无效合同。未生效合同是一个特定的概念,此处所说的未生效合同特指因未履行法定或者约定的审批义务,从而使得合同尚未发生效力。其与无效合同的区别主要表现在:一方面,无效合同主要是指合同内容违反法律、行政法规的强制性规定或违背公序良俗的合同,而未生效合同的内容并不具有违法性,其只是未经过审批,在程序上存在瑕疵;另一方面,无效是指自始无效、确定无效、当然无效,但是对于未生效合同而言,则并非如此,即使在发生争议后,如果当事人补办报批手续,则该合同也可能被确认为生效,而并非确定无效、当然无效。[1] 对未生效合同而言,在未报审批的情况下,尽管合同存在形式上的缺陷,但这种缺陷并非不能弥补,法院可以责令负有报批义务的一方履行该义务,从而使合同满足生效要件,一旦弥补了程序上的瑕疵,则可以认定该合同生效。还应当看到,对需要审批的合同而言,从合同签订之日到合同履行之日大都存在一定的时间差,如果采用无效说或者不成立说,则合同当事人在这一期间内可能随时主张合同无效或者不成立,这可能导致对方当事人的信赖落空,从而打破正常市场交易秩序,不利于诚信的维护。[2] 因此,采纳未生效合同的概念,有利于尽量促成合同的生效,符合合同法鼓励交易的立法精神。

第三,应当明确报批义务条款在性质上具有独立性。报批条款在性质

---

① 胡康生主编:《中华人民共和国合同法释义》,法律出版社,1999 年,第 76 页。
② 蔡立东:《行政审批与权利转让合同的效力》,《中国法学》,2013 年第 1 期。

重审斯芬克斯之谜

上类似于合同中的清算条款和仲裁条款,也就是说,尽管合同因未报批而未生效,该条款仍应被认定为有效。报批义务条款具有相对独立性,即便合同尚未经批准,报批义务仍需履行。理由主要在于,一方面,报批义务因批准而生效不符合政府管理经济生活的目的。当前,较之于计划经济时期,中国需要审批的合同的范围已经大幅度缩减,但从实践来看,在一些特殊的交易领域,对合同进行行政审批仍然是政府管理经济的一种重要方式,其目的在于对特定行业与领域加强管理,而非禁止,否认报批义务条款的独立性与这一立法目的并不符合。另一方面,报批义务条款因批准而生效也会影响诚实信用的市场秩序。如果认定合同中的报批义务条款在合同未批准前未生效,则当事人并不负有报批的义务,这无异于否认报批义务的存在,显然是不妥当的。如果报批义务条款不具有独立性,这就会使得负有报批义务的一方规避其义务和责任。[①] 还应当看到,报批义务因合同被批准而生效也不符合当事人的订约目的,因为当事人订立合同的目的是使该合同有效并得以履行,只有使报批义务条款生效,法院才可以要求负有报批义务的当事人继续履行合同义务,以实现订立合同的目的。

(二)关于无权处分的效力

所谓无权处分,是指当事人不享有处分权而处分他人财产。[②] 自 1999 年《合同法》颁布以来,无权处分的效力一直是学界争论的话题,司法实务也有不同的做法,主要有合同效力待定、合同有效以及合同无效三种观点。2012 年《买卖合同司法解释》第 3 条采纳了符合大陆法系通行的有效说,在民法典合同编的制定中,是否应当对无权处分合同采纳有效说,存在较大争议。应当看到,有效说确实是一种新的发展趋势,《国际商事合同通则》(PICC)第 3.3.(2)条规定:"合同订立时一方当事人无权处置该合同相关联之财产的事实本身,不影响合同的效力。"《欧洲合同法原则》(PECL)第4.102 条同样也采纳了这一观点。笔者主张采用有效说,主要理由在于:

---

① 杨永清:《批准生效合同若干问题探讨》,《中国法学》,2013 年第 6 期。

② 也有观点认为,所有权人处分自己的财产也可能构成无权处分,参见石冠彬:《论抵押物出资——兼评(2011)豫法民三终字第 127 号判决》,《法学评论》,2015 年第2 期。

第一,有利于保护买受人。有效说可以与善意取得制度相衔接,因为依据《物权法司法解释(一)》第21条的规定,善意取得的成立以合同有效为必要条件。如果认定无权处分合同为效力待定合同,如果合同后来因权利人未追认而被宣告无效,则善意取得将难以构成,这将不利于保护善意买受人的利益。[①] 由于无权处分合同发生在无权处分人与受让人之间,在合同当事人意思表示不存在瑕疵的情形下,应当肯定其效力。还应当看到,即便承认无权处分合同是有效合同,也并不当然损害权利人的利益,因为承认该合同的效力只是使无权处分人对受让人负担交付标的物并移转标的物所有权的义务,并不当然导致标的物所有权发生变动。

第二,认定无权处分合同为有效合同,更有利于保护善意买受人的利益。无权处分人将财产处分给他人,如果不符合善意取得的构成要件,而真正权利人又拒绝追认,按效力待定说,合同无效,买受人也无权请求出卖人承担违约责任,而只能请求出卖人承担缔约过失责任,从而仅能主张信赖利益的损失。但如果采用有效说,则买受人可以主张违约责任,请求出卖人赔偿其履行利益损失。应当看到,在市场经济条件下,无权处分形成了两种利益的冲突,即真正权利人和善意买受人利益的冲突。善意买受人的利益代表的是交易安全,权利人的利益则往往仅关系到其个人权益,当两种利益发生冲突时,该种利益就应当让位于关系到更为广泛主体的交易安全,因而应当采纳有效说对善意受让人进行保护。正因此,有论者就曾指出,《买卖合同解释》第3条关于无权处分合同有效的规则以“买受人善意”为适用前提,当买受人为恶意时,标的物所有权人有权主张无权处分人与相对人“恶意串通”,可因此请求法院认定合同无效。[②]

第三,有效说可以鼓励对未来获得的财产进行买卖。现代社会中的商业交易并非全部建立在对已经获得所有权的标的物的处分之上。在相当多的商业交易中,当事人采取订购的方式,约定买卖将来物。也就是说,在合同订立时,标的物可能尚未生产出来,或所有权仍属于他人,当事人只是就

---

① 黄芬:《善意取得下转让合同效力要件之再研究》,《广东社会科学》,2019年第3期。

② 参见石冠彬:《论无权处分与出卖他人之物——兼评〈合同法〉第51条与〈买卖合同解释〉第3条》,《当代法学》,2016年第2期。

尚未生产出来的物或未来可从他人处购得的标的物的转让进行预先安排,从而加速财产的流动。在这些情形中,如果坚持无权处分合同效力未定,将不利于这种交易模式的展开。事实上,在这种交易中肯定合同的效力可以鼓励商人在不断变动的市场行情中尽早地安排其交易行为。

五、合同履行制度的完善

(一)完善利益第三人合同的规则

所谓利益第三人合同,又称为第三人利益合同、为第三人利益订立的合同、第三人取得债权的合同、利他合同或向第三人给付的合同,它是指合同当事人约定由债务人向当事人以外的第三人作出给付,该第三人也因此取得请求债务人作出给付的权利的合同。[①] 从广义上说,利益第三人合同可以被分为真正利益第三人合同与非真正利益第三人合同。其中,"非真正利益第三人合同"是指针对第三人而非债权人为履约对象的合同,这种合同的特征在于,发生合同争议时,第三人并不享有直接的请求权。而在"真正的利益第三人合同"中,第三人享有直接的请求权。现行《合同法》关于利益第三人合同的规定很不清晰,可以说存在法律漏洞,有必要在民法典编纂中予以补充。就此,民法典合同编草案二审稿第 313 条新增规定了真正的利益第三人合同,该条第 2 款规定:"法律规定或者当事人约定第三人可以直接请求债务人向其履行债务,第三人未在合理期限内明确拒绝,债务人未向第三人履行债务或者履行债务不符合约定的,第三人可以请求债务人承担违约责任;债务人可以向第三人主张其对债权人的抗辩。"从该条规定来看,在真正利益第三人合同中,第三人主要享有如下权利。

1.拒绝权。按照合同相对性原则,非合同当事人本不应享有合同权利或承担合同义务,但是在利益第三人合同中,法律推定合同当事人为第三人设定权利符合第三人的利益,或至少不会侵害其权利,因而合同当事人无权为第三人设定义务,但可以为第三人设定权利。然而,这毕竟只是法律上的

---

① Vgl. MüKoBGB/Gottwald, 8. Aufl. 2019, BGB § 328 Rn. 1.

推定,当事人在合同中为第三人设定权利是否真正符合其利益,第三人是否接受该利益,应当由第三人自己决定,所以,民法典各分编草案第313条赋予第三人拒绝权是十分必要的。当然,第三人接受合同当事人为其设定的利益,并不需要以明确表示接受的方式作出,只要第三人没有明确反对,就应当视为其已经接受该利益。一旦第三人明确拒绝,则利益第三人合同中第三人利益条款不能生效,但合同的其他条款仍可在当事人之间生效,在此种情形下,利益第三人合同就转化为一般的合同。

2.履行请求权。在为第三人利益订立的合同中,第三人并非合同当事人,但其可以直接向债务人提出履行债务的请求,并有权受领债务人所作出的给付。[1] 由于利益第三人合同以为第三人设定权利和利益为目的,所以,民法典合同编草案二审稿第313条肯定了第三人享有履行请求权,有利于实现合同目的。[2] 这就是说,在合同成立并且生效以后,债务人有向该第三人履行债务的义务,如果债务人不履行债务,则第三人可以请求债务人及时履行。第三人可以请求的内容应当是合同中为其设定的权利和利益,其请求的范围不得超出合同的约定。[3]

3.请求债务人承担违约责任。民法典合同编草案二审稿第313条规定,如果债务人没有依约向第三人作出给付,则第三人应当有权请求债务人承担违约责任。但此处所说的"违约责任"并未明确具体的责任形式和赔偿范围。笔者认为,在利益第三人合同中,第三人应当享有违约损害赔偿请求权,但此种损害赔偿应当主要限于因债务人不履行债务使第三人为接受履行做出准备而遭受的损失。毕竟第三人不是合同当事人,因此,其违约请求权应当受到一定的限制。[4] 就此,笔者倾向于认为,第三人原则上无权主张如下违约责任:一是可得利益损失的赔偿,因为可得利益损失的赔偿是以当事人之间存在对价关系为基础的;二是违约金责任,违约金是债权人与债务人约定的、在债务人不依约履行债务时向债权人承担的责任,因此第三人无

---

[1] Vgl. MüKoBGB/Gottwald, 8. Aufl. 2019, BGB § 328 Rn. 33.

[2] 韩世远:《试论向第三人履行的合同——对中国〈合同法〉第64条的解释》,《法律科学》,2004年第6期。

[3] 朱岩:《利于第三人合同研究》,《法律科学》,2005年第5期。

[4] 叶金强:《第三人利益合同研究》,《比较法研究》,2001年第4期。

权主张;三是定金责任,定金是债权人向债务人支付的,而第三人并未向债务人支付定金,因此其无权主张定金责任。此外,第三人也无权解除合同。《合同法》只是赋予合同当事人解除合同的权利,而没有赋予第三人解除权。由此可见,在利益第三人合同中,第三人虽然享有请求债务人履行债务的权利,但由于第三人没有向债务人支付对价,所以,其不能如债权人一样请求债务人支付违约金、赔偿可得利益损失或在债务人违约时解除合同,在债务人不依约履行债务时,其仅能够请求债务人承担有限的违约责任。同时,债务人在不依约履行债务时,其仅应当向债权人或第三人承担违约责任,而不需要同时向二者承担违约责任。民法典合同编的上述规则只是规定了第三人可以向债务人主张违约责任,但第三人可以主张何种形式的违约责任,并不清晰,需要进一步完善。

(二)规定清偿抵充规则

所谓清偿抵充,是指债务人对同一债权人负担数宗给付种类相同的债务,在债务人或第三人所作出的给付不足以清偿债务人的全部债务时,确定其已清偿哪一部分债务的制度。在清偿抵充中,清偿抵充的顺序可以由当事人约定,清偿人也可以指定清偿抵充的顺序。[①] 问题在于,如果当事人没有约定清偿抵充的顺序,清偿人也未指定清偿抵充的顺序时,究竟应当优先清偿哪一项债务呢? 对此,《合同法司法解释(二)》第20条和第21条对清偿抵充规则作出了规定,民法典各分编草案第350条和第351条吸收了司法解释的上述规定,未来民法典对此予以明确,值得肯定,但其价值取向是否倾向于保护债权人却值得再考虑。

(三)规定以房抵债协议

所谓以房抵债协议,是指当事人达成以债务人移转房屋所有权代替原合同债务履行的协议。严格地说,以房抵债并非精确的法律术语,而且所指称的情形也具有多样性。本文所说的以房抵债主要是指以移转房屋所有权来履行债务以代替原来的给付。从实践来看,以房抵债的适用范围十分广

---

① 黄文煌:《清偿抵充探微》,《中外法学》,2015 年第 4 期。

泛,实践中发生了大量的纠纷,但以房抵债的性质和效力如何并不清晰。中国民法典应当积极回应交易实践的现实需求,对以房抵债协议的效果作出规定。在实践中,以房抵债遇到的最为突出的问题主要包括以下几个方面。

一是确定以房抵债协议是否属于流押契约。所谓流押契约,又称绝押契约,包含流抵和流质契约,它是指当事人在债务履行期限届满前约定,在债务履行期限届满而债权人未获得清偿时,债权人即可取得担保物的所有权。① 中国《物权法》第 186 条与第 211 条都明确规定禁止流抵、流质,设置该协议是无效的。虽然对《物权法》的上述规定,学界存在争议,②但毫无疑问,在现行《物权法》规则没有修改之前,当事人所约定的流抵、流质条款应当是无效的。以房抵债协议并不当然涉及高利贷,不宜一概宣告其无效,而应当区分其成立时间,分别认定其效力。③ 具体而言,如果当事人在签订借款合同的同时签订了以房抵债协议,并且未规定有清算条款,则应当认定其属于流押,④因违反《物权法》的规定而无效。但如果当事人在债务履行期限届满后签订了以房抵债协议,则其在性质上应当属于债务履行的一种方式,不宜简单宣告其无效。对此种协议,可以将其视为当事人之间达成的关于房屋折价的约定,构成一种债务清偿的方式,因而应当认定其是有效的。

二是以房抵债协议属于诺成合同还是实践合同。实践中对此争议较大,⑤按照实践合同说,如果一方当事人不移转房屋所有权,则意味着当事人所达成的以房抵债协议并未发生效力,当事人不能按照以房抵债的协议请

---

① 也有学者将其称为"流质契约",还有学者以"流担保条款"统称两种情形,参见魏沁怡:《论担保物权的实现:实体法与程序法的体系衔接》,《东方法学》,2019 年第 5 期。

② 孙鹏、王勤劳:《流质条款效力论》,《法学》,2008 年第 1 期。

③ 就以物抵债协议的认定而言,有论者在讨论"以履行买卖合同担保债务履行"这一类买卖型担保协议的问题时则指出,流担保条、买卖型担保协议本质上均可归入事先以物抵债协议的范畴,将其区分于事后以物抵债协议的关键不在于协议签订的时间,而在于签订之时主观目的是否在于清偿债务。换言之,只要已经出现不能偿还的情形,即使债务履行期限尚未届满,此时签订的买卖型担保协议就不能通过流担保条款来认定其效力,而属于效力被现行立法所认可的以物抵债协议。

④ 庄加园:《"买卖型担保"与流押条款的效力——〈民间借贷规定〉第 24 条的解读》,《清华法学》,2016 年第 3 期。

⑤ 崔建远:《以物抵债的理论与实践》,《河北法学》,2012 年第 3 期。

求实际履行,而只能请求履行原合同的给付内容。笔者认为,应当采取实践合同的观点,主要理由在于,一方面,从实践来看,房屋的价值通常波动较大,从合同的订立到履行的间隔常常较长,在此期间内,房屋价格发生上涨和下跌都是十分正常的,此种价格变化的风险由任何一方当事人承担都是不合适的。从公平原则出发,将以房抵债协议作为实践合同对待,以最终移转房屋所有权的时间为准,可以有效避免房屋价格剧烈变动的风险,对双方当事人都是公平的。另一方面,以房抵债是代物清偿的一种方式,而清偿属于债的消灭原因之一。也就是说,以房抵债应当实际履行,使债权人的债权实现,才符合其债的清偿的本质,也才能使原债的关系消灭。如果以房抵债协议没有实际履行,则不能使债权实现,不能消灭原债的关系。

(四)确认情事变更制度

所谓情事变更,是指在合同有效成立以后,如果合同履行的客观条件发生了重大变化,导致合同无法履行,或者履行结果显失公平,则依据诚实信用原则,应当允许当事人请求变更或者解除合同。中国《合同法》并没有规定情事变更规则,这显然属于法律缺漏。然而,自 2003 年"非典"疫情以及 2008 年的亚洲金融危机以来,交易实践都显现出对完善情事变更制度的迫切需要。中国《合同法司法解释(二)》第 26 条针对合同履行中客观情况的重大变化,为妥当平衡当事人之间的权利义务关系,[①]对情事变更规则作出了规定。民法典合同编草案二审稿第 323 条规定:"合同成立后,订立合同的基础条件发生了当事人在订立合同时无法预见的、不属于商业风险的重大变化,继续履行合同对于当事人一方明显不公平的,受不利影响的当事人可以请求与对方重新协商;在合理期限内协商不成的,当事人可以请求人民法院或者仲裁机构变更或者解除合同。"应当说,该规定吸纳了《合同法司法解释(二)》的成果,有值得肯定的地方,但也存在进一步完善的空间。

一方面,值得肯定之处在于现行草案不再区分情事变更与不可抗力。尽管不可抗力与情事变更属于不同的法律概念,但二者在许多情形下往往

---

① 沈德咏主编:《最高人民法院关于合同法司法解释(二)理解与使用》,人民法院出版社,2014 年,第 190 页。

难以准确区分。例如,"非典"疫情究竟属于不可抗力还是情事变更,很难严格区分。如果在情事变更的定义中一定要求对不可抗力和情事变更作出区分,则一旦法官不能准确界分,就无法适用情事变更规则,这显然给予法官过重的负担。从比较法上来看,在不可抗力的适用中,两大法系事实上都没有严格区分不可抗力和情事变更,因为情事变更制度的目的在于在发生当事人无法预料的客观情况变化时,如果继续履行对当事人并不公平,这就需要通过该制度重新平衡二者之间的利益。产生情事的原因究竟应归属于不可抗力,还是其他客观原因,并不影响情事变更的成立。只要导致合同履行困难、继续履行合同对当事人显失公平,则不论该客观原因是否属于不可抗力,均可能构成情事变更。因此,从法律后果上看,对于造成合同履行困难的客观原因而言,不论其是不可抗力还是其他客观原因,均可能成立情事变更,很难对其进行明确界分。当然,如果造成合同履行不能的原因是不可抗力,则当事人可以主张适用不可抗力规则,如果同时构成情事变更,当事人也可以主张适用情事变更规则。

另一方面,应当规定当事人负有及时继续谈判的义务及违反义务的法律后果。在情事变更的情形下,课以当事人继续谈判的义务,有利于尽量维持合同的效力,这符合鼓励交易的精神。合同法的重要功能在于鼓励交易,在发生情事变更的情形下,合同并不当然解除,如果仍然有继续履行的可能,则应当课以当事人及时继续谈判的义务,以尽量促成交易。与此同时,当事人之间进行交涉变更合同的成本明显低于与第三人另行缔约的成本,因此继续谈判的义务也可以有效提高交易效率。[①] 如果当事人通过谈判可以变更合同条款(如价格条款),则不必解除合同。继续谈判不仅是依据诚信原则所产生的义务,而且也是法律所规定的义务。民法典合同编草案二审稿规定,仅遭受不利影响的一方有权请求继续谈判,这也是借鉴域外法经验的结果。例如,依据《商事合同通则》第 6.2.3 条的规定,只有遭受不利影响的一方当事人才能提出此种请求,而没有受到不利影响的一方无权请求继续谈判。当然,立法也应当明确规定受不利影响的当事人应当在何时请求继续谈判。例如,《商事合同通则》第 6.2.3 条明确规定,因情事变更而遭

---

① 刘士国:《科学的自然法规与民法解释》,复旦大学出版社,2011 年,第 50 页。

受不利影响的一方应当及时请求对方继续谈判,而不得拖延。这一经验值得我们借鉴。与此同时,应当明确违反继续谈判义务应当承担不利后果。既然继续谈判的义务是法定的义务,则当事人违反该义务时,自应承担不利的后果。在民法典合同编的上述规定中,没有对违反继续谈判义务的法律后果作出规定,属立法上的漏洞。从域外法的经验来看,有些国家(如法国)也对违反继续谈判义务的当事人课以一定的责任,这有利于倒逼当事人及时继续谈判。

六、完善合同保全制度

(一)应当在法律上明确合同保全的法律效果

中国《合同法》规定了债权人代位权和债权人撤销权两种合同债权保全方式。所谓债权人代位权,是指在债务人怠于行使其到期债权,影响债权人债权实现时,债权人可以自己的名义向人民法院请求代位行使债务人债权的权利。所谓债权人撤销权,是指在债务人实施放弃债权、无偿或低价处分财产等行为,影响债权人债权的实现时,债权人可以向法院请求撤销债务人所实施的诈害债权的行为。然而,《合同法》并没有明确规定债权人在行使代位权与撤销权之后的效力。为弥补这一缺漏,《合同法司法解释(一)》第 20 条明确规定了债权人行使代位权后优先受偿的规则。此种规定虽然目前仍然在学理上有许多争议,但已经为司法实践所普遍采纳,民法典合同编草案二审稿第 326 条规定:"人民法院认定代位权成立的,由债务人的相对人向债权人履行义务,债权人接受履行后,债权人与债务人、债务人与其相对人之间相应的权利义务终止。"显然,该草案采纳了这一规则。

虽然优先受偿说的理论依据有多种,如法定说、抵消说、效力说等,①但一般认为,采优先受偿说有利于鼓励债权人积极行使代位权,从而保障债权,也可以防止其他债权人"搭便车"。但问题在于,如果代位权人优先受偿

---

① 马新彦:《债权人代位权异点析》,《法制与社会发展》,2001 年第 3 期。

的主要目的在于排除其他债权人怠于主张权利、在债权实现上"搭便车"的行为,那么在其他债权人也已经采取了相关的主张权利的措施,如已经查封扣押了债务人的财产,甚至其他债权人已经起诉了债务人获得了胜诉判决,进入强制执行阶段等情形下,代位权人是否仍然有优先受偿的效力? 笔者认为,在上述情形下,由于其他债权人已经采取了相关的措施,而未怠于行使其权利,甚至可能相较于代位权人更早地行使了权利,因此,在这些情况下,代位权人不应当享有优先受偿的权利。只有这样才能与强制执行法中的参与分配制度相衔接,避免出现效果上的矛盾。① 因此,民法典合同编在规定债权人代位权优先受偿效力时,应当将上述情况排除在外。

关于债权人撤销权的效力,现行立法没有作出明确规定。从实践来看,通行的做法是采用"入库原则",即在债权人行使撤销权之后,相关的财产即归入债务人的责任财产。此种做法符合比较法上的普遍经验,应当在合同编中对此作出规定。

(二)应明确债权人在行使代位权后未获得全部清偿的,仍有权向债务人主张债权

由于中国司法解释明确了代位权行使的优先受偿的效力,因此,债权人在行使代位权之后,可以直接受领次债务人的给付。但问题在于,如果债权人无法从次债务人处受偿,或次债务人的清偿不能完全使债权实现,其能否继续向债务人主张债权? 在实践中,有法院认为,既然债权人已经提起了代位权诉讼,就不能基于其债权向债务人提起诉讼,否则会形成两个诉讼。因此,在债权人提起代位权诉讼后,如果其无法从次债务人处完全受偿,则只能由其自担损失,这一做法显然不利于保护债权人。从民法典合同编草案二审稿第 326 条规定来看,债权人结束履行后,相应的权利义务终止,因而债权人可以继续向债务人主张清偿。但该条规定仍然不是十分清晰,只能通过解释明确其内涵。因此笔者认为,为了避免引发争议,应当明确规定,债权人行使代位权后如不能清偿其债权,则应当有权继续向债务人主张权利。

---

① 潘重阳:《论债权人代位权制度之存废——以实体与程序交叉为视角》,《大连海事大学学报》(社会科学版),2015 年第 3 期。

（三）代位权与撤销权不宜同时主张

如前所述，代位权与撤销权的行使效果是不同的，前者采取优先受偿，后者采取入库原则。如果要求撤销权行使后所获得的财产归入责任财产，在债务人具有数个债权人，甚至有的债权人已经获得胜诉判决时，行使撤销权的债权人可能无法就行使撤销权所获得的财产得到清偿。为解决这一难题，有的法院允许债权人在行使撤销权之后，再提起代位权诉讼，从而获得相关的财产。① 民法典合同编草案二审稿第 331 条第 2 款规定："债权人请求人民法院撤销债务人行为的，可同时依法以自己的名义代位行使债务人在其行为被撤销后对相对人所享有的权利。"依据该条规定，债权人在行使债权人撤销权的同时，还可以行使债权人代位权，即代位行使债务人对次债务人的权利，从而保护其债权。尽管该规则的初衷是为行使撤销权的债权人提供更强的保护，但笔者认为，该规则仍值得商榷，主要理由在于：

一是代位权与撤销权的行使条件不同。债权人代位权的行使要求债务人怠于行使其到期债权，而债权人撤销权并不需要这一条件，而是需要证明债务人实施了积极侵害债权的行为。债权人撤销权针对的是债务人积极减少其责任财产的行为，如债务人放弃债权、无偿转让财产、放弃担保、以明显不合理的低价转让财产或以明显不合理的高价买进财产以及恶意延长其债权的期限等。但是在行使债权人代位权的情形下，只要债务人怠于行使其到期债权影响债权人债权的实现，债权人即可行使代位权。② 可见，债权人代位权与撤销权的制度功能和法律效力不同，允许二者同时行使可能混淆二者的制度功能、适用对象以及行使范围等。

二是债权是否要求到期不同。债权人撤销权主要针对债务人积极损害债权的行为，因此其行使并不要求债权人的债权必须到期。而债权人代位权的行使以债权到期为前提，否则不得行使该权利。二者之所以存在此种区别，主要原因在于，一方面，债权人代位权针对的是债务人以不作为的方

---

① 参见福建省高级人民法院（2002）闽经终字第 290 号民事判决书。

② 王利明：《债权人代位权与撤销权同时行使之质疑》，《法学评论》，2019 年第 2 期。

式损害债权人债权的行为。因此,债权人行使代位权要求其债权应当已届清偿期,而撤销权主要针对债务人积极损害债权的行为。所以,即便债权人的债权尚未到期,为保障债权的实现,也应当允许债权人行使债权人撤销权。① 另一方面,债权人代位权针对的是债务人怠于行使其到期债权的行为,其后果只是使债务人的责任财产应当增加而未增加。因此,在债权人的债权到期之前,难以判断债务人的责任财产是否足以保障债权人债权的实现。而债权人撤销权针对的是债务人积极损害债权的行为,即债务人的行为将使其责任财产不当减少。因此,即便债权人的债权尚未到期,其也应当可以行使债权人撤销权。②

三是诉讼管辖存在差异。因为代位权与撤销权所针对的被告是不同的,诉讼管辖也不同。虽然债权人撤销权中被告的确定在理论上受到对债权人撤销权性质的影响,③但《合同法司法解释(一)》第 24 条规定"债权人依照第七十四条规定提起撤销权诉讼时,只以债务人为被告,未将受益人或者受让人列为第三人的,人民法院可以追加该受益人或受让人为第三人",从而明确了债务人的被告地位,同时,该解释第 23 条则规定撤销权诉讼应当由被告住所地法院管辖。而对于债权人代位权诉讼中的法院管辖,《合同法司法解释(一)》第 15 条规定:"债权人向人民法院起诉债务人以后,又向同一人民法院对次债务人提起代位权诉讼,符合本解释第十三条的规定和《中华人民共和国民事诉讼法》第一百零八条规定的起诉条件的,应当立案受理;不符合本解释第十三条规定的,告知债权人向次债务人住所地人民法院另行起诉。"依据上述司法解释的规定,债权人代位权与撤销权的管辖法院可能不一,在这种情况下,如果允许二者同时行使,则可能突破既有的诉讼管辖的规则。

---

① 申卫星:《论债权人撤销权的构成——兼评我国〈合同法〉74 条》,《法制与社会发展》,2000 年第 2 期。

② 王利明:《债权人代位权与撤销权同时行使之质疑》。

③ 韩世远:《债权人撤销权研究》,《比较法研究》,2004 年第 3 期。

重审斯芬克斯之谜

七、合同的变更和转让

（一）关于金钱债权的让与

民法典各分编草案第 334 条第 2 款规定："当事人约定非金钱债权不得转让的，不得对抗善意第三人。"该条实际上是规定了债权转让中的债权的善意取得规则，也就是说，即便债权人与债务人之间有禁止转让的特约，但如果第三人是善意不知情的，则第三人仍然可以取得债权。然而问题在于，该条仅规定了非金钱债权的让与问题，而没有规定金钱债权让与中禁止让与特约的规则。所谓金钱债权，是指以给付金钱为内容的债权，在现代社会中，保理、资产证券化和不良资产处置等，都是通过金钱债权让与的方式实现的。金钱债权让与是企业融资的重要方式，也是实现资产有效利用的重要途径，对于促进资本回收和资本流动具有重要的意义，①因此法律上应当肯定和鼓励金钱债权的转让。

但是如何对民法典各分编草案的上述规则进行反面解释，以确定约定不得转让的金钱债权转让效力？对于这一问题可能产生两种不同的理解方式：一是在金钱债权让与中，当事人之间达成的禁止让与特约可以对抗善意第三人；二是在金钱债权让与中，即便当事人有禁止让与的特约，该特约也不能对抗包括恶意第三人在内的所有第三人。笔者认为，鉴于金钱债权让与在对于满足企业融资和实现资产证券化具有重要意义，因此，不仅应当允许金钱债权的转让，而且应当鼓励转让，但是这并不意味着要禁止当事人约定不得转让金钱债权，在当事人之间达成此种约定后，即便受让人为恶意，也不影响债权让与的效果，当事人之间不得转让的特约仅在当事人之间发生效力。从比较法上看，有关的国际公约也采纳了此种立场。例如，《商事合同通则》（PICC）第 9.1.9 条规定："尽管让与人和债务人之间存在限制或禁止转让的协议，请求金钱支付权利的转让仍然具有效力。但是让与人可能因此向债务人承担违约责任。"此时，债务人可以请求债权人承担违约责任，从而获得救济，而不应阻碍受让人取得该债权。

---

① 　邓曾甲：《日本民法概论》，法律出版社，1995 年，第 288 页。

(二)通知规则可否例外?

《合同法》第 80 条第 1 款规定:"债权人转让权利的,应当通知债务人。未经通知,该转让对债务人不发生效力。"依据该条规定,债权人负有通知债务人的义务,但民法典合同编草案二审稿第 335 条第 1 款在继续承认通知义务的前提下,又规定:"但是债务人明知该债权转让给受让人的除外。"笔者建议删除这一例外规定,主要理由在于如下。第一,转让债权常常可能会加重债务人的负担,为其带来一定的损失,但债权转让并不以债务人同意为要件。如果债务人在不知情时继续向原债权人清偿,可能发生重复清偿或者清偿错误等情形,将使债务人遭受不利。为了避免债务人的此种风险,债权转让通知就成为保护债务人的程序性方式。这种方式应当是债权让与最基本的程序性要求,不应有任何例外。第二,通知对债权人而言较为简便,并不会显著增加债权人的负担,既然债权人已经在债权转让中获利,不能因债权人给自己减轻负担而导致债务人遭受不利后果。由于未通知而导致债务人向原债权人清偿的,应当由原债权人承担不利后果。第三,对原债权人课以通知的义务,也有利于确定债权多重让与情形下的债权归属问题,有利于减少因债权多重让与而引发的纠纷。如果将受让人明知作为通知的例外进行规定,那么债权人可能在一些情况下不再进行通知,而这将导致债权多重让与时,债权归属确定的困难。因为在债权多重让与的情形下,往往是通过通知确定债权的归属,即债权让与通知中载明的受让人取得债权。因此,仍有必要对原债权人课以通知的义务。第四,将债务人明知债权让与作为原债权人通知的例外,也容易引发纠纷。因为关于"明知"是否包含"应知"、应由哪一方具体承担举证责任等都极易产生纠纷。因此,应当删除这一通知例外规则。

(三)关于并存的债务承担

并存的债务承担又称为债务加入(Schuldbeitritt),它是和免责的债务承担即债务人变更(Schuldnerwechsel)相对应的概念,是指原债务人并未脱离债的关系,而第三人加入债的关系,与债务人共同向债权人负担债务。① 现行《合同法》并未规定并存的债务承担,但民法典各分编草案第 344 条规定:"第三人与债务人约定加入债务并通知债权人或者向债权人表示愿意加入债务,债权人在合理期限内未明确表示拒绝的,债权人可以请求第三人在其愿意承担的债务范围内和债务人承担连带债务。"该条确立了并存的债务承担规则,弥补了中国现行《合同法》的漏洞,对司法实践具有重要的指导意义。从该条规定来看,其仅规定了两种情形的并存的债务承担方式:一是债务人与第三人达成并存债务承担的协议;二是第三人单方向债权人表示愿意加入债务关系,债权人未明确表示拒绝的。但该条还遗漏了一种情形,即债权人与第三人就债务承担达成协议,由此提出一个问题,债权人和第三人达成债务承担协议的情况下,如果债务人并不知情,此时能否产生并存债务承担的效力?

笔者认为,如果债权人与第三人就并存的债务承担达成协议,一般而言,此种协议对债务人是有利的,至少不会损害债务人的利益,应当可以产生并存债务承担的效力。学理上通常认为,此种情形下,债权人与第三人所达成的协议属于利益第三人合同。② 因此,一些学者主张,法律上不需要对此种并存的债务承担方式作出规定,而可以适用利益第三人合同的规则确定当事人之间的权利义务关系。此种观点不无道理,但债权人与第三人达成协议毕竟是一种重要的债务承担方式,即便其可以适用利益第三人合同的规则,法律上也有必要对其作出规定。尤其是在此种协议达成之后,应当允许债务人对第三人加入债务提出异议。因为一方面,第三人与债务人之间可能因各种原因导致债务人认为第三人不宜加入债的关系,从尊重债务人的意思自由出发,应当允许其对第三人加入债的关系提出异议;另一方面,债务人可能不愿意第三人在履行债务后向其求偿。因此笔者认为,在债权人与第三人达成并存的债务承担协议时,应当允许债务人提出异议,但如果债务人没有对第三人的加入提出异议,或者明知第三人代替其履行债务而没有提出异议,则应当认定并存的债务承担有效。

---

① 王家福主编:《民法债权》,法律出版社,1991 年,第 86 页;MüKo/Bydlinski,Vor. § 414,Rn. 10。

② 朱奕奕:《并存的债务承担之认定——以其与保证之区分为讨论核心》,《东方法学》,2016 年第 3 期。

八、协调不安抗辩权与预期违约之间的关系

所谓不安抗辩权(Unsicherheitseinrede),也有学者称为先履行抗辩权,它是指在异时履行的合同中,如果负有先履行合同义务的一方当事人有确切证据证明对方在履行期限到来后不会履行或者难以履行债务,则在对方当事人履行债务或者提供担保以前,其有权暂时中止履行自己的债务。关于不安抗辩权,中国《合同法》第68条规定:"应当先履行债务的当事人,有确切证据证明对方有下列情形之一的,可以中止履行:(1)经营状况严重恶化;(2)转移财产、抽逃资金,以逃避债务;(3)丧失商业信誉;(4)有丧失或者可能丧失履行债务能力的其他情形。当事人没有确切证据中止履行的,应当承担违约责任。"预期违约(anticipatory breach)亦称先期违约,包括明示毁约和默示毁约两种。所谓明示毁约,是指一方当事人在合同履行期限到来之前,无正当理由而明确向另一方当事人表示其将不履行合同。所谓默示毁约,是指在合同履行期限到来前,一方当事人有确切证据证明对方当事人在履行期限到来时将不履行或不能履行合同,而另一方又不愿提供必要的履行担保。关于预期违约,现行《合同法》第108条规定:"当事人一方明确表示或者以自己的行为表明不履行合同义务的,对方可以在履行期限届满之前,要求其承担违约责任。"其中,当事人明确表示不履行合同义务的,即属于明示毁约,而当事人以自己的行为表明不履行合同义务的,即属于默示毁约。

因为《合同法》同时借鉴了英美法系中的预期违约制度与大陆法系中的不安抗辩权制度,这就需要妥当协调二者之间的关系。民法典合同编草案二审稿第318条规定:"当事人依照前条规定中止履行的,应当及时通知对方。对方提供适当担保的,应当恢复履行。中止履行后,对方在合理期限内未恢复履行能力并且未提供适当担保的,视为以自己的行为表明不履行合同主要义务,中止履行的一方可以解除合同并可以请求对方承担违约责任。"笔者认为,民法典合同编应当继续规定不安抗辩权制度与预期违约制度,并分别规定其适用范围与适用条件。但是民法典合同编还应当协调不安抗辩权与预期违约之间的关系,具体来说表现在如下几个方面。

第一,在符合不安抗辩权的适用条件时,要认定当事人构成预期违约,

还应当具备如下两个条件:一是债务人未在合理期限内提供担保,二是债务人未在合理期限内恢复履行债务的能力。从民法典各分编草案的上述规定来看,其显然也采纳了此种立场。

第二,在构成预期违约后,非违约方应享有法定解除权。现行《合同法》规定了在根本违约情形下,非违约方享有解除权,但是却并未规定预期违约是否构成根本违约。由于根本违约与预期违约的构成要件不同,在构成预期违约时,非违约方能够行使解除权或在满足何种条件时可以行使解除权的问题,应当单独规定。笔者认为,借鉴英美法的规则可以发现,预期违约中,非违约方的预期利益已经被实际地剥夺了,所以只有允许非违约方解除合同,才能对其进行充分救济。[①] 因此,民法典合同编有必要对此作出规定。

第三,要在违约责任中明确规定预期违约形态。这就是说,从违约责任的形态分类而言,应当区分为履行期届至前和届至后的违约形态,预期违约对应的是在履行期届至前的违约形态。在债务人构成预期违约后,债权人有权请求债务人承担违约责任,《合同法》对此规定并不明确,有必要对此作出明确规定。另外,考虑到预期违约毕竟发生于履行期之前,债权人可以主张的损害赔偿范围与实际违约还是存有区别的。例如,在损害赔偿的计算中,对于预期违约而产生的损害应该有别于履行期届至后违约所产生的损害,法律应当对此作出明确规定。

九、完善合同解除制度

现行《合同法》及有关司法解释对合同解除制度作出了规定,民法典合同编仍需要进一步完善这一制度,具体而言:

(一)明确合同解除制度的地位

中国现行《合同法》第 91 条将解除与抵销、提存、免除等一并作为合同终止的原因,严格地讲,这种定位是不准确的。一方面,解除并不一定导致合

---

① 叶金强:《我国合同法中的"预期违约"制度》,《南京大学学报》(哲学·人文科学·社会科学版),2002 年第 4 期。

同全部终止。因为解除可能只针对合同的部分进行,在可分之债中,当事人可以仅针对部分合同内容行使解除权,其余部分的效力不受该解除权行使的影响。比较法上也普遍承认部分解除的概念。[①] 而在继续性合同之中,解除仅能向将来发生效力,解除前的履行无须恢复原状。[②] 这些现象都表明了解除并不意味着合同的全部消灭。另一方面,解除并不影响仲裁条款、清算条款等的效力,合同解除之后,非违约方仍可以请求损害赔偿。因而,解除并不意味着直接导致合同效力完全丧失。尤其应当看到,合同解除的目的主要是使当事人摆脱原合同关系的束缚,重新寻求新的交易机会。所以从这一意义上讲,解除主要是一种救济方式。所以未来民法典合同编应当将合同解除作为一种特殊的救济手段予以规定,而不宜简单将其作为合同终止事由加以规定。

(二)确认合同僵局下违约方申请解除合同的规则

合同僵局是近几年来司法实践中出现的新问题。例如,某人承租他人的商铺,为期 5 年,但后来由于经济不景气,承租人难以继续承租该商铺,请求解除租赁合同,并愿意赔偿出租人 3—6 个月的租金损失,但出租人拒绝解除。在此情形下,合同已经陷入僵局。合同僵局的特点表现在:第一,合同难以继续履行,且不构成情事变更;第二,享有解除权的非违约方拒绝违约方解除合同的请求;第三,继续履行合同将导致当事人的利益关系明显失衡。违约方在合同履行出现困难时,往往会请求非违约方解除合同,此时如果非违约方拒绝违约方的请求,而要求其继续履行合同,则可能出现合同僵局。

法律上之所以要打破合同僵局,主要原因在于,一方面,有利于维护公平和诚信原则。在出现合同僵局时,享有解除权的一方当事人拒绝行使解除权,常常是为了以"敲竹杠"的方式向对方索要高价赔偿,这就违反了诚信和公平原则。但如果任由非违约方拒绝解除,则可能造成双方利益严重失衡。因而,在法律上有必要予以纠正。另一方面,降低交易成本费用。在打

---

①　参见 Ingeborg Schwenzer, Pascal Hachem, Christ Opher Kee, *Global Sales and Contract Law*, Oxford University Press, 2012, p. 748。

②　王文军:《论继续性合同的解除》,《法商研究》,2019 年第 2 期。

重审斯芬克斯之谜

破合同僵局的情形下,可以使当事人及时从合同僵局中脱身,并及时开展其他交易,这在整体上可以降低交易的成本和费用。因此,《民法典合同编草案》第 353 条第 3 款规定:"合同不能履行致使不能实现合同目的,有解除权的当事人不行使解除权,构成滥用权利对对方显失公平的,人民法院或者仲裁机构可以根据对方的请求解除合同,但是不影响违约责任的承担。"笔者认为,该规定有利于打破合同解除的僵局。然而,《民法典合同编草案》的上述规定虽然对打破合同僵局作出了大胆的尝试,是中国民法典的大胆创新,但其关于合同司法解除的条件规定得过于严苛,且与打破合同僵局的现实需求并不完全吻合。

有观点认为,合同僵局问题可以通过显失公平和情事变更制度解决。但笔者认为,首先,合同僵局问题是显失公平制度所不能解决的。显失公平是订约中的瑕疵,而合同僵局是合同履行中的问题,不涉及因效力瑕疵而予以撤销的问题。此外,合同僵局与情事变更也存在区别,不能将构成情事变更作为认定合同僵局的条件。一方面,二者产生的原因不同。从《合同法司法解释(二)》第 26 条规定来看,情事变更是因当事人在合同订立时无法预见的客观原因而引发的。而产生合同僵局的原因大都不是当事人在合同订立时无法预见的客观原因,更可能是当事人一方主观原因造成的。另一方面,对当事人利益的影响不同。在情事变更的情形下,一定的客观原因的发生将导致继续履行合同对一方当事人显失公平,或者导致当事人的合同目的无法实现;而在合同僵局的情形下,合同僵局的出现通常只是导致一方当事人的合同履行成本过高,并不当然导致当事人的合同目的无法实现。

虽然合同僵局需要被打破,但是这绝不意味着要通过赋予违约方解除权的方式进行。从比较法上看,各国立法普遍不承认违约方享有合同解除权,中国《合同法》也不例外。中国现行《合同法》仅承认在一方构成根本违约的情形下,相对方享有解除权。如果承认违约方可以享有解除权,则将极大地破坏合同严守原则,并引发严重的道德风险,影响交易安全和秩序。笔者认为,在合同僵局的情形下,打破僵局应当采取司法解除的方式,即在出现合同僵局的情形下,允许当事人向法院申请解除合同,但合同能否解除,最终由法院作出判断。法院在裁判中应当判断合同难以继续履行是否属于情事变更的情形,如果构成情事变更,则可以通过情事变更的规则予以解决,而无须通过诉讼打破合同僵局。此外,法院还应当判断非违约方拒绝违约方解除合同的请求是否具有正当的理由。2019 年 11 月 18 日,最高人民法院通过的《全国法院民商事审判工作会议纪要》第 48 条规定了在合同僵局中,违约方申请解除需要满足的三项条件:"(1)违约方不存在恶意违约的情形;(2)违约方继续履行合同,对其显失公平;(3)守约方拒绝解除合同,违反诚实信用原则。"依据这一规定,法院只有在综合考量各种因素之后,才能决定能否解除合同。

(三)规定当事人就合同解除发生异议时的解决规则

合同解除异议是合同法中的一项重要制度。例如,一方发出解除合同的通知后,如果对方当事人一直未予答复,此时,能否认定合同已经解除?在实践中经常发生争议。笔者认为,在此情形下,首先应当确定提出解除的一方是否享有解除权,如果发出解除通知的一方不享有法定解除权,则无论对方是否对解除提出异议,均无法产生合同解除的效果。其次,如果有解除权的一方当事人在通知对方解除合同后,对方当事人未在合理期限内对合同解除提出异议,则通常可以认定合同已经解除。当然,法院还应当考虑对方当事人未在合理期限内提出异议的原因,尤其是当事人是否以履行等方式提出异议等情况,[①]而不宜一概以异议期间经过为由,简单地认定其将产生合同解除的后果。

(四)完善合同解除后的损害赔偿制度

对于解除后的损害赔偿问题而言,应当区分不同的解除原因而区别对待。[②] 在因违约而解除合同的场合,如果合同可以继续履行,非违约方主张解除合同,则其应当仅可以主张信赖利益损失赔偿,而不得主张赔偿履行利益损失。因为一方面,在合同可以继续履行时,非违约方通过请求违约方继续履行合同,仍可实现其合同目的,但如果其选择解除合同,消灭合同的效

---

① 崔建远:《解除权问题的疑问与释答(上篇)》,《政治与法律》,2005 年第 3 期。
② 曾凡昌:《解除原因视角下的合同解除损害赔偿范围研究》,《西南政法大学学报》,2011 年第 2 期。

重审斯芬克斯之谜

力,则不应当再主张对合同履行享有期待利益,也无权再请求违约方赔偿其履行利益损失。另一方面,从当事人订立合同的目的来看,在一方当事人违约时,如果合同仍可履行,则非违约方可以请求违约方继续履行合同,但如果其选择解除合同,则可以认定,对非违约方而言,继续履行已经没有必要,或者非违约方的信赖利益损失已经大于其履行利益损失,此时非违约方应当仅能主张信赖利益损失的赔偿。

十、违约责任制度的完善

违约责任制度是合同能够得以履行的重要保障,自《合同法》颁布以来,违约责任制度是相对比较完善的,但也有需要进一步完善之处,需要在民法典分编草案中予以进一步明确。

第一,明确违约责任原则上不救济精神损害。关于违约责任中能否包括精神损害赔偿,无论是在理论界还是在司法实践中,都存在争议。在许多案件中,许多法官在违约与侵权责任竞合,以及一些因一方违约导致对方精神损害的情形下,均承认了非违约方的精神损害赔偿请求。因此,有不少学者主张,应当在民法典各分编草案中规定违约情形下的精神损害赔偿。[①]《民法典人格权编草案》已经在相关条款中规定了在违约与侵权竞合的情形下,受害人可以主张精神损害赔偿。受害人基于侵权而非违约主张精神损害赔偿,是符合现行法规定的,这一点已获得了学界的共识。但问题在于,在一些特殊的合同,如旅游合同、医疗服务合同等情形下,因为一方违约而导致另一方精神损害,法院可否判令精神损害赔偿?笔者认为,违约责任原则上不适用精神损害赔偿,主要理由在于,一方面,合同本身只是一种交易关系,当事人应当遵循等价交换的原则,如果在违约的情形下适用精神损害赔偿,将导致违约方的责任超出其订立合同时的预期。通过违约责任救济精神损害还可能会破坏交易中的等价交换规则。例如,在民间借贷中,债务人在债务到期后不还本付息,可能导致债权人遭受精神痛苦,但这并

---

① 崔建远:《论违约的精神损害赔偿》,《河南省政法管理干部学院学报》,2008 年第 1 期。

不意味着债权人可以在本金和利息之外主张精神损害赔偿,否则就会破坏等价交换的原则。另一方面,在违约中适用精神损害赔偿,也会违反可预期性规则,因为违约方要承担多少精神损害赔偿,其在订约时往往无法预见,这就会极大地增加当事人的交易成本,阻碍当事人订约,妨害交易的正常进行。

第二,完善可得利益赔偿制度。可得利益损失也应当纳入违约损害赔偿的范围,这也是完全赔偿原则的基本要求。[①] 中国现行《合同法》第 113 条虽然规定,"损失赔偿额应当相当于因违约所造成的损失,包括合同履行后可以获得的利益",但该条并没有明确规定可得利益损失赔偿的具体规则。因而,在实践中,可得利益的赔偿一直缺乏可操作性,民法典合同编有必要在总结司法实践经验的基础上,进一步完善可得利益赔偿的具体规则。笔者认为,民法典合同编应当进一步完善可得利益损失赔偿的规则。具体而言,一是明确可得利益损失主要包括生产利润损失、经营利润损失以及转售利润损失等具体类型。当然,在认定非违约方的可得利益损失时,还应当区分不同主体的经营方式而确定其可以请求的可得利益损失类型。例如,生产企业就不能主张转售利润的损失。二是明确可得利益损失获得赔偿的具体条件,主要包括具有可计算性、一定的确定性、可预见性以及一定的因果联系性。[②] 中国民法典合同编应当充分借鉴司法实践经验,并综合运用可预见性规则、损益相抵规则、减轻损失规则以及过失相抵规则等规则确定可得利益损失的数额。[③] 合同编也有必要规定禁止重复赔偿、禁止得利等规则。在获得可得利益赔偿后,当事人处于合同完全履行的状态,因此其不能再主张信赖利益损失的损害赔偿。三是明确可得利益损失的排除规则。例如,在经营者欺诈经营,或者当事人已经约定了违约损害赔偿的计算方法,或者一方违约导致了对方当事人人身伤亡、精神损害等情形下,应当排除可得利

[①]   王泽鉴:《损害赔偿》,北京大学出版社,2017 年,第 29 页。

[②]   参见石冠彬:《民法典合同编违约金调减制度的立法完善——以裁判立场的考察为基础》,《法学论坛》,2019 年第 6 期。

[③]   最高人民法院《关于当前形势下审理民商事合同纠纷案件若干问题的指导意见》第 10 条。

益损失的赔偿。①

第三，规定约定损害赔偿的调整制度。依据《民法通则》第 112 条与《合同法》第 114 条，当事人可以约定损害赔偿的计算方式。同时，依据《合同法》第 114 条，如果当事人约定的违约金数额过分高于非违约方的实际损失，或者低于非违约方的实际损失，则当事人可以请求法院或者仲裁机构予以调整，但《合同法》并没有规定约定损害赔偿的调整制度，这显然属于立法上的疏漏。事实上，约定损害赔偿与违约金在制度功能上具有相似性，民法典合同编有必要参照违约金调整的规则，对约定损害赔偿的调整规则作出规定，即在当事人约定的损害赔偿低于实际损失或者过分高于实际损失时，当事人应当有权请求予以调整。

第四，完善违约金责任规则。《合同法司法解释（二）》第 29 条第 2 款规定："当事人约定的违约金超过造成损失的百分之三十的，一般可以认定为合同法第一百一十四条第二款规定的'过分高于造成的损失'。"但该条中的"损失"究竟是指实际损失，还是包括可得利益损失，并不明确。笔者认为，该条中的"损失"应当与《合同法》113 条中"损失"的含义一致，即该损失包括了可得利益损失，这更有利于对非违约方的救济。如果违约金的数额高于实际损失和可得利益损失总和的 30％，则应当认定违约金的数额过高。此时，违约金条款已经具有赌博的性质，即该条款成为当事人一方获取暴利的工具，当事人可以请求法院对该数额予以调整。中国民法典合同编应当对此作出明确界定。另外，在调整违约金数额时，也应当考虑当事人是否为商事主体，该交易是否为商事交易。如果属于商事主体从事的商事交易，则在认定违约金过高或过低时，应当更为谨慎。

第五，关于违约金与损害赔偿是否可以并用，《合同法》并未予以规定。一般认为，如果违约金不足以弥补实际损失，应当允许受害人请求违约损害赔偿。但在司法实践中也有观点认为，既然法律没有明确规定可以并用，则当事人不能选择并用。如果违约金不足以弥补实际损失，则可以通过调整违约金数额的方式来救济非违约方。从比较法上看，有的国家也采纳了这

---

① 最高人民法院《关于当前形势下审理民商事合同纠纷案件若干问题的指导意见》第 10 条。

一立场。例如,在法国法中,除非违约金被明确约定为迟延违约金,否则不得与损害赔偿一并主张。① 笔者认为,如果违约金数额不足以弥补实际损失,调整违约金数额不一定能实现妥当救济。因为,一方面,违约金的调整应当以非违约方提出请求权为前提,如果非违约方未提出请求,法院不能直接调整。另一方面,调整违约金给法官过大的自由裁量权力,而如果违约金与损害赔偿并用,则应当以非违约方证明自身损害为基础,这需要进行损害的计算,其结果也将更为精确。因而,相比之下,允许违约金与损害赔偿的并用是更为妥当的选择。当然,如果当事人在合同中已经明确约定,违约金与损害赔偿不得一并主张,则应当尊重当事人的约定,排除二者的并用。

第六,关于定金与损害赔偿是否可以并用。定金具有多种类型,既包括成约定金,又包括违约定金和解约定金等。定金责任与损害赔偿能否并用主要涉及违约定金与损害赔偿的同时适用问题,《合同法》并未对这一问题进行规定。有观点认为,定金事实上是以金钱购买合同不履行的选择权,因而,在当事人主张定金责任后,不能再请求违约损害赔偿。② 也有观点认为,应当区分损害预估性质的违约定金与惩罚性质的违约定金而分别考量。③ 对此,《担保法司法解释》第121条规定:"当事人约定的定金数额超过主合同标的额百分之二十的,超过的部分,人民法院不予支持。"依据该条规定,定金的数额受到了严格限制。因此,定金责任可能难以弥补实际损害,此时,应当允许当事人在主张定金责任的同时主张违约损害赔偿。

原文发表于《云南社会科学》2020 年第 1 期

入选理由:

我刊从 2019 年开始向王利明老师约稿,2019 年第 2 期"民法典编纂研究"专题有幸请到王老师担任栏目主持人,2020 年第 1 期终于成功约到王老

---

① 韩世远:《违约金的理论问题——以合同法第 114 条为中心的解释论》,《法学研究》,2003 年第 4 期。

② 黄茂荣:《债法通则之三:债之保全、移转及消灭》,厦门大学出版社,2014 年,第 41 页。

③ 韩世远:《违约金的理论问题——以合同法第 114 条为中心的解释论》。

师大作。本文对"民法典合同编通则中的重大疑难问题"进行了详细的梳理,十个部分都没有废话,我刊也因此放宽了文章字数限制。摘要转载于《新华文摘》2020 年第 11 期,全文转载在《新华文摘》网络版 2020 年第 11 期。本文也是我刊法学栏目创栏以来首篇被引用超过 100 次的文章。

专家评论:

理解民法典合同编及合同中心主义立法体例的重要文献。

——朱庆育,南京大学教授

论政治因素对编纂民法典的影响

戴孟勇[①]

摘　要:从法国、德国、日本等国编纂民法典的历史经验看,政治因素不仅是一国决定编纂民法典的根本动因,还对民法典的精神特质、基本原则和核心制度具有重要影响。中华人民共和国成立后,前四次民法典编纂活动都受到政治因素的强烈影响。正在进行的第五次民法典编纂工作,其启动完全是由政治因素决定的。在设计未来民法典中的非营利法人、国家所有权和集体所有权、以集体所有土地为客体的用益物权等制度时,应充分考虑并妥善处理政治因素可能产生的影响。

关键词:政治;民法典;编纂;法国民法典;德国民法典

一、政治与民法及民法典编纂的关系

关于政治与民法的关系,有两种相互对立的观点。一种观点认为,政治与民法互不相干。民法是通过科学研究自主发展起来的,政治变迁产生的影响只处于边缘位置。民法的核心法律制度,如合同或所有权,更多的是由于科学认识的增加,而非因为政治改革才得以发展的。另一种观点认为,所有社会事件和人与人的关系都同政治相关。政治教义也是民法的基础,民法的地位和规定都派生于当时的政治制度。因此,非政治性的法学只是一

---

① 戴孟勇,中国政法大学教授。

个幻想。① 法国和奥地利的民法典得以施行 200 余年仍保持旺盛的生命力，诞生于德意志第二帝国时期的《德国民法典》能够在魏玛共和国、纳粹德国、德意志民主共和国直至德意志联邦共和国时期均有效适用，②似可印证第一种观点。但是，从《日本民法典》的制定、1922 年《苏俄民法典》的出台和中国清末至民国时期编纂民法典的历史看，政治因素对民法典的编纂及其内容又有着重要影响。

施瓦布(Schwab)认为，民法在各时代所处的状态由两个成分决定：一是科学的法律传统，它脱离政治而存在并且不断地继续发展；二是各个政治制度的预先规定。民法在政治上呈中立性的观点，和民法完全是由政治所塑造的观点，同样都站不住脚。③ 该见解适于描述民法的具体制度与政治的关系。雅科布斯(Jakobs)认为，如果制定民法典的时代是一个以塑造民众生活和社会关系为需要及目的的政治时代，那么民法典就会成为政治工具，政治因素就会在民法典中占主导地位，对法的技术性要求和对法律规则完善化的要求只能退居次位。④ 中国在 1954—1957 年、1962—1964 年进行的两次民法典编纂活动为该观点提供了恰当的注脚。巴丹戴尔(Badinter)认为，任何编纂法典的举措要想获得成功，除须具备有利的时机和有才华的法学家两个条件外，还应具有第三个条件，即"坚定的政治意愿"。⑤《法国民法典》的编纂过程可以证明此一论点。韩强认为，民法典是历史，是学术，也是政治，制定民法典就是一场政治运动。一方面，民法典的诞生多以重大的政治变动为背景，总是或多或少地反映了政治运动的某些特质或内涵。另一方面，民法典又具有一定的政治功能，革命或改革的民法典往往承担着某种政治信条的宣传作用。⑥ 法国、日本、苏联和中国民国时期编纂民法典的历史可以印证该观点的正确性。

① 迪特尔·施瓦布：《民法导论》，郑冲译，法律出版社，2006 年，第 41 页。
② 迪特尔·施瓦布：《民法导论》，第 43 页。
③ 迪特尔·施瓦布：《民法导论》，第 42 页。
④ 霍尔斯特·海因里希·雅科布斯：《十九世纪德国民法科学与立法》，王娜译，法律出版社，2003 年，第 1 页。
⑤ 罗贝尔·巴丹戴尔：《最伟大的财产》，载《法国民法典》(上册)，罗结珍译，法律出版社，2005 年，第 2—11 页。
⑥ 韩强：《民法典的政治与政策解读》，《浙江社会科学》，2008 年第 12 期。

上述各种见解虽然侧重点不尽相同,但都承认政治与民法及民法典编纂之间存在密切关系。这无疑是正确的。笔者认为,关于政治与民法及民法典编纂的关系,或者说政治因素对编纂民法典的影响,应当包括并区分以下两个方面:一是政治因素对是否编纂民法典的影响;二是政治因素对民法典具体内容的影响。下文拟结合国内外编纂民法典的历史经验,从这两个方面分别展开讨论,以期对中国正在进行的民法典编纂工作有所助益。

二、政治因素对是否编纂民法典的影响

从法国、德国、日本等国编纂民法典的历史经验看,政治因素是一国编纂民法典的根本动因,直接决定着民法典编纂工作的成败。

在法国,随着大革命的到来,早在 1790 年 10 月,制宪会议就决定起草一部适用于整个法国的、普遍性的民法典。在 1793—1796 年,冈巴塞莱斯(Cambacérès)先后起草了 3 部民法典草案,并提交给国民公会讨论,都因缺乏革命性或者政权更迭等原因不了了之。[①] 在督政府垮台和执政府组建的短暂间隙期,雅克米诺(Jacqueminot)提出了第四部民法典草案,也没有得到进一步讨论。[②] 拿破仑担任第一执政官后,对民法典的起草极为重视,视之为巩固大革命成果的一种手段。他在 1800 年 8 月任命了一个由 4 名法学家组成的委员会,来负责准备民法典草案。4 个月后草案完成,在提交给法案评议委员会审议时,遭到占多数的老革命派的强烈反对。拿破仑遂撤回全部草案,清洗了法案评议委员会中的反对派,将 100 名成员削减为 50 人。在他的强力推动下,与草案的 36 编相对应的 36 个单行法于 1803 年 3 月至 1804 年 3 月间一一通过。最终,1804 年 3 月 21 日颁布的法律宣告将这些单

---

① 参见艾伦·沃森:《民法法系的演变及形成》,李静冰、姚新华译,中国政法大学出版社,1992 年,第 162—163 页;雅克·盖斯旦、吉勒·古博:《法国民法总论》,陈鹏等译,法律出版社,2004 年,第 94 页;张民安:《法国民法》,清华大学出版社,2015 年,第 24—25 页。

② 雅克·盖斯旦、吉勒·古博:《法国民法总论》,第 94—95 页。

行法合并到一部 2281 条的民法典中去。① 可见,《法国民法典》虽然是法国大革命的产物,但其得以在不到 5 年的时间内诞生,却主要取决于拿破仑的强人政治。比较法学家们一致承认,拿破仑对《法国民法典》的编纂居功至伟。②

　　在德国,虽然早在 1814 年蒂堡(Thibaut)就呼吁制定一部适用于德意志各邦国的统一民法典,但由于政治条件的不利和萨维尼(Savigny)的抵制,蒂堡的建议未能得到采纳。③ 19 世纪的德国民族统一运动提出的要求之一就是制定一部适用于全德国的民法典,以统一四分五裂的私法。④ 不过,直到 1871 年德意志帝国建立和 1873 年帝国立法权扩大到全部民法,为全国性的法典编纂创造了前提,编纂民法典才成为政治现实中的可能。⑤ 从 1874 年 2 月成立准备委员会并由其制定编纂计划时起,到 1896 年 8 月正式公布时止,《德国民法典》的编纂工作长达 23 年。⑥ 之所以如此,是由于当时德国的统治阶级与法国大革命后新上台的资产阶级不同,没有对于一部新民法典的急迫需要:前者并不希望通过制定民法典去实现深刻的社会变革,也不希望用民法典改变私法方面的各种关系。⑦ 其编纂民法典旨在实现"一个民族、一个国家、一个法律"的目标。⑧ 当政治上的统一完成后,对民法典的需求反而不那么强烈了。与德国类似,《瑞士民法典》的出台也与瑞士联邦在 1898 年取得对整个私法部门的立法权和统一各州民法典的政治需要密切相关。⑨

　　日本在 19 世纪 70 年代开始编纂民法典,主要是出于明治维新后修改不

---

　　①　参见艾伦·沃森:《民法法系的演变及形成》,第 163—164 页;雅克·盖斯旦、吉勒·古博:《法国民法总论》,第 96—97 页;罗贝尔·巴丹戴尔:《最伟大的财产》,载《法国民法典》(上册),第 11—16 页。

　　②　参见大木雅夫:《比较法》,范愉译,法律出版社,1999 年,第 174 页;K. 茨威格特、H. 克茨:《比较法总论》,潘汉典等译,法律出版社,2003 年,第 129 页。

　　③　K. 茨威格特、H. 克茨:《比较法总论》,第 212—213 页。

　　④　卡尔·拉伦茨:《德国民法通论》(上册),王晓晔等译,法律出版社,2003 年,第 23 页。

　　⑤　霍尔斯特·海因里希·雅科布斯:《十九世纪德国民法科学与立法》,第 118 页。

　　⑥　大木雅夫:《比较法》,第 199—202 页。

　　⑦　谢怀栻:《大陆法国家民法典研究》,中国法制出版社,2004 年,第 37 页。

　　⑧　王泽鉴:《民法总则》,北京大学出版社,2009 年,第 15 页。

　　⑨　K. 茨威格特、H. 克茨:《比较法总论》,第 253—255 页。

平等条约的外在压力和富国强兵的内在动力。① 在政治需求的推动下,以箕作麟祥为中心制定的民法典草案基本上照抄照搬《法国民法典》,1879 年日本政府干脆聘请法国人保阿索纳德(Boissonade)起草法案。1888 年由保阿索纳德起草的财产法部分和 1890 年由日本人起草的家族法部分完成,二者都在 1890 年公布,史称旧民法典。② 由于对法典中的身份法不满,在主张法典应延期施行并加以改废的延期派和主张法典应立即施行的断行派之间发生了法典论争。这场论战从法律意见之争扩大到法学流派和学派之争,再发展到政治思想和主张不同的派系之争,最终演变为政治斗争,结果以延期派的彻底胜利而告终。随着断行派的失败,当时日本初露端倪的自由民权思想被压了下去,通过维护家族制度而维护天皇制的思想站稳了脚跟。③ 1893 年,日本政府决定重新起草民法典,并于 1898 年完成新民法典的编纂工作。可见,政治因素不仅是日本编纂民法典的根本动因,还决定了两次民法典编纂工作的成败。与日本类似,中国从清末起草《大清民律草案》到民国时期草拟《中华民国民律草案》,再到后来颁行《中华民国民法》,编纂民法典也主要是出于废除不平等条约、收回治外法权的迫切政治需求,政府的公权是编纂民法典的基本推动力量。④

从法国、德国、瑞士、日本和中国清末及民国时期编纂民法典的历史看,政治因素对一国是否编纂民法典具有决定性影响。如果没有迫切的政治需求,民法典的编纂问题不会提上议事日程。如果缺乏适当的政治条件,如政权的相对稳定和大力推动,编纂工作也难以在短期内完成。可以说,政治因素决定着民法典编纂工作的成败。

三、政治因素对民法典具体内容的影响

从法国、德国、日本等国民法典的具体内容看,政治因素不仅决定着民

---

① 大村敦志:《民法总论》,江溯、张立艳译,北京大学出版社,2004 年,第 14—15 页。
② 大村敦志:《民法总论》,第 16 页。
③ 参见谢怀栻:《大陆法国家民法典研究》,第 90—93 页;山本敬三:《民法讲义 I 总则(第 3 版)》,解亘译,北京大学出版社,2012 年,第 19 页。
④ 孟祥沛:《中日民法近代化比较研究》,法律出版社,2006 年,第 154 页。

法典的精神特质和基本原则,还对民法典的核心制度具有重要影响。

《法国民法典》的内容明显受到当时政治因素的强烈影响。民法典的材料虽然来源于旧法,主导思想却是革命的思想。它巩固了法国大革命的成果,大革命所倡导的自由、平等思想和政教分离原则得到了一定程度的维持。例如,它规定了婚姻自由、契约自由、遗嘱自由和所有权绝对原则,在婚姻和人的身份领域实行政教分离原则。①《法国民法典》因此被誉为"自由个人主义的胜利"。② 另外,拿破仑对民法典的内容也具有相当大的影响,两愿离婚和收养制度就是出于他个人的原因创立的。③ 由于他对父权结构家庭制度的拥护,民法典赋予丈夫和父亲过分的权利,已婚妇女被剥夺了行为能力。④ 由此,法国大革命时期主张夫妻平等的潮流和业已得到承认的妇女权利都被《法国民法典》抛弃了。⑤

《德国民法典》虽然以其在体系、概念、用语等方面的高超立法技术而令人称道,⑥但在政治上并不是完全中立的,其精神特质和某些制度依然受到政治因素的影响。例如,从历史起源看,德国民法在相当大程度上具有自由主义政治体制模式的特色。⑦《德国民法典》承认合同自由、所有权自由和遗嘱自由,表现出自由主义和个人主义的基本观念,⑧这无疑受到了当时主流政治思想的影响。又如,帝国议会中的委员会在对民法典第三草案进行审议时,对政治色彩浓厚的社团法和婚姻法所做的修改,均以政治权衡为依据。⑨ 根据

---

① 参见雅克·盖斯旦、吉勒·古博:《法国民法总论》,第 99—100 页;张民安:《法国民法》,第 27—30 页。

② 雅克·盖斯旦、吉勒·古博:《法国民法总论》,第 99 页。

③ 参见大木雅夫:《比较法》,第 175 页;K. 茨威格特、H. 克茨:《比较法总论》,第 130 页。

④ 参见 K. 茨威格特、H. 克茨:《比较法总论》,第 130 页;雅克·盖斯旦、吉勒·古博:《法国民法总论》,第 100 页。

⑤ 罗贝尔·巴丹戴尔:《最伟大的财产》,载《法国民法典》(上册),第 18 页。

⑥ 谢怀栻:《大陆法国家民法典研究》,第 57—68 页。

⑦ 迪特尔·施瓦布:《民法导论》,第 45—52 页。

⑧ 汉斯·布洛克斯、沃尔夫·迪特里希·瓦尔克:《德国民法总论(第 33 版)》,张艳译,中国人民大学出版社,2012 年,第 24—25 页。

⑨ 参见大木雅夫:《比较法》,第 202 页;汉斯·布洛克斯、沃尔夫·迪特里希·瓦尔克:《德国民法总论(第 33 版)》,第 23 页。

《德国民法典》第 54 条,无权利能力社团适用关于合伙的规定。这对无权利能力社团极其不利。立法者如此设计意在促使社团通过登记而取得权利能力,尽量阻止无权利能力社团的产生。① 这一政策与立法者在 19 世纪末对追求政治、宗教或社会宗旨的社团所持的不信任态度有关,因其认为这些社团是"有害于公共利益的组织"。② 不过,总体来说,《德国民法典》是在相对稳定的政治环境下制定的,重在守成而非创新,故受政治因素影响的程度大大弱于《法国民法典》。

《日本民法典》虽然受《法国民法典》的影响,在财产法中贯彻了自由平等的原理,但在亲属、继承两编却过于尊重"家"而牺牲个人的尊严,设置了许多无视父与母、夫与妻、儿子与女儿之间本质上平等的规定。③ 这导致其财产法与身份法之间存在严重矛盾:"财产法是建立在个人主义的自由经济的基础上,以近代民法中的所有权不可侵犯、契约自由、个人责任的三大原则为指导的,符合于资本主义发展需要的近代法律。身份法则是建立在封建的、家长制的家族制度基础之上的,不承认家族成员(包括家属、妻、子女)的独立人格和平等地位的法律。"④显然,富国强兵的政治需求深刻地影响了其财产法的资本主义性质。其身份法的封建主义性质主要是受到法典论争中延期派影响的结果,是革新派不得不对保守派作出的让步。可见,《日本民法典》的思想和内容深深地刻上了当时政治斗争的烙印。

《中华民国民法》虽然在编纂的动机、背景以及立法的用语、结构和内容等方面与《日本民法典》颇为相似,但就其将男女平等作为民事立法的指导原则、在亲属和继承两编确立并贯彻了这一原则来说,却比日本乃至法国、德国的民法典都要先进。⑤ 这是受到国民党主张的三民主义和南京国民政府提出的三民主义立法原则影响的结果,⑥男女平等正是三民主义中民权主

① 汉斯·布洛克斯、沃尔夫·迪特里希·瓦尔克:《德国民法总论(第 33 版)》,第 450 页。

② 迪特尔·梅迪库斯:《德国民法总论》,邵建东译,法律出版社,2000 年,第 852—853 页。

③ 我妻荣:《新订民法总则》,于敏译,中国法制出版社,2008 年,第 9 页。

④ 谢怀栻:《大陆法国家民法典研究》,第 95 页。

⑤ 孟祥沛:《中日民法近代化比较研究》,第 90、109—110 页。

⑥ 孟祥沛:《中日民法近代化比较研究》,第 86 页。

义的核心内容。

综上可见,虽然法国、德国、日本及中国民国时期在编纂民法典的社会背景、根本动因以及民法典的具体内容等方面存在不少差异,但其民法典的精神特质、基本原则和核心制度无一例外地受到了政治因素的影响,很大程度上反映了当时的政治思想和政治需求。正如近江幸治所言:"民法典本身是人类历史——且为特定历史时期——的产物,具有浓厚的历史属性。因此,贯穿民法典的基本属性或基本原则会在很大程度上受到其制定当时的普遍思想——特别是特定时代的价值观——的影响。"[1]从世界范围看,无论是法国、德国、日本等国的民法典,还是继受《法国民法典》的比利时、荷兰、意大利、西班牙、葡萄牙等国的民法典,[2]以及继受《德国民法典》的《希腊民法典》[3]和受到《德国民法典》影响的 1922 年《苏俄民法典》及 1964 年《苏俄民法典》,[4]从来不存在毫不涉及政治因素、在政治上完全中立的民法典,差别仅在于各国民法典受政治因素影响的广度和深度不同而已。

四、政治因素对中国前四次编纂民法典的影响

中华人民共和国成立后,从 1954—2011 年,中国先后启动了四次民法典编纂工作,无一获得成功。由于所处的政治环境和面临的政治需求不同,这四次编纂工作受到政治因素影响的程度也明显有别。

中华人民共和国成立之初,为了巩固革命胜利成果,保障社会主义建设,从 1954 年冬开始,全国人大常委会组织班子起草民法典,到 1957 年完成一个由总则、所有权、债、继承四编组成的民法典草稿。该草稿从指导思想、体系结构、具体制度到立法技术都模仿了 1922 年《苏俄民法典》。[5] 1957 年

---

① 近江幸治:《民法讲义Ⅰ民法总则》,渠涛等译,北京大学出版社,2015 年,第 11 页。

② 参见艾伦·沃森:《民法法系的演变及形成》,第 173—180 页;K. 茨威格特、H. 克茨:《比较法总论》,第 152—181 页。

③ K. 茨威格特、H. 克茨:《比较法总论》,第 233—235 页。

④ 大木雅夫:《比较法》,第 219—231 页。

⑤ 参见何勤华、殷啸虎主编:《中华人民共和国民法史》,复旦大学出版社,1999 年,第 118—119 页;李秀清:《中国移植苏联民法模式考》,《中国社会科学》,2002 年第 5 期。

以后,由于党的指导思想错误,发生了"反右""大跃进"等政治运动,中央政法小组在 1958 年 12 月给党中央和毛泽东主席的报告中提出:"刑法、民法、诉讼法,根据中国实际情况看来,已经没有必要制定了。"①由此,中华人民共和国第一次民法典编纂活动以失败告终。这次编纂工作从启动到终止、从草案的结构到内容,都深受政治因素的影响。

　　为克服"大跃进"对国民经济造成的影响,中共中央从 1960 年起开始调整国民经济和各项工作,党和国家领导人也发表了有关加强法制的谈话。1962 年 3 月,毛泽东在一次谈话中指出,"不仅刑法需要,民法也需要""刑法、民法一定要搞"。1962 年 5 月,刘少奇在同中央政法小组的谈话中也阐述了加强法制的问题。根据毛泽东的谈话和中央指示精神,全国人大常委会于 1962 年 9 月重新成立民法研究小组,开始第二次民法典编纂工作。②1964 年 7 月,形成由总则、财产的所有、财产的流转三编组成的民法草案(试拟稿)。1964 年 11 月 1 日,完成民法草案(试拟稿)的最后一稿,共 283 条。为摆脱苏联民法的影响,并与资本主义民法划清界限,该草案一方面将亲属、继承、侵权行为等排除在外,另一方面将预算、税收等关系纳入进来,且一概不使用权利、义务、物权、债权、所有权、自然人、法人等民法概念。③ 在内容上,草案规定了公有制单位从事经济活动"必须坚持党的领导,坚持政治挂帅"(第 4 条)、"中国社会主义经济是计划经济"(第 6 条)、"社会主义的公共财产神圣不可侵犯"(第 9 条)、进行经济活动"必须发扬自力更生、艰苦奋斗的革命精神,贯彻勤俭建国、勤俭办一切事业的方针"(第 11 条)等原则,具有非常浓厚的政治色彩。后因开展"四清"运动,继而"文革"开始,民法起草工作遂无人问津。可见,第二次民法典编纂工作全面受到国内外政治因素的影响与制约。

　　"文革"结束后,党和国家开始重视法制建设。在 1978 年 12 月 13 日召

---

　　① 何勤华、殷啸虎主编:《中华人民共和国民法史》,第 171—172 页。
　　② 参见何勤华、殷啸虎主编:《中华人民共和国民法史》,第 172—173 页;张玉敏主编:《中华人民共和国民法典起草五十年回顾与展望》,法律出版社,2010 年,第 58—61 页。
　　③ 参见何勤华、殷啸虎主编:《中华人民共和国民法史》,第 173 页;梁慧星:《民法总论》,法律出版社,2017 年,第 19—20 页。

开的中共中央工作会议闭幕会上,邓小平指出:"应该集中力量制定刑法、民法、诉讼法和其他各种必要的法律。"①叶剑英也指出,全国人大常委会"要立即着手研究修改制订民法、诉讼法、刑法、婚姻法和各种经济法等等,尽快完善中国的法制"②。1978 年 12 月 22 日党的十一届三中全会公报提出:"为了保障人民民主,必须加强社会主义法制,……从现在起,应当把立法工作摆到全国人民代表大会及其常务委员会的重要议程上来。"在这种政治背景下,出于进行社会主义现代化建设和对内改革、对外开放的需要,③1979 年 11 月全国人大常委会法制委员会组织成立民法起草小组,开始第三次民法典编纂工作。到 1982 年 5 月,先后完成四稿民法草案。第四稿草案的编制体例和内容主要参考了 1962 年《苏联民事立法纲要》、1964 年《苏俄民法典》和 1978 年修订的《匈牙利民法典》,④未能摆脱在意识形态上选边站队的影响。该草案规定了"社会主义制度是民事关系的基础"(第 3 条)、"国民经济实行计划调节为主、市场调节为辅的方针"(第 4 条)等原则,并规定对社会主义公共财产实行特殊保护(第 68 条、第 457 条),依然带有较浓的政治色彩。由于对编纂民法典的条件是否成熟、应当先制定单行法还是民法典存在争论,彭真委员长、习仲勋副委员长决定采取"零售"的方针,先制定单行法,哪个成熟了就先制定哪个。全国人大常委会法制委员会也决定先制定一批单行法规,暂不草拟民法典。⑤ 由此,第三次民法典编纂工作也未能完成。可见,第三次民法典编纂工作也受到政治因素的较大影响。

　　1992 年 10 月,党的十四大报告提出建立社会主义市场经济体制的政治目标,要求"加强立法工作,特别是抓紧制订与完善保障改革开放、加强宏观

①　邓小平:《解放思想,实事求是,团结一致向前看》,载《邓小平文选》(第二卷),人民出版社,1994 年。

②　叶剑英:《在中央工作会议闭幕会上的讲话》,载《叶剑英选集》,人民出版社,1996 年。

③　顾昂然:《〈民法通则〉制定的情况和基本内容》,载顾昂然:《社会主义法制和立法工作》,中国政法大学出版社,1989 年,第 102—106 页。

④　梁慧星:《民法总论(第五版)》,第 20 页。

⑤　参见顾昂然:《〈民法通则〉制定的情况和基本内容》,载顾昂然:《社会主义法制和立法工作》,第 110—111 页;何勤华、殷啸虎主编:《中华人民共和国民法史》,第 205—206 页。

经济管理、规范微观经济行为的法律和法规"。1997 年 9 月,党的十五大报告提出"到 2010 年形成有中国特色社会主义法律体系"的工作目标。在这种情况下,1998 年 3 月全国人大常委会组织 9 位学者专家成立民法起草工作小组,负责起草民法典草案,计划 2010 年完成民法典编纂。因 2001 年 12 月中国加入世界贸易组织,李鹏委员长要求在 2002 年完成民法典草案并提交常委会审议一次。2002 年 1 月全国人大常委会法制工作委员会召开会议,正式启动民法典编纂工作。① 2002 年 12 月,九届全国人大常委会第三十一次会议对民法典草案进行了第一次审议。2004 年 6 月,十届全国人大常委会变更立法计划,搁置了民法典草案的审议修改工作,恢复物权法草案的修改、审议。② 之后,民法典草案中的物权法、侵权责任法和涉外民事关系法律适用法三编,陆续于 2007 年、2009 年和 2010 年以单行法的形式颁布。2011 年 3 月 10 日,吴邦国委员长向十一届全国人大四次会议作全国人大常委会工作报告时,正式宣布"中国特色社会主义法律体系已经形成""党的十五大提出到 2010 年形成中国特色社会主义法律体系的立法工作目标如期完成"。③ 第四次民法典编纂活动由此无疾而终。显然,这次编纂工作的开始和结束也是由政治因素决定的。在此期间,有关物权法草案是否违宪的争论不仅充满了政治色彩,还影响到了 2015 年之后民法总则的起草工作。④

五、政治因素对中国当前编纂民法典的影响

到 2010 年之后,由于中国实行市场经济已达 20 余年,政治环境稳定,社会经济持续发展,民事立法基本齐备,实践经验较为丰富,并且国家实力大幅增强,国际地位日益提高,故编纂民法典已不存在实质性障碍。不过,从

---

① 参见梁慧星:《中国对外国民法的继受》,载梁慧星:《中国民事立法评说:民法典、物权法、侵权责任法》,法律出版社,2010 年,第 10 页;张玉敏主编:《中华人民共和国民法典起草五十年回顾与展望》,第 140—142 页。

② 梁慧星:《民法总论》,第 23—24 页。

③ 吴邦国:《全国人民代表大会常务委员会工作报告》,《人民日报》,2011 年 3 月 19 日。

④ 林来梵:《民法典编纂的宪法学透析》,《法学研究》,2016 年第 4 期。

重审斯芬克斯之谜

政治因素看,在党的十八届四中全会召开前,中国其实还缺乏编纂民法典的政治需求。首先,编纂民法典的内在动力不足。中国已经制定了诸多民事单行法,民法典的各构成部分均已具备,再辅以相关的司法解释,基本能满足实践需要。过去30多年没有民法典也未影响中国社会经济发展。在这种情况下,立法机关显然缺乏编纂民法典的内在动力。其次,缺乏编纂民法典的外在压力。一方面,随着2011年宣布"中国特色社会主义法律体系已经形成",编纂民法典已不再是立法机关必须完成的一项政治任务。另一方面,中国已经发展为世界第二大经济体,不存在出于外国政府或者国际社会压力而编纂民法典的政治需求。最后,法国、德国、日本等国编纂民法典时面临的那些急迫政治需求,如通过编纂民法典来巩固革命成果、统一国内法律、实现民族统一、收回治外法权、追求富国强兵等,在目前的中国也不存在。正因如此,在2011年之后的几年内,立法机关迟迟未对编纂民法典问题表态,民法学界也弥漫着不安和沮丧的气氛。①

2014年10月23日,党的十八届四中全会通过《中共中央关于全面推进依法治国若干重大问题的决定》(以下简称《决定》),提出"加强市场法律制度建设,编纂民法典"。此一表述大大出乎人们的预料,以至于有学者认为"编纂民法典"五个字是在《决定》公布前才加上去的。② 无论其原因和过程如何,"编纂民法典"被写入《决定》之后,不仅成为了中共中央的正式决策,也成为了有关国家机关的一项政治任务。在此背景下,2015年2月,中共中央办公厅、国务院办公厅在《关于贯彻落实党的十八届四中全会决定进一步深化司法体制和社会体制改革的实施方案》中,确定民法典编纂工作由全国人大常委会法制工作委员会组织协调,最高人民法院、最高人民检察院、国务院法制办、中国社会科学院和中国法学会五家单位参加编纂。2015年3月,全国人大常委会法制工作委员会牵头成立了由这五家单位参加的民法典编纂工作协调小组。由此,立法机关启动了第五次民法典编纂工作,并决定采取"两

① 参见柳经纬:《渐行渐远的民法典》,《比较法研究》,2012年第1期;梁慧星:《再谈民法典编纂的若干问题》,载梁慧星:《生活在民法中》,法律出版社,2016年,第108—109页。

② 参见梁慧星:《再谈民法典编纂的若干问题》,第96—98页;张谷:《对当前民法典编纂的反思》,《华东政法大学学报》,2016年第1期。

步走"的工作思路:第一步是编纂民法典总则编,争取提交 2017 年 3 月召开的全国人大会议审议通过;第二步是编纂民法典各分编,经全国人大常委会分阶段审议后,争取在 2020 年 3 月一并提请全国人大会议审议通过,形成统一的民法典。① 2017 年 3 月,立法机关在有关说明中指出:编纂民法典是党的十八届四中全会提出的重大立法任务,编纂工作要遵循坚持正确政治方向、坚持人民主体地位、坚持社会主义核心价值观、坚持立法的引领和推动作用等四个原则。② 目前,《中华人民共和国民法总则》(以下简称《民法总则》)已于 2017 年 3 月如期通过,第一步工作已经完成;第二步工作正在进行。

由上可见,政治因素不仅对中国启动此次民法典编纂工作具有决定性作用,还会影响到未来民法典的政治定位、精神特质乃至制度设计。实际上,《民法总则》第 1 条将"适应中国特色社会主义发展要求,弘扬社会主义核心价值观"纳入立法目的,就体现了政治因素的影响;第 185 条专门对英雄烈士等的人格利益进行特别保护,也具有鲜明的政治意义。③ 未来民法典可以保留前一规定,以昭示民法典的政治定位和精神特质。后一规定可按照公益诉讼的思路进行解释或改造,④以凸显对英雄烈士等的人格利益的特殊保护。除此之外,政治因素还会对未来民法典中的哪些制度产生影响呢?

应当看到,在中国现行民事法律制度中,那些与市场经济密切相关的制度,如自然人、营利法人、法律行为、合同、侵权责任、诉讼时效等,具有较强的政治中立色彩。婚姻、收养、继承等涉及家庭和亲属关系的制度,因我国早在中华人民共和国成立后就摆脱了封建传统和宗教因素的影响,且在实践中施行已久,目前看来也没有什么政治色彩了。笔者认为,未来民法典中受政治因素影响较大的主要是以下三类制度。

第一,非营利法人制度中的事业单位、社会团体和捐助法人制度。中国

---

① 李适时:《关于〈中华人民共和国民法总则(草案)〉的说明》,2016 年 6 月 27 日在第十二届全国人大常委会第二十一次会议上。

② 李建国:《关于〈中华人民共和国民法总则(草案)〉的说明》,2017 年 3 月 8 日在第十二届全国人民代表大会第五次会议上。

③ 张新宝:《〈中华人民共和国民法总则〉释义》,中国人民大学出版社,2017 年,第 401 页。

④ 张新宝:《〈中华人民共和国民法总则〉释义》,第 403 页。

重审斯芬克斯之谜

的事业单位法人类型复杂、功能多样,受到政府较多的监督与约束,[1]并且正处在改革进程中,其未来去向会受到政治因素的影响。社会团体法人涉及政党组织、宗教团体等的设立及管制等敏感政治问题,无法完全交给民法解决。捐助法人中的基金会和宗教活动场所受到国家的严格监管,也与政治因素有关。未来民法典在设计这三类非营利法人时,须妥当协调民法理论与政治因素的关系。为使民法典保持稳定性和开放性,建议采用《民法总则》目前的做法,即仅仅规定三者的设立及组织机构问题,其他事项交由特别法处理。

第二,所有权制度中的国家所有权和集体所有权制度。"所有权是所有制在法律上的表现。"[2]国家所有权和集体所有权是全民所有制和集体所有制在民法上的表现,决定着中国社会主义的国家性质和根本制度。未来民法典可以采纳《中华人民共和国物权法》的做法,继续确认、维护国家所有权和集体所有权,并规定两者的客体及行使等民法问题。这是坚持社会主义基本经济制度、巩固和发展公有制经济所必需的。[3] 至于像该法第3条那样的政治性宣示,则无必要规定在民法典中。

第三,以集体所有土地为客体的用益物权制度,包括土地承包经营权、宅基地使用权和集体建设用地使用权制度。这三类用益物权既涉及集体土地所有权的行使和集体所有制经济的实现,又关系到农村稳定、农业发展和农民利益,带有浓厚的政治色彩和鲜明的中国特色。近年来,中共中央、国务院及其办公厅多次联合发文,强调要开展农村土地制度改革,积极探索农村土地所有权、承包权、经营权的"三权分置"、农民住房财产权流转、宅基地有偿使用和自愿有偿退出机制、农村集体经营性建设用地入市等方面的改革。[4] 因有关试点工作正在进行,实践经验谈不上成熟,理论研究未形

---

① 陈甦主编:《民法总则评注》(上册),法律出版社,2017年,第639—642页。

② 王兆国:《关于〈中华人民共和国物权法(草案)〉的说明》,2007年3月8日在第十届全国人民代表大会第五次会议上。

③ 王兆国:《关于〈中华人民共和国物权法(草案)〉的说明》。

④ 参见中共中央、国务院《关于全面深化农村改革加快推进农业现代化的若干意见》(中发〔2014〕1号)、《关于稳步推进农村集体产权制度改革的意见》(中发〔2016〕1号);中共中央办公厅、国务院办公厅《关于引导农村土地经营权有序流转发展农业适度规模经营的意见》(中办发〔2014〕61号)、《关于完善农村土地所有权承包权经营权分置办法的意见》(中办发〔2016〕67号)。

成共识,未来民法典很难妥当地设计这三类用益物权。为了给三者留下改革和发展的空间,可考虑仅在民法典中规定其定义、设立、登记等技术问题,其他事项则留给特别法处理。

中国当前正在进行的第五次民法典编纂工作,其历史背景既与前四次编纂工作不同,也与法国、德国、日本等国编纂民法典时的情况有别。历史上各国编纂民法典的目的和动机,①均难以用来解释中国这次民法典编纂活动。此次编纂工作完全是由中国的政治领导力量自发启动的,不存在特别的国内外压力或者特殊的政治需求。其主要作用是系统地整合现行民事法律规范,对不适应现实情况的规定进行修改完善,对实践中出现的新情况、新问题作出有针对性的新规定,②政治方面的功能和价值并不明显。这就决定了,在本次编纂民法典的过程中,民法理论和立法技术的作用会远远超过政治因素的影响。当然,未来民法典不可能完全脱离政治,在设计非营利法人、国家所有权和集体所有权、以集体所有土地为客体的用益物权等相关制度时,仍需结合中国的社会主义性质和各项改革的进展情况,妥善处理政治因素对其产生的影响。

原文发表于《云南社会科学》2018 年第 1 期

入选理由:

本文是在有关民法典编纂的研讨如火如荼的背景下,我刊法学栏目经过较长时间准备,于 2018 年推出的“民法典编纂研究”专题中的一文,这也是法学栏目首次就民法典编纂做专题。本文集中论述了政治因素对编纂民法典各方面的影响,该角度对民法典编纂非常重要,为学界有关民法典研究的浪潮提供了重要视角。本文获得《新华文摘》2018 年第 11 期篇目推荐。

---

① 封丽霞:《法典编纂论》,清华大学出版社,2002 年,第 229—241 页。
② 石宏主编:《〈中华人民共和国民法总则〉条文说明、立法理由及相关规定》,北京大学出版社,2017 年,第 2 页。

重审斯芬克斯之谜

专家评论：

　　文章不仅指明民法典必定是特定政治背景下的法典，更前瞻性预见了政治因素对于我国民法典若干重要内容的形塑意义，学术意识清醒而冷静。

——朱庆育，南京大学教授

中国民法典中法律行为解释规则的构建

耿　林①

摘　要：中国未来的民法典应当在总则中抽象规定法律行为或意思表示解释规则，无须区分法律行为解释与意思表示解释。在设计解释规范时应把握解释的对象与目标、解释的类型以及解释的方法三个规范层次。解释规则应明确解释的对象与目标，然后再按照一般解释与补充解释的结构来设计规则。一般解释分为自然解释、规范解释以及对社会公众作出的意思表示的解释三种子类型。同时，关于解释方法，未来民法典应放弃具体列举解释方法的做法，改采用更为抽象的表达形式，以更好适应各种解释情形的需要。

关键词：民法典；法律行为解释；意思表示解释；合同解释

法律规则离不开解释。解释是法律的生命。正如罗马法学家切尔苏斯（Celsus）所言，认识法律不意味着抠法律字眼，而是要把握法律的意义和效果。② 同样，法律行为作为当事人为自己制定的法律，也离不开解释。③ 1999 年《中华人民共和国合同法》（以下法律名称中均省略国号，直接简称

---

①　耿林，清华大学副教授，现为清华大学教授。

②　D. 1，3，17.

③　王泽鉴教授曾谓："法律人的主要工作在于解释，其客体有二：法律和意思表示，二者均在正确理解其解释对象。意思表示的解释应与法律解释同受重视，亦属法律人应予学习掌握的能力、技巧及艺术。"参见王泽鉴：《民法总则》，北京大学出版社，2009 年，第318 页。

《合同法》等)第 125 条、《民法总则》第 142 条都明确规定了法律行为或合同的解释规则。虽然《民法总则》是未来民法典的一部分,即民法典的总则部分,但在统合之前,民法总则仍有变动的可能性,以使其与各分编相协调。因此,如果现行总则规定有欠周到之处,就仍有必要讨论,以便在统合时予以考虑。

本文即针对中国现行法上关于法律行为或合同的解释规则,按照党的十九大所指引的"科学立法"与"民主立法"精神,①进一步探讨中国未来民法典中法律行为解释规则构建的完善问题。

一、意思表示解释与合同解释

中国《民法总则》第 142 条将法律行为解释规定在第 6 章民事法律行为中的意思表示一节(第 2 节)。然而,中国《合同法》在第 125 条也规定有合同解释的规则。如果联系到《德国民法典》在总则编的第 3 章法律行为之下分别在第 2 节意思表示(第 133 条)和第 3 节合同(第 157 条)中规定有不同的解释规则,似乎法律行为或至少意思表示的解释规则,就与合同解释规则存有差异。在中国未来统一的民法典中,是否应该规定这种不同的解释规则呢?

对照《法国民法典》,该法典中规定的是合同解释,即将法律行为解释规定在第 3 编(契约或合意之债的一般规定)第 3 章(债的效果)第 5 节"契约的解释"中,从第 1156 条至第 1164 条。② 2016 年 10 月 1 日《法国民法典》债编全面修订之后,"合同的解释"与合同的订立、效力并列,作为"合同"标题之下的一级标题被规定,从第 1188 条至第 1192 条。③《意大利民法典》(第 1362—1371 条)、《比利时民法典》(第 1156—1164 条)、《西班牙民法典》(第 1258、1281—1289 条)等都有类似的处理方式。其实这些国家的民法典解释

---

① 习近平:《决胜全面建成小康社会夺取新时代中国特色社会主义伟大胜利——在中国共产党第十九次全国代表大会上的报告》,载《中国共产党第十九次全国代表大会文件汇编》,人民出版社,2017 年,第 31 页。

② 《法国民法典》,罗结珍译,北京大学出版社,2010 年,第 309—310 页。

③ 李世刚:《法国新债法:债之渊源(准合同)》,人民日报出版社,2017 年,第 145—146 页。

规则还有一个特点就是对解释规则规定得较为详细。

《德国民法典》模式国家,如《希腊民法典》(第173条、第200条)则规定得较为抽象。《葡萄牙民法典》(第236—238条)也属于此类简洁型。

较为特殊的是《荷兰民法典》,它完全放弃了在民法典中规定解释条款,而是将解释视为理所当然的事。因为,任何关于解释的条款总是过于抽象,因此不如留给判例来直接完成解释工作。① 上述两种体例其实并无区分的必要,因为合同本质上也是由意思表示构成的,对意思表示的解释自然也是合同解释,即双方型的意思表示解释。之所以有上述不同立法例的存在,实际上是《德国民法典》在制定过程中的过度区分所造成的,两者之间实际上并没有太大的差异,也没有第133条与第157条文义本身所表达出来的那样的差异。后来的学者们也认识到了当初区分理由不足的一面,因此在学术上均放弃这一区分做法。② 《法国民法典》采用合同解释体例,实际上也是《法国民法典》没有采用总则这种抽象立法技术使然。③ 欧盟委员会委托专家起草的欧洲民法典草案《共同参照框架草案》(DCFR)在总则中规定了法律行为的"解释"(第8章)。该章共有两节:合同的解释,其他法律行为的解释。④ 这一体例可资借鉴。

因此,在中国未来的民法典中,鉴于《民法总则》中已采用抽象立法技术在法律行为制度中规定了法律行为解释规则,分则的合同法部分就不应再重复规定解释规则。

二、意思表示解释与法律行为解释

意思表示解释与法律行为解释在法律文献中时常被提及。二者之间的关系究竟如何,学界认识也并不一致。通常情形下,人们并不刻意区分这两

---

① Ole Lando et al. , *Principles of European Contract Law*, Parts I and II, Kluwer, 2000, p. 290.

② 迪特尔·梅迪库斯:《德国民法总论》,邵建东译,法律出版社,2000年,第236页。

③ 张弛:《论意思表示解释》,《东方法学》,2012年第6期。

④ *Principles, Definitions and Model Rules of European Private Law*, *Draft Common Frame of Reference*(DCFR), Outline Edition, Sellier 2009, pp. 216-218.

个概念,因此对其做混合使用,将其视为大致相同的概念。梁慧星教授则明确表明:"法律行为的解释亦即意思表示的解释。"①这就如同德国19世纪的人们并不刻意区分意思表示与法律行为一样。但是,学说上也有主张,意思表示解释不同于法律行为解释。这种学术观点的基本立论是,"意思表示的解释"在对合同是否成立的判断阶段才有特别的用场,因为判断是否成立首要的问题就是对双方的意思表示作出解释。因为,此时须判断双方意思表示是否一致。一旦根据意思表示解释得出双方意思表示一致从而成立合同,解释就转变为合同解释问题,即通常要按照客观解释来确定合同的具体内容。因此,鉴于意思表示的解释在合同成立时所具有的独立存在价值,可以将其放在合同订立一章加以规定,而无须像德国法那样在总则中做一般规定。

这种区分说观点并无十分有力的理由。首先,以成立作为两种解释区分适用的界点并未妥当。因为,意思表示作为一个独立存在要素,其在合同(法律行为)成立前与成立后都同样客观地存在着。也就是说,所有意思表示要素,除非是在合同成立后才作出的补充约定,否则都是在成立前作出的。这些意思表示一旦作出,无论其对成立发生影响还是不发生影响,其作为意思表示的内容都不会改变,对其内容的确定,都是采用同样的标准去判断、获得的。因此,不会存在成立前采用一个标准去判断,而在成立后采用另一个标准去判断的差异。其次,合同成立与否的判断毋宁是经解释确定含义后对两个意思表示所做的比较,即通过对两个独立经由解释所确定其含义的意思表示的比较,得出的意思表示是否一致。此时的比较所关注的,主要是合同成立要件中的必备要素(中国《合同法》第14条第1项所规定的"内容具体确定"),其他非必备要素在双方意思表示一致时也同样有效,而与合同成立前成立后无关。可见,当事人是否达成合意,都是对意思表示作出解释后所得出的判断,而不是意思表示解释与法律行为解释的差别所产生的。最后,其实也并不存在一个合同成立后即采用客观解释标准的一般规律。是否采用客观标准予以解释(规范解释),并非以合同法律行为的成立作为标准。根本性因素还是在于意思表示作出时对善意受领人的保护问

---

① 梁慧星:《民法总论》,法律出版社,2007年,第189页。

题。换言之,即便是对成立的合同来说,也存在无须采用客观标准的情形,因为只要双方在作出意思表示时主观上都明知某一确定的意思表示内容,则该意思表示即会按照主观标准得出。

以上分析可用拉伦茨(Larenz)教授的苹果案例来做更直观地观察:客户在店铺向售货员说,"请给我1公斤苹果"。① 此时,双方合同是否成立? 是赠与还是买卖(合同类型)? 如何判断意思表示的拘束力? 显然,作为双方法律行为,我们需要将双方的意思解构成要约与承诺两个意思表示来考察。如果商铺做有标识价格的标签,其标识及货物陈列行为就是要约,相当于店铺主在说:"此处陈列的苹果以标签价格出售,以现存数量为限,具体数量由客户确定。"客户的话语就是承诺,客户确定了1公斤苹果。但是,客户并未明确价格。这就可能有两种解释,一是客户希望是无偿的,二是希望有偿获得。具体如何理解需要通过特定交易场景来判断。在专门以买卖为业的店铺,显然所有陈列商品都是出售的,客户应知此习惯。因此在其无特别表示时应按照场景解释,其有有偿获得的意思。有偿的具体标准在存在价格标签且已明示标签时,应解释为客户未提出异议时是接受标签价格的。据此,两个意思表示的含义经解释,清楚一致,合同成立。合同性质系买卖,且符合认真对待的接受拘束的意思(中国《合同法》第14条第2项)。相反,如果缺乏上述相应情景,比如"客户"系一位乞讨人员或是一位企业拓展训练中的学员,他们都希望无偿获得别人的生活资源。这样,从"客户"角度看,"客户"的意思表示中仅有希望转移物品所有权的意思,却无法解释出他们有店铺意思表示中所要求的有偿意思,因此两个意思表示不一致,法律行为无法成立。由此可见,无论是成立与不成立,被解释的具体对象都是意思表示。意思表示的含义经解释获得一个确定的含义,然后将其对比,看其是否一致,从而得出双方法律行为(合同)是否成立以及具体内容是什么。

其实,从概念发展的逻辑上也可以看出,意思表示的解释与法律行为的解释无法作出区分。就词语的构成来说,意思表示与法律行为这两个概念在本质上是相同的。正如《德国民法典》的《立法理由书》所指出的那样:"意思表示可以被理解为法律行为中的意思表示。一般而言,意思表示和法律

---

① 卡尔·拉伦茨:《法学方法论》,陈爱娥译,商务印书馆,2003年,第179页。

行为这两个表述被作为同义词使用。之所以选择意思表示这一表述，是因为意思表示本身居于首要地位，或者意思表示仅被作为法律行为构成要件的组成部分予以考虑。"①温德沙伊德（Windscheid）也毫不迟疑地认为，这两个概念含义完全相同。② 这也是德国的通说。毫无疑问，以此为基础扩展的概念——意思表示的解释与法律行为的解释——自然也应有着本质上相同的含义。

德国的拉伦茨教授在其《法学方法论》一书中也从形式上区分了意思表示解释与法律行为解释，因为其在第 4 章的第 4 节中以"意思表示的解释"为题，并在以下论述分别以"确定法效果的意思表示"和"法律行为的解释"作为第 1、2 款的标题。并且，初看起来，这一区分是以法效果与解释的背景（情境）、补充解释作为标准的。但是，拉伦茨教授在实质上并未严格区分此二解释概念。因为，他在第 1 款中主要论述的是意思表示效果方面的解释，即什么是法效果（第 1 段）、契约拘束力（第 2 段）、契约类型的判断，最后举买苹果事例予以说明（第 4 段）；在第 2 款"法律行为的解释"中，他进一步解释了有受领当事人之间的主观意思表示一致的优先性与规范性的意思表示一致（第 1 段）、有受领意思表示解释中需要考虑的情境（第 2 段）以及补充性契约解释中的"诚实信用"原则（第 3、4 段）。其中，在第 2 款中，拉伦茨教授即采用"假使当事人对意思表示在法律上的标准意义有争议，法院就必须对它做解释"这种表述方法。此后他也多次使用意思表示的解释概念。③ 可见，拉伦茨教授的形式区分，从一定意义上说可能是为了迁就《德国民法典》已有的形式区分，但鉴于实际上并无严格区分的可能性，在具体论述时，他还是将二者混合使用。

分析至此，可以作出小结。法律行为的解释与意思表示的解释本质相同，概念功能相同，差异主要在于着眼点的不同。意思表示着眼于个别，而法律行为则同时着眼于抽象。但是，通过扩展与回溯，二者都可以涵盖相同

---

① *Motive zu dem Entwurfe eines BGB fuer das deutsche Reich*，Bd. i，1888，S. 126. 另参见维尔纳·弗卢梅：《法律行为论》，迟颖译，法律出版社，2013 年，第 29 页。

② 温德沙伊德说："法律行为就是意思表示。"参见 Windscheid，*Lehrbuch des Pandektenrechts*，8. Aufl.，1900. S. 267。

③ 卡尔·拉伦茨：《法学方法论》，第 177—184 页。

的适用范围。意思表示的合致(consensus)并非解释问题,而是解释后的后果对比,本质上不属于解释的范围。

中国未来的民法典不应在这两个概念上作出区分,至于采用何种表述方法,这仅仅是一个技术问题。但是,意思表示作为更具体的事实构成要素,无法被法律行为取代;同样,作为抽象概括的法律行为概念也有其表述上的方便性。作为技术性的选择,将其保留为含义本质相同而交叉混用的状态,不失为一种实用的态度。

三、法律行为解释规则的构造

法律行为的解释在本质上是探究与确定法律行为的含义。制定法如何规范抽象的解释规则,是解释规则的构造问题,它也是一项立法技术。

(一)解释的对象与目标

解释应以确定解释对象为前提。解释对象(Auslegungsgegenstand)是构成表示的具体行为或者具体表达,如打电话、书面材料、点头以及可推定的默示行为,这些都构成解释的文本。

解释工作就是对解释对象含义的探明。显然,这存在两种情形。一是解释对象本身含义尚未明确时须予以探明,二是在解释对象之外仍须进一步确定法律行为的含义,以补足法律行为。前一种情形的解释是以存在一个具体解释对象为前提的,我们可以称之为一般解释;后一种情形由于缺乏具体解释对象,此时构成意思表示或法律行为的漏洞,而非狭义的对象含义不明确问题。因此,广义的意思表示解释还须包括此种在无解释对象情形下对当事人意思的探明,这就是后文所说的补充解释,即对法律行为漏洞予以补充的解释类型。

针对解释的对象,首先应确定解释的目标,即解释者意欲往什么方向去解释。不同的利益状况决定着不同的解释目标。这一利益状况主要取决于两个因素,一是真实意思,二是有无受领人。无论如何,在法律行为中,如果当事人有真实意思,且该真实意思的存在不损害他人,该意思都首先应当得到尊重。换言之,也只有这种情形下的真实意思才是法律行为理论所须尊重与保护的。据此,中国现行法中很多"真实意思"的用语,比如《民法通则》第 55 条第 2 项、第 58 条第 3 项,《合同法》第 54 条第 2 款、第 125 条第 1 款,都需要通过法解释作出各种限制。这种真正的"真实意思"无论是存在于无须受领的意思表示场合还是需要受领的场合,都是一样的,只不过是在后一种情形下需要双方存在共同的真实意思而已。所谓"误载无害真意"(falsa demonstratio non nocet)即属于后者的事例。关于受领人(Erklärungsempfänger)因素,是从意思表示时社会交往的安全保护角度考虑的。因为不存在受领人时,通常只涉及表意人自身利益或首先是表意人自身利益,比如设立遗嘱。此时,探究出表意人的真实意思并对其予以保护,是解释所应追求的目标。反之,在有受领人的情形下,就须更多考虑对受领人的保护,因为受领人此时处于被动的意思通知状态,他只能按照表意人传达意思时的方式来予以理解。在此之外的表意人内心意思无法被受领人获知。因此,表意人应对其选择的意思表示的表达方式或传达方式承担风险。只有这样,表意人与受领人之间的社会交往秩序才能建立在合理的信赖基础之上。这也是意思表示理论中的信赖学说。[1] 在此基础上,对有受领人的意思表示,在解释时所要实现的目标就是探究出受领人通常能够理解的意思,即解释时的受领人标准。

受领人不同于相对人。因为,无须受领的意思表示并非都没有相对人,比如在悬赏广告情形中,如果对悬赏广告按照合同关系做法律构造,显然悬赏行为的完成人就是悬赏广告人的相对人。此时,悬赏人所作出的意思表示虽然无须受领,但却有相对人,因为最终它会有一个相对于悬赏人的义务完成人。

(二)解释的类型

法律行为解释从解释对象与解释目标开始。[2] 进一步认识,就是如何根据对象与目标展开具体解释规则。解释对象的情形千差万别,因此解释规则须分门别类,始克完善。任何单一的概括性规则,要么会因过于抽象而失

---

① Larenz/Wolf,*AT des BGB*,9. Aufl.,BeckMünchen 2004,S. 512-526.

② Brox/Walke,*Allgemeiner Teil des BGB*,36. Aufl.,Vahlen 2012,S. 60-61.

去规范意义,要么则有失准确。因此,有必要首先沿着解释对象开始分类。解释对象是解释的起点。这一起点要么经过解释本身就能够显示出某种意思表示的含义来,要么该起点对所待确定的当事人之间所需要的规则毫无作用。前者被称为一般解释,指直接针对解释对象以探明当事人的意思。后者被称为补充解释(Ergänzende Auslegung),是指通过对有漏洞的(lückenhafte)法律行为的补充,使该法律行为得以完善、漏洞得以补充的解释。

1. 一般解释

一般解释也叫简单解释(Einfache Auslegung),以解释文本的存在及有意义性为前提。对此,需要根据当事人或当事人之间的不同利益关系来确定解释目标。因此,鉴于意思表示有无受领人以及是否属于对社会公众作出的意思表示,一般解释可以再分为三亚类:自然解释、规范解释和社会公众解释。[1]

(1)自然解释

自然解释(Natürliche Auslegung),是指从表意人角度,按其内心真实意思对意思表示所做的解释,即要确定当事人的内心真实意思。这类解释旨在保护表意人利益,其主要适用场合是遗嘱等无须受领的意思表示。对遗嘱来说,没有必要通过解释来保护其利益的受领人(Adressaten)。因此,在有疑义时,表意人的内心意思具有决定性的意义。

(2)规范解释

规范解释(Normative Auslegung),是指从受领人角度(Empf ngerhorizont),根据客观的表示价值对意思表示所做的解释。其解释目标在于保护受领人,保护受领人的善意信赖。此时,对信赖的保护优先于对法律后果意思所体现的利益的保护。如前所述,这是由对风险的利益衡量所决定的:表意人在意思发布时应承担受领人能够理解的风险。当然,受领人也应承担尽到必要注意以正确理解表意人意思的风险。

(3)社会公众解释

社会公众解释是一类比较特殊的解释类型,它横跨一般自然解释与规范解释之间,二者均有部分重合。还用前述悬赏广告为例。这类意思表示

---

[1]　Brox/Walke, *Allgemeiner Teil des BGB*, S. 60-65.

在本质上是对社会公众作出的无须受领的意思表示,在解释目标上与单纯的无须受领的意思表示显然不同,因为它也要考虑到类似于受领人的客观理解问题。但是,它与单纯的须受领的意思表示也不一样,因为,一是此时的确无须受领,二是解释的目标不一定是某单个受领人的理解标准,而应是一般社会公众的理解标准。此外,这类解释与自然解释、规范解释的共同之处是,从解释对象上看,它又属于一般解释。因此,我们有必要将其作为单独一类加以区分。属于这类情形的,主要是票据以及无记名证券等。①

2.补充解释

当事人自己通过法律行为为自己制定的规则,存在漏洞是在所难免的。为此就需要对其加以补救,即漏洞补充。补充解释,亦即漏洞补充解释,属于广义法律行为解释,因为此时的解释实际上已经超出当事人意思表示中"表示"所能涵盖的任何意思范围。因此,补充解释本质上属于当事人意思的创设(constructive interpretation),是对当事人意思的假定。创设或假定的目的在于填补当事人意思的漏洞(Lücke/gap),即其意思表示不完满的状况。

补充解释应具备下列条件:(1)意思表示存在或者合同成立;(2)意思表示存在漏洞,即通过一般解释仍不能得出明确含义。因此,意思表示或者合同的存在,首先意味着不可对法律行为必备要素的效果意思作出补充;其次,对双方法律行为来说,意思表示必须达成合致。

(三)解释的方法

明确了解释的对象与目标、区分了解释方法,并不等于得出了解释的结论。它们只是具体解释的前期准备工作。进一步的解释工作必须在前期准备的基础上采用更具体的操作方法来实现。

萨维尼提出的法律解释方法(标准)——文法解释、逻辑解释、历史解释和体系解释四因素,②对法律行为解释也有直接的借鉴作用。只不过萨维尼

---

① 崔建远:《意思表示的解释规则论》,《法学家》,2016年第5期。
② F. C. v. Savigny, *System des heutigen roemischen Rechts*, Berlin 1840, Bd. I, S. 213, Bd. Iii, S. 244.

的方法在法学方法论发展中被进一步完善为现代解释方法：文义解释、体系解释、历史解释和目的解释。[1]

1. 一般解释的方法

法律行为的一般解释系以解释文本为对象，是真正意义上的解释，因此其所采用的方法与漏洞补充解释有所不同。

毫无疑问，一般解释中，从文意出发获取文本实际意义是解释的目标。为此，需要在不同场合下结合体系、情景、利益妥当性、交易习惯、法律行为的目的等予以确定。在对有受领人的法律行为做规范性解释时，则常常需要考虑到诚实信用及交易习惯。正如《德国民法典》第 157 条所规定的那样：合同应当按照像诚实信用并考虑到交易习惯要求的那样去解释。

而且，对社会公众解释来说，所要考虑的当事人之间的行为情景就很少，更多的是考虑会公众通常会对意思表示做何种理解。

2. 漏洞填补的方法

漏洞必须予以填补（Ausfüllung）或者补充（Ergänzung）。其补充方法不同于一般解释下的解释方法，因为这里虽然也会从文义出发，但最终是从否定文义的存在意义开始的。至于采取何种方法予以补充，理论上争议最大的是任意性规范的适用是否属于漏洞补充。在德国，主流的观点认为，任意性规范的适用不属于补充解释。[2] 因为，任意性规范只有在既没有法律行为的自身解释（简单解释）也没有法律对需要解释的问题提供的答案的时候，才会被予以考虑。[3] 德国联邦最高法院（BGH）也认为，此时不存在漏洞，而是当事人将法定的任意性规范默认为合同的基础。就方法论而言，这并不能令人信服。如果合同履行中没有适当的基于意思自治的规则可资发现，就到了意思表示解释的边界，不完全合同的补充解释工具就应该登场：就此而言，无论是补充的合同解释还是任意性规范，它们都是自治合同内容的补充工具，就这一功能来看，它们也是等值的——尽管存在着差异。因此，在

---

[1]　Bernd Ruethers, *Rechtstherorie*, 2. Aufl., Beck München 2005，S. 452-453.

[2]　Köhler, BGB *Allegeiner Teil*, 25. Aufl., Beck München 2001，§ 9 V 1，S. 140.

[3]　Säcker et al. /Busche, *Münchener Kommentar zum BGB*, 7. Auflage, Verlag C. H. Beck München，§ 145，Rn. 45.

方法论上应当严格区分漏洞确定与漏洞填补（通过任意法或补充的合同解释）。相反，如果过分地在方法论上先行，将可资使用的任意法直接用在这种区分之上，而不事先证明合同规定上的漏洞，漏洞确认将背负上补充解释与任意法规定之间位阶关系争执的重任。①

因此，本文对任意性规范的补充解释功能持肯定说。②

须注意的是，补充解释不同于中国《合同法》第 61 条规定的"协议补充"和"交易习惯"补充，因为后者分别属于法律行为本身及一般解释的一部分。

在没有任意性规范时，法律行为的漏洞最终须采用合同目的及诚信原则予以补充。此时的补充性解释是借助对法律行为加以解释来为当事人创设客观规范，以填补契约漏洞，其所探求的是当事人明知法律行为未规定时其所合理期望的意思，即假设的当事人意思。因此，做这类解释时，假设的当事人意思应以当事人在如若知道漏洞情形时会作出的理性表示或者约定作为出发点，根据诚实信用原则并考虑交易习惯来认定。对此，必须参酌各种情事，包括动机、交易习惯、利益状况等，而当事人所追求的合同或者意思表示的目的，则常可帮助判断。

鉴于补充解释的危险性，为避免法官的意志绑架（richterliche Gängelung），法院应严格限制此类解释。

通过以上分析，本文大致构建了一个法律行为或意思表示解释的基本结构：解释对象与目标、解释类型、解释方法。解释对象与目标决定和影响着解释类型，解释类型是解释对象与目标的分解，解释方法是实现不同类型解释的手段。在一定意义上可以说，解释对象与目标、解释类型、解释方法可以看作一个不断走向具体的解释规则。但是，无论是哪种解释类型，解释的基础都是从文义开始的，且也都不能拘泥于文义。不同类型的意思表示可能有不同的解释方法。一般解释的方法就可能完全不同于补充解释的方法。

---

① Cziupka：*Die ergänzende Vertragsauslegung*，JuS 2009，103，105.

② 王泽鉴：《民法总则》，第 326 页。

四、对《民法总则》意思表示解释的评释

中国刚刚于 2017 年 10 月 1 日生效的《民法总则》第 142 条（以下简称"新规则"）规定了法律行为解释规则，①这是新中国民事法律中第一次在民法总则的位置上规定当事人意思的解释规则。此前中国仅在民法内部的《合同法》（1999 年）层面上规定有合同解释规则。② 新规则无疑具有更高位阶的规范意义。并且与《合同法》中的解释规则相比，规定得更为具体、合理。比如，新规则根据是否存在相对人区分了不同情形，特别是通过区分相对人有无，从字面上体现了解释目标所探寻的不一定都是当事人的真实意思，这与《合同法》的规定相比具有明显的进步性。但是，新规则也仍然存在一些不足。以下结合前述理论梳理，对这些不足做一简要分析。

（一）受领人标准与相对人标准

如前所述，受领人与相对人在概念上是存在一定差别的。新规则采用"相对人"的表述方法，并不准确。王泽鉴教授曾在其教科书中使用"相对人"的表述，③由于王泽鉴教授并未涉及对社会公众等作出的有相对人但却无须受领的意思表示这类情形，其使用这个概念并无大碍。但在面对更丰富的适用情形时，"相对人"的表述就显得不够准确。况且，相对人概念本身主要是适用于各种对人关系之中的，指与一个主体相对人的另一方，其与意思表示的接受方并不构成对应关系。因此，该表述宜改为"受领人"，并做相应内容调整。

---

① 《民法总则》第 142 条："有相对人的意思表示的解释，应当按照所使用的词句，结合相关条款、行为的性质和目的、习惯以及诚信原则，确定意思表示的含义。无相对人的意思表示的解释，不能完全拘泥于所使用的词句，而应当结合相关条款、行为的性质和目的、习惯以及诚信原则，确定行为人的真实意思。"

② 《合同法》第 125 条第 1 款："当事人对合同条款的理解有争议的，应当按照合同所使用的词句、合同的有关条款、合同的目的、交易习惯以及诚实信用原则，确定该条款的真实意思。"

③ 王泽鉴：《民法总则》，第 322 页。

重审斯芬克斯之谜

(二)文义解释与解释类型

第142条的两款分别针对有相对人与无相对人,对解释对象——"词句",规定了不同的态度:前者是"应当按照所使用的词句",后者是"不能完全拘泥于所使用的词句"。这一规定存在一定问题。

概括而言,并不存在区别对待"词句"的解释标准。新规则区分有相对人与无相对人,无非是为了建立一套相应的客观与主观解释标准。但是,无论是客观还是主观,其标准都不是对待"词句"的态度本身,而是是否适用受领人通常所应理解的"受领人标准"。在有相对人情形而采用客观标准时,此时的确需要首先从文义(词句)出发去解释,但只要在解释的同时还要结合相关条款等,"词句"的含义就是一个出发点而已。同样,无相对人时主要采用主观标准,此时也需要首先从文义(词句)出发予以解释,如果表意人所使用的"词句"并非其真意,也需要根据解释情景去探究其真意。也就是说,无论有无"相对人",都需要首先从"词句"出发去解释。这里的出发点是相同的,"词句"对当事人意思探究的意义也是相同的,并不存在差异。

(三)解释的目标:主观意思(真实意思)与规范意思

其实新规则区分有无相对人以及使用不同的措辞来修饰"词句",其目的无非是想表达对无相对人的意思表示采用主观解释,有相对人采用规范解释。但是这一技术处理方法的效果并不理想。主客观解释目标的意思须通过深度的解释才能得出,可见其表述不够简洁、明晰。因此,未来民法典应放弃采用对"词句"修饰方法来表达主客观解释标准,而应采用更直接的表述方法。

(四)类型的区分

新规则虽对解释做了类型区分,但尚不完满。首先,补充解释与一般解释被混在了一起,需要做晦涩的解释才能发现,此其一弊;其次,类型中并未能够注意到对社会公众所作出的有相对人而无须受领的意思表示的解释类型。

当然,就解释类型本身来说,新规则也没能清楚地就一般解释内部的自然解释与规范解释做清晰处理。

(五)解释方法与解释类型

新规则在提及解释方法时,在有相对人与无相对人情形中平行列举了"[词句、]结合相关条款、行为的性质和目的、习惯以及诚信原则"。与通说所归纳的文义、体系、历史、目的相比较,这些列举也都有涉及。不足之处主要在于,这种更为具体的列举难免会出现遗漏。因为使解释对象的含义得以明确的解释手段(Auslegungsmittel)可能面对各种情形,如合同的谈判过程、宣传资料、交易习惯、语言习惯、时间和地点、职业、教育、当事人的来历(Herkunft)(是否为外地人)等。因此,作为解释方法的表述,还是以再抽象些为妥。①

综上所述,本文得出以下主题结论。中国未来的民法典应当在总则中抽象规定法律行为或意思表示解释规则,无须区分法律行为解释与意思表示解释。在设计解释规范时应把握解释的对象与目标、解释的类型以及解释的方法三个规范层次。首先,解释规则应明确解释的对象与目标,再按照一般解释与补充解释的结构来设计规则,在一般解释之下区分为自然解释、规范解释以及对社会公众作出的意思表示的解释三种子类型。同时,关于解释方法,未来民法典应放弃具体列举解释方法的做法,改采用更为抽象的解释方法表达形式,以更好适应各种解释情形的需要。

原文发表于《云南社会科学》2018 年第 1 期

入选理由:

本文也是我刊于 2018 年推出的"民法典编纂研究"专题中的一篇。本文围绕"中国民法典中法律行为解释规则"做了精细论述,具有很强的理论价值。文章获得《新华文摘》2018 年第 11 期篇目推荐。

专家评论:

文章对法律行为解释的基本理论及其规范构造所做梳理与整合精当、清晰且可信。

——朱庆育,南京大学教授

① 关于设置更为详细的解释规则建议,参见崔建远:《意思表示的解释规则论》。

民法典编纂背景下我国保险法之发展

——以保险法与民法诸部门法之关系为视角

樊启荣　张晓萌①

摘　要:保险法与民法之诸部门法均有牵涉,故本文以此关系探讨民法典编纂背景下我国保险法之未来发展。以保险与侵权之互动关系,探讨风险社会下保险与侵权如何实现分配正义,又存在怎样的冲突与矛盾,透视保险法独立于未来民法典之发展、进而上升为国家主导立法之趋势。以保险与契约之耦合关系,阐释保险契约与一般契约之纠葛,借以分析保险契约独立于未来民法典之契约法,并催生保险契约法与保险监管法分离之态势。而以保险与担保之交错关系,审视保证保险此一典型,进而探讨保险契约分类方式之转变不仅是保险法自身发展之要求,亦为保险法与未来民法典对接之需要。

关键词:民法典;保险法;侵权法;契约法;担保法

中国有编纂法典的历史传统,然多年来关于民法典之编纂却一直停留于学界探讨,直至党的十八届四中全会提出要"加强市场法律制度建设,编纂民法典",此一决议正式将编纂民法典纳入立法进程。民法典乃私法之基本法,于宏观上涵摄私法各领域,然于微观上将纳入哪些部门法、以何种方式纳入,又给各部门法留下多少独立发展之空间,此亦乃民法典编纂体例之核心问题。再者,民法与商法之关系问题一直是民商法学界探讨之热点,我

---

①　樊启荣,中南财经政法大学教授。张晓萌,中南财经政法大学博士研究生,现为武汉工程大学副教授。

国并未有统一的商事立法,故而民法典与商法各部门法之关系亦是焦点之一。而在此之中,保险法稍微有些与众不同,其与民法、合同法之关联实在紧密,从其法律规范仍可见《合同法》之痕迹,而对保险公司之规范无疑乃《公司法》之特殊规定。然于民法典编纂之背景下,以侵权法、契约法、担保法与保险法之关联最为紧密,于保险法之发展影响最为深刻。是故,立于民法典编撰之背景下,以保险法与民法诸部门法之关系为视角,探讨是否应将保险法纳入民法典之内,民法典编纂之背景下保险法又将有何发展,此亦乃重要课题。

一、保险法之独立:保险与侵权之互动

(一)风险社会下保险与侵权实现分配正义

在发达的现代性中,财富的社会生产系统地伴随着风险社会生产。这种向现代风险分配逻辑的转变,很大程度上正是源于生产力的指数式增长,使危险和潜在威胁的释放达到了一个我们前所未知的程度。[①] 从核安全到食物添加剂,我们被淹没在大量有关风险的信息中,这份令人气馁的风险清单广泛地指向了风险管理的核心问题。[②] 在整个社会水平上,我们可以依赖政府维护或引入各种法规,保护公众免遭过度或不可预知的风险侵害。而当风险无法避免时,唯有透过合理制度之安排进行风险分配或风险控制,恰如保险,又如侵权。就保险制度而言,其乃基于经济上之需求,针对可能发生之偶发事件,由数人共聚资金,于事故发生时,提供给付以满足其经济上之需求或填补其实际所生之损害。如以风险角度观之,乃将个别风险转移至参与保险制度之群体,再将个别所发生之危险由群体共同平均分担。[③] 故而就投保人个人而言,乃风险转移,转移至保险人;而就整个参保群体而言,此乃风险分散,分散给每一投保人。此均透过契约加以实现,故常谓保险乃

①　乌尔里希·贝克:《风险社会》,何博闻译,译林出版社,2004年,第15页。

②　罗恩·顿波、安德鲁·弗里曼:《风险规则》,黄向阳、孙涛译,中国人民大学出版社,2000年,第14—15页。

③　汪信君、廖世昌:《保险法理论与实务》,元照出版有限公司,2006年,第4页。

重审斯芬克斯之谜

是由一方(被保险人)将风险转移给另一方(承保人)的协议,①而风险的分散即通过数份保险契约,故又可谓保险为一种透过团体的力量来分散个人风险的经济制度。② 而现代侵权制度关注的焦点不在于行为人进行道德上的非难,而在于在危险行为带来不幸结果时,如何合理分配损害。是以现代侵权的优劣评判,应该充分考虑其分散风险的能力,以及能否向受害人提供迅速而又有意义的赔偿。③ 以汉德公式为例,其明确表述是 B<PL,即只有在潜在的致害者预防未来事故的成本小于预期事故的可能性乘以预期事故损失时,他才负过失侵权责任。④ 由是观之,侵权责任正当的经济根由正是在于通过责任的运用,将那些由高交易成本造成的外部性内部化,而它隐含的社会观即在于无形中将致害者与受害者看作一个整体进行"统一结算";这也进而把社会看成了一个整体,不再要求社会经由法律对致害者施加过失责任。⑤

温里布(Weinrib)教授曾指出,分配正义包含三项要素:被分配之利益或负担、享有分配之人以及分配之标准。它所关心的问题是:被分配者(众人)与分配标的(共同资源)之间的公共法律关系,应该适用何种分配标准才能恰如其分地作出合乎"比例平等"原则的公正分配。⑥ 保险制度之正当性乃在于以契约为媒介,细言之,投保人以保险费为对价,换取保险人作出在保单规定之情况下支付保险金之允诺,最终实现了风险分配正义。侵权制度以过错责任与无过错责任为界分,过错责任除前述经济上之根由外,过错本身即法律责任之基础,不可谓此非正义;而无过错责任其基本宗旨在于"对

<hr>

① 马尔科姆·克拉克:《保险合同法》,何美欢、吴志攀译,北京大学出版社,2002年,第2页。

② 叶启洲:《保险法实例研习》,元照出版有限公司,2011年,第4页。

③ 邵海:《现代侵权法的嬗变:以责任保险的影响为视角》,法律出版社,2013年,第32页。

④ 冯玉军:《法经济学范式》,清华大学出版社,2009年,第220页。

⑤ 罗伯特·D.考特、托马斯·S.尤伦:《法和经济学》(第5版),史晋川等译,格致出版社、上海三联书店、上海人民出版社,2010年,第301页。

⑥ 参见 Emest J. Weinrib, "Legal Formalism: on the Immanent Rationality of Law", *Yale law Journal*, vol. 97, no. 6 (1988), p. 96. 转引自易军:《民法公平原则新诠》,《法学家》,2012年第4期。

不幸损害之合理分配",亦即加瑟(Gasser)教授特别强调之"分配正义",或者说分配正义本即无过错责任原则的思想基础,要求对社会成员或群体之间的权利、权力、义务和责任进行最优配置。① 故而为应对风险社会,保险与侵权透过不同之机理,实现分配正义。

(二)保险法难以进入民法典

法典化就是体系化,编纂民法典的目的即在于构建私法领域统一自治的基本法,故而民法典亦应是私法领域内分配正义之基本法。而在具体规范上,侵权法作为债法不可或缺之部分势必纳入民法典内,然保险法入典抑或不入典呢? 笔者认为保险法不会被纳入民法典。此非仅从民法典体系之视角,更在于保险法风险分配之特性以及与侵权法间之冲突。

首先,保险与侵权乃应对风险社会的两大制度,保险虽以契约的方式运行,但它内含的风险技术是它的本质,从某种程度上讲,它比侵权制度更加优越,因为侵权法以及作为它特别法规的产品责任法等等,大都是参照保险的概念和制度设计来考虑风险对策的,而侵权法本身并不具有充分的精算意义去实现风险分配功能。② 故而从风险分配意义上来看,保险法是有些许超脱于民法典之外的,民法典亦较难将保险法全盘纳入其中。其次,更为重要的是,保险与侵权之互动关系,即虽在风险应对上互有助益,但两者亦存在冲突与矛盾,是以常有保险之发展导致现代侵权法之危机,因为保险对于侵权法的功能、归责原则乃至具体司法都有着不可磨灭之影响。以风险角度视之,保险制度具有风险分散之功能,亦使得风险制造者不再惧怕法律责任,倘若潜在的侵权人径行选择投保,而不是在采取安全措施方面花费成本,这将使得侵权制度完全失去风险控制之功能。③ 故而若民法典将保险法纳入其内,还须对保险制度与侵权制度予以调和,此亦非易事。最后,对于现代民法典而言,民法典应该是一部常法、一部普通法,即使不再能够集大成,作为基本法,民法典依然可以给整个私法提供一套足以倚为基础的制

① 邵海:《现代侵权法的嬗变:以责任保险的影响为视角》,第33页。
② 珍妮·斯蒂尔:《风险与法律理论》,韩永强译,中国政法大学出版社,2012年,序言与第67页。
③ 珍妮·斯蒂尔:《风险与法律理论》,第71页。

度、规则和价值体系。① 统一调整私法分配正义之民法典,未必需要践行严格逻辑上之体系化而将分配正义之部门法均纳入分则之中,在总则中规范基本原则而将保险之意蕴涵摄其中似是更好选择,而实现这一目标的基本工具就是公平原则。公平原则堪为民法最高原则,乃社会主体对民法最直接、最朴质的要求,②它本身即内含交换正义、归属正义、分配正义与矫正正义。③ 人们需要并准备确定一系列特定原则来划分基本的权利与义务,来决定心目中社会合作之利益与负担的适当分配,④此可谓分配正义。其实,公平原则已在《民法通则》中有所规范,故而亦必将纳入民法典总则内,作为分配正义调整之基本原则,亦可于宏观上涵摄保险法风险分配之功能,而毋庸再另行将保险法此一部门法纳入其中。

(三)小结:未来保险法与保险社会

独立于民法典之外的保险法,不仅使得民法典能够轻装上阵,更加富有稳定性与开放性,同时亦使得自身有了更大的发展空间,使保险制度更加充分融合经济上确保安定生活与契约行为上损失补偿之两大功能。而在应对风险社会上,世界的最佳状态乃是所有风险皆被承保,无论是责任保险抑或第一人保险。⑤ 虽然保险并非一种可适用于一切风险行为的模式,但在现行应对风险社会的制度中它仍然是最优的模式,是以保险已历经"保险需要市场"到"保险需要政府",正式进入"国家需要保险"的阶段。然而保险法仍然是保险监管下的行业主导立法,如此导致的诸多弊端早已显现,保险契约法与保险监管法的合并使保险法在契约自由与行业监管间难以寻得平衡,契约分类受保险行业经营之影响亦备受争议。是故国家需要保险,保险与每个人的利益都密切相关,未来保险法当由国家主导、社会普遍参与而立法,

---

① 茅少伟:《寻找新民法典:"三思"而后行——民法典的价值、格局与体系再思考》,《中外法学》,2013 年第 6 期。

② 参见赵万一:《民法公平原则的伦理分析》,《重庆社会科学》,2004 年第 2 期。

③ 参见易军:《民法公平原则新诠》。

④ 约翰·罗尔斯:《正义论》,何怀宏等译,中国社会科学出版社,2009 年,第 5 页。

⑤ 格哈德·瓦格纳:《比较法视野下的侵权法与责任保险》,魏磊杰等译,中国法制出版社,2012 年,第 442 页。

以不断完善的保险法为基础,依托不断精进的保险精算技术,以期未来可构建一个所有可保性风险皆能承保的保险社会,以实现风险社会向保险社会的完美转变。

二、保险契约法之独立:保险与契约之耦合

(一)保险契约与一般契约之违和

论及保险,确有经济制度与法律制度之分野,然以私法角度论之,则唯指保险契约。保险与契约确有天然之联系,商业保险中,同类风险集中的"相互性"乃是通过契约来得到保障和界定的。保险契约属债法上契约之一种,乃双务、有偿、继续性、非要式、射幸及附合契约,①故而保险契约与一般契约乃特殊与普通之关系,保险契约具有一般契约之品性,保险契约法之诸多条款亦参照民法、合同法来加以构造,上至保险法之基本原则、下至格式条款之诸多规则均是如此,此乃保险契约对一般契约之依赖。

然保险契约较之一般契约却有较大之特殊性,甚至有相违背。以契约主体角度视之,保险契约着重考察被保险人之地位;就契约法而言,乃以契约当事人为中心。契约乃双方以上当事人之意思表示一致的法律行为,②主要表现为契约当事人之二元对立,故契约当事人是契约关系之中心,此亦"契约关联性"之要求,即订定契约系由双方当事人所为,因此契约中之权利义务等亦只涉及契约中之双方当事人之间的问题,契约之内容及履行不涉及与双方当事人间所订契约无关之第三人。③ 然于保险契约中,契约当事人乃保险人与投保人,若依此即忽略了作为契约关系人之被保险人的法律地位。两大法系于保险契约权义结构有"二分"与"三分"之分野,前者乃指作为契约当事人之保险人与被保险人,后者则指作为契约当事人之保险人与投保人,以及契约关系人之被保险人。我国保险法采后者之观点。然若以一般契约当事人中心主义观点,投保人乃契约之中心,此即有违保险制度之

---

① 江朝国:《保险法基础理论》,中国政法大学出版社,2002年,第29—32页。
② 崔建远:《合同法》,北京大学出版社,2012年,第2页。
③ 杨桢:《英美契约法论》,北京大学出版社,2007年,第323—324页。

宗旨。保险者,为确保经济生活之安定,对特定危险事故发生所致之损失,集合多数经济单位,根据合理计算,共同聚资,以为补偿之经济制度。① 进言之,保险利益之享有者乃被保险人,发生损失者乃被保险人之人身或财产之利益,保险制度欲为补偿者乃被保险人,故而被保险人乃保险金给付请求权当然享有之人,是以被保险人乃保险契约之中心,此在某种程度上突破了"契约关联性"之要求,而与一般契约以契约当事人为中心则有所不同。此外,新"国十条"使用了保险消费者的概念,并提出完善保险消费者合法权益保护法律制度的要求,保监会修订保险法的建议稿中亦提出在保险法中界定保险消费者的概念,并明确保护保险消费者合法权益是保险监督管理机构的职责。应保护金融消费者之需要,保险法拟规范保险消费者,而《保险消费投诉处理管理办法》第43条第2款将保险消费者定义为投保人、被保险人和受益人,但唯有投保人乃保险契约之当事人,故此与一般契约法亦存在一定冲突。

(二)保险契约难以进入民法典之契约篇

保险法与民法典最直观之联系即在于保险契约法是否可纳入民法典之契约篇。前已述及,保险法全盘纳入民法典几近不可能,然是否可将保险契约作为契约之一种而纳入《合同法》或未来民法典之契约篇呢?笔者仍给出否定之回答。虽然保险与契约存在天然之联系,但保险契约实在特殊,难以纳入契约法,此仍从契约主体加以考察。

首先,保险契约法更加倾向于保护通常作为弱者之被保险人以及投保人、受益人,是以两者从基本理念、制度设计上就有所差异,在格式条款、免责条款、不可抗辩条款上均有特殊之规范,如较之契约法对于格式条款之说明义务,保险契约法之规范乃为明确说明义务,而赋予被保险人之权利往往是超脱于契约之外的,如被保险人对受益人之指定权与指定同意权。倘若将保险契约纳入契约法,则必生两种结果:一是为适应保险契约,调整契约法之一般规则,二是指明凡关于保险契约从其特殊规定。然前者于理论与实践中都是不具可行性的;后者则使人质疑将保险契约纳入契约法之必要性,除徒增契约法与民法典体系之庞大外,无甚益处。其次,保险契约法拟

---

① 袁宗蔚:《保险学:危险与保险》,首都经济贸易大学出版社,2002年,第52页。

对保险消费者予以特别保护。保险消费者乃金融消费者之一,更上位之概念乃消费者,新《消费者权益保护法》将金融消费者纳入保护范围,保险消费者亦不例外。毕竟,投保人购买保险产品之行为与普通消费者一样,本质上乃一种消费行为。投保人签订保险契约,以支付保费之形式购买保险产品与保险人之服务,用以换取保险人对风险之保障,所消费之保险产品与保险人之服务同样具有使用价值。[1] 但《消费者权益保护法》无法对金融消费者予以较为全面之保护,该法第 2 条仍是金融消费者适用之阻碍,唯有金融法另行加以规范。故由此引发出另一问题,倘若保险契约进入民法典,那么消费者之概念亦将进入,但一方面,消费者与民事主体如自然人、法人等本就不是同一逻辑层次之概念,并无必要如同《德国民法典》一般单独规定,以避免不仅造成民法典民事主体概念过于繁杂,还致使民法典的体系过于庞大。另一方面,消费者乃与经营者对应之概念,并不仅指契约当事人,故而亦难以在民法典上给予其恰当安排。最后,从比较法上来看,将保险契约纳入民法典的实为少数,较为典型的有《意大利民法典》,但它对保险契约的规范是很简单的,仅以粗线条勾勒的方式力图展现保险契约的全貌,但于具体实践中所引发的问题还须另行解决。是故,从世界发展之大趋势来看,少有将保险契约纳入民法典的,毕竟,这样不仅导致民法典本身体系的庞大与繁杂,亦使得保险法本身难以得到妥善之发展。

(三)小结:未来保险法立法体例之安排

虽然保险法不太可能被纳入民法典内,未来保险契约亦不会被纳入民法典之契约篇,然保险契约法与契约法之关联仍是藕断丝连,故此亦为保险法立法体例修订提供新的契机。其实保险合同法与保险监管法本是"一公一私",性质迥异,早期合并立法乃在于保险业之发展及保险立法之技术尚不成熟。[2] 但此种合并立法方式很快就显现出不少弊端,使得立法者在处理"保险契约分类"与"保险业务分类"这两类不同性质的问题时相互牵制、彼此干扰,不得不迁就其一、忽略其一,并且给我国保险契约法的修订与完善

---

[1]　郭丹:《金融服务法研究:金融消费者保护的视角》,法律出版社,2010 年,第 19 页。

[2]　樊启荣、张晓萌:《保险之定义亟待修正——以我国〈保险法〉第二条评析为中心》,《湖北警官学院学报》,2014 年第 7 期。

制造了"瓶颈"。① 因为归根到底,保险契约法与保险监管法固均以促进保险业之稳定发展为其终极目标,唯其规范之对象不同,其所持之原则因而有异。② 故在编纂民法典之背景下,私法领域统一法典之颁行必将强化保险契约法之固有私法属性,而未来保险法仍应采取保险契约法与保险监管法分别立法之方式,各行其道、各司其职而又相互配合,且保险契约法亦可将适用民法典之若干原则纳入其总则之中,以协调两者之发展。

三、保险法与民法典之对接:保险与担保之交错

(一)信用风险下保险与担保实现风险转移

风险社会带给我们的风险清单是冗长而繁杂的,其中有一类我们称之为信用风险。信用风险源于信用过程的不确定性,这种不确定性不以人的意志为转移。信用风险直接影响社会经济生活的各个方面,影响一国的宏观经济决策与经济发展。随着信用交易扩大,信用风险变得更加突出和严重,对国家、企业、个人的经济活动都会产生深远影响。③ 因此,对信用风险进行有效的控制与管理亦成为焦点问题。而在私法中,有两类契约可在一定程度上应对信用风险,即保险制度与担保制度。保险制度乃是将个人损失之全部或者一部,直接分散给向同一保险人投保的其他全体要保人,间接分散给广大的社会成员的制度。④ 故保险最大之功能即在于分散风险,于潜在的信用风险发生前进行投保,而可于信用风险发生后进行损失补偿,将风险由被保险人转移至投保人,并在一定程度上予以分散。而担保制度,于私法而言即债之担保,或担保债之履行,是按照法律规定或当事人约定,债之双方当事人采取的担保债务履行的一种方式。⑤ 其中又可分为人的担保、物

---

① 樊启荣:《中国保险立法之反思与前瞻——为纪念中国保险法制百年而作》,《法商研究》,2011 年第 6 期。

② 施文森:《保险法论文》(第 1 集),三民书局股份有限公司,1985 年,第 55 页。

③ 叶蜀君:《信用风险的博弈分析与度量模型》,中国经济出版社,2008 年,第 2 页。

④ 刘宗荣:《保险法》,三民书局股份有限公司,1995 年,第 3—4 页。

⑤ 王小能:《担保》,法律出版社,1987 年,第 1 页。

的担保与金钱担保。以人的担保即保证为例,具体而言乃指保证人和债权人约定当债权人不履行债务时,保证人按照约定履行债务或者承担责任的行为。① 故担保本即在于保证债权之实现,于潜在的信用风险发生前进行担保,而可于信用风险发生后进行一定损失之补偿,将风险进行转移,由债权人转移至债务人或保证人。由是观之,保险制度与担保制度均可在一定程度上应对信用风险,故而起到安定人心之功用。进言之,担保与保险又是极其相似的,因为两者均内含风险转移之意蕴,尤其是保证与保险,均将风险转移至第三人,故而当此第三人为保险公司时,即会产生此乃保险人抑或保证人,或者是此乃保险契约抑或保证契约之争议。

(二)保险与保证交错之典型:保证保险

保证保险是投保人向保险人交付保费,由保险人按约定在被保险人(权利人或雇主)因义务人的违约或者过错行为或者雇员的不诚实行为而遭受损失时给付保险金的一种保险制度。② 它以由被保证人(义务人)还是权利人缴付保费为标准,可界分为确实保证保险与忠诚保证保险。前者又可分为合同保证保险与商业保证保险;后者则常分为金融机构保证保险与雇员忠诚保证保险,其中合同保证保险最为典型。③ 因为保证保险乃一典型"舶来品",故而在其发展初期,最大之争议莫过于其究竟是保证抑或保险,此一定论直接影响到在司法判决中保险人之责任问题,应依保证契约之保证责任还是保险契约之保险责任,两者在责任履行之先后以及责任承担之大小上有很大之不同。申言之,保险契约作为契约特别之存在而独立于民法典之外,而担保与债权之关系实在紧密,为其不可分割之一部分,势必要纳入民法典之内,故而前一争议还涉及保证保险入典抑或不入典之问题。而今基本已有定论,多从监管之角度予以考量,若将其定为保证契约,此乃担保之一种而依民法、担保法之规制,然又恐无法妥善规范;若将其定为保险契约,则在遵循一般规范之外还由保监会予以特别规制,故现多认为其是一种保险,尽管其具有担保之特性。但在适用规范上,保证保险应适用未来民法

---

① 　毛亚敏:《担保法论》,中国法制出版社,1997年,第34页。
② 　陈佰灵:《保证保险若干法律问题探析》,《法律适用》,2006年第5期。
③ 　参见何绍慰:《中国保证保险制度研究》,社会科学文献出版社,2010年,第16页。

典之相关规范,特殊部分则依保险法之规定。

若保证保险属保险之一种,又将其归于何种保险契约类型呢?现行保险契约分类方式受保险经营与监管险种之影响,分为财产保险与人身保险。而将保证保险列为财产保险之理由,一则在于立法之规定,如我国台湾"保险法"将保证保险归为财产保险;另一则在于以保险标的为划分标准的人身及财产二分法,保证保险之保险标的明显不属于人身保险之范畴,故而将其归于财产保险。[①] 然仔细推敲,保证保险与财产保险其实并不相同,财产保险以财产之毁损灭失为保险标的,而保证保险则以债务人之债务不履行为保险标的,故而即引发对另一问题之反思,现行保险契约之分类是否恰当?

(三)小结:未来保险法契约分类之安排

现行保险法契约分类受立法体例之影响,乃采用保险经营之人身及财产二分法,此种分类方式在保险发展初期是具有积极意义的,适应保险合并立法体例,并在一定程度上推动了保险业之发展。但保险发展至今,保险险种之拓展亦更加多元化,许多险种恐非人身及财产二元分类能够囊括,有如前述之保证保险,又如责任保险或医疗费用保险等。其实,从保险之历史发展来看,保险最基本之功能即在于损失补偿,以损失补偿原则为其根本;而后兴起另一类保险,此类保险的目的并不在于补偿损失,亦无法以损失补偿原则加以衡量,而在于为本人及其家属提供一定生活之保障。是以从保险功能之视角可将保险契约划为两类,即损失补偿险与定额给付险,保证保险当属损失补偿险。此种分类方式显然更加科学,更符合保险契约发展之需要,同时以承自民法之损失补偿原则为界分,亦能更好实现与未来民法典之对接。

保险法与民法之各部门法均有关联,故以此关系探讨民法典编纂背景下保险法之发展,实亦是保险法与未来民法典各部门法之协调问题。承前述,就宏观领域而言,保险法应独立于民法典而发展,在国家主导、全民参与之立法下构建一个能够承保所有可保性风险的保险社会。而在保险法自身发展之微观层面,保险法应实现保险契约法与保险监管法分别立法之体例,

---

[①]　参见郑玉波:《保险法论》,三民书局股份有限公司,2012 年,第 120 页。

并在此基础之上修订保险契约分类之方式,由人身及财产二分法修订为损失补偿及定额给付之二分。

原文发表于《云南社会科学》2016 年第 1 期

入选理由:

　　本文是民法典编纂选题方面较早的文章之一。樊启荣老师在保险法领域的建树有目共睹。本文体现了樊老师一贯的高水准,有观点,有论证,结构完整。

专家评论:

　　文章典范性地展示了民法典普通规范与保险法特别规范的复杂关系,此展示可引向对普通法与特别法关系的系统性反思。

——朱庆育,南京大学教授

第三编

刑事司法

认罪认罚从宽制度下量刑建议生成机制研究

卞建林　钱　程[①]

摘　要:认罪认罚案件与非认罪认罚案件量刑建议的生成机制存在本质不同,生成机制的差异使得两类案件的量刑建议在性质、效力、调整机制层面具有内生性差异。目前中国认罪认罚量刑建议生成机制为检察机关单方主导下的量刑协商模式,符合控辩协商机制的基本要素,但也存在控辩信息不对称和资源不对等的潜在风险,应当逐步向控辩双方平等协商模式过渡。认罪认罚案件量刑建议得以生成的内在逻辑在于认罪认罚被追诉人的具体量刑在法定量刑幅度内允许控辩双方协商,且参与协商的双方主体均存在权力(利)妥协和放弃的空间。认罪认罚案件量刑建议生成需具备意思要件、主体要件、行为要件以及结果要件四个要件,遵循协商原则有序运行。为保障该生成机制良性运作,应当规范检察机关权力行使机制,优化被追诉人权利保障机制,强化被害人量刑协商参与机制。

关键词:认罪认罚从宽;量刑建议;生成机制;量刑协商;控辩合意

在司法资源合理配置、诉讼效率有效提高的价值驱动下,合作性司法在世界范围内蓬勃发展,认罪协商机制不断丰富。认罪认罚从宽制度是中国在合作性司法领域进行的有益尝试,其在实现案件繁简分流、节约司法资源、化解社会矛盾方面效果显著。但作为新生性制度,在理论尚不成熟以及

[①] 卞建林,华东政法大学教授,现为中国政法大学荣休教授。钱程,中国政法大学博士研究生,现为大连海事大学讲师。本文由卞建林教授提出基本框架与核心观点,由钱程博士生细化论证,经两位作者多次讨论修改完成。

制度框架初步构建的背景下,认罪认罚从宽制度的适用存在些许不确定性和争议性,其中以量刑建议最为典型,理论界与实务界对其性质、效力、调整机制等问题争议未休。合作性司法下的量刑建议有其特质,特质产生的根源在于认罪认罚案件量刑建议的生成机制与非认罪认罚案件存在本质差异。"两高三部"《关于适用认罪认罚从宽制度的指导意见》(以下简称《指导意见》)第33条对认罪认罚案件量刑建议的提出进行如下表述:"犯罪嫌疑人认罪认罚的,人民检察院应当就主刑、附加刑、是否适用缓刑等提出量刑建议。人民检察院提出量刑建议前,应当充分听取犯罪嫌疑人、辩护人或者值班律师的意见,尽量协商一致。"《指导意见》首次使用了"协商一致"的表达,但未规定控辩双方如何就量刑建议进行协商以及协商不一致当如何处理,即对认罪认罚案件量刑建议的具体生成机制并未阐明。研究该机制对于回应目前理论与实践上针对认罪认罚案件量刑建议的争议性问题至关重要。本文拟从认罪量刑机制的不同模式出发,确定中国认罪认罚量刑建议生成机制的属性定位,厘清其得以存在的内在逻辑,进而分析认罪认罚量刑建议的生成要件以及如何保障认罪认罚量刑建议生成机制良性运转。

一、认罪认罚从宽制度下量刑建议生成机制的模式与定位

认罪认罚从宽制度下量刑建议的生成机制即认罪认罚案件量刑建议是如何形成的,其定位问题主要着眼于该机制是协商性机制还是非协商性机制,量刑建议生成这一过程是双方合意还是单方行权。域外的认罪量刑机制呈现不同样态,以协商性模式居多,协商性模式中又有控辩双方协商与控辩审三方协商之分。中国认罪认罚下量刑建议的生成具备协商机制的基本要素,属于检察机关主导下的控辩协商模式。

(一)域外认罪量刑机制的不同模式

20世纪80年代以来,世界范围内以"放弃正式审判"为特征的刑事诉讼"第四范式"逐渐形成。"放弃审判制度"为解决沉积案件提供了一条有益路径,通过被告人认罪,引入协商机制以实现刑事案件繁简分流以及纠纷的迅速解决。域外认罪案件处理机制主要分为两大类:一类是在降低指控、减轻

量刑等机制推动下被追诉人主动认罪;另一类是控辩协商后被追诉人以认罪换取实体及程序上的优待。① 不同诉讼模式、司法环境下认罪案件处理呈现不同特点,认罪量刑机制存在协商与非协商之差别,总体上合作性司法解决机制以协商模式为主,在刑事司法中适度引入意思自治和契约精神,旨在高效解决纠纷,恢复社会秩序,实现公正与效率的平衡。域外认罪量刑制度以协商模式为主,参与协商的主体和可协商范围不尽相同。

英美法处分主义底色下的认罪协商制度中控辩双方可协商范围较为宽泛,美国的辩诉交易制度最为典型。辩诉交易制度属于控辩双方协商模式,控辩双方可以就罪名、罪数、具体量刑情况进行协商,法官基本不参与双方协商交易。检察官自由裁量空间较大,可以通过撤销案件、降低指控、减少指控、建议从宽量刑等方式激励被追诉人选择有罪答辩,罪名、罪数、刑罚种类、刑罚幅度、执行方式均可被协商,控辩双方可就控罪和量刑两方面达成交易。法官一般情况下会采纳控辩协商达成的协议,并将其内容作为裁判依据。② 在认罪量刑机制中也存在非协商模式,英格兰和威尔士即属于典型的非协商性量刑模式,法官掌握被追诉人有罪答辩后的量刑权,检察官并不享有量刑建议权,控辩双方也无量刑协商的空间,由法官依据量刑指南或已有判例对做有罪答辩的被告人就量刑问题进行裁判。③

大陆法国家职权主义传统深厚,认罪协商机制的适用相对稳健保守,可协商范围不似美国辩诉交易制度宽泛。大陆法国家将协商范围基本限定为量刑问题,被告人所涉罪行的性质不在协商范围内,意大利、法国、德国均是如此。意大利存在简易程序和辩诉交易程序两种控辩协商程序,其中辩诉交易程序属于更典型的量刑协商机制,控辩双方可协商范围限于被追诉人的应受刑罚,其犯罪行为的定性问题不可协议。法官如在审查控辩双方协议后认为并无不妥,则不再进行法庭审判。法国的认罪答辩制度也是一种控辩双方协商机制,轻罪案件中被告人认罪,即可与检察官就量刑问题展开协商,达成量刑协议,法院审查后作出判决。德国的量刑协商机制带有明显

---

① 熊秋红:《比较法视野下的认罪认罚从宽制度——兼论刑事诉讼"第四范式"》,《比较法研究》,2019 年第 5 期。

② 陈瑞华:《刑事诉讼法》,北京大学出版社,2021 年,第 329—330 页。

③ 熊秋红:《比较法视野下的认罪认罚从宽制度——兼论刑事诉讼"第四范式"》。

的"辩审协商"色彩。在被告人自愿认罪的前提下,由法院主持控辩双方就诉讼程序的进程和结果展开协商。德国对量刑协商的内容、结果作出严格限制,将是否有罪的法律定性、构成犯罪时适用的法律条文、司法机关的法定职权事项等内容排除出可协商范围。德国量刑协商程序以法官主导为特点,法官在全面查明案件事实的基础上提出针对已认罪被告人的量刑方案,检察官、被告人、辩护人、附属起诉人均可提出意见。[1]

(二)中国认罪认罚从宽制度下量刑建议生成机制的模式定位

中国认罪认罚从宽制度是刑事诉讼"第四范式"的一种样态,其协商性司法的特征集中体现于量刑建议生成机制,《指导意见》第33条规定的"听取意见""协商一致"都蕴含着中国认罪量刑机制的协商性。有学者认为中国目前认罪认罚中的控辩协商程序不是完整意义的、有严格边界限制的控辩协商,其程序内容更偏向于控方单方的合意邀约和辩方的自主同意。[2] 诚然,目前认罪协商机制具有明显的职权色彩,检察机关在量刑建议生成中占据主导地位,辩方的信息知悉程度和资源享有范围尚不能与检方媲美。在信息不对称与资源不足的缺憾下,控辩双方缺乏真正平等协商的能力基础。但检察机关主导量刑建议生成并不能掩盖协商机制的本质,认罪认罚案件与非认罪认罚案件的量刑建议生成过程存在实质差异,这种差异即被追诉人的意思表示以及控辩合意在量刑建议生成过程中发挥的关键作用。尽管认罪案件量刑建议生成在程序运行前期与以往量刑建议生成机制高度相似,但后期的程序机制截然不同,即检察机关就量刑建议向辩方征求意见,经控辩双方讨论后就量刑建议达成合意,控辩达成合意标志着量刑建议最终生成。可见中国实然层面的认罪认罚案件量刑建议生成机制具备协商机制的必备要素,应归属于协商性机制,具体模式上属于检察机关单方主导下的量刑协商模式。

在认罪认罚从宽制度适用初期,量刑协商以检察机关行使职权的方式主导推进是不可避免的现实,但是合作性司法必然迈向控辩平等协商的未

---

[1]　陈瑞华:《刑事诉讼法》,第331—336页。

[2]　陈卫东:《认罪认罚从宽制度的理论问题再探讨》,《环球法律评论》,2020年第2期。

来。认罪认罚从宽制度承载着合作性司法、恢复性司法的价值理念,蕴含着合理配置司法资源、各方利益兼得以及协商性程序正义的多重追求。① 被追诉人自愿悔罪,通过实质性参与协商来选择行使权利或是放弃权利以实现自己对实体结果的影响,是充分尊重被追诉人主体地位的体现。被追诉人自愿悔罪并放弃部分权利,在为自己实现实体从宽、程序从简的同时,也减轻了侦控机关的工作难度和体量,便于成功实现定罪量刑,能够有效节约司法资源和提升诉讼效率。实现认罪认罚从宽制度价值的核心在于被追诉人自愿真实悔罪,通过真实有效的协商程序进行权利处分,故量刑协商应当是真实充分且实质有效的协商,这需要通过控辩双方平等协商模式来实现。目前认罪认罚量刑建议生成机制为检察机关单方主导下的量刑协商模式,应当逐步向控辩双方平等协商模式过渡,即检察机关与被追诉人就量刑种类和具体量刑幅度展开平等协商,控辩双方可进行一定程度的让步与协调,最终依据双方协商结果形成量刑建议。

二、认罪认罚从宽制度下量刑建议生成机制的内在逻辑

认罪认罚从宽制度下量刑建议生成机制为一种控辩协商机制,该机制得以存在的核心问题在于缘何控辩双方可以就被追诉人的量刑问题进行协商以达成合意。这一问题可以在认罪认罚从宽制度下量刑建议生成机制的内在逻辑中得到回应,即认罪认罚被追诉人的具体量刑在法定量刑幅度内允许协商,且参与协商的双方主体均存在权力(利)妥协和放弃的空间。申言之,认罪认罚案件量刑建议得以生成源自认罪认罚案件量刑的可协商性、被追诉人部分权利的可放弃性以及检察机关量刑建议权的可裁量性。

(一)认罪认罚案件量刑的可协商性

认罪认罚量刑建议生成的一个重要基础在于认罪认罚案件中量刑问题具有可协商性,即在被追诉人自愿承认其实施的犯罪行为、被指控的犯罪事

---

① 陈瑞华:《刑事诉讼的公力合作模式——量刑协商制度在中国的兴起》,《法学论坛》,2019 年第 4 期。

实、行为性质、罪数的基础上,控辩双方可以就量刑的具体刑种、刑期、行刑方式进行协商。这种量刑可协商性是在中国刑事诉讼职权主义传统和现实司法环境的共同作用下形成的。近年来庞大的刑事案件基数和社会秩序的有效修复都要求探索一种效率更高、成本更低的刑事司法模式,以控辩协商为内核的合作性司法能够符合这一现实需要。在开展刑事速裁程序、认罪认罚从宽制度试点之后,2018 年《刑事诉讼法》修改对试点成果予以巩固,对两项制度进行正式立法确认,中国以认罪认罚从宽制度的形式对控辩协商机制做了一定程度的认可和尝试。

中国刑事诉讼职权主义根基深厚,尽管近年来深入推进以审判为中心的诉讼制度改革,持续强调庭审的对抗性和审判的中立性,着力强化当事人主义色彩,但并未从根本上颠覆中国刑事诉讼的职权主义传统。[1] 中国刑事程序法仍保持社会利益优先的价值导向、国家权力主导的制度特点以及追求客观真实的司法传统,[2]刑事实体法仍坚定遵循罪刑法定、罪责刑相适应的原则。认罪协商制度是通过当事人对部分实体权利、程序权利的放弃实现的,权利放弃属于权利处分的一种表现形式,这与职权主义中权利不可处分的要求相悖。同时,在公权力与私权利的协商互助下,减少对事实的调查,不排除存在部分事实认定的相对"模糊化",这与职权主义追求实质真实也是相背离的。可见,认罪认罚从宽制度中的协商色彩与中国刑事诉讼职权主义本色存在冲突,这种冲突在大陆法国家的认罪协商制度中均有所体现。从前文对域外国家认罪协商模式的考察可知,奉行当事人处分原则的美国,其辩诉交易制度中检察官虽有国家公诉人的身份,但在刑事诉讼构造中的当事人特征十分明显,控辩双方作为对立的两造当事人自愿对其权利进行处分,故罪名、罪数、量刑均有可协商性。德国、法国、意大利作为职权主义模式的代表,坚持国家追诉原则、实质真实原则,当事人不能任意处分诉讼之标的,[3]故其认罪协商机制中仅量刑问题有可协商性。中国与大陆职

---

① 卞建林、谢澍:《"以审判为中心"视野下的诉讼关系》,《国家检察官学院学报》,2016 年第 1 期。

② 施鹏鹏:《为职权主义辩护》,《中国法学》,2014 年第 2 期。

③ 卞建林、谢澍:《职权主义诉讼模式中的认罪认罚从宽——以中德刑事司法理论与实践为线索》,《比较法研究》,2018 年第 3 期。

权主义国家更为相似,职权主义与协商司法的冲突导致中国认罪协商机制较为保守,控辩双方可协商的范围、协商的程度难以冲破职权主义结构性要求和罪刑法定、罪责刑相适应的刑事实体原则要求,在定罪标准、指控罪名和指控犯罪数量方面未给予协商合意的空间,只能在"法定从宽"范围内对具体量刑问题进行试探性的协商尝试。是故,目前中国的认罪协商机制不容许控辩双方就起诉的罪名数量以及指控的罪名本身进行协商,但是法定量刑幅度内案件的具体量刑情况有谈判和妥协的空间。①

(二)被追诉人部分权利的可放弃性

有学者将中国认罪认罚从宽制度归为"放弃审判制度"的一种。② "放弃审判制度"的核心机理在于刑事被告人通过自愿放弃部分权利换取较轻的指控与程序上的优待。中国认罪认罚案件量刑建议的生成也是基于被追诉人对部分权利的自愿放弃,在其可放弃范围与检察机关可裁量范围内达成意思一致。有学者将此称为"可弃权性",即被追诉人对刑事诉讼中的程序正义价值与公正审判拥有选择放弃的权利。③ 权利放弃是权利处分的一种表现形式,英美法系国家权利处分理论与实践较为丰富,其刑事诉讼与民事诉讼界限不甚明显,刑事诉讼中亦确立了当事人处分原则,被追诉人得以自愿进行权利行使与放弃。不同于英美法国家,职权主义国家刑事诉讼中尚不接受当事人基于意思自治与契约合意进行权利处分,但近年来在认罪协商制度中也有所松动,在坚持实质真实与法定追诉主义的基础上也允许就量刑问题协商,接受被追诉人在一定范围内进行的权利处分。权利处分主义得以逐渐越过法系限制在职权主义模式中扩展,得益于其在合作性司法中独有的价值:被追诉人自愿弃权体现其真诚悔罪的意愿,有助于修复被破坏的社会关系,同时减轻侦控审难度,有效整合司法资源,减轻司法运行难以承受的负担,对诉讼效率的提升大有裨益。

认罪认罚从宽制度是中国被追诉人权利放弃的重要尝试,虽未在制度层面明确被追诉人权利放弃规则,但被追诉人自愿认罪认罚,放弃无罪辩

---

① 陈瑞华:《认罪认罚从宽制度的若干争议问题》,《中国法学》,2017 年第 1 期。

② 熊秋红:《比较法视野下的认罪认罚从宽制度——兼论刑事诉讼"第四范式"》。

③ 陈瑞华:《论协商性的程序正义》,《比较法研究》,2021 年第 1 期。

护、放弃庭审中更详尽的诉讼程序皆是对自己实体权利、程序权利放弃的体现。被追诉人得就部分权利进行放弃的正当性在于被追诉人作为具备处分能力的理性权利主体,在知悉其权利享有与放弃的结果后,出于内心的利益权衡考量,自愿选择放弃一种利益而换取或实现另一种利益,达到自己在程序或实体层面的有利结果。被追诉人的权利放弃会产生相应的法律效力,其弃权行为应当符合权利人弃权的基本要件,即权利人所放弃的权利属于该权利主体可处分的权利范围,权利人放弃权利的主观意识明确,并以客观可知悉的方式(明示或默示)作出其放弃权利的意思表示。为了防止公权力以被追诉人放弃权利之名侵蚀私权利行使,被追诉人权利放弃有其可适用的范围和界限,并非所有权利均可被处分进行自我放弃。被追诉人可放弃的权利基于理性与自由保护而生,放弃内容当与第三人权利行使无涉,与法律优位限制无涉,与公共利益维护无涉。[①]同时,辅之以相应的弃权保障,如被追诉人非出于其真实自愿的弃权行为应视为无效,被追诉人是否放弃权利难以判断则应视为其未放弃权利,等等。中国被追诉人权利放弃理论尚不完备,但"可弃权性"意义深远,其为认罪认罚从宽制度提供正当性来源,为控辩协商提供运行空间,更是认罪认罚案件量刑建议生成内在机理的重要因素。

(三)检察机关量刑建议权的可裁量性

在认罪认罚案件量刑建议生成的内在逻辑中,检察机关量刑建议权的可裁量性与被追诉人部分权利的可放弃性相对应,构成量刑协商的空间范围。量刑建议又称为"求刑建议",是检察机关依据法律、案件事实与证据,就被追诉人所应判处的刑罚向法院提出的具体求刑建议。[②]检察机关不享有刑罚裁判的权力,其得以向法院提出量刑建议,源自检察机关享有的公诉职能与权力属性。检察机关为法定的公诉机关,代表国家行使公诉权,公诉权是法定追诉机关向法定审判机关针对被追诉人提出求罪与求刑的诉讼请求。从本质上而言,公诉权是一种刑事程序请求权,这一诉讼请求既包括求

---

① 郭松:《被追诉人的权利处分:基础规范与制度构建》,《法学研究》,2019 年第 1 期。
② 朱孝清:《论量刑建议》,《中国法学》,2010 年第 3 期。

罪也包括求刑,①在权力项上体现为定罪请求权和量刑请求权。检察机关量刑建议权源自量刑请求权,检察机关提出量刑建议实为其行使量刑请求权的一种表现。2018年《刑事诉讼法》修改对检察机关提出量刑建议予以确认,即检察机关在就被告人的定罪量刑问题向审判机关提出请求的过程中,可提出刑罚种类、刑罚幅度、刑罚执行方式的具体建议。就权力来源看,量刑建议权源自公诉权中的量刑请求权,检察机关提出量刑建议本就是公诉权行使的应有之义,提出量刑建议是行使量刑请求权的一种方式。② 中国公诉裁量权内容丰富,表现形式多样,作为公诉权权力束中的一项子权力,量刑建议权承继上位权力的裁量属性,具有可裁量性。

　　一方面,基于检察机关行使职权的裁量性,认罪认罚从宽制度下控辩量刑协商机制得以充分运行。中国认罪认罚制度为检察机关主导的量刑协商模式,检察机关有量刑建议的裁量权,在法定量刑幅度内可以与被追诉人进行量刑协商。另一方面,认罪认罚从宽制度强化了司法实践对量刑建议权可裁量性的要求。检察机关量刑建议权的裁量性是检察机关得以与辩方协商的"筹码",如检察机关无给予被追诉人实体权利或程序权利优惠之可能,被追诉人显然缺乏认罪认罚的动力,控辩双方也就缺乏协商空间。在量刑协商中,量刑建议权裁量空间越大,检察机关所提供的量刑方案越多,与被追诉人达成一致的可能性越高。③ 检察机关的量刑建议权与被追诉人权利处分权相对应,权力和权利行使均有其范围和界限,归属于主体可行使或放弃的空间就是二者可协商的空间范围。在法定主义量刑理念下,认罪认罚案件量刑建议具体裁量空间遵循"阶梯式从宽处理"的原则,综合考量被追诉人有无其他法定量刑情节以及被追诉人认罪认罚的阶段,在法定量刑幅度内进行梯度式从宽处理。

---

　　① 卞建林、许慧君:《论刑事诉讼中检察机关的职权配置》,《中国刑事法杂志》,2015年第1期。

　　② 杨宇冠、王洋:《认罪认罚案件量刑建议问题研究》,《浙江工商大学学报》,2019年第6期。

　　③ 贺江华:《检察裁量权的再配置——在"认罪认罚从宽"背景下展开》,《苏州大学学报》(哲学社会科学版),2020年第6期。

三、认罪认罚从宽制度下量刑建议生成要件

认罪认罚案件量刑建议的生成与非认罪认罚案件存在本质差异,二者生成要件大不相同。认罪认罚从宽制度下量刑建议的生成需要四个必备要件,即意思要件、主体要件、行为要件以及结果要件。只有四个要件齐备并相互作用,量刑建议生成机制才得以完整。

(一)意思要件:被追诉人自愿认罪认罚

被追诉人自愿真实地认罪认罚是认罪认罚案件量刑建议得以生成的一项基本意思要件,也是认罪认罚量刑建议生成机制运行的核心驱动力。非认罪认罚案件的量刑建议是在检察机关定罪量刑请求权的作用下形成的,认罪认罚案件量刑建议则是在检察机关定罪量刑请求权的基础上,包含了被追诉人同意的因素。[①] 可以说,非认罪认罚案件与认罪认罚案件的量刑生成机制存在的首要差别在于一个以公权力单方意思为起点,另一个以控辩双方意思为起点。被追诉人自愿认罪认罚是认罪协商机制运行的基石,是控辩协商的正当性来源,缺乏自愿性将导致程序失去运行的正当性基础,认罪量刑协商不复存在。被追诉人自愿认罪认罚这一意思要件贯彻于量刑建议生成始终,认罪程序启动、控辩量刑协商、诉讼合意达成,任何一个阶段都需要被追诉人自愿认罪认罚予以维系,缺失这一要件必然导致程序终止。控辩协商达成量刑协议后,量刑建议生成,但在法院庭审中,如果发现被告人为违背真实意愿认罪认罚或认罪认罚后又反悔,则量刑协议将破裂或归于无效,引发程序倒流,生成的量刑建议也会失去效力。因此,保障被追诉人真实自愿地认罪认罚是量刑建议良性生成必不可少的一环。

(二)主体要件:控辩双方

认罪认罚案件与非认罪认罚案件的量刑建议的生成主体存在本质差异。非认罪认罚案件量刑建议是控诉一方的单方意思表示,量刑建议的生

[①] 陈卫东:《认罪认罚案件量刑建议研究》,《法学研究》,2020 年第 5 期。

成主体即为检察机关。现在认罪认罚案件中量刑建议是控辩双方协商的产物,是诉讼合意的表示。量刑建议的生成主体为控辩双方,主要发生在审查起诉阶段。

中国认罪量刑机制的主体要件与域外不同,虽同为控辩双方协商,但不同于美国辩诉交易制度下的控辩双方协商。中国就量刑建议所做的协商主要发生于检察官与被追诉人之间,[①]律师在这一协商过程中的地位尚不够明显,在被追诉人未委托辩护律师的案件中,值班律师基本不发挥辩护律师参与协商的作用。而美国辩诉交易主要发生于检察官与辩护律师之间,辩护律师在与检察官的谈判交易中,"协商者"身份发挥得宜,协商实际效果显著。中国认罪量刑机制主体要件与大陆法系国家亦不相同,中国量刑协商程序中并无法官参与,量刑协议生成后法官在庭审中进行审查,决定是否予以采纳。意大利、法国、德国的量刑协商程序在法官监控甚至直接主持下进行,由于法官直接参与并实时监控量刑协商的过程,所以法官一般不会轻易推翻或者不采纳协商达成的量刑协议。[②] 域外量刑协商机制中,控辩双方协商和控辩审三方协商两种模式下量刑协议基本被法院采纳,协商的结果稳定性较强,很大程度上得益于控辩双方能够实质性平等协商或法官有效参与协商。相比之下,中国检察机关主导的量刑建议生成机制下协商主体平等性不足,并且无法官参与运行,存在量刑建议不被法官接受的隐患。

(三)行为要件:控辩协商

相较之非认罪认罚案件,认罪认罚案件量刑建议的形成机制多了一个"与被告人讨论"的过程,[③]这一过程即控辩协商。控辩协商是量刑建议生成的行为要件,其作为认罪认罚从宽制度中的一个核心环节,也是认罪认罚案件与非认罪认罚案件在诉讼程序层面的最大区别。[④] 作为行为要件,控辩协

---

① 陈瑞华:《刑事诉讼法》,第340页。

② 李倩:《德国认罪协商制度的历史嬗变和当代发展》,《比较法研究》,2020年第2期。

③ 陈卫东:《认罪认罚案件量刑建议研究》。

④ 朱孝清:《认罪认罚从宽制度相关制度机制的完善》,《中国刑事法杂志》,2020年第4期。

商也是量刑建议生成的主要推动力,这一行为对控辩双方均形成激励机制,即通过控辩协商就量刑建议达成一致,被追诉人获得更低的可能量刑以及程序的简化,诉讼结果的可预期性提高,同时检察机关的公诉难度降低,能够提升求刑的有效性和预期性,充分节省诉讼资源。目前实然层面的控辩协商是在检察机关主导下进行的,存在控辩信息不对称、资源不对等的缺憾,辩方难以获得与控方实质平等协商的地位和能力。在大量案件中控辩协商程度尚不充分,被追诉人具备自愿认罪认罚意思要件后,检察官即根据被追诉人所涉嫌的犯罪情况,在法定基准刑基础上进行一定幅度的量刑优惠,将其量刑方案告知被追诉人,被追诉人同意,量刑协议即生成。未来的控辩双方平等协商模式指向于逐渐达到实质意义的控辩平等协商,被追诉人能够获得辩护人足够的帮助,而非仅是程序的“见证人”。辩方应有主动进行协商的程序启动权,能够提出有益于被追诉人的量刑协商“筹码”,协商成功达成合意,则控辩双方利益兼得;协商失败,也不会给被追诉人带来利益损伤。

(四)结果要件:量刑协议

控辩双方协商在法定从宽范围内就具体量刑方案达成量刑协议,此量刑协议正是认罪认罚案件量刑建议生成机制的结果要件。但量刑协议又不仅仅是最终就量刑方案协商达成的合意结论,而应体现一个完整的控辩协商结果,包括协商参与主体、时间、具体量刑方案(刑种、刑期、行刑方式)、量刑协议效力等重要内容。中国对刑事领域中的“交易”“协议”等表述相对敏感,目前没有明确的量刑协议书,在量刑协商达成合意后有认罪认罚具结书和量刑建议书两种与量刑协议书相关联的结果形式。根据《指导意见》第31条和32条的规定可推知,先有量刑建议合意的达成,而后被追诉人签署认罪认罚具结书,检察机关形成量刑建议书。量刑建议书为检察机关提起公诉时量刑建议的承载体,内容通常包括犯罪事实、量刑情节、建议的刑罚种类、刑罚幅度、刑罚执行方式、提出量刑建议的依据等。量刑建议书本身并不是协议性质的,而是公权力文书,其体现协商合意后最终量刑建议的结论,但并未体现协议全貌。故作为结果要件的量刑协议,目前并无直接有效的载体。有学者认为认罪认罚具结书具有“量刑协议书”的性质,也是确定检察机关量刑建议书的依据。① 其观点不无道理,具结书是目前承载量刑协议的相对合适选择,但仍有待完善,需要更明显地体现协议性质及协议的完整内容。

四、认罪认罚从宽制度下量刑建议生成的保障机制

为保障认罪认罚从宽制度下量刑建议生成机制良性运行,量刑建议生成应遵循必要的程序安排。制度层面主要从以下三方面完善:规范检察机关权力行使机制;优化被追诉人权利保障机制;以及强化被害人量刑协商参与机制。

(一)规范检察机关权力行使机制

基于当前检察机关在认罪认罚案件量刑建议生成机制中的主导地位,规范检察机关权力行使对保障量刑建议生成机制良性运行尤为重要。同时,应通过必要的制度探索提高检察机关的协商能力,以推动量刑建议生成机制向控辩双方平等协商模式逐步转化。规范检察机关权力行使,发挥检察机关推动模式转化作用可从以下方面着手。第一,检察机关履行权利告知义务,探索证据开示制度。目前值班律师权利有限、庭前会议的证据交换时间滞后,现有的证据交换机制难以保证认罪认罚被追诉人知情权的实现,被追诉人知情权不足会导致其缺乏与检察机关进行协商的筹码和空间。在检察机关强势推动认罪机制下,被追诉人认罪认罚的真实性与自愿性存在被削减的风险。② 为更好地保障被追诉人权利,《指导意见》第 29 条也提出探索证据开示制度。探索认罪认罚案件证据开示制度的重点在于检察机关履行证据开示职责。首先,认罪认罚案件侦查终结进入审查起诉阶段后,检察机关应依职权主动进行证据开示,在量刑协商前充分开示全部案卷材料。被追诉人在证据信息交换机制中处于相对弱势地位,且相较于非认罪认罚程序,认罪认罚量刑协商程序对被追诉人的程序参与能力提出了更高要求,

----

① 陈瑞华:《论量刑协商的性质和效力》,《中外法学》,2020 年第 5 期。
② 卞建林、谢澍:《认罪认罚从宽与台湾地区刑事协商之比较研究》,《法学杂志》,2018 年第 5 期。

被追诉人知悉控方证据信息是控辩平等实质性协商的基础且必要条件,故检察机关应当依职权主动在进入量刑协商前充分开示证据。其次,认罪认罚案件证据开示应为控辩双向开示,非控方单方开示,但应以控方开示为主。检察机关应提供便利的证据开示环境,向被追诉人及其律师进行证据展示。最后,证据开示范围为全案证据,包括入罪证据、出罪证据以及罪轻证据。检察机关在证据开示过程中,不得仅出示入罪证据而隐瞒出罪证据、罪轻证据,应通过全案证据开示为辩方提供平等的信息资源,以实现量刑问题的实质性协商。

第二,尊重认罪量刑机制中程序参与人的表达权,与被追诉人及其律师进行充分、平等、实质性的量刑协商。在目前的认罪量刑机制中,检察机关主导量刑协商程序的推进,应尊重被追诉人、被害人的意思表达。为保障程序参与人的表达权,检察机关应履行程序释明职责。对于被追诉人及被害人对量刑协商程序以及其享有的诉讼权利所存在的困惑,检察机关应当予以明确且充分的说明和解释,客观且全面地告知被追诉人与被害人量刑协商的程序、效力以及其依法享有的权利,不得隐瞒、误导程序参与人或阻碍其与律师进行沟通。在未来模式转向中,应给予辩方以量刑协商程序启动权。辩方可主动提出量刑方案,检察机关应对其方案慎重考量研究,给予被追诉人及其辩护律师(包括值班律师)充分的表达机会,在法定量刑幅度内可以进一步协商并接受。在检察机关提出量刑方案,辩方表示明确拒绝的情况下,检察机关可以尝试调整方案与辩方进一步协商,但不得以协商失败将加重量刑建议的方式对被追诉人施压,迫使其接受量刑方案。

第三,规范检察机关量刑建议权的行使。目前,检察机关仍在中国认罪协商机制中占据主导地位,在一定程度上认罪认罚量刑建议的规范生成有赖于检察机关量刑建议权的规范行使。一方面,要制定法检统一适用的认罪认罚从宽制度量刑指南。通过量刑指南明确并细化量刑标准,为检察机关提出规范、精准的量刑方案提供参考。法检适用统一的量刑指南能够为检察机关行使求刑权与法院行使裁判权提供相对一致的参考依据,使得法检在量刑问题上更容易达成一致,有助于提高法院对量刑建议的采纳度。另一方面,检察机关应合理应用人工智能、大数据等量刑辅助手段。近年来检察系统智慧检务建设不断推进,大数据、人工智能辅助检察工作程度持续深入。应用人工智能量刑辅助系统是认罪认罚案件量刑建议精准化、规范化的重要发展方向。[①] 检察机关量刑建议辅助系统的适用有助于推动检察官从经验思维逐步转向数据思维,提出更准确的量刑建议,有效提升检察机关量刑协商水平,避免量刑建议畸轻或畸重。对同类案件的海量司法数据检索和人工智能量刑参考意见的辅助,也能够增强被告人对量刑从宽的可预见性,一定程度上辅助消解同案不同判、类案不类判的难题。[②]

(二)优化被追诉人权利保障机制

规范检察机关权力行使机制与优化被追诉人权利保障机制是保障量刑建议生成机制运行的两条主线。强化被追诉人的权利保护,旨在通过保障被追诉人知情权、提升辩方协商能力,来解决认罪认罚案件量刑建议生成过程中控辩双方"信息不对称"和"资源不对等"的问题。前文所述的检察机关履行权利告知职责、确立证据开示制度除了起到规范检察权运行的作用外,本身也是保障被追诉人知情权的重要机制。优化被追诉人权利保障机制还应强化律师在量刑协商程序中的有效参与,提升辩方协商能力,并通过对认罪认罚具结书的"协议化"调适,为辩方在协商程序中争取到更平等有利的地位。

第一,强化律师的有效参与,着力提升值班律师的法律帮助实效。在侦控机关公权力强势运行下,被追诉人往往缺乏与其平等协商的能力,需要律师有效帮助以获取足够的证据信息和专业的法律支持,提高辩方协商能力。一方面,为强化辩护律师在协商程序中的地位,应当赋予辩护律师全程参与协商的权利,检察机关不得阻止辩护律师发表意见、不得阻碍辩护律师与被追诉人进行沟通。另一方面,值班律师应逐步向辩护人身份转化。在大量认罪认罚案件中,被追诉人没有委托辩护律师,仅在值班律师帮助下完成认罪认罚。然而,目前值班律师恐有"见证人化"趋向,虽在场却程序参与度不高、影响力不大,难以发挥实质性的法律帮助作用。故应着力保障值班律师

---

① 孙道萃:《人工智能辅助精准预测量刑的中国境遇——以认罪认罚案件为适用场域》,《暨南学报》(哲学社会科学版),2020 年第 12 期。

② 卞建林:《人工智能时代中国刑事诉讼制度的机遇与挑战》,《江淮论坛》,2020 年第 4 期。

的程序参与权,尤其是量刑协商程序中的程序参与,以推动值班律师为被追诉人提供充分必要且实质有效的法律帮助。应逐步提高值班律师的待遇,促进值班律师向辩护律师身份的转化,使得值班律师成为控辩协商中被追诉人强有力的助力,帮助被追诉人在与检察机关平等实质协商后达成量刑协议。

第二,调适认罪认罚具结书制度,将具结书逐步转化为控辩协商量刑协议的载体。目前检察机关与被追诉人量刑协商达成合意后,并没有以明确的量刑协议形式呈现量刑建议,量刑建议生成机制缺乏结果载体,量刑协议无处安放。认罪认罚具结书本身以被追诉人保证并承诺认罪认罚为要义,其形式难以体现控辩协商主体的平等性,其内容缺乏对量刑协议的实质性完整表达。为逐步向控辩平等协商模式转化,即便由认罪认罚具结书承载量刑协商的结果,也应对其进行"协议化"调适,使其能够充分体现控辩双方地位的平等并发挥有效承载量刑协议的作用。"协议化"的认罪认罚具结书内容应当包括控辩双方的主体身份、量刑协商的具体内容、量刑建议的合意结果、被害人意见、控辩双方的权力(利)义务及具结书对控辩双方的效力。对认罪认罚具结书进行调适,使其向量刑协议过渡,有助于将量刑协商的成果以明确的形式完整地呈现,体现控辩双方在协商中的平等地位,强化量刑协议对控辩双方的约束力。

(三)强化被害人量刑协商参与机制

被害人不应当在合作性司法中被遗忘,虽然认罪认罚案件量刑建议的生成主体为控辩双方,但被害人的主体地位和权利应得到充分的尊重和保障。被害人实质性参与量刑协商,与控辩双方共同促成量刑建议的生成,有助于实现恢复性司法的目的,满足被害人对程序正义的合理期待,充分化解矛盾,修复社会关系,实现公正与效率的平衡。强化被害人量刑协商参与机制可从以下方面着手。

第一,提升被害人对量刑建议生成的实质影响,强化过程性与结果性的双重参与。一方面,应在充分保障被害人知情权与表达权的基础上,探索构建被害人对量刑建议影响细则。《指导意见》虽在被害方权益保障部分将被追诉人赔偿被害方损失、与被害方和解、被害方谅解等情况作为从宽处罚的重要参考和衡量因素,但并未构建明确的被害人对量刑建议生成的实质影响规则。仅形式化概括性地规定为"考虑因素"恐难以奏效。故应探索构建具体的被害人对量刑建议影响细则,将赔礼道歉、积极赔偿和获得谅解这三个要素作为被害人具体影响量刑建议的标准,形成梯度性的被害人影响细则,以强化被害人意见对认罪认罚案件量刑建议生成的实质影响。[①] 另一方面,应给予被害人必要的程序救济。为防止被害人意见在量刑协商程序中被形式化考虑,未对量刑协议产生实质性影响,可以尝试赋予被害人对量刑协议的异议权。将被害人对控辩双方提出的量刑建议所发表的观点和意见进行明确的书面记录,并在最终的量刑协议或认罪认罚具结书中明确体现被害人对量刑方案的最终意见。如果被害人对量刑协议有异议,可以在庭审中提出。法庭应对量刑建议的异议进行重点审查,允许被害人当庭发表意见,法庭对被害人异议的审查结果或将关涉量刑协议的效力。

第二,为有效保障被害人在量刑协商中的权益,在法律援助层面给予被害人更多的帮助。在缺乏律师帮助的情况下,被害人与被追诉人相同,处于相对弱势地位,对于程序和实体性权利的行使缺乏专业能力。值班律师作为认罪认罚从宽制度的配套机制,为被追诉人的权利保护提供了底线保障,但是在被害人一方并不存在这样一个法律帮助的最低保障。大量的被害人处于经济弱势地位,无力委托律师,其在认罪协商程序中难以充分行使知情权、表达权、异议权,故应给予其必要的法律帮助。《人民检察院刑事诉讼规则》第55条增设了检察机关应当告知经济困难未委托诉讼代理人的被害人其可申请法律援助的内容。目前被害人法律援助制度尚不成熟,具体内容也有待细化落地。但这一努力方向是极有价值的,通过法律援助为被害人提供必要的法律支持,维护其在认罪认罚案件量刑协商中的权利,这在认罪协商机制中十分必要。

原文发表于《云南社会科学》2022年第1期

---

　　① 焦俊峰:《认罪认罚从宽制度下被害人权益保障问题研究》,《法商研究》,2021年第1期。

入选理由:

本文结构清晰,论述严谨,在 2022 年第 1 期"量刑规范化研究"专题中起到了引领作用。本文为卞建林老师主动赐稿,编者非常感动,这是作者对我刊法学栏目的认可,也是对编者 10 多年工作的认可。在编者看来,这种认可比任何评价体系下的评奖或者物质奖励都要珍贵,编者对此倍感珍惜。

专家评论:

该文在认罪认罚从宽制度研究领域具有基础性、引领性作用,对于进一步完善量刑建议制度具有很强的现实意义。

——刘艳红,中国政法大学教授

认罪认罚案件中法院变更量刑
建议的法理分析

周长军①

摘　要：现行《中华人民共和国刑事诉讼法》和司法解释关于认罪认罚从宽制度的两个"一般应当"的规定，使检察量刑建议对法官量刑产生了很强的制约力。该规定虽有推动认罪认罚从宽制度改革落地的现实动因，但法理正当性不足，应当逐步予以完善。量刑建议和量刑情节不属于审判对象的范围，法院对其进行变更不受控审分离原则的调控。应当建构法院变更量刑建议的正当程序，保障利益相关者的合法权益。法院认为量刑建议明显不当时告知检察机关调整，不应被确立为法院的法定义务，而且告知时间可以灵活化，不限于庭审后。

关键词：量刑建议的变更；审判对象；控审分离；正当程序

一、问题的提出

刑事诉讼活动的开展如何兼顾公正与效率，一直是法学界和法律界致力于破解的世界性难题。

在中国，从 1979 年颁布《中华人民共和国刑事诉讼法》（以下简称《刑事诉讼法》），到 1983 年全国人大常委会通过《关于迅速审判严重危害社会治安的犯罪分子的程序的决定》；从 1996 年第一次修正《刑事诉讼法》确立控辩式

---

① 周长军，山东大学教授。

审判模式,到 2003 年"两高一部"发布《关于适用普通程序审理"被告人认罪案件"的若干意见(试行)》;从 2012 年第二次修正《刑事诉讼法》推进庭审实质化,到全国人大常委会 2014 年通过《关于授权最高人民法院、最高人民检察院在部分地区开展刑事案件速裁程序试点工作的决定》和 2016 年 9 月通过《关于授权最高人民法院、最高人民检察院在部分地区开展刑事案件认罪认罚从宽制度试点工作的决定》;从 2016 年 10 月"两高三部"发布《关于推进以审判为中心的刑事诉讼制度改革的意见》,到 2018 年 10 月《刑事诉讼法》第三次修正确立速裁程序和认罪认罚从宽制度……公正与效率平衡难题之解决的长期性和艰巨性,可见一斑。

2018 年《刑事诉讼法》确立的认罪认罚从宽制度旨在通过案件分流和程序分野,提升诉讼效率,合理配置司法资源,推进以审判为中心的诉讼制度改革。但超出很多人预想的是,该制度在中国的法律文化土壤中得到了蓬勃发展,其适用率迅速攀升。最高人民检察院发布的相关数据显示,2020 年以来,认罪认罚从宽制度适用率超过 85%,检察机关量刑建议采纳率约为 95%,2021 年 1 月至 11 月,检察机关提出的确定刑量刑建议占提出总数的 90.87%,法院对量刑建议的采纳率为 96.85%。[①] 与此同时,量刑建议的法院采纳率被列入检察机关内部的绩效考核指标,导致检察机关往往在法院不采纳其量刑建议时提起抗诉,进而引发检法冲突。

在此背景下,学理上亟待回答以下问题:法院改变检察机关的量刑建议是否违背了控审分离原则?是否不当干预了控辩双方的合意?是否构成突袭裁判以致侵犯了被告人的诉讼防御利益?是否会加剧量刑公信力不足的问题?[②] 本文拟对此展开研讨,并就教于学界同仁。

---

① 《最高检印发指导意见全面规范认罪认罚案件量刑建议工作》,最高人民检察院官网,https://www.spp.gov.cn/xwfbh/wsfbt/202112/t20211220_539038.shtml#1,2021 年 12 月 24 日访问。

② 周长军:《量刑治理的模式之争》,《中国法学》,2011 年第 1 期。

二、"一般应当"与法院变更量刑建议的正当基础

(一)两个"一般应当"与法院变更量刑建议的争讼

法院能否以及如何对检察机关的量刑建议进行调整和变更,在根本上关涉到检察量刑建议对法院的制约力。

《刑事诉讼法》第201条规定,除五种可能影响公正审判的情形外,"对于认罪认罚案件,人民法院依法作出判决时,一般应当采纳人民检察院指控的罪名和量刑建议","人民法院经审理认为量刑建议明显不当,或者被告人、辩护人对量刑建议提出异议的,人民检察院可以调整量刑建议。人民检察院不调整量刑建议或者调整量刑建议后仍然明显不当的,人民法院应当依法作出判决"。随后,2019年"两高三部"发布的《关于适用认罪认罚从宽制度的指导意见》(以下简称《指导意见》)进一步规定,犯罪嫌疑人认罪认罚的,人民检察院一般应当提出确定刑量刑建议,对新类型、不常见犯罪案件、量刑情节复杂的重罪案件等,也可以提出幅度刑量刑建议。

两个"一般应当"的规定助推了认罪认罚从宽制度适用实践中的"两高"现象:确定刑量刑建议率高;量刑建议的法院采纳率高。不过,笔者在调研中发现,不少法官对此颇有疑虑,认为这有违诉讼规律,不当地限制了法官的量刑裁量权。学界对此也存在不同的认识,主要争议点在于:法院能否调整和变更检察机关的量刑建议?目前存在两种对立性的观点:"一般禁止变更说"和"自由变更说"。

"一般禁止变更说"认为,除法定的五种可能影响公正审判的情形和量刑建议明显不当的情形外,法院一般不能变更量刑建议,否则检察机关就可以或者应当抗诉。具体而言,该学说又有三种论证理路:一是立法规定论,从法解释学的角度,认为《刑事诉讼法》第201条的规定就应作如此解读;二是协商性司法论,认为区别于过去检察机关单方形成的量刑建议,认罪认罚案件中的量刑建议是控辩双方协商形成的合意,法院应当尊重、维护检察机

关的公信力和被告人的程序处分权；①三是合作性司法论，认为作为一种合作性司法模式，认罪认罚从宽制度中法院应当将量刑权适度减让并转移给检察机关，以发挥促使被追诉人认罪的激励功能，提高诉讼效率。②

"自由变更说"则主张，在不属于法定的五种特殊情形的认罪认罚案件中，法院依然可以自由变更量刑建议。同样地，该学说也有三种论证理路：一是纵向的历史分析论，认为量刑一直是法院的固有权力，是法官可以依职权自由裁量的事项；③二是横向的比较分析论，认为在西方国家的协商性司法中，法院对检察量刑建议的采纳率高，只是反映了一种现实倾向或习惯做法；④三是语词分析论，认为量刑建议既然是"建议"，那么被建议者就有权决定是否予以听取。⑤

（二）尊重"控辩合意"还是尊重"法官的量刑权"

在"一般禁止变更说"的诸多论证中，强调尊重"控辩合意"的协商性司法论可能是最为有力的。事实上，检察机关提出量刑建议在 21 世纪初就进行过试点，而且在非认罪认罚案件中也可能出现，但就其在当下的认罪认罚从宽制度推行中获得的法律层面上如此之高的审判制约力，较之于立法规定论的形式进路与合作性司法论的功利主义进路，尊重"控辩合意"的论说更具伦理正当性。

不过，协商性司法论仍需回答的问题是：为什么具有控辩合意色彩的量刑建议对法院量刑具有实质拘束力，传统上检察机关单方提出的量刑建议就只具有参考意义？此外，在认罪认罚案件中，检察机关起诉指控的罪名也体现了控辩合意，为什么法律没有规定法院定罪时"一般应当采纳"的拘束力？就笔者有限的视野所及，协商性司法论并未对此给予充分的解答。并且，协商性司法论关于"控辩合意"尊重说的现实支撑也颇为乏力。认罪认罚从宽制度适用实践中，被追诉人通常在押且不懂法，而值班律师的介入趋

---

① 朱孝清：《认罪认罚从宽制度中的几个争议问题》，《法治研究》，2021 年第 2 期。
② 赵恒：《量刑建议精准化的理论透视》，《法制与社会发展》，2020 年第 2 期。
③ 孙长永：《认罪认罚案件"量刑从宽"若干问题探讨》，《法律适用》，2019 年第 13 期。
④ 陈实：《认罪认罚案件量刑建议的争议问题研究》，《法商研究》，2021 年第 4 期。
⑤ 陈岚：《西方国家的量刑建议制度及其比较》，《法学评论》，2008 年第 1 期。

于形式化,往往不能提供有效的法律帮助,在控辩双方信息不对称、专业知识不对等的情况下,很难进行实质性的协商,"控辩合意"往往有名无实。① 有学者就此分析指出,被告人对量刑建议的接受过程通常表现出一种单方性,是承受性地接受。② 换言之,量刑建议主要是检察机关单方意志的体现。

当然,"自由变更说"基于尊重法官量刑权的理由完全否定检察量刑建议对法院裁判的影响力,对认罪认罚从宽制度的运行特点及合理需求没有给予应有的考虑,也存在一定的问题。 与非认罪认罚案件不同,认罪认罚案件中的检察量刑建议不仅能够促进法院公正量刑,而且是被告人认罪认罚的特别激励要素,能够促进案件的合理分流和快速解决,具有重要的社会治理功能,因而基于现实主义和系统论的考虑,应当确立量刑建议对法院的适度约束力,并对法院变更量刑建议的行为予以必要的限制。

检察机关提出量刑建议,是刑事诉讼制度发展过程中逐渐出现的现象,与辩护方提出量刑意见不存在本质之别,均为法院量刑的参考。 在大陆法系国家的法律中,大多没有关于检察机关提出量刑建议的明确规定;③在普通法系国家,检察官一般也没有量刑建议权,后来才渐渐享有一定的量刑建议权。④ 基于诉讼规律,即便在认罪认罚从宽制度中,检察量刑建议也不应被赋予过强的裁判拘束力,法院仍然应当保留对量刑建议的实质审查权,并可基于客观公正的立场调整和变更明显不当的量刑建议。 当然,与此同时,为满足控辩双方开展协商活动的合理需求,法院内部应当重视通过职业规范,引导法官适度克制对量刑建议的调整冲动,对处于"正当"与"明显不当"之间的"一般不当"的检察量刑建议,应当确立"可变可不变"时不予变更的办案理念,只有在不变更将严重损害司法公正和量刑公信力时,法院才可以(或者说应当)调整量刑建议。

---

① 赵恒:《认罪认罚从宽制度适用与律师辩护制度发展——以刑事速裁程序为例的思考》,《云南社会科学》,2016 年第 6 期。
② 左卫民:《量刑建议的实践机制:实证研究与理论反思》,《当代法学》,2020 年第 4 期。
③ 熊秋红:《认罪认罚从宽制度中的量刑建议》,《中外法学》,2020 年第 5 期。
④ 邓思清:《检察权研究》,北京大学出版社,2007 年,第 335 页。

三、变更内容与法院变更量刑建议的性质

对于量刑建议,法院能否进行不利于被告人的从重变更? 能否在增加量刑情节的基础上变更量刑建议? 这是认罪认罚从宽制度推行中需要进一步回答的问题。对此,法学界与法律界均存在一些模糊甚至不当的认识。

(一)法院变更量刑建议的内容之实证考察

为了解认罪认罚案件中法院变更量刑建议的内容等情况,笔者借助小包公法律实证分析平台,并结合人工统计进行了实证研究。在中国裁判文书网公布的裁判文书及其他来源裁判文书涵盖的 112938394 个案件中,按照如下维度筛选有效样本:"全文:认罪认罚"且"本院认为:公诉机关"且"本院认为:量刑建议不当/量刑建议不适当/量刑建议明显不当/量刑建议不予采纳/量刑建议不予支持/量刑建议偏重/量刑建议明显超出/量刑建议超出/量刑建议超过",以及"案件类型:刑事""文书日期:2019-01-01 至 2021-08-31""文书性质:判决书""审理程序:一审、二审""省市:江苏省、河北省、浙江省、河南省、山东省""文书类型:裁判文书"。通过上述筛选,获得案例 522 个。具体情况如下:

1.案件裁判时间与审级情况

一方面,关于裁判时间,522 个判决书样本的裁判时间分布集中在 2019 年至 2021 年 8 月 31 日,其中,2019 年、2020 年、2021 年 1 月 1 日至 8 月 31 日的判决书数量分别是 160 件、283 件、79 件。另一方面,关于案件审级,绝大部分的判决书样本是一审判决(共计 517 件),另有二审判决 5 件。

2.审判程序类型

522 个案件中,只有 361 份判决书中明确标注了适用的诉讼程序。三种审判程序的适用数量及其占比分别为:简易程序,181 件,占比 34.67%;普通程序,133 件,占比 25.48%;速裁程序,47 件,占比 9%。

3.案件的罪名情况

案件数量排名前三的罪名数量及其占比分别为:危险驾驶罪,114 件,占

比 21.84％；盗窃罪，73 件，占比 13.98％；诈骗罪，54 件，占比 10.34％。另外，故意伤害罪、交通肇事罪、寻衅滋事罪等罪名的案件数量也较多。

4. 法院对量刑建议的变更原因

根据数量多少依次为：主刑的量刑不当 388 起；罚金刑的量刑不当 85 起；公诉机关事实认定有误 25 件；有应当减轻的理由公诉机关未考量 23 起；其他原因 18 起。"其他原因"具体是指：公诉机关指控罪名有误 2 起；被告人不符合认罪认罚的条件 6 起；被告人反悔 3 起；犯罪行为已过追诉时效 1 起；未成年犯罪不应作为前科考量从重 1 起；未考虑酌定从重情节 3 起；未体现变更原因 2 起。

5. 量刑建议不当时法院变更的方向

在 517 份一审判决书中，法院对量刑建议从轻变更的案件 244 件（占比 47％），从重变更的案件 238 件（占比 46％），未在判决书中体现变更方向的案件 35 件（占比 7％）。

（二）法院变更量刑建议的性质和空间

由上可见，实践中，法院对于量刑建议的从轻变更与从重变更并存，且比例大致相同；有单纯的量刑建议变更，也有因量刑情节变化而变更量刑建议的，还有其他因素导致的量刑变更。有专家指出，认罪认罚案件审判阶段出现新的量刑事实十分常见，有的是出现新的可以从宽处罚的情节如被告人立功等，有的是原来据以从宽处罚的情节消失如被害人撤回谅解等，有的是出现新的从重处罚情节如查实了被告人的犯罪前科或累犯情节等。[1]

对于审判实践中法院对监察机关量刑建议的从重变更和增加量刑事实的做法，不少人提出质疑或批评。有观点认为，此种行为违反了控审分离原则和有利被告原则；也有观点指出，法院不得主动调查检察机关没有指控的从重情节，如果发现，应当建议检察机关补充侦查和移送。[2] 仔细探究这些质疑或批评，不难发现，其立论逻辑主要是：将量刑建议和量刑情节视为审

---

① 臧德胜：《科学适用刑事诉讼幅度刑量刑建议》，《人民法院报》，2019 年 8 月 29 日。

② 参见李奋飞：《论认罪认罚量刑建议与量刑裁决的良性互动》，《暨南学报》（哲学社会科学版），2020 年第 12 期，等等。

判对象,进而依据控审分离原则,认为法院不能在检察量刑建议的范围以外从重量刑,更不能在检察机关指控的量刑事实外增加从重量刑情节。但此立论可能难以成立,原因主要有两点。其一,量刑建议和量刑情节不属于审判对象的范围。审判对象的范围因各国诉讼模式的不同而有别,但均限制在犯罪事实及罪名、法条依据中。比如,大陆法系诉讼理论中,审判对象由被告人和犯罪事实共同组成。德国刑事诉讼法第155条就规定:"法院的调查与裁判,仅限于起诉所称犯罪行为和所指控人员。"而在实行当事人主义诉讼模式的英美和日本,审判对象被称为诉因。英美的诉因包括指控主张与作为主张基础的事实,前者主要指罪名、法条等法律评价,后者主要指构成犯罪的具体事实;日本的诉因是公诉事实的一部分,与罪名并列,[1]不包含起诉所依据的法条等法律评价,也不包括犯罪行为的经过、犯罪的动机或量刑情节等内容。[2] 申言之,无论法律适用层面的量刑建议,还是案件事实层面的量刑情节,均不在审判对象的范围内。其二,法院对量刑建议和量刑事实的变更不受控审分离原则的约束和调控。控审分离原则要求,法院审判的对象与检察起诉指控的对象同一,不能超出起诉指控的被告人及其犯罪事实的范围进行审判。在中国,法官负有查明实质真实的澄清义务,对于检察机关没有提出但法庭调查属实的量刑情节,不能置之不理,而应当本着罚当其罪的理念加以认定和处理。

综上所述,在诉讼学理上,量刑建议、量刑事实不属于审判对象,法院对量刑建议、量刑事实的调整和变更也就不宜定性为公诉变更活动。如果一定要对法院的量刑建议变更活动予以界定的话,不妨称之为"争点变更",因为争点的变更包括但不限于审判对象的变更。在日本刑事诉讼理论上,有诉因变更与争点变更的区别之讨论。日本学者认为,争点分为事实争点和法律争点,前者又包括诉因事实的争点和诉因以外的事实争点。[3] 本文此处所用"争点变更"一词的外延更广,不仅包括控辩之间的争点变更,也包括控审之间的争点变更。

---

① 周长军:《刑事诉讼中变更公诉的界限》,《法学研究》,2017年第2期。

② 刘少军:《日本诉因制度论略》,《河北法学》,2007年第7期。

③ 田口守一:《刑事诉讼法》(第五版),张凌、于秀峰译,中国政法大学出版社,2010年,第253页。

四、法院变更量刑建议的程序建构

(一)法院对量刑建议的变更程序:正当而不烦琐

根据正当程序原理,任何与量刑裁判有直接利害关系的诉讼主体都应能参与裁判的形成过程中,充分表达意见和施加影响,并在不服裁判时具有救济机会。认罪认罚案件中,法院变更检察机关的量刑建议不仅与检察机关的起诉主张和指控利益相冲突,而且可能恶化被告人的诉讼防御利益或者损害被害人的预期利益,因而应当构建量刑建议变更的正当程序,防止法院"突袭变更",稳定控辩双方和被害人的量刑预期,维护检察公信力。

不过,应当看到,中国现行法律和司法解释在这方面的相关规范较为粗疏,没有明确利益相关者知情、异议、质证和救济的权利。在实践中,当认为量刑建议畸轻或畸重时,部分法官选择口头沟通或在庭审中进行提示,部分法官通过法院公函的方式与检察院协商,还有部分法官因缺乏沟通渠道而省略沟通环节,在裁判文书中不采纳检方建议,自行判决。① 笔者认为,诸如此类的状况必须加以规制。

一方面,应当对法院变更量刑建议的程序进行正当化改造,保障利益相关者的知情权、异议权、质证权和救济权。首先,法院变更量刑建议前,应当采取适当方式告知控辩双方和被害人。其次,构建灵活的多方参与和沟通机制,为利益相关者提供表达意见和抗辩的机会。必要时,法院可以裁定延期审理,以便于相关程序主体更好地进行准备。最后,合理安排控辩双方和被害人针对法院不当变更的救济途径。

另一方面,法院变更量刑建议的程序正当化应当适度,不能过于烦琐。否则,可能适得其反,使得繁重办案压力下的法官产生"多一事不如少一事"的心理,尽管认为量刑建议明显不当,也会不情愿地认可。有司法人员在实证调研基础上就曾指出,有些法官虽然不认同检察官提出的精准量刑建议,

---

① 韩旭:《认罪认罚从宽制度研究》,中国政法大学出版社,2020年,第287页。

但虑及调整量刑建议的复杂程序,于是无奈接受。① 为此,可以针对从轻变更与从重变更的不同情形分类处理,在法院通知形式、听取意见的时间和方式、是否延期审理等方面作出不同的程序安排。

(二)"告知调整":法院的义务还是工作程序

《刑事诉讼法》第 201 条第 2 款和《指导意见》第 41 条均规定了法院告知检察机关调整明显不当量刑建议的内容,但如何理解此"告知调整"条款,存在较大争论。不少研究者认为,"告知调整"是法院变更量刑建议的前置性义务,只有告知后检察院不予调整或者调整后仍然明显不当的,法院才能变更量刑建议。② 但也有研究者认为,"告知调整"只是法院的工作程序,并非法定义务,法院可以不经告知而直接变更量刑建议。③

在实践中,法院认为量刑建议明显不当的,主要有三种处理方式:一是直接在判决书中记录对检察机关量刑建议不予采纳,但未说明原因;二是法官口头建议检察机关调整量刑建议,并在判决书中记录说明;三是向检察机关发出书面"建议调整量刑建议函",并在判决书中说明相关情况。④

笔者认为,法院具有最终的量刑权,检察机关起诉指控的量刑情节、提出的量刑建议对于法院认定量刑事实和作出量刑结论虽有重要参考意义,但不具有绝对的约束力,因而上述规定不应理解为将"告知调整"确立为法院的法定义务。当然,为体现对控辩合意的尊重,提升量刑效果,防止检察机关抗诉、被告人上诉或被害人上访,作为一种倡导性要求,法院对于明显不当的量刑建议,一般应当先告知检察机关予以改变,由检察机关与被告人、被害人进行沟通后自行作出调整;当检察机关不予改变时,法院再作出变更。相应地,法院未先行告知检察机关调整而直接作出量刑裁判的,不属

---

① 卢乐云、曾亚:《认罪协商机制中的法官职权——基于 C 市认罪认罚从宽制度试点实践的考察》,《广东社会科学》,2018 年第 6 期。

② 李奋飞:《论认罪认罚量刑建议与量刑裁决的良性互动》。

③ 杨立新:《对认罪认罚从宽制度中量刑建议问题的思考》,《人民司法》,2020 年第 1 期。

④ 钱地虎:《对法院不采纳认罪认罚量刑建议的实践考察》,《中国检察官》,2021 年第 9 期。

于违反法定诉讼程序的行为,检察机关、被告人由此提起抗诉或上诉的,二审法院不能以此为由撤销原判、发回重审。

(三)"告知调整":审判中均可还是只能庭审后

法院认为量刑建议明显不当时,应当何时告知检察机关调整,也是一个亟待厘清的问题。

在实践中,有审理后建议检察机关变更的,也有当庭建议检察机关变更的,还有庭审前建议检察机关变更的。但笔者在调研中发现,一些法官认为,法院只能在庭审后告知调整,庭审前和庭审中告知都违背了预断排除原则。有学者则表示,法院认为量刑建议明显不当而告知控方调整时,会损害其中立性和权威性。①

笔者认为,将认罪认罚案件中法院庭前或庭审中"告知变更"的行为视为对审判中立、预断排除等原则的违反,认识上可能存在偏差,没有把握到认罪认罚案件所特有的程序逻辑。在认罪认罚案件特别是适用速裁程序审理的认罪认罚案件中,被告人对程序和实体处理均无异议,因而审判程序的进行应当以尊重被告人的处分权为基础,突出效率导向,庭前审查实质化,庭审活动聚焦化,重点关注量刑问题以及被告人认罪认罚的自愿性和合法性审查。在这方面,比较法上的经验可供参考。比如,在英美和日本的刑事普通程序中,提起公诉不能附带相应的量刑情节,但简易程序或略式程序中可以同时处理定罪与量刑,不受起诉一本书主义和预断排除的限制。日本学者就此指出,对于没有争议的案件,可以同时请求调查涉及犯罪事实的证据和情节证据,在调查证据的方法上诉讼关系人有协助的义务。②

总之,不同类型的刑事审判程序应当具有不同的理念和特点。在采取普通程序审理的非认罪认罚案件和被告人认罪认罚但重大复杂的案件中,应当严格坚持传统的刑事诉讼原则;在采取速裁程序(乃至部分简易程序)审理的认罪认罚案件中,则应主要以效率为导向,庭前活动重心化,不受预断排除原则的约束,法院"告知调整"的时间因而可以灵活化,不局限于庭审

---

① 陈实:《认罪认罚案件量刑建议的争议问题研究》,《法商研究》,2021 年第 4 期。
② 田口守一:《刑事诉讼法》(第五版),第 227—228 页。

后。甚至在某种意义上,为实现认罪认罚从宽制度的改革目标,还需强化法官庭前审查的实质性并引导检法之间开展有效的沟通协商活动。

综上所述,在认罪认罚从宽制度全面推进的诉讼实践中,法院对检察机关量刑建议的变更已经引发了一些案件中法检之间的冲突和紧张,观念认识上存在较大分歧。因此,对于法院变更量刑建议的现象,尚需进行更多的研究。

原文发表于《云南社会科学》2022 年第 2 期

入选理由:

本文为 2022 年第 2 期"认罪认罚从宽制度研究"专题文章之一,摘要转载于《高等学校文科学术文摘》2022 年第 3 期。本文结构清晰,论述严谨,重点突出。

专家评论:

该文聚焦认罪认罚从宽制度运行中涉及的法院变更量刑建议问题,法哲学底蕴深厚,论证严密翔实,实践应用价值突出。

——刘艳红,中国政法大学教授

自诉案件认罪认罚从宽制度研究

赵　恒[①]

摘　要:结合法律规范与实务反馈,认罪认罚从宽制度适用于自诉案件审判领域,既有合法性依据,又有现实性基础,这种实践方案具有鲜明的司法特色。在对 77 份一审刑事判决书进行分析的基础上,本文探讨自诉案件认罪认罚从宽制度的完善方案如下:第一,明确自诉案件认罪认罚的成立标准;第二,辨析认罪认罚情节的刑事法律评价效力;第三,规范审判阶段自诉案件的认罪认罚程序;第四,保障当事人获得有效的专业法律帮助;第五,提高自诉案件审判活动的检察监督质量。

关键词:自诉案件;认罪认罚从宽制度;被害人;合作性司法理念;恢复性司法理念

近些年来,以合作性司法理念为基础的认罪认罚从宽制度被视为丰富中国刑事司法与犯罪治理举措的"中国方案"。2018 年《中华人民共和国刑事诉讼法》(以下简称 2018 年《刑事诉讼法》)正式确立了"认罪认罚从宽"原则及其规则机制。认罪认罚从宽制度在节约司法资源、优化职权配置、化解社会矛盾等方面发挥了重要作用。结合学理探讨和实践反馈,一个备受关注的争议问题是,认罪认罚从宽制度能否适用于自诉案件。2018 年《刑事诉讼法》第 15 条并未明确规定认罪认罚从宽原则仅适用于公诉案件,同时2019 年《关于适用认罪认罚从宽制度的指导意见》(以下简称 2019 年《指导意见》)强调"认罪认罚从宽制度贯穿刑事诉讼全过程,适用于侦查、起诉、审

---

① 赵恒,山东大学副教授。

判各个阶段”,"所有刑事案件都可以适用",这些条文为法院在审理自诉案件过程中适用认罪认罚从宽制度提供了合法性依据。而且,实践中已出现不少基层法院通过认罪认罚从宽制度审结自诉案件的案例。但遗憾的是,在相关研究领域,法学界基本上围绕公诉案件诉讼活动展开讨论,往往忽视自诉案件认罪认罚从宽制度的理论需要与实务需求。[①] 有鉴于此,本文首先探讨将认罪认罚从宽制度适用于自诉案件审判领域的若干价值,然后对中国裁判文书网上的 77 份一审刑事判决书进行分析,最后辨析健全自诉案件认罪认罚从宽制度的改革方案,以期为推动国家治理尤其是基层社会治理现代化发展贡献刑事司法智力支持。

一、自诉案件适用认罪认罚从宽制度的法治价值

对认罪认罚从宽制度适用于自诉案件的法治价值的理解,不宜因自诉案件数量少而有所削减。立足规范依据,结合实务反馈,应从以下四个方面科学审视自诉案件适用认罪认罚从宽制度的积极作用。

(一)适度促进两种司法理念的融合

按照传统的刑事司法理念学说立场,恢复性司法理念强调犯罪案件加害人与受害人之间进行和解、谅解,以恢复受损的社会关系,而合作性司法理念则强调国家公权力机关与犯罪案件加害人之间进行协商、合作,以简化诉讼环节并提高诉讼效率。长期以来,法学界通常在刑事和解程序领域、认罪案件繁简分流机制领域分别讨论上述两种司法理念的影响。这种研究思路具有合理性,但也存在不足之处,即忽视了司法理念之间的互动联系与融合趋向。简言之,以合作性司法理念为基础的认罪认罚从宽制度同样强调应当通过考察被告人向被害人[②]退赃退赔、赔礼道歉、赔偿损失等情况的方

---

① 焦俊峰:《认罪认罚从宽制度下被害人权益保障问题研究》,《法商研究》,2021 年第 1 期。

② 需要说明的是,根据 2018 年《刑事诉讼法》第 108 条、第 114 条的规定,有权提起自诉的主体包括被害人及其法定代理人、近亲属等三类人员。考虑到自诉案件的实务状况,笔者在下文将重点讨论被害人的参与方式及其内容。

式,来判断被告人的悔罪态度和悔罪表现。这些都表明认罪认罚从宽制度也体现了与刑事和解程序相同的核心规则,即被告人只有在面向被害人进行合作并恢复受损社会关系的前提下才可能获得从宽处罚"激励"。① 而且,不同司法理念相互融合的规则样态既存在于公诉案件诉讼活动,又存在于自诉案件审判领域。可见,允许法院在审理自诉案件过程中适用认罪认罚从宽制度,是进一步推动合作性司法理念与恢复性司法理念适度融合的可行路径。

(二)提高审判中被害人的主体地位

在现代刑事法治场域,受到认罪案件快速处理机制广泛适用的影响,被害人诉讼地位边缘化成为一个亟待关注的现象。2018 年《刑事诉讼法》同样限缩了被害人参与认罪认罚案件的规则空间。在此背景下,在自诉案件审判阶段,法院适用认罪认罚从宽制度的审理方式反而有助于提高被害人的诉讼主体地位。第一,丰富被害人的诉权内容并健全被害人行使诉权的具体机制,即促使被害人既行使定罪请求权又行使量刑建议权。对此,法院还应当承担保障被害人依法行使相关权利的义务。② 第二,提高被害人在法院量刑裁判活动中的参与质效。在认罪认罚成为应当独立评价的量刑情节的前提下,被害人的选择会进一步影响被告人的刑事责任,同时,相关审判活动也可以为被害人向法官提出独立的量刑要求提供规则依托。第三,巩固被害人获得有效法律援助制度的正当性基础。为了保证自诉案件的被害人充分了解认罪认罚从宽制度及其法律后果,法律援助机构有必要同时为自诉案件的自诉人、被告人提供有效的法律援助。这是被害人实质参与认罪认罚案件审判活动的应有之义。

(三)发挥制度化解社会矛盾的作用

自诉案件属于轻罪案件,而且不少系因民间纠纷发生。引导自诉案件被告人真诚悔罪悔过并尽力赔偿被害人损失,有助于消弭社会矛盾。结合

---

① 赵恒:《诉权保障视域下认罪认罚案件的被害人合作理据》,《人权》,2021 年第 3 期。

② 韩轶:《论被害人量刑建议权的实现》,《法学评论》,2017 年第 1 期。

公诉案件与自诉案件的数量情况可以发现,法学界倾向于从公诉案件层面理解认罪认罚从宽制度的刑事政策价值。① 实际上,在自诉案件审判阶段,增加认罪认罚情节作为被告人从宽处罚的依据,同样可以凸显"当宽则宽"的政策要求,以实现恢复受损社会关系的法律实施效果。这是认罪认罚从宽制度进一步彰显宽严相济刑事政策的体现。

(四)丰富法院刑事审判职权的内涵

从实务层面看,法院适用认罪认罚从宽制度审理的犯罪案件大都属于被告人在审前阶段签署具结书的案件。同时,对于控辩双方未能在审前阶段达成具结协议的案件,法院通常不会直接适用认罪认罚从宽制度,而是评价被告人当庭认罪的行为。这种实践办案方式在一定程度上限制了法院自行适用认罪认罚从宽制度的职权范围。究其缘由,2018 年《刑事诉讼法》、2019 年《指导意见》均规定法院可依法适用认罪认罚从宽制度,这意味着法院不仅可以主动启动认罪认罚从宽程序,而且可以根据案件实际情况参与并推动具结活动。在此前提下,对于被告人自愿如实供述自己的罪行、承认自诉人指控的犯罪事实并愿意接受处罚的案件,法院可以依法主动启动认罪认罚从宽程序,特别是创新认罪认罚案件具结机制,提高自诉案件裁判结果的可接受度。从这一角度看,法院在审判阶段探索自诉案件认罪认罚从宽制度运行方案,能够在提升刑事审判职权之法律效力的基础上,回应认罪认罚从宽制度对传统审判权运行方式带来的挑战。②

二、自诉案件适用认罪认罚从宽制度的实务概览

(一)基于 77 份一审刑事判决书的要素分析

笔者以"全文:认罪认罚自诉"和"裁判日期:2018 年 1 月 1 日至 2021 年 8 月 20 日"为关键词,在中国裁判文书网进行检索,共搜集到 583 份刑事案

---

① 卢建平:《刑事政策视野中的认罪认罚从宽》,《中外法学》,2017 年第 4 期。
② 张军:《关于检察工作的若干问题》,《国家检察官学院学报》,2019 年第 5 期。

件裁判文书,二次筛选后获得 77 份一审刑事判决书,涉及 89 名被告人(其中包括 1 个被告单位)。以此为样本,笔者重点分析若干要素并探讨制度适用难题。

1. 自诉类型与罪名分布。常见的自诉案件类型是被害人有证据证明的轻微刑事案件,共计 64 起,占比 83.12%。而且,在所有自诉案件涉及的罪名中,拒不执行判决、裁定罪的案件最多,共计 49 起。

2. 审判程序。在 76 份样本中,①法院虽然将认罪认罚从宽制度适用于自诉案件审判活动,但在绝大部分案件(共计 71 起,占比 93.42%)中适用普通程序。这种现象明显不同于公诉案件认罪认罚从宽制度审判状况。相较于简化后的审判程序,普通程序更能满足自诉案件认罪认罚从宽制度的实务需要。

3. 审判组织。在 76 份样本中,审判组织是合议庭的自诉案件共计 72 起,占比 94.74%,这表明法院通常适用组成合议庭的普通程序审理自诉案件。而且,人民陪审员参与审判适用认罪认罚从宽制度的自诉案件数量较多,共计 55 起,占比 76.39%。

4. 量刑情节。以 89 名被告人的量刑情节作为样本,其中,具有退赃退赔情节的被告人共计 45 人,占比 50.56%;具有取得被害人谅解情节的被告人共计 28 人,占比 31.46%;具有与被害人达成和解情节的被告人共计 21 人,占比 23.60%。可见,在自诉案件中,法院适用认罪认罚从宽制度,会侧重审查当事人之间赔偿、和解或者谅解等情节,以评估被告人的社会危险性以及被告人对受损社会关系的修复情况。

(二)制度适用的实践成效及其疑难争议

1. 自诉案件的认罪认罚空间。有实务观点认为"本案系自诉案件,不宜适用认罪认罚从宽制度",自然不存在认罪认罚成立标准的判断空间。② 上述观点忽视了自诉人依法行使诉权的立法方案。根据 2018 年《刑事诉讼法》

---

① 尽管宁夏回族自治区固原市隆德县人民法院(2020)宁 0423 刑初 20 号刑事判决书载明"依法组成合议庭",但该判决书仅列出一名审判员。因此,笔者未将该判决书纳入样本范围。

② 参见山东省枣庄市中级人民法院(2021)鲁 04 刑终 21 号刑事裁定书。

以及 2021 年《最高人民法院关于适用〈中华人民共和国刑事诉讼法〉的解释》（以下简称 2021 年《最高法解释》）的规定，承担"指控者"职能的自诉人既要提交证据材料，又要提出具体的诉讼请求。而且，认罪认罚从宽制度还会促使自诉人细化行使诉权的具体方式，不仅注重提出定罪诉求，还关注定罪后的量刑处罚。如此一来，在自诉案件审判阶段，被告人同样面临是否承认指控犯罪事实、是否愿意接受处罚的选择。因此，法院有必要判断自诉案件被告人是否满足法定的认罪认罚成立标准。

2. 自诉案件的从宽处罚规则。结合法律规定和实务反馈，自诉案件都是轻微犯罪案件，而且被告人通常还具有自首、获得谅解等情节。那么，如何确定从宽处罚规则，保证被告人实质性地获得与认罪认罚相对应的从宽处罚"激励"，由此调动被告人认罪认罚主动性并避免制度形式化运行呢？对此，有实务人员表示，纵然被告人可以认罪认罚，但现有立法规则也不会给予额外的"激励"。该观点有待商榷。第一，以中国刑法及其司法解释特别是 2021 年最高人民法院、最高人民检察院印发的《关于常见犯罪的量刑指导意见（试行）》（以下简称 2021 年《量刑指导意见［试行］》）为依据，具有认罪认罚、自首、坦白、退赃退赔、赔偿损失等量刑情节的被告人，仍可获得避免重复评价之后的刑事责任减损结果。第二，被告人当庭自愿认罪与被告人认罪认罚之间存在显著差别：一方面，前者仅要求被告人在庭审现场面向法院作出悔罪表示，而后者则既要求被告人当庭面向法院作出表示，又要求被告人在庭审之前与自诉人达成合意且积极完成相关承诺和义务；另一方面，在司法审查方面，相较于前者的审查工作，法院需要重点审查被告人自愿接受刑罚的自愿性、合法性等事项，并确定相应的刑罚从宽比例。第三，法院不会在刑事判决书中进行专门量刑裁判说理的现象也存在于自诉案件审判领域。为了保障自诉人行使诉权和被告人行使认罪认罚权的有效性，法院应当围绕认罪认罚情节对法律评价情况进行裁判说理工作。

3. 自诉案件的具结协议机制。一方面，具结协议能否适用于自诉案件审判活动，本就存在立场分歧。虽然 2018 年《刑事诉讼法》第 174 条看似将认罪认罚具结活动限制于审前阶段，但在 2018 年《刑事诉讼法》第 190 条第 2 款的基础上，2019 年《指导意见》第 7 条列明的认罚成立标准尤其是"在审判阶段表现为当庭确认自愿签署具结书,愿意接受刑罚处罚"的规定,实质上为法院建立以解决自诉案件定罪量刑为导向的特殊具结工作机制提供了合法性依据。另一方面,自诉案件具结协议机制的具体操作如何,也存在模糊之处。在前文分析的 77 份自诉案件一审判决书中,有 6 份判决书明确记载了"签订了认罪认罚具结书""签字具结"等诉讼事项。① 其中,还有一份判决书表述为"在辩护律师在场的情况下,自愿签署认罪认罚具结书"②。实务反馈表明,法院在一定程度上参考借鉴了公诉案件具结机制。另外,有实务观点表示,自诉案件无须签署具结书,但笔者认为,2018 年《刑事诉讼法》第174 条第 2 款规定的"不需要签署认罪认罚具结书"之情形仅限于"犯罪嫌疑人认罪认罚"案件即公诉案件,这表明在自诉案件审判阶段,认罪认罚的被告人仍须签署认罪认罚具结书。可见,需要专门设计与上述诉讼活动相适应的法律文书以及具结协议签署工作规则。

4. 自诉案件的审判程序适用。该争议主要是指被告人认罪认罚的自诉案件能否适用速裁程序。虽然 2018 年《刑事诉讼法》并未明确作出禁止性规定,但 2021 年《最高法解释》第 327 条仅允许适用简易程序、普通程序。③ 之所以做此限制,权威解释指出,是因为考虑到自诉案件未经侦查、审查起诉活动,法院在开庭前很难判断证据是否确实充分,是故只能适用简易程序、普通程序。值得注意的是,在《最高法解释》于 2021 年 3 月 1 日起正式施行之前,实践中出现了某基层法院适用速裁程序审结自诉案件的例证——该法院于 2021 年 2 月 22 日受理案件,于 2 月 23 日作出判决。④ 对于这一问题,笔者认为,第一,在 2018 年《刑事诉讼法》未有否定规则的前提下,司法解释剥夺了自诉案件被告人针对速裁程序之程序选择权利的规定是否具有合

---

① 参见江苏省苏州市吴江区人民法院(2019)苏 0509 刑初 1878 号刑事判决书、河南省孟州市人民法院(2019)豫 0883 刑初 146 号刑事判决书、河南省孟州市人民法院(2019)豫 0883 刑初 180 号刑事判决书、河南省孟州市人民法院(2019)豫 0883 刑初 196 号刑事判决书、宁夏回族自治区隆德县人民法院(2020)宁 0423 刑初 20 号刑事判决书、江苏省启东市人民法院(2021)苏 0681 刑初 102 号刑事判决书。

② 参见江苏省苏州市吴江区人民法院(2019)苏 0509 刑初 1878 号刑事判决书。

③ 参见王爱立、雷建斌主编:《〈中华人民共和国刑事诉讼法〉释解与适用》,人民法院出版社,2018 年,第 418 页。

④ 参见江苏省启东市人民法院(2021)苏 0681 刑初 102 号刑事判决书。

法性,是值得商榷的。第二,上述权威解释所列理由难具足够说服力。一方面,经过侦查、审查起诉活动与适用速裁程序之间不存在天然的联系,或者说前者不是后者的充分必要条件;另一方面,遵照审判中心主义的基本要求,为了实现庭审实质化改造,法院在开庭前不应得出证据是否确实充分的结论,否则会产生未审先判之虞。正因如此,自诉案件能否适用速裁程序之疑问仍尚待厘清。

三、健全自诉案件认罪认罚从宽制度的改革方案

(一)明确自诉案件认罪认罚的成立标准

1. 关于认罪标准,考虑到自诉案件同样存在控辩两造,自诉案件的罪名亦有相对明确的范围,被告人构成认罪的条件不仅包括自愿如实供述自己的罪行、对指控的主要犯罪事实没有异议,而且包括承认自诉人指控的罪名——既要承认事实、承认性质,又要承认罪名。该标准有别于公诉案件认罪标准仅要求被追诉人承认事实和性质甚至仅承认事实的做法,体现了刑事案件认罪标准的层次化特点。

2. 关于认罚标准,为了提升自诉案件审理程序分流质量,被告人构成认罚的条件应当是被告人在庭审之前除了表示愿意接受处罚,还需同意自诉人提出的量刑建议,自愿签署具结书并履行具结书中记载的赔偿损失、赔礼道歉等承诺。在此方面,对于被告人当庭自愿认罪的行为,法院不宜将其纳入认罪认罚从宽制度适用范畴,而应当判断其是否构成"当庭自愿认罪"量刑情节。[1] 可见,以正式开庭作为区分认罪认罚情节与当庭自愿认罪情节的时间节点,厘清两个相近量刑情节之间的关系,特别是保证认罪认罚情节法律评价的独立性,才能凸显自诉案件认罪认罚从宽制度中司法理念融合的意涵。

(二)辨析认罪认罚情节的刑事法律评价效力

1. 关于程序法效力,一方面,法院应当将认罪认罚行为作为衡量被告人

---

[1]　赵恒:《论量刑从宽——围绕认罪认罚从宽制度的分析》,《中国刑事法杂志》,2018 年第 4 期。

社会危险性的重要考虑因素,一般情况下,如若被告人认罪认罚,法院通常不得采取逮捕措施,或应及时开展羁押必要性审查;另一方面,应适当区分认罪认罚的法律效力与当事人程序选择权的法律效力,即对于当事人行使程序选择权并选择适用简化审判程序的自诉案件,法院还需确定相应的从宽处罚比例。

2.关于实体法效力,应当因循原则上仅能在法定幅度以内从轻处罚的从宽思路。不过,对于认罪认罚情节的量刑减损比例,2021年《量刑指导意见(试行)》只是笼统地确立了"减少基准刑的30%以下"且"不作重复评价"的方案,没有区分自诉案件或者公诉案件的适用情形。对此,总结实务经验并参照"当庭自愿认罪"情节的基准刑减少规则,笔者建议,可以适当提高审判阶段从宽比例的最高值,即将自诉案件认罪认罚情节的量刑减损最高幅度确定为20%——既能够突出自诉案件认罪认罚行为的多维功能,又能够与其他量刑情节相协调。

(三)规范自诉案件审判阶段认罪认罚程序

自诉案件处理场域集中在审判阶段,意味着自诉案件认罪认罚从宽制度围绕审判活动展开。(1)权利义务告知程序。对于法院审查后决定立案的自诉案件,法院应承担专门的权利义务告知职责,采取书面与口头相结合的告知方式,便于当事人了解认罪认罚从宽制度的基本含义和法律规定。(2)制度启动程序。对于符合适用条件的自诉案件,法院可依职权主动适用认罪认罚从宽制度,也可根据当事人的申请决定启动。(3)证据开示程序。法院可以此为契机扩大探索被告人自行阅卷机制的范围,即向被告人开示自诉人提交的证据材料,为公诉案件证据开示制度积累经验。(4)律师帮助程序。允许律师参与并向自诉人和被告人提供专业法律帮助,亦是巩固制度适用正当性基础的重要条件。[①] (5)被害人提出量刑建议程序。对于可能适用认罪认罚从宽制度的自诉案件,法院应当专门督促被害人针对刑罚事项提出相对明确的量刑建议,而非笼统地表述为"请求依法追究刑事责任"

---

① 赵恒:《认罪认罚从宽制度适用与律师辩护制度发展》,《云南社会科学》,2016年第6期。

或"请求法院依法判处"。(6)具结协议签署程序。对于被告人在庭前表示认罪认罚的自诉案件,法院应当初步审查自诉人的具结意愿,为当事人提供《自诉案件认罪认罚具结书》,由自诉人和被告人沟通后达成合意,并在辩护律师或者值班律师在场的情况下签署具结协议。必要时,法官可以根据当事人的请求,对自诉案件涉及的法律适用问题进行释法说理,但不得针对定罪量刑作出承诺或者诱导。这是法官适度介入具结活动的可行途径。[1]　(7)案件审判程序。首先,以现有的基本法律为依据,在法理层面,自诉案件也可适用速裁程序,并不存在法律规定上的障碍。其次,在权利层面,应当尊重自诉人和被告人的程序选择权利,允许当事人在利益权衡基础上提出适用速裁程序的申请。再次,在实务层面,法院应当对当事人选择速裁程序的申请进行审查,并审慎地适用速裁程序。最后,在审判组织方面,保障被告人依法申请由人民陪审员参加合议庭审判的诉讼权利。(8)重点审查程序。对于自诉案件,法院需要重点审查认罪认罚的自愿性和认罪认罚具结书内容的真实性、合法性。不过,考虑到承办法官在启动认罪认罚从宽程序后,会适度参与自诉案件具结活动,能够对事实认定、法律适用问题产生较清晰的认识与判断,这会在一定程度上减轻审判负担。(9)限制上诉程序。尽管既有法律没有在区分自诉案件、公诉案件的前提下限制被告人上诉权,但法学界提出适当限制上诉权利的研究观点不在少数。着眼于未来制度改革,笔者认为,在凸显认罪认罚具结合意及其文书效力的基础上,可以在自诉案件审判领域探索限制上诉权的试点方案。

(四)保障当事人获得有效的专业法律帮助

1.关于自诉案件自诉人获得法律帮助,第一,将自诉案件被告人认罪认罚作为自诉人申请法律援助的条件。对此,可以适当调整2022年《中华人民共和国法律援助法》第29条的规定,即单独设置一款并表述为"刑事自诉案件的自诉人及其法定代理人,因经济困难没有委托诉讼代理人的,或者被告人认罪认罚的,可以向法律援助机构申请法律援助"。第二,明

---

[1]　赵恒:《法官参与认罪认罚案件具结活动的模式和法律制度前瞻》,《政治与法律》,2021年第1期。

确自诉案件诉讼代理人参与认罪认罚从宽程序的职责权限，主要涉及诉讼代理人如何在自诉人与被告人进行沟通并确定具结条件的过程中为自诉人提供法律帮助，特别是诉讼代理人能否在场见证具结、在具结书上签字。参照 2018 年《刑事诉讼法》第 174 条之方案，诉讼代理人不宜在场，也无须签字，但考虑到自诉人的法律认知能力和判断能力，也为了实现"控辩平等武装"之要求，将来是否可以允许诉讼代理人在场，确有讨论的必要。

2. 关于自诉案件被告人获得法律帮助，第一，可允许值班律师介入自诉案件认罪认罚从宽程序，为被告人是否选择认罪认罚以及达成具结协议提供法律帮助，特别是允许值班律师在法院值班时直接参与具结活动，而非仅在正式庭审之前为被告人提供有限的意见，有利于保障被告人认罪认罚的自愿性和明知性。[①] 第二，相较于值班律师仅能有限参与公诉案件办案过程的状况，在自诉案件审判活动中，值班律师可在提供法律帮助期间行使会见权、阅卷权等诉讼权利，提高对案卷材料的熟悉程度，为被告人提供更具实质性的帮助。这种运行机制还可以消减当前普遍存在的值班律师履职工作形式化弊端。[②]

（五）提高自诉案件审判活动的检察监督质量

考虑到中国自诉案件无罪宣告率的现实状况，检察机关应当关注自诉案件认罪认罚从宽制度的实践动向，提升针对自诉案件审判活动的检察监督质量。(1)在尊重自诉人和被告人之间具结合意的前提下，重点对法院审查工作特别是采信具结协议并作出裁判的诉讼行为进行检察监督，辨识是否存在无罪判有罪或者量刑明显失衡等冤错案件。(2)拓宽检察机关知悉案件办理情况的相关规则，包括但不限于要求法院将自诉案件判决书及时送达检察机关等方面。(3)重视办理自诉案件申诉工作并健全相应机制，对被告人认罪认罚的自诉案件申诉事项进行重点审查。(4)总结地方实践经验并发挥典型案例的示范作用，形成具有可复制、可推广价值的办案规范，

---

① 闵春雷：《认罪认罚案件中的有效辩护》，《当代法学》，2017 年第 4 期。
② 周新：《值班律师参与认罪认罚案件的实践性反思》，《法学论坛》，2019 年第 4 期。

既引导自诉案件当事人对认罪认罚从宽制度适用产生合理认知,又保证司法机关依法在自诉案件审判领域独立行使职权。

原文发表于《云南社会科学》2022年第2期

入选理由：

　　本文为2022年第2期"认罪认罚从宽制度研究"专题文章之一,全文转载于《中国社会科学文摘》2022年第6期,摘要转载于《高等学校文科学术文摘》2022年第3期。"认罪认罚从宽制度"经过几年的学术讨论积累,近年爆发成为学术热点,成果非常丰富。法学栏目从2020年11月就开始了组织策划,本组专题三篇都非常扎实,都获得了转载文摘的转载。这在法学栏目还是首次,也证明了这是一组准备充分的成功专题。本文中,作者延续了自己对认罪认罚多年的研究,行文愈发结构清晰、主题明确、文笔老练。作者博士阶段就展现了较强的学术论文驾驭能力,在我刊法学栏目发表过《认罪认罚从宽制度适用与律师辩护制度发展——以刑事速裁程序为例的思考》一文(自然来稿选用),当时(2016年)认罪认罚还不是热点,远不像近年发展得如火如荼。这也再次说明了文章不需要刻意去追求热点,扎实把自己的思考凝结成一篇好文章才是真正的竞争力。

专家评论：

　　该文以实证方法研究认罪认罚从宽制度如何适用于自诉案件,创新性强,对策建议也具有良好的可行性。　　——刘艳红,中国政法大学教授

新法视角下罪错未成年人司法保护理念的确立与展开

刘艳红　　阮晨欣[①]

摘　要：在比较法视野下基于立场差异，少年司法存在以儿童利益最大化理念为本位与以社会安全秩序防控为本位的理念差异。在新《未成年人保护法》背景下，罪错未成年人司法处遇的保护理念，具有分级科学处遇、优先前置赋权和专业社会保护的立场。对于不良行为未成年人，司法处遇机制将高度福利保护与有限责任承担有机结合，而对触法未成年人则以辅助福利保护与违法责任承担为目标。在司法场域中贯彻人格尊严、隐私权保护等普遍赋权规定，并结合未成年人诉讼困难之实际给予程序法上的前置赋权。在法法衔接的过程中，实现少年司法的专业化与社会化相结合。

关键词：罪错未成年人；司法处遇；福利保护；最有利于未成年人原则；新《未成年人保护法》

一、儿童利益最大化与社会安全防控之抵牾

在社会经济的发展和网络科技的迭代升级背景下，未成年人犯罪越来越呈现出低龄化、复杂化、暴力化之特点，而有关罪错未成年人案件的定罪处罚问题则不断引发社会讨论。如何评价罪错未成年人、规范未成年人违

---

①　刘艳红，东南大学教授，现为中国政法大学教授。阮晨欣，东南大学博士研究生，现为《政法论坛》编辑。

法犯罪行为,是国家治理、社会治理和公众普遍关注的重点内容。对待罪错未成年人的治理措施,也就是司法处遇(judicial treatment)的问题。司法处遇特指司法机关针对治安违法或犯罪的行为者所施加的各种处理、对待、矫正、治疗等治理措施。随着违法犯罪治理一体化理念的兴起,超越单纯刑罚制裁而涵盖所有有效治理措施的未成年人犯罪司法处遇制度应运而生,并成为未成年人司法法体系的核心。而罪错未成年人的司法处遇之方向与规划需要理念的引导和遵循。

2020 年 10 月 17 日,《中华人民共和国未成年人保护法》(2020 年修订版,以下简称新《未保法》)经十三届全国人大常委会第二十二次会议表决通过,自 2021 年 6 月 1 日起施行。此外,2020 年 12 月 26 日,十三届全国人大常委会第二十四次会议表决通过《中华人民共和国刑法修正案(十一)》,对低龄未成年人犯罪、性侵未成年人犯罪量刑、恶性犯罪再犯罪预防机制等问题展开探讨。[①] 新《未保法》第 4 条规定,"保护未成年人,应当坚持最有利于未成年人的原则"。这条规定的延续和明确,落实了最有利于未成年人的立场,对保护未成年人权利的紧张与调和状态作出了应有的回应,也为未成年人相关的赋权与保护提供了积极的规范。据此,在处理罪错未成年人案件时要遵循福利保护与责任承担的立场,体现儿童利益最大化的原则。同时,新《未保法》基于未成年人权利需求的普遍优先赋权保护条款,体现了对未成年人特殊群体的赋权理念。基于新法规定和刑法修订,未成年人司法处遇理念采取何种立场对指导实践具有关键作用。目前,中国罪错未成年人司法处遇呈现出行政干预体系与刑事司法体系二元结构的特点。因立场差异,以儿童利益最大化为本位的少年司法与以社会安全秩序防控为本位的普通刑事司法产生根本性的抵牾,少年司法的特殊性决定了其应从普通刑事司法中分离出来,保持必要的独立性。因此,本文以新《未保法》的最有利于未成年人原则为视角,重点展开罪错未成年人司法处遇的保护理念之确立与适用等内容。

---

① 王俏:《刑法修正案(十一)明年 3 月 1 日起施行》,《人民法院报》,2020 年 12 月 27 日。

重审斯芬克斯之谜

二、罪错未成年人司法处遇的理念本位差异

少年司法处遇是一个世界性的问题，域外不少国家和地区也有大量的理论研究并建立了相对成熟的实践机制。对于未成年人司法，域外有学者提出"三模式说"：正当程序模式、福利治疗模式、社区参与模式。在此基础上，多数学者主张"四模式说"：福利模式（芬兰）、教育刑模式（德国）、惩罚与福利二元模式（美国）、协作模式（英国）。由此可见，惩罚犯罪和保护少年始终是影响各国少年司法模式选择的两条主线。

（一）少年司法处遇理念的域外考察

少年司法国际准则是域外研究的重点，对处遇措施的设置和执行起着重要指导作用。《儿童权利公约》《联合国少年司法最低限度标准规则》等少年司法文件所确立的非歧视原则、儿童利益最大化原则、处遇个别化原则、特殊保护原则、优先保护原则、双向保护原则、减少司法干预原则、专门化与专业化原则、社会参与原则、相称原则等少年司法国际准则既是少年司法制度基础理论的体现，又是少年司法制度内容的抽象概括。1989 年，联合国《儿童权利公约》确定了应首要考虑儿童的最大利益，[1]由此，"最大利益原则"具有了条约法的效力，同时，它确立了"涉及儿童的任何行动"都应考虑儿童的最大利益的理念。[2] 美国未成年人司法处遇理念体现在 2002 年《少年司法与非行预防法》，"将少年法庭统一置于州法院系统之内以确保少年法庭的地位"[3]。少年法庭的早期发展趋势是扩大其管辖范围并增加其职责。不可避免的是，这一事态发展引发了一个新的问题，即少年法庭

---

① 该公约第 3 条第 1 款明确规定："关于儿童的一切行动，不论是由公私社会福利机构、法院、行政当局或立法机构执行，均应以儿童的最大利益为一种首要考虑。"

② 1992 年 4 月 2 日，《儿童权利公约》对中国生效后，儿童利益最大化原则也成为了中国司法机关处理涉及儿童案件的行为准则。参见黄振威：《论儿童利益最大化原则在司法裁判中的适用——基于 199 份裁判文书的实证分析》，《法律适用》，2019 年第 24 期。

③ 马丽亚：《中国未成年人罪错行为司法处遇制度的完善》，《云南社会科学》，2017 年第 4 期。

不应继续扩大其职能,而应限制其活动并集中于一个明确而相当有限的领域。①

(二)中国未成年人罪错行为的理念选择

中国法律将未成年人罪错行为区分为不良行为(一般不良行为和严重不良行为)与犯罪行为,对严重不良行为(治安违法行为＋触法行为)和犯罪行为分别在行政和司法两个体系中进行处理。基于立场差异,以儿童利益最大化为本位的少年司法对应为保护理念,更多的是强调对未成年人的处遇特殊化及最大化的保护范式。这种保护理念是对立法目的的一种积极回应,但一味地强调对未成年人的宽恕与救赎,在一定程度上会损害民众对未成年被害人的善良回应与共情,也加剧了法律滞后性,带有一定片面化色彩。有学者指出,未成年人保护法的功能定位应该是未成年人福利与保护法,对儿童独立的权利主体地位予以突出,通过法律的形式将各种福利和保护措施制度化。②

儿童利益最大化的福利理念,源于国家亲权理念,强调的是国家主体的保护责任和保护立场。在社会保护、家庭保护、学校保护等无法起到推动作用时,国家保护的特点在于发挥最后保障功能。在国家亲权理念的影响下,传统刑法放弃了对犯罪少年适用报应刑的观念,转而采用教育、保护的观念。③ 与此相对应,以社会安全秩序防控为本位的普通刑事司法则更强调对未成年人的罪与罚,是一种报应刑的体现。但是基于未成年人的心智不够成熟、仍在发展之中和受到其他价值观等因素影响,未成年人的理性自由意志支配能力并不全面。解决未成年人犯罪问题除了需要惩治业已发生的犯罪,更需要对尚未演变成犯罪的早期不良行为或因不满刑事责任年龄而不

---

① Alice Scott Nutt, "Trends in the Treatment of Juvenile Delinquency", *Federal Probation*, vol. 3, no. 4 (1939), p. 18.

② 苑宁宁:《以儿童利益最大化为原则加强未成年人法律保护——"检察视角:未成年人保护法、预防未成年人犯罪法的修改与完善"研讨会观点综述》,《人民检察》,2019年第18期。

③ 王贞会:《罪错未成年人司法处遇制度完善》,《国家检察官学院学报》,2020年第4期。

负责任的严重危害行为加以重视。未成年人罪错行为包括早期不良行为、危害行为和犯罪行为,而司法处遇问题的核心在于规范未成年人罪错行为。古典主义犯罪学派认为犯罪是"基于理性的自由意志支配下产生的行为",理性人在对风险(遭受惩罚的痛苦)与收益(通过犯罪获得的享受)做权衡后,选择了犯罪行为。① 在自由意志支配下,如果人们基于理性,得出"犯罪行为所造成的痛苦会大于刑罚处罚带来的痛苦"的结论,则会功利地认为放弃犯罪行为是最理性的价值判断,反之则会实施犯罪。这种"报应刑",是人们对犯罪结果的一种预测和判断。基于罪错未成年人的犯罪心理,该群体往往对于犯罪的结果和所带来的风险并不能完全基于理性做考量,在心智尚不成熟之情况下,受到周遭环境的影响,由于家庭保护、社会保护、学校保护的缺失,再加上对网络犯罪行为的模仿,未成年人犯罪与成年人犯罪存在较大差异,应从特殊保护的视角出发予以关注。

(三)最有利于未成年人保护原则之延续与实践

2011 年 8 月《中国儿童发展纲要(2011—2020)》首次出现"儿童利益最大化"原则,并将该原则与"儿童优先"原则列为该纲要的基本原则。② 中国罪错未成年人处遇呈现出行政干预体系与刑事司法体系二元结构的特点,尚未建立独立的少年司法模式,仅初步建立了办理未成年人刑事案件司法衔接体系和未成年人犯罪社会化帮教防控体系,从未摆脱普通刑事司法的窠臼,属于典型的刑事模式,也具有福利模式的某些特征。造成未成年人罪错行为的一个主要因素是社会的不公正,而未成年人司法处遇保护理念的重要方面就是保护儿童免受这种不公正的影响。为达到这一目的,需要为青少年工作的所有不同团体之间(律师、法官、社会工作者和教师等)有合作和沟通,这也是新《未保法》最有利于未成年人原则之社会化与专业化的体现。

在英国,少年法庭的法官虽然不一定是律师出身,但都是职业人士,因对儿童司法有着浓厚的兴趣而被任命,一般终身任职。少年法庭法官应该

---

① 李岚林:《"柔性"矫正:未成年人社区矫正的理论溯源与实践路径》,《河北法学》,2020 年第 10 期。

② 刘仁琦:《少年司法国家责任论纲》,《浙江工商大学学报》,2020 年第 5 期。

随时倾听行为科学家的咨询意见,帮助自己为孩子作出正确的决定。[①] 目前,现实中仍存在罪错未成年人类型划分不科学、处遇措施效果不理想、办案程序不健全、司法机构不独立、负面标签效应明显、制度设计欠缺核心理论支撑等问题。这种以儿童利益最大化为本位的少年司法与以社会安全秩序防控为本位的普通刑事司法之间存在根本的二律背反。尽管惩罚理念和保护理念在预防青少年犯罪中都起着重要作用,但惩罚性措施与预防性措施在处理未成年人处遇问题时,需要兼顾应用和影响等方面的效果。[②] 在打击青少年犯罪和一般犯罪的过程中,提倡过于理想化的措施缺乏实际效用,而应强调以能够取得实际成果为基础的具体建议。换句话说,福利保护主义或刑事责任主义具有逻辑缺陷,应依据新《未保法》第4条提出的最有利于未成年人原则,罪错未成年人的司法处遇应采取在保护未成年人与维护社会安宁秩序之间实现双重保护的理念。[③] 少年司法的特殊性表明,对少年的不同待遇仍然是生活中的现实,特别是在司法系统内,其有独特的地位。以美国为例,所有州现在都有"少年法"或"儿童法",它们为少年司法系统中的少年提供了具体的实质性和程序性规则。[④] 这些未成年人服从于一种"处置",而少年司法系统的重点不是惩罚或报应,而是改造和归复。最有利于未成年人保护原则,是新《未保法》延续之前的规定所确立的保护原则,对于罪错司法理念的确立具有重要启发作用。

三、罪错未成年人司法处遇的保护理念展开

罪错未成年人司法处遇的保护理念,从分级科学处遇、优先前置赋权和

---

① Edward L. Bailey, "Juvenile Delinquency", Student Symposium on the Child and the Law, *University of Kansas Law Review*, vol. 10, no. 4 (1962), p. 585.

② W. Lindesay Neustatter, *Psychological Disorder and Crime*, Philosophical Library, 1957, pp. 220-221.

③ 新《未保法》第4条规定,保护未成年人,应当坚持最有利于未成年人的原则。处理及未成年人事项,应当符合下列要求:(一)给予未成年人特殊、优先保护;(二)尊重未成年人人格尊严;(三)保护未成年人隐私权和个人信息;(四)适应未成年人身心健康发展的规律和特点;(五)听取未成年人的意见;(六)保护与教育相结合。

④ Florencio Ramirez, "Juvenile Delinquency", *GPSolo*, vol. 25, no. 3 (2008), p. 11.

专业社会保护三方面展开。首先,对于不良行为未成年人,司法处遇机制将高度福利保护与有限责任承担有机结合;而对触法未成年人则以辅助福利保护与违法责任承担为目标。其次,通过新《未保法》等法律对未成年人实现权利保护的优先赋权。最后,在法法衔接的过程中,实现少年司法的专业化与社会化相结合,进而达到罪错未成年司法处遇的目标和结果。

(一)分级科学处遇:实现福利保护与责任承担的动态整合

就未成年人司法处遇的核心理念来说,无论是新《未保法》确立的"教育为主、惩罚为辅"原则,还是"教育、感化、挽救"方针,背后都体现出对未成年人福利保护与责任负担两大目标的辩证统一。其一,福利保护是儿童利益最大化原则的应有之义,因此福利保护理念也贯穿新《未保法》始终,从而成为罪错未成年人司法处遇的当然要求。这一理念要求根据未成年人身心成长特征采取针对性的倾斜性保护措施,即便在司法处遇中对罪错未成年人也要以保障未成年人身心安全与健康成长为基本着眼点。相较之前,新《未保法》在司法处遇中特别强化了针对性福利保护,如第113条特别规定了对受到处罚的罪错未成年人在升学、就业等方面不得歧视、第116条强调相比国家机关更具有福利色彩的社会组织、社会工作者对未成年人教育保护的参与。其二,贯彻儿童利益最大化原则也必然要求培养儿童的健全人格与身心能力,其中责任意识与责任承担能力是其中应有之义。[1] 因此新《未保法》仍然坚持在司法处遇中追求罪错未成年人有效实现责任负担的目标,这一目标并非为惩罚而惩罚,而是希望从未成年人健康成长意识上实现未成年人的人格健全与社会能力的成熟。[2] 新《未保法》对这一目标有清晰的体现,其继续坚持教惩合一惩罚理念,继续强调体现责任负担的惩罚原则不能放弃,并且仍然认为罪错未成年人相对一般未成年人有责任上的特殊性,因此并非笼统地强调教育保护,而是继续坚持感化挽救的方针。

综上可见,新《未保法》基于儿童利益最大化仍然贯彻了福利保护与责

---

① 宋志军:《儿童最佳利益:少年司法社会支持体系之伦理议题》,《浙江工商大学学报》,2019年第5期。

② 王慧玲、谭细龙:《矫治罪错行为:预防未成年人犯罪的一条重要途径》,《中国教育学刊》,2004年第10期。

任负担两大未成年人基本处遇目标,因此在罪错未成年人司法处遇中展开贯彻新《未保法》,就必须考量福利保护与责任负担的辩证统一,通过对未成年人身心规律的把握,实现未成年人福利保护与责任负担的科学、动态整合。而要实现这一目标,就必须根据罪错未成年人的保护需求程度的层次及差别,确认不同程度的罪错未成年人对福利保护与责任负担的特殊化需求。

1. 不良行为未成年人司法处遇机制

完善以高度福利保护与有限责任承担为目标的不良行为未成年人司法处遇机制。不良行为未成年人是指实施了《预防未成年人犯罪法》规定的不良行为但尚未实施违反治安管理规定或犯罪行为的未成年人。此时未成年人罪错程度轻微,但已经出现了司法处遇需求。当前,不良行为未成年人阶段的司法处遇在整个罪错行为未成年人司法处遇中处于最不成熟状态,这是由于不良行为未成年人罪错程度较轻,过去往往并不受司法重视而忽视责任承担。但是未成年人违法犯罪的演化规律表明,未成年人人格健康的衰落与规范行为的偏轨都不是一蹴而就的,而是从不良行为开始逐渐表征,并在不受监督控制时逐渐恶化发展,直至演变为严重违法犯罪的直接动力。① 因此,不良行为未成年人的司法处遇具有源头治理的重要意义。从对新《未保法》福利保护与责任负担两方面目标的审视可见,一方面这一阶段的未成年人不良行为的产生往往是特定福利保障不足——如家庭物质福利或监护不足——的产物,因此通过有效的福利保障措施改善不良行为较为可行;另一方面,这一阶段未成年人刚着手的不良行为相对于其他违法犯罪行为较轻,罪错程度较低,因此其错误认识尚不严重且悔错较为可能,通过有限责任承担就可以实现良好的责任承担后果。因此适合不良行为未成年人司法处遇的应该是高度的福利保护措施与相对较低程度的有限责任负担。

当前相关机制还相对较少,应进一步根据缺失的福利需求保障制度,在物质生活保障之基础上予以配套支持,提供未成年人健康成长的社会资源

① 王勇:《论轻轻重重的未成年人罪错行为治理理念》,《吉林大学社会科学学报》,2020 年第 3 期。

和支撑。同时,应根据缺失的责任追究机制设置一定的有限责任追究,落实教育为主、惩罚为辅的刑事政策,对于不良行为未成年人司法处遇提供一定的宽宥性,追究较低程度的责任承担。

2.触法未成年人司法处遇机制

整合以辅助福利保护与违法责任承担为目标的触法未成年人司法处遇机制。学界定义触法未成年人为未达到刑事责任年龄的未成年人,其未达到刑事责任年龄而实施犯罪行为但不受刑事处罚。

(1)触法未成年人司法处遇机制应辅以福利保护理念。未成年人由于理性缺失,容易做出过激的情绪化行为,无法意识到刑法触法之报应后果。而这种理性缺失,与未成年人的家庭环境、社区活动和成长发展阶段息息相关。与此相对应,未成年人触法行为呈现出低龄化、暴力化甚至是群体化模仿之特点。而刑法囿于未成年人刑事责任年龄之限,社会愈来愈对未成年人热点案件之处罚产生质疑,并猜测是否有不合理的"司法纵容"行为。在不理性未成年人触法行为方面,不应以福利保护为中心主义,而是要用具有福利保护之措施来教育、感化和救赎未成年人,改善其身心发展环境,提高其法律素养。

(2)在辅助福利保护的同时,加强以违法责任承担为目标的司法处遇机制。目前,中国现有的未成年人司法处遇措施主要为责令监护人严加管教、收容教养和专门教育三种。而在实践中,这三种措施并不能得到有效适用,不是完全的替代措施,无法阻断刑罚的二次干预。[1] 由此可见,对于罪错未成年人之行为,目前的司法处遇机制并不完善。对触法未成年人不宜以"小大人"的角色定位来适用普通刑事司法的惩罚,而应区别于成年人予以特殊对待。[2] 少年触法行为不仅危害程度并不亚于未成年人犯罪行为,而且基于未成年人犯罪成立条件的严格性,少年触法行为的范围和数量都

---

① 姚建龙、孙鉴:《触法行为干预与二元结构少年司法制度之设计》,《浙江社会科学》,2017 年第 4 期。

② 刘双阳:《未成年人司法处遇的理念嬗变与机能更新》,《预防青少年犯罪研究》,2019 年第 4 期。

远远超过未成年人犯罪。[①] 因此,在福利保护的前提下,要强化以违法责任承担为目标的处遇机制,更好地完成触法责任承担接入,形成系统体系化治理。

(二)优先前置赋权:实现倾斜性未成年人权利保护

最有利于未成年人原则是新《未保法》对于过去未成年人保护理念的一种延续与确定,也是罪错未成年人司法处遇理念的前置原则与基础理念。受限于未成年人身心尚在成长中的特殊之处,司法处遇中罪错未成年人相对于成年人的关键特征就在于其诉讼主张权能的表达与行使困难,因此也需要相对于成年人获得更为优先的权利保护。贯彻新《未保法》最有利于未成年人原则不仅要求对未成年人普遍的、优先的倾斜赋权,还要求在诸如司法保护等特定可能需要倾斜性保护场域,考虑到特定的场域需求实现专门的优先赋权。

罪错未成年人司法处遇领域对未成年人的优先赋权,一方面受到新《未保法》对未成年人的普遍倾斜性前置赋权决定,应体现为在司法场域对普遍前置赋权的保障展开。新《未保法》第 3 条规定,国家保障未成年人的生存权、发展权、受保护权、参与权等权利。这是基于未成年人权利需求的普遍优先赋权保护条款,强调未成年人成长需要特殊性保护,必须结合未成年人身心发展特点而普遍赋予倾斜性权利。司法场域中的罪错未成年人当然享受这一普遍倾斜性前置赋权保护,在司法处遇中应当贯彻实现普遍倾斜性赋权。另一方面,司法处遇领域对罪错未成年人赋权也要贯彻新《未保法》的最有利于未成年人原则,结合司法场域特殊保护需求,根据未成年人司法处遇的特殊性与独立性而定制式赋予倾斜性的优先保障权利。

1.普遍赋予倾斜性权利

在司法场域中贯彻新《未保法》的普遍赋权规定,就是将新《未保法》规定的未成年人优先的、特殊的权利跟司法场域中未成年人的独特保护需求结合起来,将未成年人的优先权利落到实处。

[①] 李川:《观护责任论视野下我国少年司法机制的反思与形塑》,《甘肃政法学院学报》,2018 年第 6 期。

（1）人格尊严。新《未保法》继续坚持"尊重未成年人人格尊严"，将未成年人作为独立法律主体看待，不得对未成年人做出体罚、变相体罚等侮辱人格的行为。尤其是近年来时有出现的教师体罚案例，是严重不尊重未成年人尊严的行为。人格尊严权利，是人权保障的具体内容，应维护未成年人的尊严和自由。而在诉讼程序中应充分尊重当事人及利害关系人的意愿，使其有效参与诉讼过程并发挥对裁判结果的实质性影响，从而使之成为诉讼活动的主体而非司法权力的客体。[①]（2）专门机构专人办理。无论从未成年人特殊群体特殊对待的角度出发，还是从司法处遇的科学分级理念出发，罪错未成年人案件处理场景都需要专门机构专人办理。结合新《未保法》，处理未成年人案件必须由专门机构或专门人员，在经过专门培训后，基于未成年人的身心特点，作出特定场域的特定化评价。还应当结合女性未成年人的具体实际，配备女性工作人员。（3）义务教育保障，不受歧视。我国《宪法》《教育法》《未保法》等法律均规定了未成年人的义务教育不得受到侵犯。以教代刑理念的基础在于未成年人所享有的受教育权。[②] 过去所提的工读学校，它以半工半读模式为主，被认为剥夺了未成年人的受教育权。在对罪错未成年进行教育和矫治时，也不能剥夺其接受义务教育的权利。（4）隐私权特殊化保护。新《未保法》并未明确规定未成年人的隐私权，但未成年人的隐私权利更应做到特殊化保护。受到刑罚处罚的未成年人尽管已经隐去了相关的信息，但其犯罪标签仍然跟随。前科制度和标签化的影响使得未成年人承担了更多的隐私缺失风险，更因社会科技发展所带来的个人隐私保护困境，越来越多的社会声音要求以刑罚处罚触法未成年人。未来的罪错未成年人隐私权保护应在特殊化处遇下得到加强和重视。（5）个人信息保护。个人信息保护的重要性体现在多部法律中，新《未保法》设置"网络保护"专章，更是对技术发展和时代变迁中未成年人罪错处遇和权利保护的强势回应。在隐私权与个人信息方面，既要突出个人信息法益的保护，也要注意刑法与其他部门法的衔接问题。网络空间的复杂性，可能对未成年人的成长经历产生负面影响。新《未保法》第64条中，还提出了"网络素养"的概

[①]　任凡：《论家事诉讼中未成年人的程序保障》，《法律科学》（西北政法大学学报），2019年第2期。

[②]　张晓冰：《专门教育：以教代刑》，《预防青少年犯罪研究》，2020年第5期。

念。一方面,它体现在对未成年人的技术素养培养,要求未成年人能够熟练地使用网络技术,获取知识信息、与他人交流。另一方面,更体现在未成年人明辨网络信息、防范网络诈骗等能力中。

2. 前置补充定制式优先赋权

贯彻新《未保法》优先赋权,就是要根据司法场域的特殊性,将未成年人行使困难的诉讼权能通过优先赋权实现权利前置补充和直接保障,在司法场域通过定制式优先赋权实现新《未保法》的权利保护目标。

(1)问询时监护人参与到场制度。以校园霸凌事件为例,如何办理未成年人校园欺凌行为案件是司法实务的难点。一方面,在解决实施欺凌未成年人和被欺凌未成年人案件时,学校应当在问询时通知未成年人的父母或其他监护人参与案件行为的定性。另一方面,根据相关司法解释,[①]按照最有利于未成年人原则和结合未成年人身体特点,在司法机关讯问未成年人时,其监护人要参与到场,依法享有诉讼权利并负担应当履行的义务。(2)必须得到法律援助与辩护。新《未保法》《刑事诉讼法》及相关司法解释等法律文本,在未成年人行使诉讼困难的背景下,赋予其得到法律援助或者司法救助的权利。一方面,法律援助机构应指派熟悉未成年人身心发展特点的律师提供法律服务,更要经过指导和培训提高其专业化素养。另一方面,在法律援助上,社会组织、社会工作者等团体和个人也会提供专业化的帮助。此外,对未成年犯罪嫌疑人的赋权保护,需要保证其获得辩护人的辩护。(3)合适成年人制度。合适成年人制度是指在讯问过程中,合适成年人被通知到场的制度。罪错未成年人可以明确拒绝除法定代理人以外的其他成年人到场,也可以另行选择其他合适成年人到场,这是罪错未成年人享有的拒绝和选择权利。(4)知情表达权。尊重未成年人人格尊严、听取未成年人的意见。《联合国儿童权利公约》第 12 条规定,缔约国应确保有主见能力的儿童有权对影响到其本人的一切事项自由发表自己的意见,对儿童的意见应按照其年龄和成熟程度给予适当的对待。少年法庭的建立主要是为了

---

① 根据《人民检察院办理未成年人刑事案件的规定》第 10 条规定,讯问未成年犯罪嫌疑人,应当通知法定代理人到场,告知法定代理人依法享有的诉讼权利和应当履行的义务。

处理青少年犯罪问题。新《未保法》第 19 条、第 27 条、第 30 条、第 102 条等条文从未成年人的父母或者其他监护人、学校、幼儿园的教职工等主体出发,强调对未成年人人格尊严的尊重,听取未成年人的意见,考虑其意愿,并在处理未成年人相关的案件中使用未成年人能够理解的语言和表达方式。

3. 加强保护与教育措施的黏合力

司法领域未成年人的优先性,"未成年人与少年司法的特殊性也要求对于未成年犯罪人采取适应未成年人身心特点的、较成年人更高的权利保障措施"[①]。这种对罪错未成年人司法处遇所遵循的特殊、优先保护理念,其前提在于未成年人与成年人的不同,"而这些不同足以影响其司法处遇"[②]。未成年人的身心发展仍处于一个变化过程中,其自我控制能力、学习能力和对外界的情绪感知能力等方面都容易受外界影响而波动,很难在理性视角下实施自身行为。此外,罪错未成年人复归社会的后续问题,也与成年人存在不同。给予他们特殊、优先的保护,就是对特定群体的"对症下药",在犯罪预防与罪错未成年人重回社会方面作出积极主动的理念遵循。在保护与教育相结合的理念方面,很多罪错未成年人在实施犯罪行为前都有早期不良行为或违法行为的尝试,而这些不良或违法行为并没有得到及时有效的干预。最有利于未成年人原则也体现在对未成年人行为的一种提前介入评估与保护,为其打造一个风清气正的成长环境。如果这些不良行为或违法行为没有得到准确及时的负面评价,而未成年人的心智水平还不足以完全理性分清行为的动机与后果,则会造成过错行为的犯罪化升级,错失犯罪预防的有利时机与有效时机。因此,最有利于未成年人保护理念,还在于加强保护措施与教育措施的黏合力,主动出击、及时预防。

(三)专业社会保护:专业化与社会化的功能协调

少年司法实现专业化与社会化相结合的理念,是贯彻未成年人保护法并与《刑法》《刑诉法》等刑事法相衔接的必然结果。

---

① 姚建龙:《英国适当成年人介入制度及其在中国的引入》,《中国刑事法杂志》,2004 年第 4 期。

② 苑宁宁:《未成年人司法的法理证成与本土建设研究》,《河南社会科学》,2020 年第 10 期。

1. 专业化保护功能

一方面,新《未保法》加强了专业化保护,与刑事诉讼法中关于未成年人的特殊刑事诉讼程序充分衔接,贯彻少年司法专业化的精神。不管是刑法还是刑诉法对少年司法的相关特殊规定都基于未成年人的特征而提出了对少年司法专业化的运行需求。新《未保法》在相协调的基础上进一步加以补充完善。未来罪错未成年人的司法处遇应是对这些机制的有机展开。

(1)少年司法人员、专门人员的专业化水平提高。第 101 条规定:"公安机关、人民检察院、人民法院和司法行政部门应当确定专门机构或者指定专门人员,负责办理涉及未成年人案件。"此外,办理涉及未成年人案件的人员应当经过专门培训,熟悉未成年人身心特点。设置专门的少年司法机构(少年警务机构、少年检察机构、少年审判机构、少年矫正机构)和配置专业的少年司法人员是建立独立少年司法制度的重要标志。(2)提高少年法庭的综合治理能力和专业化运行能力。在少年司法程序中赋予少年法院"先议权",所有未成年人罪错案件均需经过少年法院预先审查,可以适用罪错未成年人处遇措施的,由少年法院径行审理。对于未达到刑事责任年龄但实施了策划周密、手段残忍、性质恶劣行为的人,其行为表明其有超越年龄的主观恶性和人身危险性,极端情况下适用"恶意补足年龄"规则,案件通过"弃权"程序逆送回检察机关,按照普通刑事司法程序处理。从根源上来说,则需要增强预防犯罪意识,减少犯罪,实现良法善治。"人们之所以不犯罪,是由于存在着抑制或控制我们不犯罪的各种力量的缘故;人们之所以犯罪,也是由于抑制和控制人民不犯罪的力量薄弱的缘故,而不是由于存在着驱使他们犯罪的力量。"[1]前科的"标签化"影响了犯罪预防和刑法评价,并具有延伸效应,在未成年人后续的学习、工作和生活中,都会成为隐性评价标准,在制度层面和实践层面,前科制度都影响颇深。[2] (3)司法保护导向下的罪错未成年人教育工作。以全面综合司法保护为导向,深化涉罪未成年人的

---

[1]　吴宗宪:《赫希社会控制理论述评》,《预防青少年犯罪研究》,2013 年第 6 期。

[2]　王贞会:《罪错未成年人司法处遇制度完善》,《国家检察官学院学报》,2020 年第 4 期。

教育感化挽救工作,探索建立罪错未成年人临界教育、家庭教育、分级处遇和保护处分制度,推行未成年人被害人"一站式"询问、救助机制,建立健全性侵害未成年人违法犯罪信息库和入职查询制度。① 我国的未成年人法庭、未成年人检察机构所办理案件的范围同样在不断扩大,向着综合型方向发展。② 当然,这也并不意味着一味地采取软性措施而没有严肃的惩罚,需要结合"教育为主、惩罚为辅"的原则,合法合理地对待罪错未成年人的罪与罚。在犯罪社会学理论中,塔尔德(Tarde)的犯罪模仿论认为,社会关系是个体之间的一种互动关系,因此受制于"模仿"这一基本的社会事实,而其也对社会生活的组织及发展起到了引领作用。正是因为社会生活中所有重要行为的实施都受模仿的支配,且是人们彼此模仿的结果,社会才能够作用于个人。在社会发展中,人与人之间的互动随着交往的次数和时间而不断增长。未成年人群体因为年龄及群体环境等因素,对于不良行为的感知、模仿、学习行为更强。由此,对待罪错未成年人处遇,在立足于保护未成年人合法权益的同时,也应关注未成年人群体的发展,提高群体关注度,进而矫正和提升该群体的整体环境和社会状态,进而达到对未成年人教育学习—矫正与规训—再教育学习的反推效果。

2.社会化教育功能

新《未保法》相较于《刑法》《刑诉法》的进一步发展之处就在于更加推动和明确了司法社会化需求。司法社会化需求是由罪错未成年人自身的特点决定的。罪错未成年人是社会的危害者,同时也是不良环境的受害者。③ 亚文化是一种为特定社会群体所遵从的社会性的行为和价值体系,隶属于社会文化却又相对独立于社会上居于主导地位的价值和行为体系。罪错未成年人受到亚文化或者说无法抑制的犯罪欲望的非理性支配影响,实行了罪错行为。因此要实现对罪错未成年人的有效处遇,就必须考虑到不良环境的影响,对不良社会因素进行针对性消除,这就必然要求借助社会处遇

① 陈菲:《最高检下发五年检察改革规划确定6个方面46项改革任务建立罪错未成年人分级处遇制度》,《河北日报》,2019年2月13日。
② 苑宁宁:《未成年人司法的法理证成与本土建设研究》。
③ 童建明:《未成年人保护要专业化与社会化紧密结合》,《社会治理》,2019年第4期。

的机制。

(1)是否缓刑、附条件不起诉评估方面的社工参与。在限制适用逮捕措施、附条件不起诉方面,是指根据未成年犯罪嫌疑人涉嫌犯罪的事实、主观恶性、有无监护与社会帮教条件等方面,严格限制适用逮捕措施,充分实现教育、感化、挽救未成年人犯罪的作用。在综合评估方面,社工参与能够从社会影响、恶性大小等角度实现对未成年人犯罪嫌疑人的更多了解,以及更客观全面的评判。(2)具体教育方面的社工社会组织参与。在未成年人司法处遇中,强调罪错未成年人的个案处遇,这与社工社会组织对个体的关注和帮扶工作具有契合度。社会工作的个案治疗,能够在福利理念支撑下实现对未成年人更细致的教育和感化。(3)整合家庭、教育力量的参与。未成年人在对自身行为进行价值判断与合法化评估时,存在罪错未成年人与普通未成年人、罪错未成年人与成年人两对关系的不同。罪错未成年人与普通未成年人相比,理性判断能力更差,往往受到直觉和情绪的影响,在对自身行为的评估中无法判断犯罪行为与刑罚处罚痛苦的后果。研究普遍显示,未成年犯罪人行为冲动,自我控制能力欠佳。由于未成年人生理、心理特点有别于成年人,为保护其身心健康,保证其供述或者陈述的客观真实性,讯问及询问方式、方法都与对待成年人有不同的要求。[1] 基于罪错未成年人与普通未成年人行为的比较,最有利于未成年人保护理念强调社会化的保护更多地倾向于对犯罪预防的关注。尽管未成年人犯罪已经日趋低龄化、暴力化,但罪错未成年人与成年人罪犯相比仍然具有特殊性。

社会角色与青少年犯罪之间有着复杂的联系。社会可以颁发各类法律规定,防范未成年人犯罪,或者对未成年人犯罪行为给予惩戒处理。但是,未成年人犯罪的保护并不是一味强调压制性惩戒措施,更重要的是对其违法犯罪行为给予一种处遇保护,通过各种教育方式,将罪错未成年人带回社会,对其进行社会引导。成年人犯罪的法律后果看起来比青少年犯罪更清楚,其犯罪意图更多的是标准的犯罪学概念。[2] 未成年人犯罪治理更强调对社会与他人损害的一种补偿与修复,尤其强调其复归社会后的心智发展和

---

① 张寒玉:《未成年人司法保护原则与制度要求》,《检察日报》,2020年3月1日。

② Bunadi Hidayat et al. , "The Judge's Judicial Policy in Settling Juvenile Delinquency", *Journal of Law, Policy and Globalization*, vol. 45 (2016), pp. 119-120.

未来发展。从社会未成年人犯罪治理的总体视角看,要加强家庭保护、学校保护、社会保护之间的合作与联系,推动社会化治理发挥积极有效作用。

四、结　语

面对频发的低龄未成年人涉嫌恶性暴力犯罪案件,罪错未成年人司法处遇贯彻的儿童利益最大化理念与社会安全防卫需求之间产生深度龃龉,试图遵循单一的儿童福利保护理念倾斜性保障未成年人权益或者运用严厉的刑罚制裁措施规制未成年人罪错行为都非理智之举。罪错未成年人司法处遇理念并非一成不变,而是随着时代发展和法治实践的需要辩证嬗变,应在反思福利主义与责任主义的缺陷并吸收其合理因素的基础上,将特殊福利保护和罪错责任承担有机融合,形成契合未成年人身心特点和成长规律的罪错未成年人司法处遇保护理念,平衡加害人、受害人及社会民众等各方的利益诉求。新《未保法》的出台无疑为罪错未成年人的司法处遇保护理念提供了更为明确的规范指引,有利于延续和构建双向保护机制、筑牢未成年人权益保护屏障。

根据新《未保法》的立法精神,一方面,应根据不良行为未成年人和触法未成年人的人身危险性与行为社会危害性程度对其实施分级处遇,并给予前置性赋权保护。这有利于区分罪错未成年人类型,使得保护处分措施更具针对性和有效性。另一方面,根据社会心理学的研究,成长期的少年儿童发展有其自身的独特规律,其健康成长不能脱离家庭、学校等社会环境因素的正向支持引导,而在大多数实施违法犯罪行为的未成年人身上都能找到不良社会环境影响的因素。基于社会化与专业化的处遇理念,对罪错未成年人施加的司法处遇应以非拘禁性措施为主,使其在相对开放的社会环境中接受教育矫治,并引入家庭、学校、社区、未成年人保护组织等社会力量参与教育矫治工作,避免罪错未成年人与社会生活脱节,促使其重新融入社会。

原文发表于《云南社会科学》2021 年第 1 期

入选理由：

　　本文为 2020 年向刘艳红老师约的稿,本计划就人工智能做一组专题,因刘老师已有现成一组,故改做了 2021 年第 1 期"未成年人犯罪前沿问题研究"专题。刘老师性格爽利,文如其人,每每读其文都被其务实且犀利的风格震撼。编者对刘老师的文章向往已久,此次终于约稿成功,非常激动。本文主题鲜明,逻辑严谨,论证充分。全文转载于《社会科学文摘》2021 年第 3 期。

专家评论：

　　该文对于更新罪错未成年人司法保护理念作出了原创性贡献,积极推动了新《未成年人保护法》贯彻落实。　　　　——刘艳红,中国政法大学教授

司法改革中"央—省"二阶司法预算的构建

李　帅①

摘　要:由于我国目前的法院司法预算内置于政府预算之中,造成了行政干预司法以及部分地区司法经费保障不力的情况。为保障法院依法独立公正行使审判权,我国应当借司法改革的契机优化司法预算设置,使司法预算区别于政府预算,由法院进行司法预算的编制和执行,由省级法院统一管理本地区法院预算,建立"央—省"二阶分层的司法预算结构,且司法预算应当向基层法院倾斜,保障司法一线人员的办案经费和薪酬。

关键词:司法预算;预算独立;转移支付;挤出效应

《中共中央关于全面深化改革若干重大问题的决定》指出,要"确保依法独立公正行使审判权检察权""改革司法管理体制,推动省以下地方法院、检察院人财物统一管理"。如何优化司法预算管理体制,通过保障司法预算来确保法院审判权行使不受行政权的干预,是司法改革中无法回避的问题。但在当前预算管理体制下,司法预算运行状况存在诸多问题,应当借司法改革之机,优化我国司法预算运行程序,构建"央—省"二阶分层的司法预算。

---

①　李帅,中国人民大学博士研究生,现为华东师范大学副教授。

一、目前我国司法预算运行中的问题

1. 司法预算在预算科目中的归类不科学

根据我国目前的财政管理规则,法院预算的收入主要包括法院行政事业性收费收入(诉讼费、培训费、资料工本费和住宿费以及其他缴入国库的法院行政事业性收费)、法院罚没收入、基层公检法司转移支付收入等;而法院的支出被列入国家安全支出项目,主要科目包括行政运行、一般行政管理事务、机关服务、案件审判、案件执行、"两庭"建设、事业运行、年终结余及社会保险基金预算年终结余等。[①] 但这样的预算科目设置将法院的预算置于行政预算之内,成为政府预算的一个组成部分,这与我国《宪法》对法院与政府的关系规定是相悖的。根据我国《宪法》规定,各级人民代表大会选举产生各级政府、法院和检察院,而现行的财政预算管理科目中,将司法预算置于政府预算之中,将法院的收支活动都定义在"政府收支分类"中,这在实际上混淆了司法机关与行政机关的定位。在美国,由于历史上初审法院司法经费由地方政府负责,这也导致初审法院在很大程度上是地方政府的一个组成部分,而不被看作州司法部门的一个基本的行政要素。[②] 及至美国通过司法改革将初审法院的经费保障由州财政负责,这一现象才有所缓解。但与美国不同的是,我国的司法预算并不是单独编制的,而是嵌入式地内生于政府预算中,将法院的收支认定为政府收支的科目设置,实际上是从财政预算角度认为法院隶属于政府,这与现阶段依法治国和司法改革的理念是相冲突的。

2. 司法预算地方化导致地方性司法干预

目前我国法院的司法预算主要由同级政府财政负担,这直接导致法院与地方政府之间存在依附关系。一方面地方政府的财政收入水平决定了司

[①] 参见中华人民共和国财政部:《2015 政府收支分类科目》,中国财政经济出版社,2014 年,第 40、64、65 页。

[②] R. W. Tobin, *Creating the Judicial Branch : The Unfinished Reform*, Authors Choice Press, 2004, p. 139.

法预算的充足程度,法院就更倾向于作出带有地方保护性质的裁判以保证地方经济发展;另一方面,各级地方党委或政府经常在会议或文件中要求或者"建议"法院为地方经济的发展"保驾护航",由此催生了法院"地方化"倾向。特定地方在特定时间内的公共收入是相对固定的,有限的财政资源在法院与政府之间进行的分配实际上就是一种总量均衡的博弈,法院要想争取更多的司法经费,就必须同其他政府部门进行款项申请的竞争,这使得地方法院的领导不得不花费大量的时间和精力与政府部门(尤其是财政部门)的领导搞好关系,而在这个过程中,政府领导甚至一般工作人员就可能利用这种依附关系对个案进行干预。

3. 司法预算不独立不利于司法公正

由司法预算不独立导致的前述地方政府干预司法现象,直接造成了对司法公正的不利影响,这在行政诉讼案件中表现得尤为突出,即使原告胜诉,在执行过程中法院也要多方协调,在冻结行政机关银行账户后也不敢轻易划扣。在民商事案件中,银行、国企等地方性纳税大户以及与政府具有千丝万缕联系的当事人,都可以通过各种政府部门向法院施加压力,迫使法院作出对其有利的判决。在刑事案件中,有学者专门对司法经费与冤假错案的关系进行了分析,得出了司法经费的充足程度与冤假错案的发生概率成反比的结论。有学者研究表明,司法经费的充足程度虽然与法官审判效率相关性很弱,[1]但与司法公正的程度息息相关。美国学者 20 世纪就开始研究司法预算的削减对法院运行及司法人员薪酬的影响,学者也多次批评政府部门对司法预算的"袭击"所造成的对司法公正的不利影响。[2] 美国学者对 5826 起死刑案件进行的研究结果表明,当政府投入的司法保障经费从最低水平上升至平均水平时,上诉死刑误判率就会下降 60%。要防止立法、行政等部门通过控制司法经费影响法院公正审判,就要保障司法经费独立。[3]

---

① 王俊、周润宁:《"法院财政独立"如何入手:基于实证检验的政策建议》,《财贸研究》,2004 年第 5 期。

② J. W. Douglas and R. E. Hartley, "The Politics of Court Budgeting in the States: Is Judicial Independence Threatened by the Budgetary Process?", *Public Administration Review*, vol. 63, no. 4 (2003).

③ 陈永生:《司法经费与司法公正》,《中外法学》,2009 年第 3 期。

4. 部分地区司法经费到位慢,且有挤出效应

司法预算区分的前提是必须保障不同经济发展程度地区的司法经费充足,只有在这个前提之下司法预算区分才是有意义的。由于我国东西地区间的经济发展水平差异,许多省份无法保障自身的司法经费,由省直接管辖法院人财物之后,司法支出如何保障,是司法改革必须考虑的问题。为解决地方司法经费不平衡和欠发达地区司法经费来源问题,可以从发达国家借鉴先进经验。有些国家的司法经费由中央统一保障,例如英国,[①]而有些国家则在直接拨款之外采用裁量补助、综合补助、财政返还、特别基金这些财政转移支付形式来补充地方法院的经费缺口。

转移支付是我国法院司法经费的重要来源之一,相对于直接拨款而言,转移支付可以更有效地缓解由于地区发展不均衡造成的司法经费差距。但由于司法预算与行政预算的混淆,在司法转移支付过程中掺杂了大量的行政意志,造成了资金到位不及时以及司法经费的挤出效应。其一,司法转移支付资金到位的时间远远长于法律法规规定的时间。根据财政部的规定,各省财政应当在每年年底前将下年度对政法机关的转移支付资金的50%进行预下达,且当年8月份前应当将剩余部分下达完毕。但在现实中,由于烦琐的审批手续和个别人为的原因,第二期转移支付资金往往要到年底才能到位,有些地区甚至要到次年才能到位,造成了司法经费到位率的低下,甚至产生了寅吃卯粮的情况。其二,部分政府将司法转移支付资金擅自"统筹安排",在司法经费支出达到最低标准后就不再继续拨款,形成了"中央增加支付,地方减少支出"的挤出效应。山西某市对下辖16家法院的财政支持经费从2007年至2012年下降了46.2%。[②] 而部分地方政府由于财政资金困难,甚至只是部分拨付专项司法转移支付资金,而将剩余部分用于政府其他部分支出,更加剧了司法经费的紧张。

5. 司法预算混淆导致司法服务的地方化差异

由于司法预算嵌入式内生于政府预算中,法院经费与地方财政收入状

---

① 唐虎梅:《台湾地区法院经费体制与管理特点》,《人民法院报》,2014年11月7日,第008版。

② 唐虎梅、李学升、杨阳、郭丰:《人民法院经费保障体制改革情况调研报告》,《人民司法》,2013年第21期。

况关联度极高;而由于我国经济发展地区性的不平衡,法院经费保障情况也呈现地区性差异,一些偏远、欠发达的地区财政收入低,无法满足司法经费的支出需求,直接导致了司法服务的地区性差异。其一,对于经济欠发达地区而言,法院经费保障不力,法院不得不采取各种手段来节约有限的经费资源,在办案过程中为降低司法成本尽量采用简易程序、尽量简化审判程序、尽量采用不开庭方式审理,这对当事人权利的保障是十分不利的。对于多重管辖权的案件而言,当事人更容易选择经济发达地区办案经费充足的法院来受理自己的案件以保证自身权利,这就形成了有选择性的"管辖套利"。其二,许多地区的司法保障不到位,导致大量的司法工作人员流失,在有些地方"一人庭""无人庭"已不是个别现象,①这更加剧了司法服务地区供给的不平衡。

二、司法预算改革的价值选择

要解决目前司法机关"腰杆"不硬、不能有效防止地方干预的问题,必须建立符合司法内在规律要求的司法预算管理制度。优化司法预算的改革必须符合以下几个价值标准。

1. 司法预算应当区分于行政预算

司法预算区分是保证法院审判独立的应有之义。现代预算法理论认为,预算不仅仅是预算单位的收支计划,其本质是通过对预算单位收支行为的规范来规范其财政收支,进而通过对财权的管理实现对事权的管理。也就是说,预算的本质就是通过收支行为来管理事权,法院的司法预算由政府来汇总、编制、执行,这意味着政府可以通过司法预算来干预法院。与行政机关上下级之间的领导关系不同,目前我国上下级法院之间是指导的关系,其目的就是充分保障当事人的诉权,使其权利在二审终审制度中得到充分保障,由法院内部自己建立预算编制、执行程序更符合司法规律。

从世界各国司法预算管理考察实证中可以发现,司法预算区分是现代国家的通行做法,这不仅仅应当是政治管理角度的问题,更应当有明确的立

---

① 周丽萍:《民革中央提案引来法院经费"及时雨"》,《团结》,2007 年第 3 期。

法依据。例如日本的《裁判所法》就规定"裁判所的经费是独立的,应当计入国家预算内",甚至许多国家将司法预算独立上升到了宪法层面,由宪法加以专门规定,例如菲律宾、玻利维亚、萨尔瓦多等国。在这些国家,行政机关不得干预司法预算的编制和审批,即使行政机关负责在预算编制过程中汇总司法预算形成国家公共预算,也不得修改司法预算的内容。例如萨尔瓦多宪法规定行政机关将司法预算纳入总预算时不得作出任何改动,即使国会认为司法机关作出的司法预算有修改的必要,也应当提前征询最高法院的意见。[1]

2. 司法预算必须充足

法院提供的司法服务程度受制于其财力程度,[2]当然高水平的司法支出并不必然保证造就更好的法院或者对司法人员薪酬的支持,但可以增加这种可能性。城市化程度(或曰经济发展程度)与地方对司法预算的需求相关。随着城市化程度的增加,纠纷发生后进行非正式解决的难度也随之增加,且在城市系统中通过社交人际网络来规制行为的效果会打折扣。因此美国城镇化程度更高的州更可能获得州宪法对法院预算的保障和供应,其中司法人员工资是重要的组成部分。[3] 可见,司法预算改革过程中,路径选择的前提条件就是必须保证司法预算的充足,通过直接拨款和转移支付相结合的方式保证发达地区和欠发达地区都能得到充分的司法资金的支持。

美国学者通过研究指出,一般而言,保守者往往只强调法院的抽象司法角色,而自由主义者更倾向于支持法院司法资金的扩张需求,[4]因此保守主义者对包括司法预算在内的公共服务资金的增加缺乏支持。[5] 为了保证司法预算的充足,许多国家还规定了司法预算与国家财政收入(或总预算)的

---

① 周道鸾:《外国法院组织与法官制度》,人民法院出版社,2000 年,第 1677 页。

② T. Dye, *American Federalism*, Lexington Books, 1990, pp. 75-76.

③ B. S. Chilton and S. M. King, "Judicial Integrity and Budget Cuts in the States is the Devil in the Detail", *Justice System Journal*, vol. 34, no. 1 (2013), p. 7.

④ B. S. Chilton and D. C. Nice, "Triggering Federal Court Intervention in State Prison Reform", *Prison Journal*, vol. 73, no. 1 (1993).

⑤ Robert Erikson and Kent Tedin, *American Public Opinion*, Macmillan, 1991, pp. 82-86.

比例,例如秘鲁宪法规定司法支出不得少于中央政府支出的 2%,①哥斯达黎加甚至要求司法预算达到国家收入的 6% 以上。为了保证国家不会缩减司法预算,还有些国家专门规定了司法预算不得低于上一年度(如菲律宾宪法第 8 章第 3 条),甚至立法机关也无权将司法预算减至低于上一年度的水准。我国台湾地区法院经费由"中央"统一保障,且司法预算独立,并规定了与"中央"政府预算 1% 的额度挂钩。当然,规定司法预算最低比例只是保证司法预算充足的一种方式,我国在完善司法预算过程中不一定非要采取这种方式,但必须达到保证司法预算充足的目的。

3. 司法预算应当有科学的层级

目前我国法院经费的保障还与其对应层级的政府财政挂钩,有几级法院就有几级司法预算,而这样的做法无疑会加重行政对司法的干预程度。世界主要发达国家在司法预算层级上都做到尽量简化,一般只有中央一级或者"中央—州"二级。以美国为例,其司法预算并没有像行政层级那样设置联邦、州、县、乡四级,而是由联邦负责联邦法院预算,州负责州法院预算,实际上形成了两级司法预算模式,德国也采用了相似的模式。英国有三级政府、四级法院,但是所有的法院司法经费都由中央负责。俄罗斯也是中央司法预算模式的践行者,其宪法第 124 条规定了法院经费只能来自联邦预算。其实,法院预算到底由中央单独保障还是由两级保障并没有高下之分,作为现今组织设计的主要方法,权变理论强调,任何组织形式都不具有等效性,也不存在固定的最佳选项,最好的就是那些与环境特质相适应的组织形式。②

4. 司法预算应保障法官薪金高于行政人员

目前,我国法院系统法官薪金并不走法院账户,而是由财政部门通过公务员工资支付手续直接支付,也就是说,法院本身并不直接负责法官薪金的支出。从目前来看,法院系统人少案多的矛盾十分突出,但相对于律师、企业法律顾问等法律从业人员而言,法官在承担更大的办案压力的同时收入

---

①　姜士林等:《世界宪法全书》,青岛出版社,1997 年,第 1432 页。
②　理查德·斯科特:《组织理论:理性、自然与开放系统》,黄洋等译,华夏出版社,2002 年,第 89—90 页。

却很少。即使在法院系统内部,不同地区的法官薪金待遇差距也很大,不同级别、不同地区法院的法官待遇相差可达几倍甚至十几倍,尤其对于基层法官而言,办案多、压力大、待遇低,这极大地挫伤了基层法官的积极性。有些贫困地区法官的工资甚至不能足额支付,办案经费拖欠、垫付现象时有发生。[①] 法院目前面临的人才流失问题也主要归根于此。

法官高薪制在国际上已经不是新鲜事,美国联邦最高法院大法官的工资普遍高于内阁部长,首席大法官的工资几乎与副总统持平,[②]英国亦是如此,但在我国每当提及法官高薪的需求总是有诸多质疑之声。究其原因还是在于司法预算混淆,我国现阶段法官的基本工资、津贴补贴、奖金、社会保障缴费等待遇都被列入政府财政收支中的"工资福利支出"科目,由财政部门统一负责,这就造成了"同样是公务员,法官不能搞特殊化"的观念。加之政府系统公务员的攀比心理给财政部门造成了较大的压力,因此自下而上式的法官高薪改革困难重重。

三、我国司法预算的改革路径

司法预算的改革必须内置于我国司法改革的大背景之下,必须遵循司法审判工作的内在规律,解决司法预算的独立性、层级、经费保障以及司法财权与事权的匹配问题。具体而言,我国司法预算应当在以下几个方面加以改进。

1. 扩大《预算法》中的预算范畴,由公共预算概念代替政府预算

2014 年我国新修订的《预算法》增加了全口径预算管理理念等内容,内容上有了较大进步,但仍不够完美,其中第一条规定的"为了规范政府收支行为"的立法目的表述就存在重大问题。因为公共收入和支出的主体主要是政府但不限于政府,还包括司法机关等,司法机关的预算收支不受《预算法》规制是不符合全口径预算管理理念的,但要将司法预算纳入以政府预算

---

① 薛江武、张勇玲:《法院经费保障问题的分析与思考——江西法院经费保障情况调查报告》,《人民司法》,2001 年第 8 期。

② 肖扬:《当代司法体制》,中国政法大学出版社,1998 年,第 54 页。

为规制对象的《预算法》调整范围混淆了司法权与行政权的关系。之所以会出现这样的情况,是由于我国自古以来司法机关就与行政机关存在高度重合,近代以来司法机关从行政机关中独立出来,但时间并不长,且相对于行政权而言,司法权仍旧处于弱势地位。要实现司法预算区分,首先要对预算的概念进行重新界定,所谓预算并非仅指政府预算,一切涉及公共财政的收支的行为都应当被纳入预算管理。因此,预算在美国又被称为公共预算,政府预算与司法预算一样仅仅是预算(或曰公共预算)的组成部分之一。

2. 确立"央—省"二阶司法预算结构

目前我国《预算法》第3条规定的"一级政府一级预算"的五级预算管理体系由于适用主体的限制只能适用于政府预算,司法预算不能与之对应,不能由此类推得出"一级法院一级司法预算"的结论。从我国实际出发,"央—省"二阶司法预算结构更适合我国国情。

首先,我国地域广阔,各地情况差别较大,由最高法院统一安排全国各法院的司法预算,工作量过于巨大,也难以调动各地法院的积极性。其次,我国人口众多、分布广泛,不像俄罗斯那样人口集中在特定区域,因此必须对不同的人口分布地域的特定情况进行特定分析,因地制宜地配置司法资源,这要求各省法院根据本省情况统筹安排司法预算支出。最后,"央—省"二阶司法预算结构符合全面深化改革的方案,与全面深化改革若干重大问题的决定中作出的由省级法院统一管理人财物的设想相契合。

值得注意的是2015年新成立的第一、第二巡回法庭的司法预算保障情况。由于巡回法庭本身并不常设于具体的省级行政区划内,从地域角度来讲与省级法院不重合,且作为最高人民法院的新设机构,巡回法庭的受案范围包括不服省高院作出的民商、行政一审案件判决之上诉案件,从案件管辖层级上来讲具有最高人民法院的部分职能,因此无论从地域归属还是受案职能上看,巡回法庭都不宜由省财政加以保障,而应当由中央一级的司法预算统一管理。

3. 司法预算应由法院编制,人大审批和监督

在"央—省"二阶司法预算模式下,为了进一步确保司法预算独立,防止行政权的不当干预,应当由最高人民法院和省高级人民法院负责司法预算的编制工作。过去由财政部门主导的预算编制中,对于司法转移支付资金

的分配多数采用因素分配法,即根据法院系统提供的法院工作人员数量、案件数量等基本因素进行资金分配,但不同因素比重如何、每一因素应当获得多少资源支持,并没有科学定论,因此司法预算的编制的科学性与执行的效果就难以保证。从对司法预算的编制需求角度和理解程度而言,只有法院才是最佳的司法预算编制主体,由其进行司法预算编制工作更能体现预算效果。当然,目前在以财政部门为预算编制主体的现实语境中,各法院的预算编制能力过于薄弱,许多法院的财务部门仅有 2—3 名工作人员负责财务工作,且这些人员多数并非法律或会计专业出身。在由法院负责编制司法预算之后,法院的预算编制力量需要进一步加强。各地方法院应当加强财务科室力量的配备,做好本级法院收支计划并报上级法院,最高人民法院与省高级法院应当成立专门的司法预算编制办公室。

我国实行的是人民代表大会制,人民作为国家的主人对公共财政的收支计划享有最终的决定权。因此,司法预算在经由最高院或省高院编制完成后,应当经全国人大或省级人大批准后方能生效,且生效的司法预算在执行过程中需要受到人大的监督。也就是说,司法预算不可以独立于人大的审查和监督之外。我国《宪法》规定国家的一切权力属于人民,人民也就对司法权享有天然的监督权。

4. 司法预算应当向下倾斜,使司法事权与财权相匹配

纠纷解决是法院最主要的职能,因此司法预算的编制和执行应当与法院的职能相契合,最大限度地保障司法公正。由于我国长期以来的官本位文化形成了"权重位尊"的理念,使上级法院在人均司法支出上一直高于下级法院。而在实践中,基层法院承担了绝大多数案件的审判、调解和执行工作,是解决司法纠纷的最前沿阵地,承担了最多的司法事权,也应当是司法预算予以重点保障的部分。换句话说,司法预算经费的配比应当与法院的工作量相匹配,司法财权应当与司法事权相匹配,这就要求司法预算支出配比权重应当向下倾斜,向基层法院倾斜。

此外,司法预算应当首先强化办案经费与司法工作人员的工资保障。[1]当前法院系统的办案经费与业务经费之间有固定比例的搭配,但由于业务

---

[1]　朱大旗、危浪平:《司法预算制度应当以司法公正为基石》,《法学》,2012 年第 1 期。

装备的更新需要一定的周期,而案件数量的攀升导致办案经费的需求大幅上升,一刀切地限定办案经费与业务装备费的比例不十分科学。因此,应当允许最高院、省高院二级司法预算部门根据具体情况合理安排,尤其对于基层法院的办案经费要重点保障。基层法官工作量大、待遇低已是不争的事实,而由财政部门控发公务员工资的做法给法官待遇的提升设置了更多障碍。在"央—省"二阶司法预算模式的构建中,应当收回对法院工作人员工资支出的执行权限,切实提高法官待遇,尤其应当注意的是,不同级别的法官工资差距也不应过大。

原文载于《云南社会科学》2015 年第 5 期

入选理由:

　　本文为自然来稿筛选使用,以"'央—省'二阶司法预算的构建"为角度进行论述,在有关司法改革的诸多成果中显得比较新颖。李帅从博士阶段就展现了较强的学术能力,功底扎实,有自己的思考。2018 年第 5 期另刊发了他《司法改革视角下法院副卷公开研究》一文。

专家评论:

　　优化司法预算管理体制是保障审判独立、推动司法改革不可回避的重要议题。李帅一文在司法改革的大背景下,以司法审判工作的内在规律为依托,提出建立"央—省"二阶分层的司法预算结构,为提高司法财权与事权的匹配度提供了可行性路径。
——聂鑫,清华大学教授

第四编

主权守护

网络主权原则的法理宣示与实践运用

——再论网络间谍活动的国际法规制

黄志雄　孙芸芸[①]

摘　要：网络间谍国际法规制已成为当前网络空间建章立制中的一个焦点问题，围绕这一问题的大国博弈不断升温。美国出于维护自身网络霸权的目的，持续在国际法层面推动网络政治间谍和网络经济间谍的"两分法"，主张前者不违反国际法，而后者应受国际法禁止。与此同时，美国所主导的多起网络监控和窃密事件的曝光，进一步凸显了上述主张的双重标准和霸权主义色彩。美国极力予以区分的两类网络间谍行为，在现有国际法上都没有明确规定，但也都构成对他国主权和安全的危害，应当在国际法上加以禁止。中国应当基于网络主权原则的法理宣示与实践运用，着力推动对网络间谍的同等约束，在维护网络空间良法善治的同时，最大限度地维护本国正当利益。

关键词：网络间谍；"两分法"；网络主权原则；国际法

在当前网络空间加快建章立制的背景下，网络间谍活动的国际法规制已成为大国博弈中备受关注的一个焦点问题。在美国等西方国家推动下，对网络政治间谍和网络经济间谍[②]加以区别对待的"两分法"俨然成为国际

---

①　黄志雄，武汉大学教授。孙芸芸，武汉大学博士研究生，现为南京林业大学讲师。

②　本文所说的"网络政治间谍"，主要是指国家利用网络手段，从他国获取政治、军事等领域机密信息的行为；"网络经济间谍"则主要是指国家利用网络手段，从他国获取商业秘密等经济领域机密信息的行为。

上的主流观点。但与此同时,这一主张的双重标准和霸权主义色彩日益凸显,对网络空间良法善治的威胁日益严重,亟须加以纠偏。

　　本文第一作者曾在 2015 年发表的《论间谍活动的国际法规制——兼评 2014 年美国起诉中国军人事件》一文中,着重结合 2014 年 5 月美国政府以涉嫌从事网络经济间谍活动为由对 5 名中国军人的起诉,较早对网络间谍的国际法规制问题进行了探讨。[①] 2015 年以来,有关这一问题的国家实践和学术研究都趋于增多,但却鲜有基于网络主权原则的深入探讨。事实上,网络主权原则的法理宣示与实践运用,为进一步深入审视这一问题、推动相关国际法规制走向完善提供了新的视角。

一、美国推进网络间谍"两分法"的新发展

　　国家之间开展间谍活动、获取机密信息的行为由来已久。然而,对于在国际关系中始终占据突出地位的间谍问题,传统国际法"非同寻常地予以漠视"[②],相应的法律规制十分缺乏,只有战争法、外交法、海洋法、军控与裁军法等领域的少数条约进行了零星、间接的规定。[③] 这一状况,很大程度上正是美国等大国主导的结果,因为这使它们有更大的行动自由来影响和操纵其他国家。[④]

　　20 世纪后期以来网络技术和经济全球化的发展,使间谍活动的方式和领域出现了显著变化,并深刻影响了有关间谍问题的讨论。在网络环境下,

---

　　① 黄志雄:《论间谍活动的国际法规制——兼评 2014 年美国起诉中国军人事件》,《当代法学》,2015 年第 1 期。

　　② 参见 Richard Falk, "Foreword", in Roland Stanger (ed.), *Essays on Espionage and International Law*, Ohio State University Press, 1962, p. V.

　　③ 参见 Simon Chesterman, "Secret Intelligence", in R. Wolfrum (ed), *The Max Planck Encyclopedia of Public International Law* (Oxford University Press, Oxford, 2008), online edition, ⟨www. mpepil. com⟩, last visited on 12 June 2021, paras. 5-11.

　　④ 参见 Katarina Ziolkowski, "Peacetime Cyber Espionage—New Tendencies in Public International Law", in Katarina Ziolkowski (ed.), *Peacetime Regime for State Activities in Cyberspace: International Law, International Relations and Diplomacy*, CCDCOE, 2014, p. 445, p. 460.

一国无须派遣情报人员潜入其他国家,而只需要借助互联网进行远程操作,即可更加高效、便捷、安全地获取大量情报。国家间经济往来的加强和经贸竞争的加剧,则使经贸领域成为间谍活动新的"竞技场"。就美国而言,由于它在网络空间技术和网络资源分配等方面遥遥领先,互联网时代的到来使它得以"独霸全球,掌握所有人进行网络连线的总开关"①,从而巩固和扩大了自身在间谍领域的优势,成为一个其他国家难望其项背的"网络监控超级大国"。因此,不足为奇的是,美国政府和学界并未寻求对间谍活动(包括通过互联网开展的间谍活动)一般性地加以规制,而是主张国际法在现实世界对间谍行为的"容忍",在网络空间也同样适用。② 但另一方面,互联网的兴起和经济间谍活动的增多,也加剧了美国对其先进技术和商业秘密被其他国家利用互联网的便捷加以窃取的担忧。③ 为此,美国不仅通过《1996 年反经济间谍法》等国内立法加强了对外国经济间谍活动的防范,还不断炒作"网络经济间谍"话题,并谋求从国际法上专门对此加以规制。④ 这一现实状况,成为美国大肆鼓吹"两分法"、声称网络政治间谍不违反国际法而网络经济间谍应受国际法禁止的主要背景。

(一)有关网络政治间谍不违反国际法的主张与实践

2013 年,"斯诺登事件"曝光了美国利用其技术优势和霸权地位,对包括盟友在内的其他国家长期进行网络监控和窃密的大量事实,也使美国的行

---

① 爱德华·斯诺登:《永久记录》,萧美惠、郑胜得译,民主与建设出版社,2019 年,第 146 页。

② 参见 Alexander Melnitzky, "Defending America against Chinese Cyber Espionage through the Use of Active Defense", *Cardozo Journal of International & Comparative Law*, vol. 20, no. 12 (2012)。

③ 参见 Katarina Ziolkowski, "Peacetime Cyber Espionage—New Tendencies in Public International Law", p. 460。

④ Office of the National Counterintelligence Executive, "Foreign Spies Stealing U. S. Economic Secrets in Cyberspace", 3 October 2011, https://www.dni.gov/files/documents/Newsroom/Reports％20and％20Pubs/20111103_report_fecie.pdf, last visited on 20 July 2021.

动备受批评和质疑。① 但是,美国无意放弃它通过网络窃密和间谍活动获得的巨大优势,反而"在全然漠视开国宪章的情况下屈服于(监视整个世界的)诱惑,而且一旦尝过这棵毒树的果实,便陷入狂热、无法自拔"②。针对国际上对美国大规模网络监控和窃密行为的批评,时任总统奥巴马在 2014 年 1月公开声称:"我们不会只是因为自己的(情报)机构更为有效而道歉。"③此后,美国政府多次重申这一立场,并积极寻求利用现有国际法对间谍活动相关规定的模糊之处,主张网络政治间谍不受国际法约束。④

　　例如,时任美国国务院法律顾问布莱恩·伊根(Brian Egan)于 2016 年11 月发表题为"国际法与网络空间的稳定"的演讲(以下简称"伊根演讲"),重点阐述了"针对位于他国领土内的计算机或其他网络设备的远程网络行动本身不构成对国际法的违反",理由是"多数国家,包括美国在内,都会在外国进行情报搜集……这种广泛甚至也许是普遍地从他国搜集情报的国家实践表明,习惯国际法上并没有对这种活动本身加以禁止"。⑤ 与此相呼应,美国国防部总法律顾问保罗·内伊(Paul Ney)在 2020 年 3 月的公开演讲中,同样提出"国际法……并不禁止网络间谍本身,即便这涉及对外国领土某种程度的物理或虚拟入侵",因为"并不存在禁止间谍活动的条约,还有许多各国开展间谍活动的具体事例,表明不存在禁止间谍活动的习惯国际法

---

　　① 美国被曝光对全球其他国家进行秘密监听的行径包括:每天收集全球各地近 50亿条移动电话记录;窥探德国现任总理默克尔手机长达十多年;秘密侵入雅虎、谷歌在各国数据中心之间的主要通信网络,窃取数以亿计的用户信息;多年来一直监控手机应用程序,抓取个人数据;针对中国进行大规模网络进攻,并把中国领导人和华为公司列为目标。参见互联网新闻研究中心编著:《美国是如何监视中国的——美国全球监听行动纪录》,人民出版社,2014 年,第 2 页。

　　② 爱德华·斯诺登:《永久记录》,前言第 5 页。

　　③ The White House, President Obama Discusses U. S. Intelligence Programs at the Department of Justice (January 17, 2014), http://www. whitehouse. gov/blog/2014/01/17/president-obama-discusses-us-intelligence-programs-department-justice, last visited on 5 July 2021.

　　④ 杨帆:《间谍行动的国际法规制及其对网络间谍治理的启示》,《信息安全与通信保密》,2019 年第 1 期。

　　⑤ 参见 Brian J. Egan, "International Law and Stability in Cyberspace", *Berkeley Journal of International Law*, vol. 35, no. 1 (2017), pp. 169-180。

规范"。①

无疑,美国在国际上积极倡导网络政治间谍活动不违反国际法的主要动因,在于为其大规模网络监控和窃密寻找法律依据,从而使其先进的网络技术得以用于巩固其网络霸权。正因为如此,"斯诺登事件"以来,美国不仅没有在国际社会的质疑和反对声中放弃、限制其网络窃密活动,反而凭借自己的优势地位,更加肆无忌惮地针对他国实施大规模网络窃听、监控活动。例如,在2021年的"窃听门事件"中,美国国家安全局被曝与丹麦情报部门展开合作,利用丹麦的海底互联网电缆登陆点获取数据,监听包括德国总理默克尔在内的欧洲国家领导人和高级官员。② 而在2020年"瑞士加密机事件"中,美国中央情报局更是被曝自"二战"后就长期控制一家瑞士全球加密机公司克里普托(Crypto),借此窃听全球120多个国家的最高机密。③ 事实上,无论对于竞争对手还是其盟友,无差别、大规模的网络间谍活动已经是美国开展对外行动、维持霸权地位的常规操作,以上曝光的内容只不过是"冰山一角"。

(二)有关禁止网络经济间谍的系列举措

"斯诺登事件"曝光的美国大规模持续网络监控和窃密,加剧了美国推动"两分法"、对网络经济间谍加以区别对待的迫切需要,因为这不仅有助于转移国际社会的注意力,维护美国日益受到其他国家指责的网络窃密行为,

---

① 参见 Paul Ney, "DOD General Counsel Remarks at U. S. Cyber Command Legal Conference", 2 March 2020, https://www. defense. gov/Newsroom/Speeches/Speech/Article/2099378/dod-general-counsel-remarks-at-us-cyber-command-legal-conference/, last visited on 20 July 2021。

② "U. S. spied on Merkel and other Europeans through Danish cables-broadcaster DR", Reuters, 1 June 2021, https://www. reuters. com/world/europe/us-security-agency-spied-merkel-other-top-european-officials-through-danish-2021-05-30/;《综合消息:美国安局被曝监听盟国官员 欧洲多国认为事件性质恶劣》,新华网, http://www. xinhuanet. com/2021-06/01/c_1127516409. htm,2021 年 7 月 1 日访问。

③ Greg Miller, "The Intelligence Coup of the Century", Washington Post, 12 February 2020;霍思铭:《美国 CIA 被曝利用瑞士加密公司窃听 120 国》,观察者网, https://baijiahao. baidu. com/s? id=1658339871615455770&wfr=spider&for=pc,2021 年 7 月 1 日访问。

同时还可以借此抹黑、打压中国等"假想敌",可谓一箭双雕。

　　为此,美国开始精心对"网络政治间谍"和"网络经济间谍"加以区分。例如,在 2013 年中美网络安全工作组第一次会议上,美国相关官员就针对所谓窃取知识产权问题向中国政府提出:"我们不这样做,我们也不认为任何国家可以这样做。"[①]在 2014 年 5 月宣布起诉 5 名中国军人时,美国司法部长埃里克·霍尔德(Eric Holder)也宣称,尽管所有国家都从事间谍活动,但"本案的不同之处在于,我们面对的是国家支持的实体在利用情报手段获取商业优势"[②]。这一起诉,为美国通过一系列后续行动对上述两类间谍活动加以区分奠定了基础。[③]

　　美国政府和学界的一些人士曾处心积虑从世界贸易组织《与贸易有关的知识产权协定》(以下简称"TRIPS 协定")等现有国际法中为禁止网络经济间谍寻找法律依据,但这些现有规则事实上并不能为美国的主张提供依据。[④] 随后,美国致力于在国际上推动形成"不得从事网络经济间谍"的新规则,以此达到对网络经济间谍进行"选择性立法"的目的。

　　经过美国政府、智库和媒体针对所谓中国实施"网络商业窃密"的大肆炒作和制裁威胁,2015 年 9 月中美两国首脑在美国华盛顿会晤期间,就互相之间不为获取商业利益实施网络间谍行为达成了共识:"中美双方同意,各自国家政府均不得从事或者在知情情况下支持通过网络窃取知识产权,包括贸易秘密,以及其他机密商业信息,以使其企业或商业行业在竞争中处于

---

　　① David E. Sanger, "Differences on Cybertheft Complicate China Talks", N. Y. Times, July 10, 2013, http://www. nytimes. com/2013/07/11/world/asia/differences-on-cybertheft-complicate-china-talks. html? ref＝technology, last visited on 29 May 2021.

　　② U. S. Department of Justice, Attorney General Eric Holder Speaks at the Press Conference Announcing U. S. Charges Against Five Chinese Military Hackers for Cyber Espionage (Washington, D. C. , May 19, 2014), http://www. justice. gov/iso/opa/ag/speeches/2014/ag-speech-140519. html, last visited on 21 July 2021.

　　③ 参见 Jocob Bund, "Evolutions in the U. S. Chinese-Hacking Indictment Stragegy", https://www. lawfareblog. com/evolutions-us-chinese-hacking-indictment-strategy? ___cf_chl_jschl_tk＝pmd_ZkVRSqZCOLyl8N5iI2orLCvBuweyo3IaKR2. B1MUq7s-1630746380-0-gqNtZGzNAlCjcnBszQjR, last visited on 3 September 2021.

　　④ 相关分析可参见黄志雄:《论间谍活动的国际法规制——兼评 2014 年美国起诉中国军人事件》。

有利地位。"①此后,2015年11月《二十国集团领导人安塔利亚峰会公报》、2016年5月《七国集团伊势志摩领导人宣言》和《七国集团关于网络空间原则和行动的声明》以及2016年6月7日《美印网络关系框架》等文件均作出了类似表述,②英国、德国、澳大利亚等美国主要盟友也先后在与中国的双边公报中,确认了各方"不得从事网络商业窃密",从而使这一规范得到了更大范围的接受。③ 这些文件中的相关表述并不属于具有法律约束力的国际条约或国际习惯,而是一种政治承诺或者"软法"规则,但因为各国因此而至少在道义上承担了遵守这些规则的义务,这些规则往往会对国家的行为产生实际影响力,并有可能进一步演变为国际条约或习惯国际法规则。

与此同时,美国还通过国内起诉、舆论炒作等手段,利用"网络经济间谍"议题不断对竞争对手进行抹黑和打压。根据美国相关机构的报告,中国、俄罗斯和伊朗被认为是3个最有能力且积极地派出网络间谍和窃取美国

① 中华人民共和国国家互联网信息办公室:《习近平访美期间中美关于网络空间的共识与成果清单》,http://www. cac. gov. cn/2015-09/28/c_1116702255. htm,2021年1月24日访问。Duncan Hollis, "China and the U. S. Strategic Construction of Cybernorms: The Process is the Product", https://papers. ssrn. com/sol3/papers. cfm? abstract_id=2982120;Tami Abdollah, "U. S. official says China should pay price if it breaks deal to curb economic cyber espionage", https://www. usnews. com/news/politics/articles/2015/11/10/us-official-china-should-pay-price-if-it-breaks-agreement.

② 《二十国集团领导人安塔利亚峰会公报(全文)》,新华网,http://www. xinhuanet. com/world/2015-11/17/c_1117160248. htm,2021年7月1日访问;"G7 Ise-Shima Leaders' Declaration", G7 Ise-Shima Summit (26-27 May 2016), https://www. mofa. go. jp/files/000160266. pdf;"G7 Principles and Actions on Cyber", https://www. mofa. go. jp/files/000160279. pdf;U. S. Embassy and Consulates in India, "Framework for the U. S. -India Cyber Relationship", 30 August 2016, https://in. usembassy. gov/framework-u-s-india-cyber-relationship/, last visited on 24 July 2021.

③ 在2016—2017年第五届联合国信息安全政府专家组会议上,美国还试图推动将"各国不应通过网络手段窃取知识产权、商业机密和其他敏感商业信息用于获取商业利益"确立为一项新的负责任国家行为规范(norm of responsible state behaviors)。Christopher Painter, "Cybersecurity, Setting the Rules for Responsible Global Behavior" (testimony before, Senate Foreign Relations Committee Subcommittee on East Asia, the Pacific, and International Cybersecurity), 14 May 2015, https://2009-2017. state. gov/s/cyberissues/releasesandremarks/243801. htm, last visited on 20 July 2021.

商业秘密的网络行为体。① 其中,中国尤其首当其冲地成为美国施压的主要对象。美国司法部继 2014 年 5 月指控 5 名中国军人通过网络从 6 家美国企业窃取机密商业信息之后,又先后在 2018 年 12 月指控中国 2 名国家安全人员对美国军队、政府和企业进行网络窃密,②在 2020 年 2 月起诉 4 名中国军方人士涉嫌对美国信用报告机构艾可飞(Equifax)发起黑客攻击。③ 除了更为正式的国内起诉外,美国及其盟友还一再就网络经济间谍问题对中国进行舆论抹黑,如在 2020 年以来的新冠疫情中诬称中国支持黑客窃取新冠疫苗的知识产权,④并在 2021 年 7 月集体炒作中国实施网络经济间谍活动,入侵微软公司电子邮件服务器,窃取知识产权和个人身份信息等。⑤ 这些起诉和炒作,意在配合和呼应美国在国际上推动形成"不得从事网络经济间谍"新规则的努力。例如,美国司法部副部长罗森斯坦(Rosenstein)在 2018 年

① Foreign Economic Espionage in Cyberspace, https://www.dni.gov/files/NCSC/documents/news/20180724-economic-espionage-pub.pdf.

② US Department of Justice Office of Public Affairs, "Attorney General Jeff Sessions Announces New Initiative to Combat Chinese Economic Espionage", https://www.justice.gov/opa/speech/attorney-general-jeff-sessions-announces-new-initiative-combat-chinese-economic-espionage, last visited on 20 July 2021.

③ US Department of Justice Office of Public Affairs, "Chinese Military Personnel Charged with Computer Fraud, Economic Espionage and Wire Fraud for Hacking into Credit Reporting Agency Equifax", https://www.justice.gov/opa/pr/chinese-military-personnel-charged-computer-fraud-economic-espionage-and-wire-fraud-hacking, last visited on 21 July 2021.

④ 美国司法部声称有两名与国家安全部合作的中国黑客遭到起诉,他们被控参与了针对知识产权和机密商业信息的全球计算机入侵活动,包括 COVID-19 研究成果,如疫苗、检测和治疗方法等数据。参见 U.S. Department of Justice Office of Public Affairs, "Two Chinese Hackers Working with the Ministry of State Security Charged with Global Computer Intrusion Campaign Targeting Intellectual Property and Confidential Business Information, Including COVID-19 Research", https://www.justice.gov/opa/pr/two-chinese-hackers-working-ministry-state-security-charged-global-computer-intrusion, last visited on 21 July 2021。

⑤ Christina Wilkie, "U.S., NATO and EU to blame China for cyber attack on Microsoft Exchange servers", CNBC, 19 July 2021, https://www.cnbc.com/2021/07/19/nato-and-eu-launch-a-cyber-security-alliance-to-confront-chinese-cyberattacks.html, last visited on 20 July 2021.

12 月指控中国两名国家安全人员进行网络窃密时声称,被指控的窃密行为违反了 2015 年 9 月中美两国领导人达成的相关共识。①

由此可见,美国采用"兵分两路、左右互搏"的策略来推动网络间谍规制的"两分法"。在网络政治间谍问题上,美国通过主张这类间谍行为不受国际法禁止,来为本国大量从事的间谍活动寻找法律依据,作为维护自身行动自由的"盾";在网络经济间谍问题上,则通过创造概念、主导议题,无中生有地推出禁止从事网络经济间谍的新规则,作为打压他国的"矛"。而且,美国主导的上述两个议题存在内在的关联,推动网络经济间谍议题可以在网络政治间谍问题上转移美国受到的压力;反过来,在网络政治间谍问题上的防护可以减少在抛出网络经济间谍问题的后顾之忧。

二、网络间谍"两分法"的支持理由及其批判

对网络政治间谍和网络经济间谍加以区分的"两分法",是美国在网络间谍国际法规制问题上精心炮制的一套法律说辞,并有逐渐成为国际社会主流观点之势。但是,这套法律说辞充满矛盾,体现的是美国的双重标准,同时也是对国际法权威性和统一性的破坏。

(一)有关网络间谍"两分法"的支持理由

为了证明"两分法"是合理和必要的,其支持者提出了关于网络政治间谍活动不违反国际法而网络经济间谍应受国际法禁止的种种理由。

主张网络政治间谍不违反国际法,主要包括两个逻辑:一是"法不责众",即"伊根演讲"所提到的国际上存在"广泛甚至也许是普遍的从他国搜集情报的国家实践",也就是大多数国家都会在外国进行情报搜集,美国的行为与其他国家并无实质性区别;二是"刻意美化",即将间谍活动渲染为维护国家利益、促进国际合作的重要工具,甚至认为间谍行动不仅反映了

---

① "Two Chinese Hackers Associated with the Ministry of State Security Charged with Global Computer Intrusion Campaigns Targeting Intellectual Property and Confidential Business Information", https://www.justice.gov/opa/pr/two-chinese-hackers-associated-ministry-state-security-charged-global-computer-intrusion,las visited on 21 July 2021.

国家之间的合意与利益互惠关系,还有助于减少恐怖袭击的可能性威胁,维护全球安全。① 在此基础上,将传统国际法上没有专门针对间谍活动加以一般性禁止的模糊态度延伸到网络空间,似乎就成为顺理成章的做法了。

然而,尽管传统国际法上对于经济间谍也不存在任何专门的法律规制,"两分法"的支持者却没有按照上述逻辑来看待网络经济间谍,而是"另辟蹊径"加以区别对待。在这些支持者看来,与网络政治间谍相比,网络经济间谍存在目标上的差别,通常不用于政治或军事安全的决策考量,而是涉及一国政府从外国公司实体或其他机构收集机密信息并提供给本国私人或国有企业,这将大大损害被窃密企业及其母国在国际贸易市场上的竞争力。②

在学者层面,美国等西方国家的一些学者为了论证网络间谍"两分法"的合理性,也纷纷提出相应的学术观点,具有代表性的主要是以下几种。

"间谍权说"。美国学者阿萨夫·鲁宾(Asaf Lubin)从国家生存权出发,提出了国家"间谍权"(right to spy)的概念,支持政府为维护国家政治和军事安全开展情报活动,但同时将从事经济间谍窃取商业秘密定性为国家滥用间谍权的行为,应当予以限制。③

"安全例外说"。在一些学者看来,网络间谍活动是不可接受的,特别是应当反对网络经济间谍、反对利用网络间谍活动来影响他国政治进程等,但如果间谍活动仅用于为国家安全决策提供信息,则可以构成合法的例外。④

---

① 参见 Glenn Sulmasy and John Yoo, "Counterintutive: Intelligence Operations and International Law", *Michigan Journal of International Law*, vol. 28, no. 3 (2007), p. 633。

② Catherine Lotrionte, "Countering State-Sponsor Countering State-Sponsored Cyber Economic Espionage under International Law", *North Carolina Journal of International Law*, vol. 40, no. 2 (Winter 2015), pp. 443-541.

③ 参见 Asaf Lubin, "The Liberty to Spy", *Harvard International Law Journal*, vol. 61, no. 1 (Winter 2020), pp. 237-238。

④ Martin Libicki, "*The Coming of Cyber Espionage Norms*", in 2017 9th International Conference on Cyber Conflict, Tallinn: IEEE, 2017, pp. 1-17.

"浮动标准说"。阿什利·迪克斯教授(Ashley S. Deeks)认为,完全主张网络间谍活动不受国际法约束不利于美国的现实需要,但可以对网络间谍采取"浮动标准"(sliding scale)加以适当限制:当国家从事网络监听监控等其他国家也同样会实施的传统情报活动时,应允许其在解释相关国际法时具有更大的灵活性;当国家以与政府无关的行为体为目标从事情报活动(如一国针对另一国企业实施网络商业窃密活动)时,应当从有利于保护相关私主体的角度对国际规则加以严格解释。①

上述各种学说着眼点各不相同,但"殊途同归",都试图为支持网络政治间谍、约束网络经济间谍提供法律依据。

(二)对网络间谍"两分法"及其法律依据的批驳

美国意图在网络政治间谍问题上维持甚至扩展其自身行动自由,同时在网络经济间谍问题上以其单边设定的规则限制和约束他国。然而,美国的主张既没有足够的法律依据,也并未得到国际社会的普遍赞同。②

美国推动网络政治间谍和经济间谍的"两分法",立足点在于主张网络政治间谍不违反国际法,但这一主张实际上是牵强附会的。

首先,尽管到目前为止国际法上没有对网络政治间谍加以一般性的明确禁止,但这类未经授权入侵他国网络系统、影响领土国行使固有政府职能的行为,完全可能构成对国家主权的非法干预或干涉,从而违反国家主权平等原则等国际法基本准则。③ 对此,本文第三部分还将进一步加以讨论。

---

① 参见 Ashley S. Deeks, "Confronting and Adapting: Intelligence Agencies and International Law", *Virginia Law Review*, vol. 102, no. 3 (2016), p. 677。

② 参见汪晓风:《中美经济网络间谍争端的冲突根源与调适路径》,《美国研究》,2016 年第 5 期。

③ 参见 Nicolas Jupillat, "From the Cuckoo's Egg to Global Surveillance: Cyber Espionage That Becomes Prohibited Intervention", *North Carolina Journal of International Law and Commercial Regulation*, vol. 42, no. 4 (2017), p. 935; Michael N. Schmitt, "The Law of Cyber Warfare: Quo Vadis?", *Stanford Law & Policy Review*, vol. 25 (2014), p. 274。

　　其次,相关国家的实践表明,有关网络政治间谍不违反国际法的主张存在争议。从 2013 年的"斯诺登事件",再到最近曝光的"窃听门"风暴,国际社会对美国频繁实施的网络监控、窃密行动指责声不断,一些国家更是表明了反对态度,或明确表示这类行为违反国际法,或通过谴责声明、驱逐外交官等方式予以驳斥。例如,拉丁美洲国家在联合国安理会上谴责美国大规模网络监控行动违反国际法,德国在美国窃听丑闻持续发酵后驱逐美情报官员,法国与德国领导人针对美国与丹麦合作开展的"窃听门"行动表示不可接受并予以谴责。[①]

　　最后,刻意美化网络政治间谍,将其视为促进国际合作的重要工具有悖国际实践。事实上,2014 年美国曾发布第 28 号总统政令,承认政治间谍活动对国家间关系和国际和平与合作产生了不利的影响,该指令强调"情报活动具有多重风险,包括我们与其他国家之间的关系面临风险,包括与其他国家在执法、反恐和其他议题上的合作"[②]。因此,网络政治间谍并不能有效"促进国际合作",包括美国与其盟友之间的合作,反而会加剧国家之间的不信任与博弈态势,给全球网络空间的稳定与安全带来挑战。[③]

　　然而,尽管网络经济间谍也构成对他国经济安全的威胁,因而有理由从国际法上予以规制,但必须看到的是,这类间谍行为的危害显著小于网络政

---

　　① 　 Patrick C. R. Terry, "'Absolute Friends': United States Espionage against Germany and Public International Law", *Quebec Journal of International Law*, vol. 28, no. 2 (2015), pp. 173-203; Carla Stea, "Latin America Condemns US Espionage at United Nations Security Council", *Global Research*, 17 August 2013, https://www. globalresearch. ca/latin-america-condemns-us-espionage-at-united-nations-security-council/5346120; "Macron and Merkel condemn U. S. on spying reports", CGTN, 1 June 2021, https://news. cgtn. com/news/2021-06-01/Macron-and-Merkel-condemn-U-S-on-spying-reports-10JKiQ QETle/index. html, last visited on 24 July 2021.

　　② 　 Presidential Policy Directive—Signals Intelligence Activities, Policy Directive/PPD-28, 17 January 2014, https://obamawhitehouse. archives. gov/the-press-office/2014/01/17/presidential-policy-directive-signals-intelligence-activities, last visited on 24 July 2021.

　　③ 　 David P. Filder, "Whither the Web?: International Law, Cybersecurity, and Critical Infrastructure Protection", *Georgetown Journal of International Affairs*, vol. 12 (2015), pp. 8-12.

治间谍。很多西方国家及其学者认为,网络领域的经济间谍活动损害企业利益,阻碍国家提升其经济竞争力与综合实力,给国家的经济安全造成威胁,甚至给国际经济社会秩序和安全也带来了风险和挑战。[①] 更有学者认为,网络经济间谍活动往往是利益严重不平衡的,窃密国单独获取了经济利益,而被窃密国将遭受巨大损失,甚至会"破坏全球经济共同体的稳定性"[②]。鉴于目前国际法上没有相关禁止性规定,一些学者认为可以在联合国平台下推进制定一项多边条约,从而明确禁止一国政府从事或支持的网络经济间谍活动。[③] 不过,从维护国家主权、安全和国际和平出发,网络政治间谍的危害远超过经济间谍,没有理由单独对后者进行"选择性立法",至少应当同等地予以禁止。

　　归根结底,美国不遗余力地推动网络间谍的"两分法",其实质是出于自身利益考量而公然推行双重标准和霸权主义,即一方面通过"洗白"网络政治间谍为自身赢得最大行动自由,从而得以肆无忌惮地开展网络监控和窃密活动、侵犯他国主权和安全利益,这给网络空间的安全与信任带来了极大的危害;另一方面通过对网络经济间谍的"选择性立法",为大肆打压和抹黑其他国家创造条件,这同样不利于网络空间的互信与合作。事实上,美国并非如它所标榜的那样,纯粹为维护政治利益而开展网络间谍活动,相反也大量针对他国实施网络经济间谍活动。在 2013 年"斯诺登事件"中,美国国家安全局就被曝实施"黑珍珠"(Blackpearl)计划,对巴西国营石油公司

---

　　① 参见 Russell Buchan, *Cyber Espionage and International Law*, Oxford: Hart Publishing, 2019, p. 47。

　　② Genna Promnick, "Cyber Economic Espionage: Corporate Theft and the New Patriot Act", *Hastings Science Technology Law Journal*, vol. 9, no. 1 (Winter 2017), pp. 89-111. 美国情报部门在 2018 年《网络空间外国经济间谍报告》中强调"通过网络途径和其他方法窃取美国专有技术和知识产权,如果这一威胁没有得到解决,将会削弱美国在经济领域的长期竞争优势"。U. S. National Counterintelligence and Security Center, "Foreign Economic Espionage in Cyberspace (2018)", p. 7, https://www. dni. gov/files/ NCSC/documents/news/20180724-economic-espionage-pub. pdf, last visited on 24 July 2021.

　　③ Brenda I. Rowe, "Transnational State-sponsored Cyber Economic Espionage: A Legal Quagmire", *Security Journal*, vol. 33 (2020), pp. 63-82.

(Petrobras)持续进行网络监控。[①]

正如习近平总书记 2018 年 11 月在亚太经合组织工商领导人峰会上的主旨演讲中所指出的:"规则应该由国际社会共同制定,而不是谁的胳膊粗、气力大谁就说了算,更不能搞实用主义、双重标准,合则用、不合则弃。"[②]美国推动的网络间谍"两分法",恰恰是美国对国际规则奉行实用主义和双重标准、"合则用、不合则弃"的鲜明体现。它在片面维护美国一己私利的同时,破坏了国际法的权威性和统一性,也必将对网络空间的良法善治构成严重威胁。

三、网络主权原则:规制网络间谍活动的基石性原则

美国作为一个进攻型网络大国,持续展开大规模的网络政治间谍活动,同时以网络经济间谍为由打击竞争对手。近年来曝光的多起涉美网络间谍事件,进一步表明国际社会的和平与稳定面临着更为严峻的挑战。以网络主权原则为路径打破"两分法",完善有关网络间谍特别是网络政治间谍的国际法规制,对于维护各国主权和网络空间法律秩序具有重要意义。

(一)理论依据

国家主权原则这一国际法上久已确立的基石性原则,是否适用于互联互通、"去边界"的网络空间? 对于这一问题,国际上曾有过大量的讨论。[③]联合国信息安全政府专家组分别在 2013 年、2015 年和 2021 年通过的共识性报告,一再确认"国家主权和在主权基础上衍生的国际规范及原则适用于国家进行的信息通信技术活动,以及国家在其领土内对信息通信技术

---

① Jonathan Watts,"NSA accused of spying on Brazilian oil company Petrobras",9 September 2013, https://www. theguardian. com/world/2013/sep/09/nsa-spying-brazil-oil-petrobras, last visited on 21 July 2021.

② 《习近平主席在亚太经合组织工商领导人峰会上的主旨演讲(全文)》,新华网,http://www. xinhuanet. com/politics/leaders/2018-11/17/c_1123728402. htm,2021 年 7 月 5 日访问。

③ 参见黄志雄主编:《网络主权论——法理、政策与实践》,社会科学文献出版社,2017 年,第 64—67 页。

基础设施的管辖权",标志着国际社会已就主权原则适用于网络空间达成基本共识。① 此外,包括德国、法国、荷兰、瑞士、日本等在内的一批国家,也在有关国际法适用于网络空间的立场文件中,明确认可了国家主权原则在网络空间的适用。②

根据主权原则,一国享有管控进入其领土,并在其领土上行使管辖权和权力的排他性权利。③ 用英国谢菲尔德大学教授尼古拉斯·查哥里亚斯（Nicholas Tsagourias）的话来说,主权是一项"包罗万象"（catch-all）的原则,对任何干预一国内部和外部专属权力的行为均具有约束力,而不仅仅体现在诸如禁止干涉或禁止使用武力等更具体的规则中。④ 也就是说,只要未经许可干预一国对内对外的排他性主权权利,无论实际损害如何,都将构成对网络主权的侵犯。⑤ 外国政府或实体未经授权入侵一国网络系统实施间谍

① Report of the Group of Governmental Experts on Developments in the Field of Information and Telecommunications in the Context of International Security，https://www. unidir. org/files/medias/pdfs/developments-in-the-field-of-information-and-telecommunications-in-the-context-of-international-security-2012-2013-a-68-98-eng-0-518. pdf，last visited on 15 July 2021；Report of the Group of Governmental Experts on Developments in the Field of Information and Telecommunications in the Context of International Security，https://dig. watch/sites/default/files/UN％ 20GGE％ 20Report％ 202015％ 20 （A-70-174）. pdf，last visited on 15 July 2021；Report of the Group of Governmental Experts on Advancing Responsible State Behaviour in Cyberspace in the Context of International Security （Advance Copy），https://front. un-arm. org/wp-content/uploads/2021/06/final-report-2019-2021-gge-1-advance-copy. pdf，last visited on 20 July 2021.

② 例如,德国政府在 2021 年 3 月发布的《国际法在网络空间的适用》立场文件中提出:"国家主权这一法律原则适用于涉及网络空间的国家活动。" On the Application of International Law in Cyberspace，https://www. auswaertiges-amt. de/blob/2446304/32e7b2498e10b74fb17204c54665bdf0/on-the-application-of-international-law-in-cyberspace-data. pdf，last visited on 25 August 2021.

③ Island of Palmas Case （Netherlands v United States），2 RIAA 829 （PCA 1928），p. 838.

④ Nicholas Tsagourias，"Law，Borders and the Territorialisation of Cyberspace"，*Indonesian Journal of International Law*，vol. 18，no. 4 （2018），p. 544.

⑤ 参见 Nicholas Tsagourias，"Law，Borders and the Territorialisation of Cyberspace"，pp. 541，544。

活动,即使没有在物理意义上入侵其领土,也可能会对领土国产生影响。这种通过虚拟媒介的"网络入侵",同样代表着外国政府或实体未经授权在他国的实际存在,因而同样构成侵犯他国主权。[①] 因此,一国未经他国授权或同意实施网络间谍活动,无论是通过物理进入还是远程行动,无论是政治间谍还是网络经济间谍,都构成对国家主权的侵犯。

当然,目前国际上对于一项网络行动构成侵犯他国主权的标准还存在不同主张,包括《网络行动国际法塔林手册 2.0 版》(以下简称"《塔林手册2.0 版》")主编迈克尔·施密特(Michael Schmitt)和该手册国际专家组多数成员在内的一些学者认为,在没有物理上进入他国领土的情况下,网络行动是否构成对他国主权的侵犯,需要根据两项标准来评判:(1)对目标国领土完整造成的损害程度,包括是否造成他国领土范围内的物理损害或伤亡、网络基础设施功能丧失、侵犯领土完整但损害程度未达到功能丧失三种情况;(2)干扰或篡夺政府固有职能。[②] 不过,即使按照这种相对较高的侵犯主权标准,上述两项标准都完全可以用于认定网络间谍构成对他国主权的侵犯。根据第一项标准,网络间谍往往属于侵犯领土完整但对有关设施的损害程度未达到功能丧失的行为,但即使制定《塔林手册 2.0 版》的部分专家也认为,在这种情况下,至少在有关网络行动涉及在系统中植入恶意软件、安装后门等情形时,仍可以定性为侵犯主权。[③] 根据第二项标准,尽管对于"政府固有职能"缺乏准确和统一的定义,但维护国家政治、军事等领域安全显然属于一国政府的固有职能,而网络间谍(特别是政治间谍)对目标国相关职能的"干扰或篡夺",从而构成对该国主权的侵犯(无论是否导致了相关设施功能丧失等特定后果)也是显而易见的。

还有一些学者主张,各国在目标国领土从事间谍行为的广泛国家实践,已对"一国在未经同意的情况下,有形出现在他国境内从事相关活动会构成侵犯

---

① 参见 Sean Watts,"Low-Intensity Cyber Operations and the Principle of Non-Intervention",*Baltic Yearbook of International Law*,vol. 14,no. 1 (2015),p. 145.

② 参见迈克尔·施密特总主编:《网络行动国际法塔林手册 2.0 版》,黄志雄等译,社会科学文献出版社,2017 年,第 64—65 页。

③ 参见迈克尔·施密特总主编:《网络行动国际法塔林手册 2.0 版》,第 66 页。

主权"这一公认的原则创设了例外。① 但是,这一主张难以成立,原因在于:从国际法律义务层面来看,领土主权不受侵犯构成一项习惯国际法规则,无论是政治间谍还是经济间谍,无论是网络领域还是传统国际法领域,尚未形成允许间谍合法存在的习惯规则。对于学者援引较多的"国际法不禁止则允许"的所谓"荷花号原则",其适用存在着自我限定,即一国可以之作为法律基础主张自身主权权利,但不得因主张自身主权而损害他国主权,否则非经特定国际法规则许可或经他国明确或暗示的同意或承认,相关主张不具有国际法上的合法性。② 间谍行为恰恰构成对目标国主权的侵犯,因而不能用"荷花号原则"作为免责理由。另外,在国际社会,国家针对被曝光的网络间谍事件的态度也难以证明存在允许间谍行为合法的习惯国际法规则。实施网络间谍活动的国家即使被曝光也很少主动或默示承认,大多数秘密开展的间谍活动排除了他国参与规则形成的过程,不能构成国家实践。③ 在实践中,很少有国家从法律层面承认间谍构成主权规则的例外或支持间谍活动合法,基于政治考量的沉默态度也不一定构成默示承认。相反,实践中存在一些国家反对间谍行为合法性并抗议的实例。因此,间谍活动并不构成主权原则等习惯国际法上禁止性义务的例外。在这一点上,法国学者弗朗索瓦·德勒吕(François Delerue)正确地指出,"网络间谍活动的合法性与其他网络行动的合法性并无区别;不存在对网络间谍的一般性禁止,但(网络间谍)所采用的网络行动可能违反特定的国际法规范",这包括但不限于领土主权等一般国际法规范。④

① 迈克尔·施密特总主编:《网络行动国际法塔林手册 2.0 版》,第 64 页。或许正是基于这一理由,《塔林手册 2.0 版》在规则 32 中仍然将和平时期的网络间谍列为"本身不受国际法约束的网络行动",仅认为实施网络间谍行为的特定手段是非法的(如因导致目标国有关设施功能丧失而侵犯该国主权)。不过,该手册国际专家组的个别成员也强调,这一例外的范围狭窄,仅限于间谍行为,而且仅包括窃取数据和监控行为,而不包括损害网络基础设施或者删除、修改数据的网络间谍活动。参见迈克尔·施密特总主编:《网络行动国际法塔林手册 2.0 版》,第 64、194—195 页。

② 参见陈一峰:《国际法不禁止即为允许吗?——"荷花号"原则的当代国际法反思》,《环球法律评论》,2011 年第 3 期。

③ 参见 Russell Buchan, *Cyber Espionage and International Law*, p.153。

④ 参见 François Delerue, *Cyber Operations and International Law*, Cambridge University Press, 2020, p.200。

(二)实践依据

在实践领域中,一些国家或针对特定网络间谍活动侵犯主权发表意见,或围绕网络行动的国际法适用问题提出系列主张,这些都为运用网络主权规制间谍活动提供了支撑依据或参考价值。

在"斯诺登事件"曝光之后,以拉美国家为主的受害国在多边平台上推动反对网络间谍的国际议题。2013 年 7 月 12 日,南方共同市场在蒙得维的亚举行共同市场理事会,通过了《关于反对美国在本区域国家进行间谍活动的决定》,并以临时主席的名义致联合国秘书长提交普通照会,谴责美国情报机构从事间谍活动,提交联合国安理会审议;阿根廷、玻利维亚、巴西、乌拉圭、委内瑞拉和厄瓜多尔等多国外长在联合国安理会第 7015 次会议上,纷纷谴责美国实施的网络窃听活动为不可接受的行为,破坏各国主权,并呼吁联合国"惩罚和谴责这种违反国际法的行为";墨西哥外交部也表示,美国对其政府开展间谍活动特别是对其总统的电子设备进行黑客攻击,违反了墨西哥法律,更构成国际不法行为。① 除此之外,俄罗斯总统普京也曾在 2014 年公开表示:"网络间谍构成对国家主权的侵犯。"②针对美国对巴西石油企业实施的网络间谍行动,时任巴西总统迪尔玛·罗塞夫(Dilma Rousseff)在第 68 届联合国大会一般性辩论开幕式中表示,美国的间谍活动并非出

---

　① "On the Rejection to the Espionage of the United States in Countries of the Region, see Note verbale dated 22 July 2013 from the Permanent Mission of the Bolivarian Republic of Venezuela to the United Nations addressed to the Secretary-General", UN Doc A/67/946, 29 July 2013, https://documents-dds-ny. un. org/doc/UNDOC/GEN/N13/411/07/pdf/N1341107. pdf? OpenElement; 7015th Meeting of the Security Council, UN Doc S/PV. 7015 (Resumption 1), 6 August 2013, https://www. securitycouncilreport. org/atf/cf/％7B65BFCF9B-6D27-4E9C-8CD3-CF6E4FF96FF9％7D/s＿pv＿7015＿resumption＿1. pdf; "Mexico strongly condemns alleged US electronic spying", BBC, 21 October 2013, https://www. bbc. com/news/world-latin-america-24605390, last visited on 24 July 2021.

　② Colum lynch, "Brazil's President Condemns NSA Spying", Washington Post, 24 September 2013; "Putin: Cyber Espionage Is Direct Violation of State's Sovereignty", 11 July 2014, https://interfax. com/newsroom/top-stories/41982/, last visited on 20 July 2021.

于安全或反恐目的,而是具有"经济与战略"企图的商业间谍行为,违反国际法。①

值得关注的是,有关国家提出了规制网络行动的国际法主张,为进一步运用网络主权提供了思路。2019年法国国防部发布了《适用于网络空间行动的国际法》立场文件,明确强调"任何未经授权入侵法国信息系统或利用数字手段对法国领土造成影响的行为,可归因于国家的,均可构成对法国主权的侵犯"②。尽管基于国际政治与实践的考量,法国这一文件并没有明确涉及对网络间谍合法性的探讨与规制,但它阐明了各国根据主权原则所应承担的禁止性义务,将任何未经授权的网络行动纳入主权的约束范围中,更大程度地限制了他国在网络空间的行动自由。这一主张及相关标准为运用网络主权原则规制间谍活动、构建网络空间国际法规则提供了有益的参考价值与讨论余地。

因此,根据国际法理论与实践,无论是网络政治间谍还是经济间谍行为,均受到网络主权原则的约束。任何未经授权入侵他国网络系统窃取一国政府、企业或实体未公开信息的行为,均可能侵犯他国主权。运用网络主权规制网络间谍活动,不失为打破"两分法"标准,进一步维护各国网络空间主权与安全的有效途径。

根据英国学者拉塞尔·巴肯(Russell Buchan)的研究,除了主权原则之外,禁止干涉内政等其他国际法原则和外交关系法、国际人权法等国际法领域的特定内容也可以适用于对网络间谍活动的规制。③ 的确,进一步明确和澄清这些国际法原则和规则的内容,对于完善网络间谍的国际法规制都有

---

① Statement by H. E. Dilma Rousseff, President of the Federative Republic of Brazil, at the opening of the general debate of the 68th session of the United Nations General Assembly, 24 September 2013, https://gadebate. un. org/sites/default/files/gastatements/68/BR_en. pdf, last visited on 20 July 2021.

② Droit International Appliqué aux Opérations dans le Cyberspace (International Law Applicable to Operations in Cyberspace) , 9 September 2019, https://www. defense. gouv. fr/content/download/565895/9750877/file/Droit＋internat＋appliqu％C3％A9＋aux＋op％C3％A9rations＋Cyberespace. pdf, last visited on 20 July 2021. 中文版参见法国国防部:《适用于网络空间行动的国际法》,王岩译,《武大国际法评论》,2019年第6期。

③ 参见 Russell Buchan, *Cyber Espionage and International Law*, pp. 192-193。

积极意义。但不可否认的是,主权原则作为一项国际法的基石性原则,对于全面规制网络间谍活动有着更为全面和一般性的意义。在网络空间,同样需要以网络主权原则为突破口,形成对网络间谍的一般性规制。

四、运用网络主权原则打破"两分法"的中国路径

基于双重标准和霸权主义推动的网络间谍"两分法",既是网络空间建章立制中的一个突出问题,又与中国参与网络空间治理和规则制定有着特殊的利害关系。作为美国的主要"假想敌",中国一直是美国开展网络监控和窃密即所谓网络政治间谍活动的重点目标。[①] 与此同时,中国还是美国利用网络经济间谍议题进行抹黑、打压的主要受害者。前述美国迄今为止仅有的三次以网络经济间谍为由对他国政府和军队公职人员进行的起诉,都是以中国为对象的。网络经济间谍问题还成为美国对中国挑起"贸易战""科技战"的重要借口。[②] 无可否认的是,美国所推动的网络间谍"两分法",包括对网络政治间谍的"洗白"和围绕网络经济间谍问题的大肆炒作,严重侵犯了中国的主权、安全利益,损害了中国的国际形象,削弱了中国在网络领域的国际话语权。

围绕网络间谍问题的国际规则博弈,也与中国政府大力倡导的网络主权原则息息相关。自2010年以来,中国一直倡导网络主权,通过《网络空间国际合作战略》《信息安全国际行为准则》等文件,将"尊重网络主权"作为推进网络空间国际法治的核心主张。但近几年来,部分西方国家及某些学者通过否定主权原则构成一项有法律约束力的国际法规则,试图"虚化"网络主权的内涵,变相否定网络主权在国际法上的基石性地位。例如,2018年英国总检察长杰里米·赖特(Jeremy Wright)在"21世纪的网络与国际法"演讲中,主张主权仅构成一项指导国家间交往的原则而非可约束特定行为的

---

① 参见互联网新闻研究中心编著:《美国是如何监视中国的——美国全球监听行动纪录》,第2页。
② 例如,美国政府对华为公司的全球封堵、打压,理由之一正是华为帮助中国政府进行网络商业窃密。

规则。① 而网络间谍在国际法上未受到一般性的禁止,正是持上述主张者用来作为支持主权不构成有约束力的国际规则的重要理由。② 围绕网络间谍问题的大国博弈,恰恰为中国提供了从法理和实践层面阐发、运用网络主权原则的宝贵契机。从国际法法理和实践的角度对网络间谍(无论是政治间谍还是经济间谍)侵犯他国主权的违法性加以系统阐述,这将不仅有助于推动国际社会在网络间谍的国际法规制问题上正本清源、拨乱反正,还可以成为夯实和丰富网络主权原则、真正奠定该原则在网络空间国际法上基石性地位的重要步骤。

从这一意义上说,网络间谍的国际法规制问题既是一场围绕网络间谍问题的法律攻防战,更是一场围绕网络主权问题的法律制高点之争。尽管如前所述,国际法上对于网络间谍的国际法规制尚未形成定论,但如果任由现有态势发展,美国的有关主张很可能得到更多国家的支持并形成确定的国际法规则。因此,中国亟须积极运用网络主权原则,从法理上对美国推动的"两分法"主张和实践加以有力的驳斥、抗衡,并辅以必要的外交手段,在这一问题上化被动为主动。

理论上说,中国要破解美国推动的"两分法",有以下三种途径:一是基于现有国际法上对网络政治间谍和经济间谍都没有明确的一般性禁止,主张两者都不违反国际法;二是基于网络政治间谍对他国主权、安全和国际和平的危害明显超过经济间谍的事实,主张前者违反国际法而后者不违反国际法;三是基于网络间谍未经许可入侵他国网络系统、侵犯他国主权的共性,主张网络政治间谍和经济间谍都违反国际法。不过,从中国政府一贯表明的立场来看,第三种途径即主张网络政治间谍和经济间谍都违反国际法不仅在法理上有着更为充分的依据,而且也更易于得到国际上大多数国家的认可。习近平总书记在 2015 年第二届世界互联网大会开幕式上的讲话中,已经掷地有声地指出:维护网络安全不应有双重标准,"不论是商业窃

① Jeremy Wright,"Cyber and International Law in the 21st Century",15 October 2017,https://www. gov. uk/government/speeches/cyber-and-international-law-in-the-21st-century,last visited on 5 August 2021.
② Gary P. Corn and Robert Taylor,"Sovereignty in the Age of Cyber",*American Journal of International Law Unbound*,vol. 111 (2017),pp. 209-210.

密,还是对政府网络发起黑客攻击,都应该根据相关法律和国际公约予以坚决打击"①。

第一,基于网络主权原则宣示对网络间谍活动的同等约束,即把美国极力予以切分的网络政治间谍和经济间谍重新"捆绑"起来,主张两者都在现有国际法上没有明确规定,但都构成对他国主权和安全的危害,都应当予以禁止。这可以作为中国践行网络主权原则、推动网络空间国际规则制定的重要主张加以宣示,推动各国对此达成更大共识。尽管中国多次在正式场合明确表示反对"两分法",但基本属于政治意义上的谴责,并没有在法律层面主张美国的相关间谍行为构成侵犯国际法,特别是侵犯他国主权。在2013年"斯诺登事件"曝光之后,中国外交部发言人仅表达了谴责美国的政治立场,对推动国际法规则的意义较小。针对近年来曝光的涉美网络间谍事件,可以援引中国政府2020年推出的《全球数据安全倡议》的相关内容,倡议各国反对利用信息技术窃取重要数据,反对滥用信息技术从事针对他国的大规模监控,进一步推动网络主权原则的适用,遏制网络空间的法律霸权主义趋势。② 同时,中国还可进一步主张:鉴于网络政治间谍对国际和平与安全有着更大的危害,强化针对这类间谍活动的国际法规制应当是国际社会的当务之急。

第二,中国可以从国内诉讼、外交舆论等层面着手,积极应对来自外部的网络威胁与不利局势。例如,中国可在必要时,基于网络主权原则和《网络安全法》等国内立法,起诉对中国进行网络监控和窃密的相关外国人员。这既是从政治上和舆论上对他国蛮横起诉中国政府人员的反击,也是从法律实践上对前述"同等约束"立场的有力支撑。另外,中国还可通过适当方式公开美国等国家对中国政府部门、企业及个人进行网络监控、窃密的有关事实证据,进一步从外交和舆论层面驳斥美式双重标准的虚伪性和无理性。例如,可以考虑适时发布一份《美国的全球网络监控和窃密》白皮书,在国际上还原美国等网络霸权国家是"施暴者"而非"受害者"的真面目。

---

① 《习近平在第二届世界互联网大会开幕式上的讲话(全文)》,新华网,http://www.xinhuanet.com/politics/2015-12/16/c_1117481089.htm,2021年7月4日访问。

② 《全球数据安全倡议(全文)》,新华网,2020年9月8日,https://baijiahao.baidu.com/s? id=1677245574113372475&wfr=spider&for=pc,2021年7月5日访问。

第三,以网络间谍的国际法规制为切入点,丰富网络主权原则的理念和主张,把握推动网络空间国际法相关进程、提升国际话语权的重要机遇。运用网络主权原则规制网络间谍,一定程度上丰富了主权在网络空间的内涵与外延,为有效打破美国"两分法"、扭转中国面临的不利局势提供了有力支撑。放眼国际社会,近些年西方国家围绕国际法在网络空间的适用,纷纷出台立场文件或发表演讲,进一步明确相关原则和规则的适用与解释,有逐渐形成"合力"的趋势。在主权这一核心议题上,各国基于不同利益考虑虽然存在分歧,但各自有力地表明了态度与观点,且大多数国家在一些重要议题上存在较大的共识,如主权构成一项有约束力的国际法规则、禁止一国采取网络行动侵犯他国主权。此前中国对网络主权原则的强调,重点是阐明各国有权依法管网、制定本国互联网公共政策和法律法规而不受任何外来干预,而没有就如何运用这一原则来约束特定国家行为加以阐述。面对网络间谍国际法规制问题提供的契机,中国应当保持理论研究与实践运用齐头并进,进一步丰富和发展有关主权原则在网络空间适用的国家立场,推动网络主权理念获得更广泛层面的支持,提升中国在网络空间国际规则制定进程中的话语权。

五、结　语

美国政府一方面长期对外国政府、企业和个人实施大规模、有组织、无差别的网络间谍行为,另一方面以网络经济间谍为由对其他国家特别是中国进行无端攻击和蓄意污蔑,力图通过双重标准和霸权主义色彩鲜明的"两分法"主张,维护其网络霸权地位。这一主张及相关实践,既直接损害网络主权的根本理念,也严重破坏了国际法的权威性与统一性,凸显了网络空间规则博弈和秩序构建的复杂性与紧迫性。

网络主权是中国关于网络空间全球治理和规则制定的核心主张,也是构建网络空间命运共同体、推动网络空间国际规则进程的一个核心议题。以网络间谍国际法规制问题为契机,运用网络主权原则打破"两分法"的掣肘,进而完善网络主权原则的理论体系与实践运用,这为中国更好地参与网络空间国际规则博弈、最大限度地维护本国正当利益提供了动力源泉。

原文发表于《云南社会科学》2021 年第 6 期

入选理由：

　　这是 2020 年在福州参会时向黄志雄老师约的稿，黄老师用了大半年时间反复修改和打磨，非常严谨。摘要转载于《中国社会科学文摘》2022 年第 3 期以及《高等学校文科学术文摘》2022 年第 1 期。该文结构清晰，论证有力，行文也非常流畅。

专家评论：

　　网络法研究难在理论贫乏，国家实践纷乱。本文立足中国经验和立场，深入剖析和批判美国对网络间谍行为区分政治间谍和经济间谍的两分法，主张学说上丰富网络主权理论、实践中积极有所作为以破解两分法，实属理论结合实践之国际法佳作。　　　　　　——陈一峰，北京大学长聘副教授

对外关系法的中国范式及其理论展开

杜　涛[①]

摘　要:对外关系法是一国调整其对外关系(涉外关系)的所有法律规范的总称。中国特色对外关系法是习近平法治思想和习近平外交思想的共同体现。构建中国特色社会主义对外关系法律体系是打破西方法律霸权主义的需要,是统筹中国国内法治和国际法治建设的需要,是当前国际形势和对外政策的迫切需要,是中国参与全球法律竞争的需要。中国特色对外关系法需要在学科体系、学术体系、话语体系等方面充分体现中国特色、中国风格、中国气派。中国特色对外关系法必须倡导和坚持以习近平新时代中国特色社会主义思想为基础的中国范式。这一新范式首先应当以习近平新时代中国特色社会主义外交思想为具体指导方针,坚持中国共产党的领导,坚持社会主义方向,服务于中国特色大国外交,紧扣依法治国总目标,坚持辩证唯物主义和历史唯物主义研究方法,坚持人类命运共同体理念。

关键词:对外关系法;中国特色;大国外交;中国范式

一、问题的提出

2018 年 6 月 22 日至 23 日召开的中央外事工作会议正式确立了"习近

---

① 杜涛,华东政法大学教授。

平外交思想"的指导地位。① 习近平外交思想是习近平新时代中国特色社会主义思想的重要组成部分,是马克思主义基本原理同中国特色大国外交实践相结合的重大理论成果,是以习近平同志为核心的党中央治国理政思想在外交领域的集中体现。② 2021 年 11 月召开的十九届六中全会通过的《中共中央关于党的百年奋斗重大成就和历史经验的决议》进一步"明确中国特色大国外交要服务民族复兴、促进人类进步,推动建设新型国际关系,推动构建人类命运共同体"③。习近平外交思想是新时代我国对外工作的根本遵循和行动指南。④

在 2020 年 11 月 16 日至 17 日举行的中央全面依法治国工作会议上,习近平总书记发表了《坚定不移走中国特色社会主义法治道路为全面建设社会主义现代化国家提供有力法治保障》的讲话,⑤标志着"习近平法治思想"的正式形成。"习近平外交思想"和"习近平法治思想"均为"习近平新时代中国特色社会主义思想"之重要组成部分,二者相互融合,在马克思主义基本原理基础上创造性地凝练出中国特色大国外交和依法治国的重大理论,是习近平治国理政思想在外交和法治领域的具体表现。对于习近平外交思想和习近平法治思想各自的理论内涵和伟大意义,国际政治学界和法学界已分别有系统而深入的阐释。⑥ 然而,对于这两大思想体系之间的关系,学界尚鲜有人探索,属于学术研究的空白。这一理论空白的存在并非因为这两大思想体系之间不存在关联。恰恰相反,随着中国日益走近世界舞台中

---

①　习近平:《坚持以新时代中国特色社会主义外交思想为指导　努力开创中国特色大国外交新局面》,《人民日报》,2018 年 6 月 24 日。

②　习近平:《坚持以新时代中国特色社会主义外交思想为指导　努力开创中国特色大国外交新局面》。

③　《中共中央关于党的百年奋斗重大成就和历史经验的决议》,2021 年 11 月 11日,中国共产党第十九届中央委员会第六次全体会议通过。

④　王毅:《深入学习贯彻习近平外交思想　奋进新时代中国外交壮阔征程》,《求是》,2021 年第 22 期。

⑤　习近平:《坚定不移走中国特色社会主义法治道路　为全面建设社会主义现代化国家提供有力法治保障》,《人民日报》,2020 年 11 月 18 日。

⑥　参见杨洁勉:《习近平外交思想理论体系探析》,《国际问题研究》,2021 年第 2期;张文显:《习近平法治思想的理论体系》,《法制与社会发展》,2021 年第 1 期。

央,成为维护公平公正国际秩序的中流砥柱,为了进一步引领全球秩序向更加公平合理的方向发展,党中央越来越认识到运用法治思维开展外交工作的重要性。在中央全面依法治国工作会议上,习近平总书记深刻阐释了以"十一个坚持"为核心的全面依法治国思想,并做了工作动员和部署,①其中,"坚持统筹推进国内法治和涉外法治"被列为"十一个坚持"之一,②其具体内容是:"要加快涉外法治工作战略布局,协调推进国内治理和国际治理,更好维护国家主权、安全、发展利益。要强化法治思维,运用法治方式,有效应对挑战、防范风险,综合利用立法、执法、司法等手段开展斗争,坚决维护国家主权、尊严和核心利益。要推动全球治理变革,推动构建人类命运共同体。"③这表明党中央已正式将外交工作纳入全面依法治国的范围。2021 年9 月 25 日,华为公司首席财务官孟晚舟结束被加拿大方面近 3 年的非法拘押后,顺利回到中国。这一事件的顺利解决是在习近平总书记亲自关心下,经过中国政府多个部门密切配合,综合运用外交手段和法律手段长期艰苦斗争的结果,是对习近平外交思想和习近平法治思想的直接践行,深刻展示了习近平外交思想和习近平法治思想相结合的强大力量。这充分表明,习近平外交思想和习近平法治思想的融会贯通具有重大的理论价值和实践价值。

"习近平外交思想"和"习近平法治思想"是科学理解和掌握"统筹推进国内法治和涉外法治"意涵的秘钥,更是进一步推进"一带一路"倡议实施的根本指南,为实现"人类命运共同体"提供了可靠的方法论基础。习近平总书记在十九届中央政治局第十七次集体学习时明确要求:"要加强对中国特

---

① 栗战书:《习近平法治思想是全面依法治国的根本遵循和行动指南》,《求是》,2021 年第 2 期。

② 在 2018 年 8 月 24 日中央全面依法治国委员会第一次会议上,习近平总书记用"十个坚持"将党的十八大以来我党提出的一系列全面依法治国新理念新思想新战略做了概括,参见习近平:《加强党对全面依法治国的领导》,《求是》,2019 年第 4 期。与"十个坚持"相比,"十一个坚持"增加了"要坚持统筹推进国内法治和涉外法治"这一项新内容。习近平:《坚定不移走中国特色社会主义法治道路 为全面建设社会主义现代化国家提供有力法治保障》。

③ 习近平:《坚定不移走中国特色社会主义法治道路 为全面建设社会主义现代化国家提供有力法治保障》。

色社会主义国家制度和法律制度的理论研究,总结 70 年来我国制度建设的成功经验,构筑中国制度建设理论的学术体系、理论体系、话语体系,为坚定制度自信提供理论支撑。"①笔者认为,中国特色对外关系法是沟通习近平外交思想和习近平法治思想的纽带。要想实现习近平外交思想和习近平法治思想融会贯通,必须构建中国特色社会主义对外关系法的学术体系、理论体系和话语体系,形成对外关系法的中国范式。本文将从习近平外交思想的内涵出发,通过对中国特色大国外交与涉外法治之间关系的解读,引申出中国特色社会主义对外关系法的概念,通过国内外比较,在百年未有之大变局的宏观背景下,深度挖掘中国特色社会主义对外关系法的历史背景、理论基础,并对其基本原则和具体框架结构作出学理解读,提出初步建议。

二、对外关系法的概念

(一)对外关系法是"涉外法治之法"

中央全面依法治国工作会议明确提出"要坚持统筹推进国内法治和涉外法治",首次明确将国内法治和涉外法治并列为习近平法治思想的两大子系统。但是对于什么是"涉外法治",上述会议文件中并没有明确定义,国内学界迄今为止也还没有形成定论。②

法治,就是全面依法治国。"全面推进依法治国是一个系统工程。"③2018 年 8 月 24 日,习近平总书记在中央全面依法治国委员会第一次会议上提出:"中国走向世界,以负责任大国参与国际事务,必须善于运用法治。在对外斗争中,我们要拿起法律武器,占领法治制高点,敢于向破坏者、搅局者

---

① 习近平:《坚持、完善和发展中国特色社会主义国家制度与法律制度》,《求是》,2019 年第 23 期。

② 参见张晓君:《坚持统筹推进国内法治和涉外法治》,《重庆日报》,2020 年 12 月 8 日;张超汉、刘静:《如何进一步加强涉外法治能力》,《环球时报》,2020 年 4 月 21 日;何志鹏:《涉外法治:开放发展的规范导向》,《政法论坛》,2021 年第 5 期。

③ 习近平:《在中央全面依法治国委员会第一次会议上的讲话》(2018 年 8 月 24 日),载习近平:《论坚持全面依法治国》,中央文献出版社,2020 年,第 229 页。

说不。全球治理体系正处于调整变革的关键时期，我们要积极参与国际规则制定，做全球治理变革进程的参与者、推动者、引领者。"①依照该论述，中国特色社会主义涉外法治就是指中国在走向世界的过程中，以负责任大国运用法治参与国际事务的系统工程。中国特色社会主义涉外法治的工作方法就是"在对外斗争中拿起法律武器，占领法治制高点，敢于向破坏者、搅局者说不"。中国特色社会主义涉外法治的根本任务是"积极参与国际规则制定，做全球治理变革进程的参与者、推动者、引领者"。

2019 年 2 月 25 日，在中央全面依法治国委员会第二次会议讲话中，习近平总书记首次使用了"涉外法治"这一名词："要加快推进我国法域外适用的法律体系建设，加强涉外法治专业人才培养，积极发展涉外法律服务，强化企业合规意识，保障和服务高水平对外开放。"②2019 年 10 月 31 日，中国共产党第十九届四中全会通过的《中共中央关于坚持和完善社会主义制度、推进国家治理体系和治理能力现代化若干问题的决定》首次在中央文件中提出"涉外法治"的概念。2020 年 11 月，在中央全面依法治国工作会议讲话中，习近平总书记进一步强调指出："要坚持统筹推进国内法治和涉外法治。要加快涉外法治工作战略布局，协调推进国内治理和国际治理，更好维护国家主权、安全、发展利益。要强化法治思维，运用法治方式，有效应对挑战、防范风险，综合利用立法、执法、司法等手段开展斗争，坚决维护国家主权、尊严和核心利益。要推动全球治理变革，推动构建人类命运共同体。"③至此为止，"涉外法治"与"国内法治"一起被正式确立为习近平法治思想的重要组成部分。

中共中央印发的《法治中国建设规划（2020—2025 年）》第 25 段为中国下一阶段的涉外法治工作提出了明确要求："加强涉外法治工作。适应高水平对外开放工作需要，完善涉外法律和规则体系，补齐短板，提高涉外工作

---

① 习近平：《加强党对全面依法治国的领导》。
② 《完善法治建设规划提高立法工作质量效率为推进改革发展稳定工作营造良好法治环境》，《人民日报》，2019 年 2 月 26 日。
③ 习近平：《坚定不移走中国特色社会主义法治道路　为全面建设社会主义现代化国家提供有力法治保障》，《人民日报》，2020 年 11 月 18 日。

法治化水平。"①

法治既然是"依法治国"（rule of law），必须依据特定的"法"（law）。涉外法治也必须依据某种特定的"法"。涉外法治所依据的这种"法"，就是本文意义上的"对外关系法"（foreign relation law），也可以翻译为"涉外关系法"。之所以用"对外关系法"这一用语，主要是考虑到"对外关系"已经成为中国史学界、政治学界和法学界的通用术语。

综上所述，笔者将对外关系法定义为一国调整其对外关系（涉外关系）的所有法律规范的总称。因此，对外关系法就是"涉外法治之法"。

（二）对外关系法是"大国外交之法"

对外关系法是一个近年来才从西方引进的概念，但是从其历史起源来看，对外关系法是大国外交之法。现代意义上的对外关系法诞生于第一次世界大战前后。在"二战"之前，美国法学界采用的是来源于欧洲的传统，把法律分为国内法和国际法，对外（涉外）关系主要依靠国际法解决。基于此种理念，"二战"之前，美国并不存在独立的对外关系法。更重要的是，"二战"以前，由于美国长期奉行孤立主义国际政策，尽量回避国际事务，实践中发生的数量有限的涉及对外关系的案件，法院也都通过对宪法"至上条款"的解释来予以处理。②

"二战"后，美国成为世界上综合实力最为强大的国家，开始全方位卷入全球事务，迫切需要相对应的专门的处理对外关系的国内法律规范。同时，"二战"后国际法本身发生了革命性变化。随着联合国的成立和国际组织的迅猛发展，国际法的调整范围远远超越了传统的"国家间关系"，开始全面介入传统上的"国内事务"，如人权保护、环境保护、商业交往等。国际法的国内化和国内法的国际化共同促成了美国对外关系法的兴起。在福特基金会赞助下，1956 年美国法学会（ALI）在第 33 届年会上宣布启动《美国对外关系法重述》的编纂计划，并于 1965 年全部完成，被命名为《美国对外关系法重

---

① 《法治中国建设规划（2020—2025 年）》，《人民日报》，2021 年 1 月 11 日。
② Ware v. Hylton, 3 U. S. (3 Dall.) 199 (1796).

重审斯芬克斯之谜

述(第二次)》①,这标志着对外关系法这一概念和学科在美国正式诞生。《对外关系法重述》此后分别于 1986 年和 2018 年进行了修订。

欧盟的对外关系法起源于 20 世纪 70 年代欧洲经济共同体时期。② 2009 年《里斯本条约》的生效,标志着欧盟对外关系法正式诞生。③ 综合欧美国家的理论与实践,对外关系法通常是指一个国家调整其与他国交往关系的国内法的总称。④

截至目前只有美国和欧盟形成了独立的对外关系法学科,这是与美国和欧盟所处的历史阶段和国际地位相关联的。从历史上看,对外关系法是伴随着大国的兴起而兴起的。正如欧洲学者所言,对外关系法是大国的标配,只有一个有实力又有法治抱负的国家才有可能建构对外关系法律体系。⑤ 目前的世界,也只有美国、欧盟、俄罗斯和中国这样的大国(或者准国家实体)有这个条件。这也是对外关系法学界所谓的"费米悖论"(Fermi paradox),即世界上近 200 个国家中,只有美国和欧盟形成了较为独立的对外关系法律部门和对外关系法学体系,其他几乎所有国家的国内法中并不存在一个独立的涉外法或对外关系法律体系。⑥ 这也充分说明,只有大国(或国家集团)才需要对外关系法,才有实力运用对外关系法。

长期以来,在中国的法律体系中并没有对外关系法这个部门。随着中

---

① 该重述虽然被命名为"第二次",但实际上是美国法学会首次就对外关系法做的汇纂。由于对外关系法起步较晚,未能赶上"二战"前进行的第一次美国法重述计划。为了与"二战"后其他部门的第二次重述在名称上保持一致,才将其命名为"第二次"。

② K. R. Simmonds, "The Evolution of the External Relations Law of the European Economic Community", *International & Comparative Law Quarterly*, vol. 28, no. 4, (1979), p. 644.

③ Joris Larik, "EU Foreign Relations Law as a Field of Scholarship", *America Journal of International Law*, vol. 111 (2017), p. 325.

④ Curtis A. Bradley, "Foreign Relations as a Field of Study", *America Journal of International Law*, vol. 111 (2017), p. 316.

⑤ Helmut Aust, "The Democratic Challenge to Foreign Relations Law in Transatlantic Perspective", in David Dyzenhaus, Jacco Bomhoff and Thomas Poole eds. , *The Double-Facing Constitution: Legal Externalities and the Reshaping of the Constitutional Order*, Cambridge University Press, 2018, pp. 345-375.

⑥ Joris Larik, "EU Foreign Relations Law as a Field of Scholarship".

华民族的伟大复兴,中国作为新兴大国必然也需要建立中国特色社会主义对外关系法律体系。

三、中国特色对外关系法的重要性和必要性

如上所述,对外关系法作为一个独立部门法和独立学科是从美国产生的,目前也只在美国和欧盟形成了比较成熟的独立学科体系。在其他西方国家虽然也存在调整对外关系的法律规范,也有部分学者研究对外关系法,但大都处于散兵游勇状态,不像在美国那样形成一个相对独立的团体。既然如此,中国是否有必要建构这门学科?本文试图从以下几个方面论证建构中国特色社会主义对外关系法的必要性。

(一)构建中国特色社会主义对外关系法律体系是打破西方法律霸权主义的需要

在传统国际社会结构下,国内社会与国际社会处于明显的分割状态。与此相适应,传统法律治理模式也呈现明显的"二元分立"特征,即国内法与国际法处于一种互不相干的分立状态。国内法与国际法各行其道、各司其职。国内法致力于解决国内社会"私人—私人"之间和"私人—政府"之间的法律关系;国际法则以主权国家为中心,其核心功能是解决国家与国家之间的法律关系。当今时代全球化的发展越来越明显,各国私人主体(自然人和法人)越来越广泛地参与跨国交往,国际关系结构开始发生重大变化。私人作为国际交往的主要行为者,成为推动世界发展的主力。然而,由于国际社会缺乏一个权威的立法者,现行国际法主要由国际条约和国际习惯法构成,而国际条约和国际习惯法的形成和发展非常缓慢,导致当代国际社会关系经常处于无法可依的状态。这就为某些大国将本国的法律推向全球化提供了合理空间。所以,美国对外关系法从"二战"后诞生到现在日益繁荣的过程实质上就是美国用本国法律来填补国际社会治理规则空缺的过程,即美国法"全球化"的过程。① 欧洲国家为了与美国抗衡,不得不联合起来成立欧

---

① 高鸿钧:《美国法全球化:典型例证与法理反思》,《中国法学》,2011年第1期。

盟,并且一开始就赋予了欧盟独立的外交权力,为欧盟对外关系法的诞生开辟了道路。

随着中华民族的伟大复兴,中国在经济和军事等硬实力方面已经成为世界上的新兴力量,党中央最近在对外法治建设方面又提出了新的要求和愿景,这为中国对外关系法的产生创造了充分的条件。随着中国"一带一路"倡议的成功推进和构建人类命运共同体理念的推广,中国需要像欧盟一样加强对外关系法律体系建设,从而打破美国和西方国家的法律霸权主义。

(二)构建中国特色社会主义对外关系法律体系是统筹中国国内法治和国际法治建设的需要

《中共中央关于全面推进依法治国若干重大问题的决定》明确提出了建设中国特色社会主义法治体系和法治国家的总目标。要实现这个目标,既要加强国内法治,也要加强涉外法治。当今世界,一国的对内事务与对外事务犬牙交错,这导致国内法治建设与涉外法治建设必须一体推进。随着对外开放的深入发展和"一带一路"建设的成功推进,中国的海外利益日益广泛,对于这些海外利益,同样需要依靠法治予以保护。传统上,这一部分海外利益的保护要么依靠国际法,要么依靠其他国家的法律。然而,现行国际法规则大都是在西方国家主导下形成的。由于国际法的形成机制存在先天缺陷,依靠中国自身力量短时间内根本无法改变现行国际规则。中国必须建立一套完善的对外关系法律体系,才能像美国和欧盟一样维护自身的海外利益。[①] 对外关系法回应了对外与对内事务治理的时代变迁,摆脱了传统的国际法与国内法两分法思维,对于作为新兴大国的中国参与全球治理具有重要意义。

(三)构建中国特色社会主义对外关系法律体系是当前国际形势和对外政策的迫切需要

近年来,中国综合国力大幅提升,在国际事务中的地位和作用全面走强。美国则因内部政治和社会矛盾加剧,综合国力相对下降,国际影响力削

---

① 蔡从燕:《中国崛起、对外关系法与法院的功能再造》,《武汉大学学报》(社会科学版),2018 年第 5 期。

弱,对日益崛起的中国深感担忧,于是便把中国确定为主要"竞争对手",并竭其所能对中国进行全面遏制和打压。美国共和民主两党在对华关系方面空前一致,这归根到底是美国国家利益决定的。美国最近出台的一些文件充分说明,美国对中国发动的贸易摩擦针对的是中国的大国崛起和中华民族的伟大复兴。中美之间将要进行的是一场长期的综合国力竞争,而这场战略竞争的很大一部分将会以"法律战"的形式展开。"二战"后,经过几十年的发展,美国已经建立了一套非常完善的法律域外管辖、域外适用和域外执行的制度,可以得心应手地运用各种法律手段将外国政府、外国领导人、外国企业和个人送上美国法院或者国际法庭。美国运用其遍布全球的强大的律师团队控制跨国诉讼和仲裁。此外,美国还拥有实力雄厚的法学科研教育机构,通过它们可以培养国外政治和法律人才,对外输出美国司法制度。近年来,美国已经对多家中国企业、银行和个人采取过法律诉讼或其他司法措施。

在这样的背景下,出于应对中美未来长期战略竞争的需要,中国必须有一套整体的战略规划。建立中国特色社会主义对外关系法律体系应当成为战略规划的一部分。通过这套体系,能够丰富和完善中国的法治战略储备,应对各种不期而至的"法律战"。①

（四）构建中国特色社会主义对外关系法律体系是中国参与全球法律竞争的需要

对外关系法是大国的标配,是中国参与国际治理体系改革的必要工具,是中国推进"一带一路"建设的需要,是中国构建人类命运共同体、实现中华民族伟大复兴的制度保障。哈佛大学商学院迈克尔·波特(Michael Porter)教授提出的"国家竞争优势"(competitive advantage of nations)理论指出,在现代全球经济下,繁荣是一国自己的选择,竞争力的大小不再由先天继承的自然条件所决定。如果一国选择了有利于生产率增长的政策、法律和制度,那它就选择了繁荣。随着全球化的深入发展,法律本身也越来越成为服务

---

① 沈伟:《中美贸易摩擦中的法律战——从不可靠实体清单制度到阻断办法》,《比较法研究》,2021 年第 1 期。

重审斯芬克斯之谜

业的一部分。① 跨国商事仲裁、跨国调解、跨国律师服务等已经实现了商业化。即使是隶属于国家主权的法院,现在也越来越走向国际竞争的行列。至少在国际民商事领域,当事人越来越能够在全球范围内选择诉讼法院地和仲裁地,同时也可以选择所适用的法律。② 在当前百年未有之大变局下,全球竞争已经逐渐从传统的经济领域向法律领域蔓延。各国都在修订法律,组建各种更灵活的国际商事法庭,并向全球当事人承诺更好的法律服务,以便吸引当事人到本国法院或仲裁机构解决纠纷,吸引当事人选择适用本国的法律。中国绝不能置身于全球法律竞争之外。中华民族的伟大复兴也必然伴随着中国法律制度屹立于世界各民族法律之林。中国特色社会主义对外关系法律体系是中国特色社会主义法律体系的一部分,它们一起在国际上打造"中国造法"(law made in China)的品牌。

四、中国特色社会主义对外关系法的三大体系建设

"三大体系"建设是习近平总书记在 2016 年哲学社会科学工作座谈会上提出的新要求。习近平总书记指出:"要按照立足中国、借鉴国外,挖掘历史、把握当代,关怀人类、面向未来的思路,着力构建中国特色哲学社会科学,在指导思想、学科体系、学术体系、话语体系等方面充分体现中国特色、中国风格、中国气派。"③中国特色社会主义对外关系法作为一门新兴学科,一开始就要着眼于"三大体系"建设目标。其中,学科体系是学术体系和话语体系建设的前提,学术体系是学科体系和话语体系建设的核心,话语体系是学科体系和学术体系的表达方式。

---

① 迈克尔·波特:《国家竞争优势》,李明轩、邱如美译,中信出版社,2012 年,"序言",第 XVI 页。

② Anthony Ogus, "Competition between National Legal Systems: A Contribution of Economic Analysis to Comparative Law", *International & Comparative Law Quarterly*, vol. 48, no. 2 (1999).

③ 习近平:《在哲学社会科学工作座谈会上的讲话》,《人民日报》,2016 年 5 月 19 日。

(一)中国特色社会主义对外关系法学科体系建设

学科体系标志着一个学科的发展和成熟程度,体现在学科建设和人才培养这两个方面。学科体系建设应当先行,只有构建了成熟的学科体系,才能形成相对应的学术体系和话语体系。学科体系的发达程度也决定了学术体系和话语体系的水平高低。以美国为例,美国早在 20 世纪 50 年代就开始在有关大学建立对外关系法的教学和研究平台,并逐渐形成了体系化的教学方案和学科设置。由于美国大学在对外关系法领域的研究和教学居于全球领先地位,来自世界各地的法科学生在美国接受了对外关系法的教育之后,会把美国的理论和制度带到世界各地,从而进一步影响其他国家在对外关系法方面的实践,并进而达成国际社会的共识,最后形成有利于美国的国际法规则。欧盟目前也开始在多所大学开设对外关系法课程,编写教科书,培养相关人才。

一般来说,以美国为代表的英美法系国家的法学教育体系比较倾向于问题导向,以现实生活中需要解决的实际问题来设置不同的法学学科部门;而大陆法系国家则注重以抽象的科学概念来划分法学学科的体系结构,如将法学学科划分为国内法和国际法、公法和私法等不同学科,将同一领域的法律问题划分到不同学科部门进行研究。[1] 对外关系法是从美国兴起的一个法学学科,是典型的以问题为导向的学科。它以对外关系为研究对象,涉及大陆法系国家的宪法、行政法、刑法、民商法、程序法等不同学科。中国现行法学学科设置基本上依据的是大陆法系模式。在这种模式下,对外关系法很难被归入到某一个现有法学学科领域。对外关系法沟通了国际法和国内法,同时又串联了国内法各个部门。在对外关系法的学科归属和学科设置上,必须采取开放包容态度。

从国外的经验来看,对外关系法的研究主要由国际法学科的学者主导,宪法学者作为补充,其他学科的学者共同参与。[2] 以欧盟为例,欧盟第一家

---

[1]　秦天宝:《构建新时代中国特色的环境法学"三大体系"》,《中国社会科学报》,2019 年 8 月 21 日。

[2]　Curtis A. Bradley (ed.), *The Oxford Handbook of Comparative Foreign Relations Law*, Oxford University Press,2019,p.3.

对外关系法研究中心就设在以国际法见长的荷兰海牙阿瑟研究所,欧洲很多国家的大学开设的欧盟对外关系法课程也主要由国际法学者担纲,相关的专业教材编写者也主要是国际法学者。[1]

(二)中国特色社会主义对外关系法学术体系建设

学术体系是一个学科的理论和知识按照科学的规律进行归纳总结之后形成的系统框架。学术体系建设的主要任务是在学科体系的框架内构建具有科学性的原创理论和知识系统,提出能够指导社会实践的思想观念,为本学科的理论发展和人才培养提供理论基础,同时也为本学科在国际上的话语权提供思想储备。[2] 在美国对外关系法领域,美国法学会作为一个民间独立研究机构发挥着学术体系建设的重任。该组织定期组织全国最优秀的法学家进行对外关系法的研究和编纂工作,它所编纂的《对外关系法重述》作为一个学术研究作品,事实上起到了一种民间立法的作用,对美国政府的对外政策和司法机关的判决都产生了巨大影响。美国不同学者围绕着《对外关系法重述》的编纂形成了不同的学派,彼此进行良性学术争论,使得新理论、新观点层出不穷,共同推动了该学科的学术繁荣与发展。

只有形成一套具有主体性和原创性的理论体系,才能推动学科体系和话语体系的构建。鉴于对外关系法的学术体系目前完全掌握在美国等西方国家学者手中,中国对外关系法研究尚处于探索阶段,因此中国对外关系法的研究必须实事求是,从中国的实际国情和现实需要出发来设置研究的重点问题,总体推进和个别突破相结合。

---

[1] Bart Van Vooren and Ramses A. Wesse, *EU External Relations Law: Text, Cases and Materials*, Cambridge University Press, 2014; Pieter Jan Kuijper et al., *The Law of EU External Relations: Cases, Materials, and Commentary on the EU as an International Legal Actor* (2nd edition), Oxford University Press, 2015; Piet Eeckhout, *External Relations of European: Union, Legal and Constitutional Foundations*, Oxford University Press, 2004; Piet Eeckhout, *EU External Relations Law* (2nd edition), Oxford University Press, 2011; Campbell McLachlan, *Foreign Relations Law*, Cambridge University Press, 2014.

[2] 姚莉:《习近平法治思想的创新价值与法学"三大体系"建设》,《法商研究》,2021年第 2 期。

在总体推进方面,在借鉴国外经验的基础上,在习近平新时代中国特色社会主义思想指导下,争取经过几年的研究,建立起中国特色社会主义对外关系法的基本理论和体系框架,为学科的发展奠定基础。在个别突破方面,选择几个在理论上有重大价值、在现实中有急迫需求的重点问题进行集中研究,争取能够提出若干具有国际前沿、符合中国现实需要的重大创新性理论,为解决中国当前对外关系中面临的现实问题提供理论依据。

(三)中国特色社会主义对外关系法话语体系建设

话语体系是学科体系和学术体系建设的外在表现形式,其通过科学性的语言逻辑将本学科的知识和理论组织成一套语言系统,并用于预测和解释本学科领域内的重大事件,为国家的重大决策提供智力支撑。话语体系服务于学科体系和学术体系,为其提供最新颖的术语概念和表达方式,用最精密准确的语言逻辑将学科体系和学术体系呈现给受众。一套精深而严密的话语体系能够直接体现一个国家在该学科的全球地位和影响力,是本学科争夺全球话语权的最基本要求。

目前对外关系法的研究主要集中在美国和欧盟等少数西方发达国家和地区,因此西方学者掌握着本学科的绝对话语权。尤其是美国法学会从1965 年开始编纂《对外关系法重述》项目,目前已经出版了修订第四版,在国际上产生了巨大影响。很多国际法庭和外国法院都援引该重述中的内容作为国际习惯法的证据。美国法学会在《对外关系法重述》的序言中也毫不讳言地指出,编纂该重述的目的就是要影响国际习惯法的形成,扩大美国法律在全球的影响力。[①] 对外关系法从某个角度来看就是把本国所需要的对外交往规则制定成国内法,通过长期的国际宣传和理论推广,逐步影响到其他国家的理论与实践,进而影响到国际社会的法律确信,从而最终形成国际习惯法或国际条约。

应当从内外两个层面积极构建中国特色社会主义对外关系法律体系的话语体系。在内部层面,以中国特色社会主义对外关系法学学科体系和学

---

① Adrian S. Fisher, "Foreign Relations Law of the United States: A Preface", *New York University Law Review*, vol. 41, no. 2(1966), pp. 2-6.

术体系建设为核心,在对外关系法的课程建设、教材建设、人才建设、科研能力、智库建设等方面练好内功,这样才能使我们的话语有底气。在外部层面,积极组织国内学者参加国外学术研讨会和联合培养项目,利用国外资源培养国际化人才;在国外权威刊物和出版社出版和发表高水平论文和专著,对外宣传中国特色社会主义对外关系法基本理论和实践;邀请国外学者到国内讲学、交流,吸引外国留学生到中国学习对外关系法;组织学术界编纂《中国对外关系法重述》并翻译为外文出版,积极扩大中国学术界的国际影响力。

五、对外关系法的中国范式建构

(一)西方的对外关系法范式

中国特色社会主义涉外法治体系和相对应的涉外法学体系的建构是一种新范式的确立过程。拥有一种范式,是任何一个科学部门达到成熟的标志。① 正如习近平总书记所言,中国特色社会主义国家制度和法律制度,必须吸收借鉴人类制度文明有益成果,"我们的制度将一天天完善起来,它将吸收我们可以从世界各国吸收的进步因素,成为世界上最好的制度"②。

在对外关系法领域,中国特色社会主义对外关系法律体系要对以美国为代表的西方的对外关系法范式进行批判性借鉴。

美国对外关系法范式的最本质特征在于其极具帝国主义特征的霸权主义,行政机关垄断对外关系权力,代表性案例是 1936 年的"美国诉科蒂斯-赖特出口公司案"。大法官萨瑟兰将美国所享有的国家主权分为两种——"内部主权"(internal sovereignty)和"外部主权"(external sovereignty),认为美国自独立以来,国家的内部主权存于各州之手,而外部主权则作为一个整体,由美国直接从英王手中继承。因此,美国的对外事务权不是来源于宪法,而是植根于美国的国家主权和国家地位。因此在对外关系领域,总统的

---

① 托马斯·库恩:《科学革命的结构》,金吾伦、胡新和译,北京大学出版社,2003年,第10页。

② 习近平:《坚持、完善和发展中国特色社会主义国家制度与法律制度》。

权力不受宪法限制。① 同时,总统的对外权力也不受法院的司法审查。总之,在美国,对外关系与国内关系在法律上被区别对待,不能用处理国内关系的法律原则来处理对外事务,这就是所谓的"对外事务例外论"(foreign affairs exceptionalism)。②

同样,欧盟近年来加强了对外关系方面的权力,也试图开始倡导一种有别于美国的对外关系法新范式。德国学者奥斯特(Aust)将以德国为代表的欧盟范式称为开放范式(openness),而将美国范式贬为"封闭范式"(closed)。③

(二)对外关系法中国范式的确立

百年未有之大变局下的中国特色社会主义进入一个全新阶段,新时代的中国对外关系面临新的挑战和要求,需要在实践中不断展现新作为、开辟新疆界。在这样的背景下,所谓"对外关系法的中国范式"就是要从中国的视角来制定中国法律、研究中国法律、推广中国法律,同时还要用中国的视角来研究国际法、运用国际法和改造国际法,使中国法律体系能够傲立于世界法律体系之林。对外关系法就是承内启外、实现这一研究范式转换的工具。构建中国特色社会主义对外关系法律体系,包括学科体系、学术体系和话语体系,是中华民族伟大复兴的法治需要。

1. 中国特色对外关系法的最本质特征是中国共产党的领导

中国是中国共产党领导的国家,党对法治建设的领导是中国最大的国情和特色,中国对外关系法治建设同样必须绝对坚持中国共产党领导。坚持中国共产党的领导是中国特色社会主义对外关系法的最大特色和最本质的特征,是社会主义对外关系法治最根本的保证,也是中国特色对外关系法区别于西方国家对外关系法的最根本之处。美国等西方国家对外关系法以资本主义三权分立学说为基础,将对外关系权专属于行政机关,对外关系不受立法和司法机关的制约,也不受宪法的限制,容易导致独断专行和霸权主

---

① 299 U. S. 304 (1936).

② Ganesh Sitaraman and Ingrid Wuerth, "The Normalization of Foreign Relations Law", *Harvard Law Review*, vol. 128, no. 7 (2015), p. 1897.

③ Helmut Aust, "The Democratic Challenge to Foreign Relations Law in Transatlantic Perspective", pp. 345-375.

义,这是美国频频对外发动侵略战争的根源之一。① 中国特色对外关系法必须坚持党领导立法、保证执法、支持司法、带头守法,把党的领导贯彻到对外法律工作全过程和各方面。

2. 中国特色对外关系法必须坚持社会主义方向

中国走上社会主义道路是历史的选择,也是符合中国国情和人类未来发展方向的选择。中国近代对外关系的历史表明,只有社会主义道路才能救中国,才能实现中华民族伟大复兴。社会主义制度能够集中力量办大事,在对外关系领域同样如此。党的十八大以来,中国在对外交往领域取得了一系列重大成就,无不体现了社会主义的巨大优势。②

中国所倡导的以"共商共建共享"为原则的"一带一路"倡议也是社会主义在对外关系法律领域的具体体现。共建"一带一路"虽然是中国的倡议,但是中国把机会和成果分享给世界。中国弘扬"丝路精神",坚决反对殖民主义和霸权主义。坚持以相互尊重、合作共赢为基础走和平发展道路。中国坚决奉行以和平共处五项原则为基础打造全球伙伴关系,这是新时代中国对外关系法的重要内涵。党中央提出构建人类命运共同体,为中国特色对外关系设置了宏伟愿景。中国采取大国协调和合作,同时坚持发展同周边国家的睦邻友好关系,增进与发展中国家团结合作,积极开展多边外交,坚持以公平正义为理念引领全球治理体系改革。所有这些,都体现了中国对外关系法的社会主义核心价值观和基本理念。它不同于西方资本主义国家以殖民主义、帝国主义和霸权主义为基础、片面追求本国利益和个人利益的资本主义价值观,有利于解决日益严重的全球不平等和不平衡状况。

3. 中国特色对外关系法必须服务于中国特色大国外交

中国对外关系法坚持大国思维、大国气度。中国对外关系法的总体目标服务于中国特色大国对外关系,实现中华民族的伟大复兴。对外关系法

---

① 习近平:《坚持以新时代中国特色社会主义外交思想为指导,努力开创中国特色大国外交新局面》(2018 年 6 月 22 日),载习近平:《论坚持推动构建人类命运共同体》,中央文献出版社,2018 年,第 537 页。

② 《中共中央关于党的百年奋斗重大成就和历史经验的决议》,2021 年 11 月 11 日,中国共产党第十九届中央委员会第六次全体会议通过。

的主要任务是为国家发展和民族复兴营造更好国际法治环境,创造更多有利于中国的全球治理规则。中国特色社会主义对外关系法律体系所秉持的基本理念是坚持推动构建人类命运共同体,坚定维护以联合国宪章宗旨和原则为核心的国际秩序和国际体系,为全球治理体系改革和建设贡献中国智慧和中国方案。①

4. 中国特色对外关系法应当坚持辩证唯物主义和历史唯物主义研究方法

2015年1月23日,习近平总书记在十八届中央政治局第二十次集体学习时的讲话中专门强调了辩证唯物主义对于当代中国的重要意义。② 在研究中国特色社会主义对外关系法律体系过程中坚持辩证唯物主义,需要把握两个方面的问题。

第一,对于西方的对外关系法理论学说,要运用辩证唯物主义方法论进行批判性研究,不能盲从。西方学者的理论受到柏拉图、康德、黑格尔等传统西方唯心主义哲学家思想的影响,片面强调主观意识的绝对性。有的学者从基督教神学出发,提出了所谓的"上帝之城"的天启学说,认为美国的历史使命就是要在人间建立《圣经》中描述的"山巅之城",从而为美国的对外扩张和霸权主义提供思想武器。另外一些学者提出的"历史终结论"和"文明冲突论"等国际关系理论,也都是唯心主义世界观的体现。至于当代美国出现的单边主义和保护主义对外政策,更是逆世界潮流而动,完全违背人类社会发展的普遍规律。"人类命运共同体"理论是新时代马克思辩证唯物主义在中国的理论结晶,完全符合马克思主义关于人类社会发展阶段和发展规律的原理,是指导中国哲学社会科学研究的基本原则之一。

第二,就研究中国对外关系法理论和实践问题而言,最重要的就是要坚持一切从客观实际出发,而不是从主观愿望出发。中国特色社会主义对外关系法治体系建设涉及中国对外关系的根本原则、规则,一定要从中国实际情况出发。如在研究中国对外关系权力分配制度时,一定要从《中华人民共

---

① 习近平:《推进全面依法治,发挥法治在国家治理体系和治理能力现代化中的积极作用》,《求是》,2020年第22期。

② 习近平:《辩证唯物主义是中国共产党人的世界观和方法论》,《求是》,2019年第1期。

和国宪法》规定的四项基本原则出发,坚持中国共产党对对外事务的绝对领导,坚决反对西方的三权分立体系。在涉及特别行政区的外交权方面,坚持中央政府对外交事务的领导权和决定权。在研究域外管辖权和法律域外效力时,坚决反对美国的司法霸权主义,维护多边主义国际法体系。在"一带一路"建设过程中,中国作为新兴大国,坚决不搞新霸权主义,同时也要积极承担大国责任,根据本国国力和外国实际需要实施合理的对外援助。构建人类命运共同体是中国共产党和中国人民的一项长期的远大目标,而不是一件一蹴而就的工程,不能指望毕其功于一役。在对外投资和对外合作领域,要避免大进快上形成烂尾工程,造成不良国际影响。辩证唯物主义还要求中国在对外法律交往中既要反对西方中心主义,同时也要防止中国式的大国沙文主义,要尊重发展中国家的主权。

历史唯物主义认为,对任何问题的研究都应当把该问题放置到特定的历史场景之中去进行分析。在社会科学领域,不存在脱离人类历史发展阶段而普遍适用的规律和理论。对外关系法也同样如此。通过对美国对外关系法的历史研究,可以发现美国的对外关系法也是在不断演变的,在不同的历史阶段诞生了不同的理论学说,每一种学说都有其特定的历史场域。在研究过程中要避免把某一个阶段、某一个学者所提出的某一种理论普遍化,不假思索地照搬到中国的现实环境中。

历史唯物主义认为,推动历史的发展的力量是生产力,生产力决定生产关系,从而决定着一切上层建筑,包括一国的对外关系理论和实践。美国对外关系法从 19 世纪和 20 世纪上半叶的"例外论"走向 20 世纪末和 21 世纪初的"正常化理论",其背后的社会基础是美国生产力发展水平及其在全球的地位和影响。当美国经济实力尚不足以与传统欧洲大国抗衡的时候,美国奉行孤立主义的对外政策,其对外关系法也坚持所谓的"例外主义",反对司法对外交的介入。"二战"结束之后,在美苏对抗的国际冷战背景下,美国为了与苏联抗衡,在对外关系法上比较看重国际法的作用,牵头组建了联合国、世界银行、国际货币基金组织和世界贸易组织等国际机构,比较强调对外合作和多边主义。而当美国成为冷战结束后的世界霸主之后,便开始奉行积极干预的单边主义外交政策,发动了海湾战争、科索沃战争和所谓的反恐战争等一系列单边军事行动,在对外关系法上也越来越强调美国国内法高于国际法,人权高于主权,实施单边对外经济制裁等;在司法上也开始积极干预对外关系,扩张美国法院的长臂管辖权和美国法的域外效力,奉行司法帝国主义。

六、总结与建议

当今时代面临百年未有之大变局,无论是西方还是中国对外关系法都面临所谓的"范式转型"问题。对外关系法有两种范式:开放范式与封闭范式。开放的对外关系法旨在促进国际合作,而封闭的对外关系法则是为了保护国内的民主宪法制度。造成两种范式对立的原因是所谓的"全球化悖论",即全球化不能与民主制度和民族自决原则同时并存。这一悖论导致当前世界范围内兴起了"逆全球化"浪潮,美国的单边主义政策和英国脱欧都是这种思潮的体现。越来越多的人开始将全球化本身视为一个问题,而不是将其视为解决问题的路径。

西方对外关系法面临民主的挑战,面临"开放"与"封闭"两种路径的选择。当前,美国和欧洲的对外关系法开始从开放走向封闭,并且这种转变是以"民主"的名义发生的。而中国特色对外关系法必须始终坚持开放与合作的传统,坚持"人类命运共同体"理念。开放的对外关系法和封闭的对外关系法两种范式所体现的价值观不同,前者关注的是如何加强国际合作,而后者关注的是将国内法单方面适用于域外,使本国国内法超越于国际法之上。当前美国和欧洲国家都兴起了所谓的对外关系法"修正主义学派",试图打破对外关系法的国际主义传统,让对外关系法受到所谓"民主"的制约。这批学者实际上属于"新主权主义者"(new sovereigntist),他们已经形成了一个反对国际主义的统一战线。

针对西方所谓的对外关系法新理论,中国学术界应当开创一种真正的"新对外关系法"理论,即中国特色社会主义对外关系法理论。这种新理论以构建人类命运共同体为自己的终极目标,坚决反对美国新兴的单边主义和保守主义国际观。中国走向世界,以负责任大国参与国际事务,必须善于运用对外关系法。全球治理体系正处于百年未有之大变局时期,正在进行深度调整和变革,各个国家都在积极争夺国际规则的话语权,中国也应当积极参与和引领全球治理变革进程,这些都需要构建中国特色社会主义对外关系法。

原文发表于《云南社会科学》2022 年第 4 期

入选理由:

　　我刊法学栏目发文中民法和刑法文章较多,一直有计划对国际法文章或者专题进行策划,本文即为专门约稿。本文就对外关系法的中国范式及其理论展开,政治导向正确。从较宏观的角度进行论述,与我刊的风格与需求十分契合。全文逻辑清晰,行文大气,是编者喜欢的一篇文章。

专家评论:

　　对外关系法属于新兴法学领域。本文聚焦对外关系法的中国范式,倡导构建开放式的对外关系法,反思美欧霸权式、保守化的对外关系法,并力主构建具有中国特色的对外关系法学科体系、学术体系和话语体系,展现了鲜明的理论自觉和学术创新。　　——陈一峰,北京大学长聘副教授

国际法语境中国家人格否认
制度的理论构建

摘　要:法律人格者仅存在于其权利义务中,国家在国际法之权利义务承担方面与私人之权利义务承担相比较并无二致,因此其法律人格也与私人人格并无不同。国家人格否认制度,即代表、支持国家或以国家名义行事之个人因滥用统治权力突破必要限度,对他国主权或国际共同利益造成损害进而构成国际犯罪,国际法责令该个人行为者连带承担国际法律责任,以实现国际公平与正义的制度。国家人格否认制度的存在具有一定的合理性,它是个人刑事责任原则在国际法中的法律实现方式,具有利益衡平性,并通过个案来实现。国家人格否认制度的理论模型从根本上证明了"个人国际法有限主体"理论的正当性。

关键词:国际法;国家人格否认制度;国际犯罪;纽伦堡原则;个人国际法有限主体理论

2013 年 8 月 14 日开始,埃及政府出动警察,对首都开罗的两处穆尔西支持者示威聚集地实施清场行动。清场行动开始后,埃及全国多地爆发冲突,死伤无数。埃及的国家暴力造成的人权危机以及人道主义灾难再次让世人警醒。时至今日,国家的力量已然强大到无所不能的程度。在此情形下,国家的武装力量或暴力工具如若失去法律约束,被非文明国家的少数极权主义者或政客所滥用,主权国家无论是对内还是对外,都可能成为发动战争、侵略别国、屠杀民众、危害人权、破坏法治的"恶魔",进而可能造成恐怖

---

①　刘学文,南开大学博士研究生,现为西北政法大学副教授。

的人间灾难。对于主要规范国家主权行为的国际法来说,有必要对此问题进行反思与回应,以禁止国家人格权的滥用。因此,国家人格问题需要得到重新审视,国家违法行为以及代表、支持国家或以国家名义行事之个人的犯罪行为如何在国际犯罪体系中进行界定和惩处已成为现代国际法不可回避的问题;而国际司法实践的现实是,自"二战"以来的各种临时性、常设性或者国内特别刑事法庭的诸多审判或一系列刑事控诉行为都将这一制度不断引向深入,国际法实际上已悄然确立了国家人格否认制度。令人遗憾的是,学界至今无人对此问题进行阐释和论证。而本文在学界提出国家人格否认制度,并为其清晰地界定了适用情形和实现方式。该制度的明确提出势必为人们重新认识国家行为,反思新时期国家的国际法律责任以及个人的国际法主体地位等问题开拓一条新的思考路径。

一、国家法律人格及国家人格否认制度的基本问题

(一)国家法律人格的内涵与定义

国家具有一种"集合人格"的性质,这已为古今中外诸多思想家所论证。人格之概念被认为是法律中最为抽象的概念之一,关于人格的学术定义,最早可溯源至罗马法。在罗马法中,表示人的概念有 homo、caput 和 persona,"其中 homo 是指生物学意义上的人,不一定是权利义务主体。caput 原意是指头颅或书籍的一章,在罗马法中被转借指权利义务主体,标示具有主体资格的人,只有当 homo 具有 caput 时,才是法律意义上的人(persona)"①。法国启蒙思想家让-雅克·卢梭如此阐述国家人格的有关问题:"这一由全体个人的结合所形成的公共人格,以前称为城邦,现在则称为共和国或政治体;当它是被动时,它的成员就称它为国家;当它是主动时,就称它为主权者;而以之和它的同类相比较时,则称它为政权。"②英国著名思想家托马斯·霍布斯将国家比喻为一个"自动机"(auto mata)或"利维坦"(leviathan)。他认

---

① 朱慈蕴:《公司法人格否认法理研究》,法律出版社,1998 年,第 2 页。
② 卢梭:《社会契约论》,何兆武译,商务印书馆,2003 年,第 21 页。

为,艺术模仿理性的大自然,创造出最精美的艺术品——"人";通过艺术创造的号称"国民整体"(Common-wealth)或者"国家"(State)的这种庞然大物,它实际上只不过是一种"拟制的人"(artificial man)。在利维坦中,"主权"构成整个人造机器获得生命和动力的"拟制的灵魂",行政官员和其他的司法工作人员是人造的关节(artificial joint)……最后,通过"条约"(pact)和"盟约"(covenant)将该人造机器的诸部位建立、连接和组织起来,就如同上帝造人一样,人也能够创造一个拟制的"人"(国家)。① 根据霍布斯的观点,国家就是为人所创造和拟制的法律人格者,国家有构成它的基本要素,其中,主权则是它赖以存在的"拟制的灵魂"。在国家豁免论中,"限制豁免主义"对非国家主权行为免于豁免也是主权作为国家灵魂的佐证。路易斯·亨金(Louis Henkin)教授也认为,"'主权'这个词最常见的用途可能是主权豁免——来自法律的豁免权,免于审查、免于司法"②。国家的主权行为之所以能够在其他国家享有司法豁免权,乃国家主权平等原则使然;而世界上绝大多数秉持限制豁免主义的国家对他国所为之商业行为则不予此种豁免,因认为其缺乏主权内容。

　　"国家人格"是"国家的国际人格"的简称,它是"国际法人格"(international personality)的子概念,所谓"国际法人格"是指在国际法上所具有的"法律人格"(legal personality),换言之,即享有为国际法所确定之权利、义务或权力者,③而国家是"国际法人格"中的主要类型。根据《奥本海国际法》之界定,国家人格其实是诸多特性结合起来的结果,因此它"可以说就是每一个国家的平等、尊严、独立、属地与属人最高权和责任被每一个其他国家所承认的事实,而这个事实是从国际社会的成员资格本身产生出来的"④。正是在此意义上讲,国家人格的存在构成国家间一切权利与义务的基础。

---

　　① Thomas Hobbes, *Leviathan or the Matter , Forme & Power of a Common-wealth Ecclesiasticall and Civill*, the Green Dragon in St. Pauls Church-yard, 1651, p. 7.
　　② Louis Henkin, "That 'S' Word: Sovereignty, and Globalization, and Human Right", *Fordham Law Review , Et Cetera*, vol. 68, no. 1 (1999), pp. 1-14.
　　③ Rebecca M. M. Wallace, *International Law*, Sweet & Maxwell, 2005, p. 59.
　　④ 劳特派特修订:《奥本海国际法(上卷·第一分册)》,王铁崖、陈体强译,商务印书馆,1981 年,第 199—200 页。

重审斯芬克斯之谜

（二）国家人格否认制度的内涵与理论源起

在各国公司法中，"公司人格否认制度"又称"揭开公司面纱"（lifting the veil of the corporation），特指为了保护公司债权人和社会公共利益，阻止公司独立人格之滥用，公司法"就具体法律关系中的特定事实，否认公司与其背后的股东各自独立的人格及股东的有限责任，责令公司的股东（包括自然人股东和法人股东）对公司债权人或公共利益直接负责，以实现公平、正义目标之要求而设置的一种法律措施"①。其最大功能在于克制法律拟制的公司独立法律人格的僵硬性。当出现股东滥用公司人格独立地位、恶意侵害债权人和社会公众利益时，法律揭开公司虚拟法律人格独立责任之"面纱"，代之以公司股东连带承担对外责任的制度，这实质上是对传统公司法归责原则的一种突破，其目的在于保障债权人和社会公共利益。在具体的国际法律关系中，国家与公司法人颇为相似，在一国之严重国际不法行为导致国际损害的情势下，国际法试图揭开国家身上所笼罩着的主权"面纱"，对隐藏在国家背后的个人追究责任，故在国家责任之外出现新的责任承担形式。因此，公司人格否认制度可资借鉴。笔者认为，所谓国家人格否认制度，即代表、支持国家或以国家名义行事之个人因滥用统治权力突破必要限度，②对他国主权或国际共同利益造成损害进而构成国际犯罪，③国际法责令该个人行为者对其行为连带承担国际法律责任，以实现国际公平与正义的制度。

至此，有论者可能会批评笔者将国内公司法中的制度"生搬硬套"到国际法中。笔者认为，（1）前文已述，"法人"是国内民商法拟制的抽象人格，其

---

① 安文录：《公司犯罪初论》，黑龙江人民出版社，2008年，第124页。

② 此处"突破必要的限度"应当理解为违背了"禁止性规范"，而禁止性规范主要指强行法、国际条约、习惯法或一般法律原则。此类禁止性规范均是由国际法创设或推动的，已演化为国际犯罪规范，受国际刑法的调整。

③ 关于"国际犯罪"的界定，笔者比较赞同卢有学教授的观点，即"国际犯罪是指由国际法创设推动而被国际社会普遍予以犯罪化并严重危害国际社会共同利益的行为，它具有国际法创设性、国际禁止性和国际危害性三个基本特征"。笔者认为，这一定义很好地概括了国际犯罪的特性，这一定义将一些本不属于国际犯罪的罪行排除在外，更加彰显国际犯罪的特定性。参见卢有学：《国际犯罪概念的重新界定》，《山东警察学院学报》，2013年第1期，第39页。

独立享有民事权利、负担民事义务;同样,"国家"在国际法中也是一个拟制的法律人格,国家独立享有国际法上的权利、承担国际法上的义务。"既然一个'人格者'仅存在于'他的'义务和权利中,那么,就国家的义务和权利具有与私人的义务和权利一样内容这一程度而论,国家的法律人格也就和私人的人格并无不同"①。(2)国际法对内国法特别是内国民商法的借鉴古已有之,而且很多制度就是从罗马法(本质上属于内国法的"万民法")的基础上建构起来的。譬如,国际法领土取得中的时效、先占、添附、国际地役制度皆来源于国内民法;再比如,国际法中的条约必须信守原则也来源于传统民法中的有约必守原则;至于国家主权的概念,最早也是国内法上的制度,最后被学者引入国际法,成为国家的基本要素之一。这一借鉴正好为这一制度的构建提供了优越的制度渊源。

(三)国家人格否认制度的合理性

与公司法上的公司独立人格非常类似,国家作为国际法上的拟制人格,通常以自己的名义独立行事,故一般而言,国家作为一个主权实体,其行为的国际法上的责任(即国家责任)应由其自身承担。但在特定情形下,代表、支持国家或以国家名义行事之个人,很可能会滥用国家主权,法西斯运动就是典型例子,其特点就是大规模、疯狂的国家犯罪,以国家机器进行犯罪比任何其他形式的犯罪更为严重和可怕。在那个年代,"担任过国家要职的、处于决策层的高官"利用国家机器,"在一定的历史条件下,利用广泛存在的群众情绪,或在国内发动惨绝人寰的政治迫害,或在国外进行骇人听闻的侵略战争,或者二者兼而有之"。这种国家人格性犯罪造成的历史惨剧有:"对土著居民的屠杀和掠夺,丧尽天良的贩奴和蓄奴;遍及三大洲的血海战火,惨死在毒气室、焚尸炉的六百万犹太人;南京大屠杀和731部队;成百万正直无辜的苏维埃人遭到枪决、监禁和流放的大清洗……"②

总之,此类"代表、支持国家或以国家名义行事的权威人士"动辄滥用国

---

① 凯尔森:《法与国家的一般理论》,沈宗灵译,中国大百科全书出版社,1996年,第227—228页。

② 刘维成:《优越论与国家犯罪》,生活·读书·新知三联书店,2011年,第401—403页。

重审斯芬克斯之谜

家主权,以国家名义实施国际犯罪,侵害其他国家的利益或危及国际共同利益的行为比比皆是。在此情况下若只追究国家之责任,一方面影响到国家主权平等原则的实现,另一方面对谴责和预防国家犯罪难以奏效,且使得国家背后的个人逍遥法外。因此,战后涌现的各类国际法庭审判活动开辟了追诉此类个人或团体的刑事责任之路。尽管此类行为是以国家名义做出的,本可归因于国家而由国家承担相应的法律责任,但因"违反国际法的犯罪行为是由个人而非抽象的法律实体所实施的",故国际习惯或国际条约等已经通过创设或者推动,将一些国家行为界定为国际犯罪,国际法除了要求国家承担相应责任之外,对此类个人亦同时进行谴责和惩罚。这种国家人格否认制度在实践中产生与发展,其合理性具体表现在:第一,正确区分了各主体之权责,使其罚当其罪和不罚及无辜;第二,进一步完善国家责任制度,有效防止大规模国家犯罪的死灰复燃;第三,深入释明了国际条约以实体法形式确立个人的国际罪行和大量国际刑事司法审判次第出现之原因。

二、国家人格否认制度的理论界定及实施方式

随着近现代国际法的发展,国家人格否认制度在国际司法实践中早已成为司空见惯之事实,只是缺乏学术理论上的梳理。任何制度的实现一定有其起始,国家人格否认制度亦是如此,可以说,国家人格否认制度是与现代国际法中的人权保障、国际犯罪、国际人道法的发展紧密相关的。

(一)国家人格否认制度是个人刑事责任原则在国际法中的法律实现方式

《纽伦堡宪章》第 6 条创设了个人刑事责任原则,被称为"纽伦堡原则"(Nuremberg principles);1946 年 12 月 11 日联合国大会颁布的"纽伦堡原则声明"则进一步确认了国际法可以不考虑国家法的规定,直接适用于个人刑事责任的原则。[①] 此处所谓"个人"应包括两类:(1)享有特定职权的自然人,包括国家元首及其近亲属、亲信(如希特勒秘书马丁·鲍曼、苏丹总统巴希

---

① M.谢里夫·巴西奥尼:《国际刑法导论》,赵秉志等译,法律出版社,2006 年,第 58 页。

尔、利比亚总统卡扎菲及其近亲属)、政府首脑(如日本首相平沼骐一郎、普鲁士邦总理赫尔曼·威廉·戈林)、外交部部长(如纳粹德国第一任外交部部长康斯坦丁·冯·纽赖特、第二任外交部部长约阿希姆·冯·里宾特洛甫)、最高军事首领(如德国国防军最高统帅部参谋长、陆军元帅威廉·凯特尔,日本陆军大将土肥原贤二、松井石根、板垣征四郎)、党派掌权者(如纳粹党立法领袖威廉·弗利克、司法领袖汉斯·弗兰克)等具有特定身份的个人。(2)"非国家行为者",主要包括武装部队、警察、准军事团体、武装民兵团体以及其他民办机构等团体,如准军事团体和武装民兵团体在南斯拉夫的冲突中,实施了很多国际犯罪行为。此类主体所涉足的最为典型的国际犯罪是"危害人类罪";"非国家行为者"在一些情形下甚至成为"解决个人刑事责任的先决条件"[①]。当然,由于国际刑事责任是个人刑事责任,故而非国家行为者并非国际刑法主体的新种类。

纽伦堡审判的法庭判决指出,"正像对国家一样,国际法对个人也施加义务和责任,这是早已被承认的……本宪章的精髓就是,个人也有国际义务,这种国际义务高于各个国家所施加的国内服从义务。违反战争法规的个人虽然是根据国家的授权行事,但如果国家在授权时超出了它根据国际法所享有的权限,那么,上述个人就不能得到豁免"。《纽伦堡宪章》以及法庭判决所承认的国际法原则在 1946 年 12 月 11 日联合国大会上得到肯定。[②] 1946 年的《远东国际军事法庭宪章》第 5 条同样规定以个人身份或团体成员身份犯有国际罪行,犯罪者个人应单独承担责任。1998 年订立的《国际刑事法院罗马规约》第 25 条更是明文规定了"个人刑事责任问题"。总之,一系列临时性或常设性的国际法庭宪章或规约都规定了个人刑事责任原则,而这些原则的具体落实自然要借助于法庭的刑事司法审判。

综上所述,随着战后诸多国际刑事法庭对个人刑事责任的追究,国际法已牢固确立个人刑事责任原则,这也标志着国家人格否认制度的真正确立。该制度具有很强的实践性和可操作性,它的确立与发展伴随着个人刑事责任原则在国际刑事司法实践中的法律实现。

---

① M.谢里夫·巴西奥尼:《国际刑法导论》,第 60—62 页。
② 伊恩·布朗利:《国际公法原理》,曾令良等译,法律出版社,2007 年,第 496—497 页。

(二)国家人格否认制度的国际法创设与个案实现

国际法的创设不同于国内法,其更多地体现在国家间意志的协调,通常表现为缔结条约,此类例子不胜枚举。当然,国际习惯法的司法确定也是国际法创设的一种重要情形,①如"以私人身份行事的个人"实施国际犯罪,最早为国际习惯法确定下来的有海盗和贩卖奴隶两种行为。② 国家人格否认制度的国际法创设集中在国际刑法与国际人道法领域,具体指国际法创设和调整国际犯罪。

根据实施身份之不同,个人国际犯罪大致分为两种类型:第一类是"以私人身份实施的国际犯罪",如海盗罪、贩卖毒品罪、劫持航空器罪、劫持人质罪等;第二类是"个人以国家代表的身份或者作为代表国家行事的人实施的国际犯罪",如战争罪、反人道罪、灭绝种族罪等。③ 对于前者,因各国国内刑法均无例外地将此类行为规定为犯罪,且管辖权上大多数国家采取普遍管辖原则,故通常在内国法院进行管辖和审判;而对于后者,通常由临时性或者常设的国际刑事法庭管辖。此外,由专门的法庭审判一些特定的国际犯罪案件成为近年来国际刑事法治的新趋势,譬如判处伊拉克前总统萨达姆绞刑的"伊拉克高等法院"(Iraq High Criminal Court),其前身是根据2003 年 12 月 10 日生效的《伊拉克特别法庭规约》成立的"伊拉克危害人类罪特别法庭";又如判处孟加拉国伊斯兰大会党核心人物穆罕默德·穆贾希德死刑的"国际战争罪法庭"(International War Crimes Tribunal),由执政的孟加拉人民联盟政府于 2010 年建立并行使职权。

在处罚措施方面,经过多年的发展与演进,国际法对代表、支持国家或以国家名义行事之个人实施的国际犯罪采取"二元责任原则"予以惩处已成为国际法学界的共识,但传统概念并未解决如下问题:(1)既然个人以国家代表的身份或者作为代表国家行事的人的身份实施,这种职务行为是否为

---

① 国际习惯法的司法确定之进路是一个十分复杂的问题,牵涉到很多国际法上的理论问题,详见姜世波:《习惯国际法的司法确定》,中国政法大学出版社,2009 年,第289—342 页。

② 庄敏彰:《从国际法观点论国际犯罪》,台湾海洋大学硕士论文,2002 年,第 80 页。

③ 庄敏彰:《从国际法观点论国际犯罪》,第 80 页。

国家这一主权实体所吸收？此种情形下个人的行为能否得到豁免？（2）如果认为代表、支持国家或以国家名义行事之个人应当对其做出的国际犯罪行为承担责任，理由又是什么？（3）如果认为个人须承担相应国际法责任，那么主权国家是否也应同时承担责任？如果实行"二元责任原则"①，其理由又为何？笔者提出的国际法人格否认制度，为我们清晰理解上述问题提供了理论上的参考。当然，与国家人格否认制度有关的国际犯罪行为与国家本身的犯罪行为胶合在一起，对外常表现为国家主权行为，故国际法须通过人格否认制度将二者进行剥离，惩处方式实行"二元责任原则"。如 1945 年 11 月起纽伦堡国际军事法庭对戈林等前纳粹罪魁共 20 多人进行了审判；1946 年 1 月起远东国际军事法庭对日本法西斯战犯进行审判，并宣布 25 名被告有罪。在法西斯战犯承担个人刑事责任的同时，法西斯国家也承担了"最严重的一种国际责任形式"，同盟国通过订立《伦敦国际协定》，对德日实行临时性的军事占领和军事管制，并由盟国管制委员会代行此项最高权力。② 此外，国家刑事责任的承担方式还有判处罚金和损害赔偿、经济制裁、剥夺参与国际活动的权利以及道义谴责等。需要注意的是，国家人格否认制度的法律创制和国家人格否认制度的实现是两回事，国家人格否认制度只适用于个案，即在国际法庭上通过国际司法诉讼将此类规范适用于个案以实现之。

三、国家人格否认制度与个人国际法有限主体理论

(一)国际刑法的发展扩大了国际法律关系的主体资格

通常认为，某一法律关系的主体者，即为某一法律关系的参加者。故要成为国际法的主体，通过考证其有无参加国际法律关系，即可明了。"当国际法学者称特定实体为法人，或是称该实体为'法律主体'时，即意味着该实

---

① "二元责任原则"类似于国内刑法中的"双罚制"，指的是"国际社会在认定行为国家犯有战争罪、侵略罪等国际罪行并给予处罚的同时，还应当追究主要决策者、执行者和实际实施者等行为人的个人责任，即在国家实施的国际犯罪中确立二元责任原则"。参见马进保：《论国家实施国际犯罪的责任》，《杭州商学院学报》，2003 年第 4 期。

② 孙珩超：《现代国际法原理》，宁夏人民出版社，2005 年，第 105—106 页。

体有能力建立法律关系,并享有权利与负担义务。"因循该思路我们会发现,传统国际法对个人权利的保护就如同内国法对动物权利的保护,但经过几十年的发展,此观念显然已不合时宜,而关于国际人格的范围中是否包含个人、公司等问题早已是众说纷纭了。① 随着国际法律关系的纵深发展,国际法上的人格已不再局限于传统国际法主体,从当前个人积极参加国际法律关系、成为国际法直接调整对象这一现象观之,个人作为国际法的主体已然成为事实。但是,个人在国际法上的主体地位是有限的,也就是说,一般情形下国际义务都应由国家或国家间组织这种拟制的法律人格者承担。但在特殊情形下,由于代表、支持国家或以国家名义行事之个人做出国际不法行为触犯了国际强行法,而对国家的惩戒不足以弥补国际不法行为所造成的严重后果(或罪刑相一致)时,通过国家人格否认制度,国际法着力以个人刑事责任承担的方式谴责隐藏在国家之后的个人行为者几成趋势。"二战"以后,联合国安理会指定成立的临时法庭对法西斯战犯的审判最为典型。对国际犯罪行为,因其违背了国际法规定的"禁止性规范",国际法允许其法律效力刺穿国家主权的屏障,结果正如国际军事法庭判决书所言,"违反国际法的犯罪行为是由个人而非抽象的法律实体所实施的,因此国际法的规定只有通过处罚实施这些犯罪的个人才能得到执行"②。

可以说,现代国际法对国际犯罪的惩治便是典型的国家人格否认制度。自 19 世纪后半叶以来,为学界一般公认的是,"国际法可以对个人的作为或不作为追究刑事责任,并且可以由经合法授权的国际法庭或国内法院以及军事法庭给予惩处。这些国际法庭根据适用的法律以及法庭的宪章行使国际管辖权,国内法院则根据适用的法律以及管辖权的性质——这种管辖权的行使为国际法所肯定——行使国际管辖权"③。这就很好地解释了为什么此种表面上看起来属于国内法上管辖的个人刑事犯罪通常不在一国国内审判,而由常设的或临时性的国际刑事法庭来审判,而且对其审判在法律适用上也主要以国际法为依据。此类国际刑事公约均有犯罪的实体性规范,譬

---

① Michael Akehurst and Peter Malanczuk, *A Modern Introduction to International Law*, Routledge, 1997, p.325.

② M. 谢里夫·巴西奥尼:《国际刑法导论》,第 57—58 页。

③ 伊恩·布朗利:《国际公法原理》,第 496 页。

如 2002 年 7 月 1 日生效的《国际刑事法院罗马规约》第 21 条规定了公约"适用的法律"。从该条规定可以看出,个人承担国际法上责任的问题在国际法上早已确定无疑。当然,此处最为合理的解释是个人对国际刑事责任承担的特殊性,国际法通过法律创设和推动刺破国家虚拟人格之屏障,进而将国际法律责任直接施加于个人行为者。

(二)国家人格否认制度深刻印证了"个人国际法有限主体"论

关于个人是否具备国际法主体地位的讨论众说纷纭。有学者独辟蹊径,提出将"国际法的主体"与"国际犯罪的主体"两者割裂开来分别看待,并认为国际犯罪的主体"是指犯国际罪行,应负刑事责任并具有责任能力的自然人(个人),因为犯罪是有意识的活动,特别是犯国际罪行,必须具备国际犯罪构成的心理要件,所以只有有意识的自然人(个人)才能成为国际犯罪的主体"①。笔者并不赞同该说法,这是因为:(1)国家在特定情形下也可以成为国际犯罪的主体,尽管这一观点存在争论,但一系列的国际法文件也支持这一立场,如国际法委员会 1996 年通过的《关于国家责任的条文草案》将国际不法行为(international wrongful act)分为国际侵权行为(international delict)和国际罪行(international crime);2001 年 11 月,国际法委员会又通过了《国家对国际不法行为的责任条款草案》,将国际犯罪改称为"严重违背依一般国际法强制性规范承担的义务",被认为是对"国际罪行"概念的进一步扩大适用。(2)从国际刑法的视角界定"国际犯罪的主体"并无不当,但这并不意味着个人就不能成为国际法的主体,这是因为假定"国际犯罪的主体"成为国际法的一类新型主体,则更加支持了个人是国际法主体的说法。对此,笔者有四点理由。其一,萌芽时期的国际法主体就是个人。根据古代两河流域和古埃及缔结的条约,"国际法主体不是国家本身,而是法老、国王以及各城邦国家的独立统治者或附属统治者",当时为数众多的通婚条约也证实了这一点。② 其二,"国际犯罪的主体"的提法是从国际犯罪学的视角考察的,而如前所述,国际犯罪很重要的特征就是其法律渊源也是基于国际

---

① 林欣:《国际法和国际私法理论若干新观点》,《环球法律评论》,2008 年第 6 期。

② 杨泽伟:《国际法史论》,高等教育出版社,2011 年,第 9 页。

法,也就是说,代表、支持国家或以国家名义行事之个人进行的国际犯罪行为本身是国际法直接施加给个人行为者的责任承担形式,故提出这一概念并不能使其从逻辑上绕开个人的国际法主体地位问题。其三,从国际犯罪的流变来看,个人刑事责任的承担亦经历了一个渐进的发展历程,"二战"以后的国际法更加明确地惩治个人的刑事犯罪,如"把战争罪作为一种国际罪行,并对策划、发动侵略战争的国家领导人由国际法庭提起诉讼和审判,则是第二次世界大战后出现的事"①。其四,正是由于传统国际法中国家责任的承担方式已无法防止代表、支持国家或以国家名义行事之个人实施的国际犯罪,导致严重危害到国际社会共同利益的情势,所以国际法要通过人格否认制度,穿越国家主权的屏障,进入国际刑法层面来惩治国际犯罪,使个人承担国际法创设和推动的国际刑事责任。

因此,正如意大利国际法学家帕里埃里(B. Pallieri)所认为的,在纽伦堡和东京的国际军事法庭中个人直接被审判,"就是把个人同国际法直接联系起来,从而使个人成为国际法的主体"②。故笔者提出"个人国际法有限主体"理论,所谓"有限主体",乃是因为仅在国际刑法等特定领域,个人行为导致承担国际法责任与享受权利的情形下,个人方能成为国际法之主体。即使是持批评论的林欣教授也不得不承认,"由于国际法的发展,也出现了一些新情况,那就是在特定的场合下,个人在国际上具有一些有限的行为能力"③。个人在国际法上具有"行为能力",当然是国际法的主体无疑,这不正佐证了笔者的"个人国际法有限主体"的观点?换言之,在国际法上,国家、个人都可能承担责任,而且在国际犯罪等特定领域,对于代表、支持国家或以国家名义行事之个人做出的国家行为,因为超过必要的限度,国际法通过国家人格否认制度实行"双罚制",直接追究个人的刑事责任。正是由于国家人格否认制度,无论是个人承担国际犯罪之责任,抑或国家承担国际不法行为之责任,均是国际法主体之责任承担形式;个人的国际法责任较为有限,但其国际法主体资格并不能否认。所以,学界不应再拘泥于个人是否是国际法主体的讨论。

---

① 赵少群:《国际法上战争罪内涵的历史演变》,《贵州大学学报》(社会科学版),2006 年第 2 期。

② 林欣:《国际法和国际私法理论若干新观点》,《环球法律评论》,2008 年第 6 期。

③ 林欣:《国际法和国际私法理论若干新观点》。

四、结 语

国家作为国际法最主要的主体,是国际法律关系的主要参加者,享有依国际法而起之权利,亦承担依国际法而起之义务,乃国家的法律人格使然。国家与国内法中的公司法人一样在国际法上具有拟制的身份与独立的人格,而主权则成为国家法律人格赖以存在的"拟制的灵魂",也因此,国家做出的法律行为一般均被视为主权行为,均由国家承担法律后果。但"二战"以来出现了一种新趋势,即国际法开始追究那些滥用统治权力、以国家的名义肆意发动战争、侵害人权、屠杀民众等代表、支持国家或以国家名义行事之个人的刑事责任,《纽伦堡宪章》第6条创设的"纽伦堡原则"对现代国际法的发展产生了重大影响,国际法实质上已悄然创立了国家人格否认制度。而国家人格否认制度的特别适用也决定了个人的国际法主体地位势必在极其特殊情况下存在,一般认为应限于个人承担国际刑事责任与享受国际权利等方面,笔者继而提出了"个人国际法有限主体"理论,它很好地回应了当前学界关于个人是否是国际法主体问题的争论。

原文发表于《云南社会科学》2014年第6期

入选理由:

本文为自然来稿筛选使用,也是在约稿资源比较缺乏的时期凭质量胜出的。文章虽然选题较大,但是结构完整,论题集中,在有限篇幅里较好地抒发了作者的思考,在博士生文章中属于较好的作品。

专家评论:

本文从个人刑事责任入手,探讨国家人格之否认制度,别有新意。论文结合民法、刑法和国际法相关理论,主张国家人格得在国家犯有严重罪行时予以否定,并就此探究个人作为国际法有限主体之理论,对学界后续研究颇有启发意义。

——陈一峰,北京大学长聘副教授

论香港法院基本法解释权的制约机制

——《香港基本法》实施20周年后的反思

谢　宇①

摘　要：中国香港回归以来，香港法院通过行使基本法解释权，多次试图为司法权拓展更大"疆域"，挣脱来自中央和特区内部的束缚，这使得对香港法院基本法解释权的制约成为必然之举。然而，香港回归以后，原有制约机制被摈弃，新制约机制难以实现长效制约。尽管中央在与香港法院围绕《香港基本法》解释的博弈中取得了诸多成就，但香港法院基本法解释权的制约机制仍存在制度性风险，中央全面管治权还可能再次被侵蚀。因此，要把维护中央全面管治权与保障香港高度自治权有机结合起来，确保《香港基本法》正确实施。有必要完善香港法院基本法解释权的制约机制，即明确以依申请释法为主、主动释法为补充的全国人大常委会释法二元模式；在依申请释法中，增加行政长官作为提请全国人大常委会释法的法定主体；在个案中，形成三种释法路径的优先次序。

关键词：香港基本法；解释权；香港法院；全国人大常委会；制约机制

作为中国香港（以下简称"香港"）宪制性法律的《香港基本法》已经实施了21年，《香港基本法》作为"一个具有创造性的杰作"②，在维持香港的繁荣稳定方面发挥着至关重要作用。但正如饶戈平教授所说，"面对香港不同于内地的政治生态和国际环境，运用'一国两制'和基本法进行管治，对中央而

---

①　谢宇，北京大学博士研究生，现为广东外语外贸大学副教授。

②　邓小平：《邓小平文选》（第三卷），人民出版社，1993年，第352页。

言始终是一个全新课题"①。香港回归以来,中央与香港法院围绕《香港基本法》,就中央全面管治权与特区高度自治权问题展开了多次博弈,其中由基本法解释权所引起的博弈最为激烈和持久,影响也最为深远。在历次博弈中,香港法院,特别是享有终审权的香港终审法院(以下简称"终审法院")通过行使基本法解释权,经由吴嘉玲案等案件,试图不断地为司法权拓展更大"疆域",挣脱来自中央和特区内部的束缚。"有权力的人们使用权力一直到遇有界限的地方才休止"②,实践证明,香港法院也未跳出这一规律。要确保香港法院严格遵守《香港基本法》,离不开对其加以外部制衡。完善对香港法院基本法解释权的制约,并将其固定为稳定、长期的机制,是落实中央全面管治权,保障《香港基本法》正确实施方向的必然要求。下文将分别讨论为何要对香港法院基本法解释权加以外在制约、现有制约机制存在的问题以及对现有制约机制的完善三部分内容。

一、为何要对香港法院基本法解释权加以外在制约

授予香港法院基本法解释权是香港高度自治权的重要体现,对香港法院基本法解释权进行制约本质上是对高度自治权的一种制约,人们难免会质疑,这种制约是否有法理依据和现实需要? 对于前一个问题,即这种制约的法理依据问题,学界已经有广泛讨论和基本共识,本文不再赘述,③本部分将重点讨论对香港法院基本法解释权加以外在制约的现实需要。在现行的基本法解释体制中,基本法解释权在相当大程度上由香港法院行使,香港法

---

① 饶戈平:《探索总结发展——写在香港基本法颁布 25 周年之际》,《港澳研究》,2005 年第 2 期。

② 孟德斯鸠:《论法的精神》(上),张雁深译,商务印书馆,1961 年,第 154 页。

③ 学界主要观点认为,包括基本法解释权在内的高度自治权不是独立的主权,而是中央通过法律形式授予的,高度自治权的行使应当受到授权者的监督并受到中央全面管治权的限制,不得侵蚀中央全面管治权。具体到基本法解释权,根据《香港基本法》第158 条,全国人大常委会享有基本法终局解释权,香港法院的基本法解释权是由全国人大常委会授予的,并且应当受全国人大常委会终局释法权的限制。代表性学术成果参见饶戈平:《"一国两制"在香港成功实践的启示》,《中国人大》,2017 年第 13 期;王振民:《香港〈基本法〉的基本问题》,《中国法律评论》,2015 年第 3 期;等等。

院对《香港基本法》的几乎所有条款享有事实上的解释权。① 虽然香港法院行使着如此广泛的基本法解释权，但"司法权是有限的，司法释法同样是有限的，它同样不能超越自身的权力范围"②。先贤告诉我们，依靠权力行使者的自觉来防止滥用权力是不可靠的，"要防止滥用权力，就必须用权力约束权力"③。同样，如果缺乏外在制约机制，香港法院的基本法解释权也会逾越界限，侵蚀中央全面管治权。下文将结合香港法院的司法实践详述之。

（一）试图控制全国人大常委会释法权的启动，压缩全国人大常委会释法权

根据《香港基本法》第 158 条的规定，基本法解释权属于全国人大常委会，并且全国人大常委会对《香港基本法》的解释具有最高权威。同时，该条又规定全国人大常委会授权香港法院对《香港基本法》进行解释，如果香港法院在审理案件中遇到特定情况，应由终审法院提请全国人大常委会释法。尽管《基本法》第 158 条对一些细节问题未进行详细规定，但其确立了一个明确的基本框架：全国人大常委会是基本法释法权的享有者，虽然香港法院经授权也可以行使解释权，但全国人大常委会是授权者，香港法院是被授权者。香港法院作为被授权者，应当尊重授权者的权威，不得违背授权者的意图甚或变相迫使授权者放弃基本法解释权，这是《香港基本法》第 158 条所蕴含的基本含义。对第 158 条一些细节问题的解释不能离开这一基本框架。但回归以后，香港法院脱离了第 158 条所确立的基本框架，意图控制全国人大常委会释法权的启动，并对全国人大常委会的释法权进行了限缩。这主要体现在以下几点。

1. 从提请主体上控制全国人大常委会的释法权，试图将终审法院作为启动释法的唯一主体。《香港基本法》第 158 条虽然规定了基本法解释权属于全国人大常委会，但在释法权启动问题上，只规定了由终审法院提请全国

① 姚国建：《违基审查 20 年：香港法院宪制功能的检视、省思与前瞻》，《深圳大学学报》（人文社会科学版），2017 年第 1 期。

② 王磊：《论人大释法与香港司法释法的关系——纪念香港基本法实施十周年》，《法学家》，2007 年第 3 期。

③ 孟德斯鸠：《论法的精神》（上），第 154 页。

人大常委会释法的情形。那么,全国人大常委会能否主动释法? 这一细节问题在《香港基本法》中并没有明确规定。但是,如果结合《中华人民共和国宪法》(以下简称《宪法》)相关规定,这一问题并不难回答。根据《宪法》第 57 条和第 67 条规定,全国人大常委会是最高国家权力机关的常设机关,"解释法律"是《宪法》明文规定的职权,也是一项全国人大常委会不得放弃行使的职权,尽管全国人大常委会可以进行授权,但任何使其放弃或变相放弃法律解释权的行为都违背了《宪法》第 67 条。《香港基本法》第 158 条规定全国人大常委会对《香港基本法》的解释权根本上也是源于《宪法》第 67 条,如果将《香港基本法》第 158 条解释为只有终审法院才能启动释法,以致全国人大常委会的释法权不经香港法院启动不得行使,实际上是变相使全国人大常委会放弃了对《香港基本法》的解释权,违背了《宪法》第 67 条赋予全国人大常委会的职能。此外,香港法院作为被授权者和被监督者,如果任由其自行决定在何时应接受全国人大常委会终局释法权的监督,只可能让这种监督流于形式。因此,将第 158 条解释为只有香港法院才能启动释法而全国人大常委会不能主动释法,是违背《宪法》和《香港基本法》的解释方式。然而,终审法院却恰恰采取了这种错误的解释方式。在吴嘉玲案中,终审法院认为,"只有终审法院,而非全国人民代表大会,才可决定该条款是否已符合'类别条件',即是否属于'范围之外的条款'"①。换言之,终审法院将其自身界定为唯一有权判断个案是否应当提请全国人大常委会释法的主体,排除了全国人大常委会主动释法的权力。这种对《香港基本法》的解释违背了《宪法》和《香港基本法》,侵蚀了中央全面管治权。

2. 从标准上进行控制,对应当提请全国人大常委会释法的情形进行限缩。尽管《香港基本法》对应当提请全国人大常委会释法情形的规定十分明确,即在满足以下条件时终审法院应当提请释法——关于中央人民政府管理的事务或中央和香港特别行政区关系的条款;法院在审理案件时,该条款的解释又影响到案件的判决,在对该案件作出不可上诉的终局判决前——但终审法院却在判决中对应当提请全国人大常委会释法的情况进行了严重

———————

① 吴嘉玲吴丹丹诉入境事务处处长,FACV14/1998,第 90 段。所谓"类别条件"和"范围之外的条款"是指《香港基本法》第 158 条所说的"关于中央人民政府管理的事务或中央和香港特别行政区关系的条款"。

限缩,提出了所谓的"主要标准原则",即如果法院审理案件时最主要需要解释的条款属于"关于中央人民政府管理的事务或中央和香港特别行政区关系的条款",则应当提请全国人大常委会释法;如果最主要解释的条款不属于上述情况,则不需要提请全国人大常委会释法。① 这种所谓的"主要标准原则",对应当提请全国人大常委会释法的情形进行了严格的限缩,使全国人大常委会的释法权遭到了削减。特别是结合"终审法院是启动释法唯一主体"的论述,在香港普通法遵循先例的情况之下,终审法院将建立起一套钳制全国人大常委会释法权的机制,即只要香港法院认为一个案件不属于提请人大释法的情况,即使全国人大常委会认为香港法院应当提请释法而未提请释法或进行了错误释法,全国人大常委会也无能为力。在这种机制下,全国人大常委会终局释法权只能依靠被监督对象而启动,相当于变相放弃了此项重要管治权。这种做法会导致在基本法解释领域,香港高度自治权完全凌驾于中央全面管治权之上,损害了全国人大常委会的终局释法权,不符合《香港基本法》的正确实施方向。在此后的多年司法实践中,香港法院也未能很好地遵守《香港基本法》,在出现明显应当提请全国人大常委会释法的情形时也罔顾《香港基本法》而自行释法。②

3. 全国人大常委会的回应及不足。吴嘉玲案可能造成的严重后果③以及这种侵蚀中央全面管治权的态势引起了各界的强烈反应,④并引发了全国人大常委会 1999 年释法。但这次释法的主要内容集中在解释《香港基本法》中的居港权条款,在基本法解释问题上仅指出了终审法院的解释不符合立法原意和程序,⑤并没有对香港法院提请释法的义务和程序等问题进行细

---

① 吴嘉玲吴丹丹诉入境事务处处长,第 103 段。

② 李树忠、姚国建:《香港特区法院的违基审查权——兼与董立坤、张淑钿二位教授商榷》,《法学研究》,2012 年第 2 期。

③ 特区政府在调查统计后估计,有 160 万人可依据终审法院的判决声称拥有居港权。参见香港特区行政区政府:《香港年报 1999》,http://www.yearbook.gov.hk/1999/gb/03/03_03_content.htm,1999 年。

④ 参见《就香港特别行政区终审法院的有关判决内地法律界人士发表意见》,《人民日报》,1999 年 2 月 8 日。

⑤ 王磊、谢宇:《论〈香港基本法〉解释实践对人大释宪的启示》,《行政法论丛》,2016 年第 19 卷。

化,更没有借此建立起长效制约机制。此次释法后,终审法院在随后的刘港榕案中承认全国人大常委会的释法权是"一般性和不受约制的权力",①但这远不代表博弈的结束。在随后的几年中,终审法院又通过庄丰源案再次挑战全国人大常委会的释法权。例如,1999 年释法已经阐明《香港基本法》第 24 条第 2 款其他各项立法原意体现在香港特区筹委会通过的《关于实施〈中华人民共和国香港特别行政区基本法〉第二十四条第二款的意见》中,②但在庄丰源案中,终审法院却排除了人大释法所指向的筹委会意见的拘束力和参考性,认为终审法院不会基于筹委会的意见而偏离终审法院自己推导出的含义,③实际上是对全国人大常委会释法的内容和效力进行了限缩。

(二)进行自我赋权,影响《香港基本法》所确立的权力体系

《香港基本法》从未规定香港法院审查国家立法的权力,也未明确规定香港法院审查立法会法例的权力,即所谓的"违反基本法审查权"。然而,香港法院却通过一系列判例进行自我赋权,授予了自身"违反基本法审查权",这种自我赋权的行为拓展了香港法院司法权的疆域,表现出了香港法院司法权的纵横双向扩张:在纵向上,香港法院作为地方法院赋予自身审查全国人大及其常委会立法的权力,损害了《宪法》所确立的人民代表大会制度;在横向上,香港法院赋予自身审查特区政府行为和立法会法例的权力,形成了司法权对行政权和立法权的有力制约。然而,在现行体制下,特区政府和立法会对司法权的反向制约机制却十分有限,④于是在一定程度上呈现出司法权对行政权和立法权的凌驾。

1. 终审法院宣称其有权对全国人大及其常委会所制定的法律进行审查。终审法院在吴嘉玲案中宣称:"根据《基本法》,特区法院在《基本法》赋予特区高度自治的原则下享有独立的司法权。当涉及是否有抵触《基本法》

---

① 刘港榕及另外 16 人对入境事务处处长,FACV10/1999,第 57 段。

② 全国人民代表大会常务委员会关于《中华人民共和国香港特别行政区基本法》第二十二条第四款和第二十四条第二款第(三)项的解释,19991 年 6 月 26 日第九届全国人民代表大会常务委员会第十次会议通过。

③ 入境事务处处长诉庄丰源,FACV26/2000,第 6.3 段。

④ 关于特区行政权与立法权对司法权制约的不足将在后文详细阐述。

及法律是否有效的问题出现时,这些问题均由特区法院裁定。因此,全国人民代表大会或其常务委员会的行为是否抵触《基本法》这一问题由特区法院裁定。"①终审法院的这一行为明显违背了《宪法》和《香港基本法》确立的政治体制:(1)在《宪法》所确立的政治体制中,全国人大及其常委会是最高国家权力机关及其常设机关,没有任何司法机关可以对全国人大及其常委会的行为进行审查,这是由《宪法》中的根本政治制度,即人民代表大会制度所决定的;(2)在《宪法》和《中华人民共和国立法法》(以下简称《立法法》)之中,没有任何规定说明《香港基本法》的效力高于全国人大制定的其他基本法律,当《香港基本法》与其他基本法律不一致时,不存在依据《香港基本法》审查其他法律是否有效的问题,只存在如何选择适用法律的问题;②(3)在《香港基本法》所确立的体制中,全国人大常委会是具有终局释法权的机关,香港法院的基本法解释权正是来自其授权,利用这种被授予的权力去审查全国人大及其常委会的立法是一种权力关系的混淆。③

2. 香港法院赋予了自身审查特区立法机关法例的权力。关于违反基本法审查权的问题,《香港基本法》仅仅在第 17 条规定了全国人大常委会对立法会制定的法例进行备案审查的权力,并未规定香港法院的违反基本法审查权。但在马维琨案中,香港高等法院上诉庭认为,香港法院在履行职责时有权对其他行为是否符合主权者的立法和法令进行审查,④这实际上是赋予了香港法院审查特区立法机关法例和行政机关行为的权力。在随后的张丽华案中,香港法院首次对特区的立法行使了违反基本法审查权。⑤ 在吴嘉玲案中,终审法院进一步明确了香港法院的违反基本法审查权,指出"毫无疑问,香港法院有权审核特区立法机关所制定的法例或行政机关之行为是否符合《基本法》,倘若发现有抵触《基本法》的情况出现,则法院有权裁定有关

---

① 吴嘉玲吴丹丹诉入境事务处处长,第 70 段。
② Bing Ling, "Can Hong Kong Courts Review and Nullify Acts of the National People's Congress", *Hong Kong Law Journal*, vol. 29, part 1 (1999), pp.8-16.
③ 肖蔚云:《略论香港终审法院的判词及全国人大常委会的释法》,《浙江社会科学》,2000 年第 5 期。
④ 参见 Hksar v Ma Wai Kwan David And Others, CAQL 1 /1997, para 57。
⑤ 陈弘毅:《论香港特别行政区法院的违宪审查权》,《中外法学》,1998 年第 5 期。

法例或行为无效"①。尽管人们对这种赋予自身违反基本法审查权行为的批评不绝于耳,②但这种批评无法改变的一个事实是,在《香港基本法》并未明确规定香港法院享有违反基本法审查权的情况下,自张丽华案中香港法院首次行使违反基本法审查权以来,③香港法院在事实上已经长期行使着违反基本法审查权,这一权力的行使已经持续了近20年,对于香港法院与立法机关、行政机关之间的权力关系产生了深刻影响。

(三)在部分案件中对解释后果的非理性认识

《香港基本法》是香港的宪制性法律,对该法条款的解释牵一发而动全身,因此,在对其进行解释时必须考虑可能导致的后果,避免对香港的繁荣稳定产生难以承受的负面影响。然而,香港法院在解释《香港基本法》的过程中,对部分案件采取较为激进的态度,缺乏对解释后果的理性认识。其中最为典型的当数香港法院对《香港基本法》第24条第2款,即关于香港永久性居民身份界定条款的解释。香港永久性居民的身份意味着对香港医疗、教育、环境等公共资源的占用和消耗,如果拥有香港永久性居民身份的人数超出香港的承受范围,必然会对香港的繁荣稳定造成较大的负面影响。在1999年前后发生的居港权系列案件中,对《香港基本法》第24条相关条款的解释关涉到许多人是否能够享有香港永久居民身份。因此,在对《香港基本法》进行解释时应当对解释的后果有理性的认识。然而,终审法院在几件具有标志性意义的案件中,却对《香港基本法》解释的后果表现出了非理性的认识。

1. 在吴嘉玲案等案件中对《香港基本法》第24条第2款第(3)项的宽泛解释,导致大量人口涌入香港的危险。《香港基本法》第22条第2款以及内地法律规定,中国其他地区的人进入香港须办理批准手续。香港特区临时

---

① 吴嘉玲吴丹丹诉入境事务处处长,第61段。
② 陈弘毅:《论香港特别行政区法院的违宪审查权》。
③ 反对香港法院享有违反基本法审查权的代表性观点,参见肖蔚云:《略论香港终审法院的判词及全国人大常委会的释法》等。赞成香港法院享有违反基本法审查权的代表性观点,参见胡锦光:《论香港基本法审查权及其界限》,《武汉大学学报》(哲学社会科学版),2017年第6期等。

立法会制定的《入境(修订)(第3号)条例》规定,凭借血缘而享有的永久性居民身份只能凭附贴有居港权证明书的、由内地公安机关颁发的单程通行证才能确立。然而,在吴嘉玲案中,终审法院在判决中坚持对《香港基本法》第24条第2款第(3)项进行宽泛的解释,并认定"第3号条例"中要求先持有内地公安机关颁布的单程证才可享有香港居留权的规定违反《香港基本法》。根据终审法院在吴嘉玲案、陈锦雅案①中的判决,所有香港永久居民在中国内地所生子女,不论是否持有单程证,不论婚生或非婚生,不论出生时父或母是否已经成为香港居民,均拥有居港权。这一判决的直接结果是在10年内可能有167万人可依据终审法院的判决拥有居港权,如果按照此解释进行执行,"香港的社会资源将无法应付大量新移民来港对就业、教育、房屋、医疗卫生、社会福利等各方面的压力,因而引发的社会问题将会极其严重。……民意调查显示,市民对这无法承受的后果非常担忧"②。面对终审法院的解释可能对香港繁荣稳定造成的冲击,全国人大常委会最终通过首次释法澄清了《香港基本法》中相关条款的含义,才避免了大量人口涌入可能对香港社会造成的巨大冲击。

2. 在庄丰源案中对《香港基本法》第24条第2款第(1)项进行的宽泛解释,为"双非风波"打开了法律"闸门"。在庄丰源案中,香港入境事务处处长提出"第二十四条第二款第(一)项的含义必然是不包括在香港的非法入境、逾期居留或在香港临时居留的人所生的中国公民"。然而,终审法院认为,非法入境、逾期居留或在香港临时居留的人所生的中国公民也依照《香港基本法》享有永久性居民身份。终审法院在论证中说,"依我等之见,实可进一步说,按过去这43个月的数字分析,也不能说处长被判败诉会令香港承担任何重大风险"③。事实证明,正是终审法院在庄丰源案中的这一判决为内地"双非孕妇"赴港产子并使"双非婴儿"获得居港权打开了法律的"闸门"。在庄丰源案后,香港从2001年620名"双非婴儿"出生,到2010年32653名"双

---

① 陈锦雅及另外80人对入境事务处处长,FACV13/1998。

② 参见香港特别行政区政府于立法会内务委员会特别会议上提交的《居留权事宜:解决办法》,香港特区政府网站:http://www.info.gov.hk/gia/general/199905/18/0518168.htm,1999年5月18日访问。

③ 入境事务处处长诉庄丰源,FACV26/2000,第7.2段。

非婴儿"出生,10 年间"双非婴儿"每年出生数量飙升 50 倍,累计总数超过 17 万,严重挤压了香港居民的社会资源,遭到了不同政治倾向势力的一致反对。①

二、现有纵向与横向制约机制的不足

"如果人都是天使,就不需要任何政府了。如果是天使统治人,就不需要对政府有任何外来的或内在的控制了。"②正如上文所述,香港法院并非"天使",要确保香港法院按照《香港基本法》正确行使基本法解释权,就不得不对香港法院加以外在制约。但目前来看,针对香港法院的纵向与横向制约机制存在着一定的不足,难以实现对香港法院基本法解释权的长效制约。

(一)剥离香港法院终审权的原有制约机制被摈弃

香港回归以前,在英国普通法机制下,香港法院虽然有权对《英皇制诰》和《皇室训令》等宪法性法律进行解释,但其并不享有最终的解释权,而是受到英国枢密院司法委员会的制约,在具体的个案中,如果当事人对香港最高法院不服,可以上诉至枢密院司法委员会。③ 这种将终审权从香港法院剥离的做法,有利于枢密院司法委员会通过个案对香港法院进行监督和制约。香港回归以来,《香港基本法》规定了香港法院的终审权,香港作为一个地方行政区域,案件的终审不需要到最高人民法院。④ 这就导致香港法院一方面完全摆脱了英国枢密院司法委员会的制约机制,另一方面建立起了完全独立于中国司法体系的法院系统,使中国最高人民法院无法接替英国枢密院司法委员会通过行使终审权对香港法院进行制约。当然,对于这一结果在当时也不难预见,为了对香港法院的终审权进行制约,在中英围绕香港回归

---

① 曹旭东:《博弈、挣脱与民意:从"双非"风波回望"庄丰源案"》,《政治与法律》,2012 年第 6 期。

② 汉密尔顿、杰伊、麦迪逊:《联邦党人文集》,程逢如等译,商务印书馆,1980 年,第 264 页。

③ 王振民:《论回归后香港法律解释制度的变化》,《政治与法律》,2007 年第 3 期。

④ 肖蔚云:《九七后香港与中央及内地的司法关系》,《中外法学》,1996 年第 2 期。

后设立终审法院的博弈中,中方曾提出要设立"判后补救机制",但最终为了换取英国在"国家行为"条款上的让步,放弃了这一主张。① 因此,要弥补摒弃原有对香港法院制约机制可能带来的损害,就必须将希望寄托在新的机制之中,即全国人大常委会的制约机制和特区内部的制约机制。

(二)全国人大常委会制约机制的不足:难以实现常态化制约

在《香港基本法》所确立的新机制中,制约香港法院基本法解释权最重要的方式是全国人大常委会的制约。《香港基本法》第158条规定了全国人大常委会的终局解释权,如果全国人大常委会对《香港基本法》进行了解释,香港法院在引用该条款时必须以全国人大常委会的解释为准。但从《香港基本法》的规定和全国人大常委会的释法实践来看,全国人大常委会难以对香港法院解释《香港基本法》的活动进行常态化制约,这主要体现在以下方面。

1. 提请全国人大常委会释法的主体有限,且无法进行常态化监督。要实现对香港法院基本法解释权的常态化制约,必须有相对广泛的提请释法主体,并能够及时发现香港法院行使基本法解释权中的问题,就应当提请释法而不提请释法或错误释法的情况提请全国人大常委会释法。如果提请释法主体过少,或者现有提请主体无法及时发现香港法院解释《香港基本法》中的问题,则这种制约将大打折扣。在回归后的体制中,《香港基本法》仅仅明确了终审法院作为提请全国人大常委会释法的主体;《立法法》第46条虽然规定了国务院、中央军事委员会、最高人民法院、最高人民检察院和全国人民代表大会各专门委员会等多个主体可以向全国人大常委会提出法律解释的要求,但除了国务院等个别主体外,其他主体与香港法院解释《香港基本法》的工作联系相对并不密切,而且上述主体也很难有过多的精力进行常态化观察,在制约香港法院解释《香港基本法》时能够发挥的作用相对有限。因此,依靠现有的提请主体对香港法院基本法解释权进行常态化监督并非易事。

---

① 参见 Lo Shiu Hing, "The Politics of the Debate over the Court of Final Appeal in Hong Kong", *China Quarterly*, no. 161 (March 2000), pp. 221-239。

2. 全国人大常委会释法程序复杂、过程较长，且不具有可追溯性。已有的几次释法实践证明，全国人大常委会在释法中能够严守法律程序，[1]但也正是严格的程序限制，使全国人大常委会的常态化制约受到一定桎梏。(1)全国人大常委会释法的法定程序较为复杂。根据《立法法》规定，全国人大常委会进行法律解释一般要经过以下七个程序：法定主体提出释法要求——常委会工作机构拟定法律解释草案——委员长会议决定列入常委会会议议程——常委会审议法律解释草案——法律委员会进行审议、修改并提出法律解释草案表决稿——常委会表决——发布公告予以公布。除此之外，《香港基本法》还规定，在对《香港基本法》进行解释前，还必须征询香港基本法委员会的意见。(2)全国人大常委会召开会议的时间间隔较长。按照《全国人民代表大会组织法》规定，全国人大常委会一般每两个月召开一次会议。相较于香港各级法院对个案的日常处理，全国人大常委会会议之间的时间间隔显得过长。尽管从目前的实践来看，全国人大常委会在实践中也许尚未出现"应接不暇"的状态，但从制度上来看，由于全国人大常委会受释法程序和会期限制，完全可能存在全国人大常委会纠正香港法院释法行为的步伐相对滞后的情况。(3)全国人大常委会的释法不具有可追溯性，全国人大常委会释法前的判决不受人大释法的影响，这可能导致终审法院在人大释法之前曲解《香港基本法》的判决成为"漏网之鱼"。

3. 全国人大常委会的解释可能面临被法院再解释的风险。由于全国人大常委会对《香港基本法》所做的解释是一种抽象解释，[2]最终个案的判决还是由香港法院作出，所以香港法院在个案中可能会对全国人大常委会的解释进行再解释。这种风险是现实发生过的。在庄丰源案中，终审法院在理解《香港基本法》第 24 条第 2 款时，就排除了全国人大常委会在 1999 年释法中指向的特区筹委会《关于实施〈中华人民共和国香港特别行政区基本法〉第二十四条第二款的意见》的约束力和参考性，而按照自己的思路推演出了与筹委会《意见》相左的结论，对全国人大常委会的解释进行了违背原意的再解释。

---

① 王磊、谢宇：《论〈香港基本法〉解释实践对人大释宪的启示》。
② 王磊：《论人大释法与香港司法释法的关系——纪念香港基本法实施十周年》。

（三）特区内部制约机制的不足：制约手段薄弱

在行政长官制①之下，香港特区行政机关、立法机关虽然对香港法院有一定的制约，但这种机制较为薄弱。香港法院在现行体制之中所受到的制约远低于港英政府时期，即使与司法权十分显著的美国相比，香港行政机关和立法机关对于香港法院的制约也十分薄弱。

1. 行政长官对香港法院基本法解释权的制约薄弱。在《香港基本法》所确立的政治体制中，针对行政长官对香港法院基本法的解释权并无直接的制约机制，只能通过一些较为间接的方式进行影响。（1）发出外交、国防等国家行为事实的证明文件。根据《香港基本法》第 19 条规定，香港法院对国防、外交等国家行为是没有管辖权的，在审理案件中遇有涉及国家行为的事实问题，应取得行政长官就该问题发出的证明文件，这种证明文件对法院有约束力。② 然而，这种证明文件针对的案件类别仅限于外交、国防等国家行为，对香港法院基本法解释权的制约较为有限。（2）依照法定程序任用各级法院法官。根据《香港基本法》第 88 条规定，香港法院的法官虽然是由行政长官任命的，但要根据当地法官和法律界及其他方面知名人士组成的独立委员会的推荐。根据《司法人员推荐委员会条例》规定，该独立委员会具有相当大的独立性，行政长官所能够发挥的影响有限。（3）对各级法院法官进行免职。出于保障司法独立的需要，《香港基本法》对法官免职的程序规定极为严格，只有在法官无力履行职责或行为不检的情况下，行政长官才可根据终审法院首席法官任命的不少于 3 名当地法官组成的审议庭的建议，对其予以免职。因此，要通过对法官的免职来制约香港法院基本法解释权，在法律上也几乎难以实现。

2. 香港立法会对香港法院基本法解释权的制约薄弱。从《香港基本法》所确立的政治体制来看，香港立法会对香港法院基本法解释权的制约微乎其微，仅在第 73 条规定了终审法院法官和高等法院首席法官的任免需经过

---

①　王磊：《香港政治体制应当表述为"行政长官制"》，《政治与法律》，2016 年第 12 期。

②　郑贤君：《"九七"后香港司法架构的特点——兼议终审庭的设立对香港司法体制的影响》，《中外法学》，1997 年第 1 期。

立法会同意。①　即使是在司法权较为显著的美国,国会对于法院的制约也会较香港立法会更为强势。②　在美国,通过马伯里诉麦迪逊案,法院同样享有宪法解释权以及对一般法律的审查权,③但立法机关保留着一定的"反制手段",除了对任免等环节的制约外,在制度上还保留通过修改宪法的方式推翻最高法院判决的可能。然而,面对赋予自身违反基本法审查权的香港法院,香港立法会在制约法院基本法解释权上则显得十分无力,不仅在制度上完全无权通过修改《香港基本法》的方式制约香港法院的基本法解释权,其甚至都不是提请修改或解释《香港基本法》的法定主体。因此,相较于行政长官,依靠香港立法会对香港法院基本法解释权进行制约更加难以奏效。

三、对香港法院基本法解释权制约的制度化

回顾之前的实践,在吴嘉玲案、庄丰源案等案中,在对是否提请全国人大常委会释法存有较大争议时,终审法院都选择了不提请释法。在刚果金案中,虽然终审法院首次主动提请全国人大常委会进行释法,但该案中主张提请全国人大常委会释法与反对提请全国人大常委会释法的票数为 3∶2④。反对提请全国人大常委会释法的观点以一票之差险些成为终审法院的多数意见。无论是终审法院之前不提请释法的立场,还是刚果金案中以一票之微弱优势首次主动提请释法,都隐藏着一个制度性的危险:在香港法院基本法解释权制约机制完善以前,对于终审法院应当提请释法而不提请释法或错误释法的行为并无长效的制约机制。很难说在未来的所有案件中,香港法官都能秉持刚果金案中陈兆恺等 3 位法官那种尊重全国人大常委会释法

---

①　关于立法会对上述法官特别是终审法院首席法官任命过程的影响,可以参见张淑钿:《论香港行政权、立法权和司法权对终审法院首席法官遴选的影响》,《政治与法律》,2015 年第 10 期。

②　这种制约体现在财政、法院机构设置、审判范围等诸多方面,参见 Charles A. Shanor, *American Constitutional Law : Structure and Reconstruction , Cases , Notes , and Problems*, West Academic Publishing, 2016, pp. 57-100。

③　胡锦光:《在必然与巧合之间:马伯里诉麦迪逊案解读》,《法学家》,2006 年第 4 期。

④　赞成提请人大释法的法官为终审法院常任法官陈兆恺等 3 人,反对提请人大释法的法官为终审法院常任法官包致金等 2 人。

权的立场,即使所有案件的法官都能够主动尊重全国人大常委会的释法权,终审法院与全国人大常委会毕竟是两个主体,意志上出现不一致的情况也难以避免。因此,通过制度制约香港法院的基本法解释权,避免中央全面管治权被侵蚀,对于坚持《香港基本法》的正确实施方向、防止再次围绕《香港基本法》的解释出现制度性矛盾至关重要。根据现存的或未来可能出现的问题,笔者认为,应当对香港法院基本法解释权制约机制进行以下完善。

(一)明确以依申请释法为主、主动释法为补充的全国人大常委会释法二元模式

《香港基本法》对于该法自身的解释模式并没有进行明确的规定,仅提到了在符合特定条件时,"应由香港特别行政区终审法院请全国人民代表大会常务委员会对有关条款作出解释"。因此,关于全国人大常委会的释法模式产生了二元模式和一元模式之争:二元模式认为,全国人大常委会既可以依终审法院的申请进行释法,也可以主动释法;①一元模式认为,全国人大常委会无权主动释法,只能根据终审法院的提请进行释法。② 笔者赞同二元模式,下文将对二元模式的法律依据及实践效果进行阐释,并指出二元模式应当注意的问题。

1. 二元模式的法律依据。全国人大常委会对《香港基本法》的解释权源自《宪法》和《香港基本法》,是全面的、在启动方式等事项上未受限制的,全国人大常委会拥有主动释法权的观点最终也得到了终审法院的支持。正如前文所述,全国人大常委会的基本法解释权从根本上来源于《宪法》,而《宪法》第 67 条和《香港基本法》第 158 条并未对全国人大常委会的释法权③加以对象或启动方式等方面的限制,更未规定只有经过终审法院提请全国人大常委会才能解释《香港基本法》。因此,认为全国人大常委会只能依终审法院提请释法的观点,与《宪法》第 67 条规定的全国人大常委会释法权相抵

① 例如郑贤君:《我国宪法解释技术的发展——评全国人大常委会 '99〈香港特别行政区基本法〉释法例》,《中国法学》,2000 年第 4 期;上官丕亮:《论全国人大常委会解释基本法的程序》,《山东社会科学》,2008 年第 10 期。

② 参见刘港榕及另外 16 人对入境事务处处长,FACV10/1999,第 56 段。

③ 《香港基本法》既是香港的宪法性法律,同时也是全国人大制定的、全国人大常委会依据《宪法》第 67 条有权进行解释的基本法律。

触,是对《宪法》所赋予的全国人大常委会职权的限缩。此外,在经过吴嘉玲案博弈后,二元模式也得到了终审法院的支持。在刘港榕案中,终审法院在批驳全国人大常委会无权主动释法的观点时指出:"本席不能接受此项辩据。常务委员会显然有权作出该项解释。此项权力来自中国《宪法》第67(4)条,并载于《基本法》本身第158(1)条。由第158(1)条赋予的解释《基本法》的权力,是一般性和不受约制的权力。该项权力及其行使并无在任何方面受到第158(2)和158(3)条限制或约制。"①在最近的立法会宣誓案中,终审法院重申了上述观点,认为"人大常委会解释《基本法》的权力来自《中华人民共和国宪法》第六十七条第四款,并以宽泛和不受制约的措辞被明文载于《基本法》第一百五十八条第一款中"②。

2. 二元模式的实践效果。如果按照"全国人大常委会不能主动释法"的观点,只能根据终审法院的提请进行释法,那么全国人大常委会的终局释法权将成为一纸空文,香港法院的基本法解释权将失去重要的外在制约。因为在一元模式下,只要香港法院不提请全国人大常委会释法,即使全国人大常委会认为应当释法或者认为终审法院的释法违反《香港基本法》原意,其也无能为力。相反,从现实来看,全国人大常委会虽然通过实践确立了二元模式,但在主动释法时极为克制,全国人大常委会目前仅仅进行了两次主动释法,尽管存在一些反对声音,但这种释法结果最终得到了有效的遵守,化解了对一些重要问题的争议,取得了较好的实践效果。

3. 二元模式应当注意的问题。以依申请释法为主,以主动释法为辅。坚持二元模式,需要注意处理好全国人大常委会释法权与香港法院释法权之间的关系。在实际操作中,全国人大常委会宜视以下情况决定是否主动释法。在案件审判中,如果由香港法院自行解释不会导致全国人大常委会认为难以承受的后果,全国人大常委会能够在事后进行纠偏的,可以让香港法院先行解释,全国人大常委会主要通过主动解释的方式进行事后纠偏,以尽量尊重香港法院的解释权。但如果在案件审判中,香港法院可能无法正确释法并且法院的判决可能造成难以承受的后果,全国人大常委会应当及

---

① 刘港榕及另外 16 人对入境事务处处长,第 57—58 段。

② 游蕙祯对香港特别行政区行政长官、律政司司长,FAMV7/2017,第 35 段。

时在终审判决前进行释法。这样既能够保障全国人大常委会释法权的有效行使,确保《香港基本法》的正确实施,又能保障香港法院释法权的充分行使,保障香港的高度自治权。

(二)在依申请释法中,增加行政长官作为提请全国人大常委会释法的法定主体

《香港基本法》和《立法法》第 46 条规定了多个有权启动依申请释法的法定主体,但未赋予行政长官在依申请释法中的法律地位。由于行政长官在释法中法律地位的缺失,其在实践中寻求启动全国人大常委会释法的举动引发了反对者的批评。[①] 在针对《香港基本法》的多次解释实践中,行政长官只是充当建议者,通过向国务院报告的方式间接启动全国人大常委会释法,这不利于实现对香港法院基本法解释权的常态化制约。笔者认为,在保持终审法院提请释法权不变的情况下,有必要通过解释《香港基本法》,明确增加行政长官作为提请全国人大常委会释法的法定主体。这主要是基于以下考虑:

1.终审法院对《香港基本法》的执行仅局限于个案,行政长官才是执行《香港基本法》最全面、最经常的主体,提请释法权是行政长官应当具备的职权。《香港基本法》第 48 条规定,行政长官的职责之一便是执行《香港基本法》和依照《香港基本法》适用于香港特区的其他法律,与香港法院只在个案中对《香港基本法》进行解释相比,行政长官对《香港基本法》的执行更为频繁和全面;与国务院等主体相比,行政长官对于《香港基本法》的执行更为频繁和直接。行政长官作为执行《香港基本法》最全面、最经常、最直接的主体,在遇到法律的规定需要进一步明确具体含义的情形时,提请全国人大常委会进行释法是其职能的必然要求。赋予终审法院等主体提请释法的权力,而不赋予行政长官提请释法的权力,与行政长官执行《香港基本法》的职能不匹配。

2.省、自治区、直辖市人大常委会均是提请全国人大常委会释法的法定

---

① 参见 Mark Elliott and Christopher Forsyth, "The Rule of Law in Hong Kong: Immigrant Children, the Court of Final Appeal and the Standing Committee of the National People's Congress", *Asia Pacific Law Review*, vol. 8, no. 1 (2000), pp. 53-76。

主体,没有理由将行政长官排除在外。香港特区与省、自治区、直辖市一样,都直辖于中央政府,具有相等的行政地位,在全国的行政区划结构中处于相同层次。① 省、自治区、直辖市人大常委会作为各级地方国家权力机关的常设机关,《立法法》明确赋予了这些主体提请全国人大常委会解释法律的权力。香港作为特别行政区,包括《香港基本法》在内的全国性法律的实施同样可能需要全国人大常委会释法,在这一点上,香港特区和其他省、自治区、直辖市具有同样的需求,没有理由不赋予香港特区提请全国人大常委会释法的法定权力。而根据现有制度,在香港特区所有的机关中,仅有香港法院是法律明确规定的提请人大释法的主体,未规定行政长官作为提请释法法定主体的地位。正如上文所述,香港法院对《香港基本法》的实施只在个案之中,在香港的政治体制之中,对《香港基本法》实施更为频繁和全面的主体是行政长官。此外,根据《香港基本法》规定,行政长官还是特区的首长,代表香港特区,是香港政治体制中提请全国人大释法最适当的主体。

　　3.行政长官在多次释法实践中通过间接方式发挥了关键作用,但这种间接提请释法的方式存在一定的隐患,有必要赋予其直接提请释法的权力进行防范。在全国人大常委会已有的五次释法实践中,1999 年、2005 年两次释法实践都是在社会各界围绕《香港基本法》产生了巨大争议时,由行政长官及时向国务院提出释法建议,间接启动全国人大常委会的释法,保障了《香港基本法》的正确实施,②可以说行政长官在关键时刻发挥了很好的担当作用。特别是在 1999 年释法中,终审法院在应当提请释法的情况下未提请释法,其最终判决对香港的繁荣稳定构成了巨大的威胁,得益于行政长官及时建议国务院提请全国人大常委会释法,才在很大程度上避免了《香港基本法》被曲解。但在这两次释法中,行政长官因为并非《香港基本法》和《立法法》规定的提请释法的主体,都只能通过建议的方式,间接通过国务院向全国人大常委会提请释法。这种方式增加了释法的程序和时间成本,特别是在紧急情况下,这种间接提请释法的方式可能会为相关矛盾激化以及社会不稳定因素的出现提供时间空隙。因此,增加行政长官作为提请人大释法

---

　　①　许崇德:《略论香港特别行政区的政治制度》,《中国人民大学学报》,1997 年第 6 期。

　　②　王磊、谢宇:《论〈香港基本法〉解释实践对人大释宪的启示》。

重审斯芬克斯之谜

的法定主体,也是对释法实践中良好经验的及时吸收和对可能出现危险的及时防范。

(三)在个案中,形成三种释法路径的优先次序

《香港基本法》第158条确立了一种个案中依申请释法的路径,即在就基本法条款产生争议后,香港法院释法或提请全国人大常委会释法。在这一路径中,往往是当事人对《香港基本法》相关条款产生争议,法官考虑双方当事人的理由后进行判断,如果认为符合《香港基本法》第158条第3款规定的情形,则向全国人大常委会提请释法;反之,则不提请全国人大常委会释法,自行释法。这一路径充分体现了香港法院独立的司法权和终审权,也是个案中最高效和常态化的基本法解释路径,但与其他普通法地区不同,在《香港基本法》所确立的体制中,独立的司法权和终审权并不包括对《香港基本法》的终局解释权,[①]终局解释权属于全国人大常委会。这也就意味着,在个案中应当在尊重独立的司法权和终审权与尊重全国人大常委会的终局释法权之间寻求一种平衡,不能以香港法院享有独立司法权和终审权为理由,架空全国人大常委会对《香港基本法》的终局解释权。因此,笔者建议在个案中按照以下三种释法路径的优先次序进行释法。

1. 个案中的主要释法路径。就《香港基本法》条款产生争议——香港法院释法或提请全国人大常委会释法。这一释法路径是《香港基本法》规定最为明确、具体的路径,同时,也是个案中最经常的释法路径。根据《香港基本法》规定,香港各级法院行使特区的审判权,因此,香港法院是对个案进行审判的唯一法定主体,这也决定了香港法院最适宜在个案中承担《香港基本法》的日常解释工作。根据《香港基本法》,个案中涉及该法有争议的条款时,如果是自治范围内的条款,则由香港法院自行进行释法,不需要提请全国人大常委会释法;如果是涉及中央人民政府管理事务或中央与特区关系的条款,且该条款的解释又影响到案件的判决,在对该案件作出不可上诉的终局判决前,应提请全国人大常委会释法。实践证明,这种释法路径能够满

---

① 参见 Anthony Mason,"The Rule of Law in the Shadow of the Giant:The Hong Kong Experience",*Sydney Law Review*,vol. 33,no. 623(2011),p. 644。

足日常个案中大部分的释法需求。然而,单纯依靠这一路径,存在着全国人大常委会终局释法权被架空的危险,因此,需要其他的释法路径对其进行补充。

2. 个案中的补充释法路径。行政长官如果认为香港法院对《香港基本法》的解释会对《香港基本法》执行产生重大负面影响,可以提请全国人大常委会释法。香港法院具有独立的司法权和终审权,行政机关应当予以尊重,这一点毋庸赘述。但香港法院并不享有对《香港基本法》的终局解释权,这项终局解释权属于全国人大常委会。根据《香港基本法》第 48 条规定,负责执行《香港基本法》也是行政长官的重要职权,当行政长官与终审法院对《香港基本法》中某一条款的理解不一致,而终审法院的解释会对《香港基本法》的执行产生重大负面影响时,则应当将该争议交由对《香港基本法》具有终局解释权的全国人大常委会进行解释。在这种情况下,行政长官提请全国人大常委会释法是行使其"执行基本法"职权的必然要求,也是维持香港法院独立司法权、终审权和全国人大常委会对《香港基本法》终局解释权之间平衡的重要保障。

3. 个案释法的最终保障。全国人大常委会主动释法。正如前文所述,全国人大常委会既可以依申请释法,也可以主动释法;既可以在案件审理过程中释法,也可以在案件审理前或审理后释法。2016 年立法会宣誓案中,全国人大常委会就在案件审判过程中主动进行了释法,并受到了香港法院的尊重。① 但与此同时,在日常的释法中,主要还是以香港法院或行政长官等主体提请释法的方式来启动全国人大常委会释法为宜,尽管《宪法》和其他法律未对全国人大常委会的释法权进行限制,但出于一些现实因素的考量,全国人大常委会主动释法不宜过于频繁:(1)由于中国内地的法律解释机制毕竟与普通法解释机制在观念等方面存在一定的不同,②双方的磨合需要较长的过程,全国人大常委会过于频繁地主动释法可能会引起部分香港居民的担心;(2)全国人大常委会作为中国最高国家权力机关的常设机关,享有立法权、法律解释权、监督权等诸多重要职权,解释《香港基本法》只是其法

---

① 游蕙祯对香港特别行政区行政长官、律政司司长,第 35—36 段。
② 焦洪昌:《香港基本法解释冲突之原因分析——以居港权系列案件的讨论为例》,《广东社会科学》,2008 年第 3 期。

律解释权中的一个部分,而法律解释权也只是其各项重要权力中的一个部分,客观上不可能花费过多的精力主动解释《香港基本法》。

原文发表于《云南社会科学》2018 年第 6 期

入选理由：

　　作者谢宇很年轻,该文是 2018 年的约稿,全文转载在《中国社会科学文摘》2019 年第 4 期。文章背景是《香港基本法》实施 20 周年。"香港法院基本法解释权的制约机制"这样的主题比较敏感,对于刊物来讲存在一定的风险,对作者的学术把握能力和政治意识也是很大的考验。该文作者虽然年轻,却将专业论述程度把握得很好,全文也没有政治问题。文章论述扎实厚重,逻辑性强,思路清晰。本文是编者最喜欢的文章之一。

专家评论：

　　在"一国两制"的伟大实践中,有效化解香港法院基本法解释权制约机制的制度风险,是实现中央全面管治权与香港高度自治权有机结合的必然要求。谢宇一文以二元模式和三种释法路径为框架,为实现对香港法院基本法解释权的长效制约提供了可行性建议。　　——聂鑫,清华大学教授

第五编

健康照护

公共卫生事件"前预警期"的
地方政府应对权配置

方世荣　孙思雨[①]

摘　要:《传染病防治法》规定,对传染病公共卫生事件决定并宣布预警、公布疫情信息等,属于国家卫生行政部门、省级政府及其卫生行政部门的职权。在疫情风险已经显现而上级有权机关预警决定、疫情信息公布尚待做出的"前预警期",疫情风险发生地的省级以下地方政府不可消极等待,必须主动采取必要措施提前应对,这就需要立法赋予地方政府在预警前端的风险应对权。这些权力可包括疑似病例披露权、防护知识指导权、临时强制处置权等。现行相关立法对这类职权存在配置上的欠缺,需通过修改《突发事件应对法》《传染病防治法》《突发公共卫生事件应急条例》等法律法规作出明确规定,以便省级以下地方政府依法定职权积极开展防控工作,及时维护人民群众的生命健康和财产安全。

关键词:传染病防治;公共卫生事件;前预警期;地方政府;风险应对权

2019年12月以来,起始于湖北省武汉市的新冠病毒肺炎疫情抗击工作,有许多教训值得总结反思,其中之一就是社会普遍质疑当地政府未能及时预警和公布疫情信息。2020年1月27日,武汉市市长在接受央视记者专访时解释了原因:传染病疫情的披露必须根据法律法规规定的权限进行,武

---

①　方世荣,中南财经政法大学教授,现为广东外语外贸大学法学学科建设云山工作室首席专家。孙思雨,中南财经政法大学博士研究生,现为华中师范大学讲师。

汉市政府未经授权不能披露。① 这反映出了公共卫生事件管理体制上的问题。根据《中华人民共和国传染病防治法》(以下简称《传染病防治法》)第19条、第38条和《突发公共卫生事件应急条例》第25条的规定,传染病疫情预警和疫情信息的公布,属于国家卫生行政部门、省级人民政府及其卫生行政部门的职权。由此,该市长的解释显然有法律上的根据。但需要研究的是,在尚待国家卫生行政部门和省级政府决定是否预警并公布疫情信息的前端时段,省级以下的地方政府(本文以下将省级以下地方政府均简称为"地方政府")对本地实际上已经显现的疫情风险应当有何种应对处置权。对此,相关法律法规均无明确规定。此时出现了地方政府职权配置并依职权积极作为的一个"空窗期",而这有可能正是疫情防治的黄金期。本文将这个时段称为"前预警期",并试对这一时段的起点、终点以及地方政府的相应职权配置等问题作出探讨,以期有益于今后相关法律制度的完善。

一、地方政府应对突发公共卫生事件的权限缺位

突发事件通常有其特定的生命周期,每一个突发事件都会经历一个潜伏生长、显现爆发、持续演进、消解减缓和解除消失的发展过程。② 根据这一规律,突发事件总体上可划分为预警期、爆发期、缓解期、善后期四个阶段。③ 合理科学的突发事件应急管理贯穿于突发事件发展的整个过程,根据不同阶段的特征要分别赋予各级各类行政机关相应的职权,形成与突发事件生命周期相协调的、循环有效的应对处置模式。《中华人民共和国突发事件应对法》(以下简称《突发事件应对法》)将政府及其主管部门的应对职权分别

---

① 参见《"我们愿意革职以谢天下",董倩采访武汉市长周先旺实录》,武汉市市长的原话如下:"因为它是传染病,传染病有传染病防治法,它必须依法披露,作为地方政府,我获得这个信息以后、授权以后,我才能披露,所以这一点在当时很多人不理解。后来特别是元月20日,国务院召开常务会议,确定了这个作为乙类传染病,并进行甲类传染病的管理,而且要求属地负责,从这之后,我们认为我们的工作就主动多了。" https://www.thepaper.cn/newsDetail_forward_5659034,2020年2月10日访问。

② 张小明:《公共部门危机管理》,中国人民大学出版社,2013年,第11页。

③ 薛澜、钟开斌:《突发公共事件分类、分级与分期:应急体制的管理基础》,《中国行政管理》,2005年第2期。

配置到预防与应急准备、监测与预警、应急处置与救援、事后恢复与重建等四个阶段。在监测与预警阶段,要求建立严密的信息收集和上报制度、严格的监测网格制度以及属地为主的预警制度。对于公共卫生事件的预警,该法第43条规定:"县级以上地方各级人民政府应当根据有关法律、行政法规和国务院规定的权限和程序,发布相应级别的警报,决定并宣布有关地区进入预警期。"这项规定并非像一般人理解的那样,是指县级以上地方各级政府有权直接依据《突发事件应对法》的规定发出预警。在这里,《突发事件应对法》实际上是通过援引其他法律法规的方式作出了权限规定,即地方政府要根据"有关法律、行政法规和国务院规定的权限和程序"预警。对于传染病导致的突发公共卫生事件,需要援引的"有关法律、行政法规"特指《传染病防治法》《突发公共卫生事件应急条例》等专门性的法律和行政法规。《突发事件应对法》在总则第7条中还规定:"法律、行政法规规定由国务院有关部门对突发事件的应对工作负责的,从其规定;地方人民政府应当积极配合并提供必要的支持。"这就是说,当其他法律、行政法规规定由国务院有关部门对突发事件的应对工作负责时,地方政府还只处于配合、支持的地位。对此,需要进而分析《传染病防治法》《突发公共卫生事件应急条例》的相关权限规定。《传染病防治法》第19条第2款规定,国务院卫生行政部门和省级人民政府根据对传染病发生、流行趋势的预测,及时发出传染病预警。这是对预警主体及权限的规定。第38条第2、3款分别规定,国务院卫生行政部门、省级政府卫生行政部门分别就不同区域范围定期公布传染病疫情信息;传染病暴发、流行时,国务院卫生行政部门负责公布传染病疫情信息,并可以授权省级政府卫生行政部门公布本行政区域的传染病疫情信息。国务院《突发公共卫生事件应急条例》第25条也有相同规定。这是对传染病疫情信息公布主体及权限的规定。从上可以看出,决定并作出传染病预警和公布疫情信息的主体及其职权,都只限于国家卫生行政部门、省级人民政府及其卫生行政部门,省级以下地方政府均无这类权限。那么,当传染病风险已显现出征兆(如已有一定数量的疑似病例并有传播迹象等),而国家卫生行政部门和省级人民政府又还在研判、尚未作出预警和向社会公布疫情信息之前,地方政府显然也不能被动等待、无所作为。为了及时维护当地人民群众的生命健康和财产安全,当地政府应当积极采取必要的措施来应对可能发生的风险,这就需要为其配置相应的权限,以便依法定职权开展工作。例如,为了让社会公众提高警觉、采取必需的预防措施,地方政府就要具有一定的相关信息披露权。信息披露是具有基础性的首要条件,如果有关信息都不能及时透露,是无法引导社会公众有效预防的。遗憾的是,《传染病防治法》对此并无规定,这就是地方政府职权配置上的一种法律缺位。《突发公共卫生事件应急条例》第31条似就此问题有所涉及,其规定是:"应急预案启动前,县级以上各级人民政府有关部门应当根据突发事件的实际情况,做好应急处理准备,采取必要的应急措施。"但仔细分析可以发现,这是指有权机关作出预警和公布疫情信息后、要启动应急预案前的应急处理准备和必要措施,并不是指在预警和公布疫情信息之前地方政府应当采取的必要应急措施。同时,这里规定的"必要应急措施"过于含糊,具体包括可以采取哪些措施、是强制性措施还是非强制性措施、针对何种对象等都语焉不详,其实际可操作性非常有限。因此,前预警期中地方政府的风险应对权仍未在法律上得到解决。法定职权的"真空"必然会形成法定职责的空缺,进而导致地方政府不能及时有效应对危机,并有理由摆脱本应承担的责任。

二、"前预警期"及地方政府面临的任务

"前预警期"是一个时间段,它始于地方政府及其相关部门发现并向上级机关报送有关传染病风险信息,止于上级有权机关研判信息后作出预警并公布疫情信息,期间长度取决于研判和决定时间的长短。地方政府及其相关部门发现并报送出疑似传染病的线索等信息,表明传染病风险已有明显征兆,因为《突发事件应对法》《传染病防治法》等已规定了有具体标准的监测和信息上报制度。如《国家突发公共卫生事件相关信息报告管理工作规范(试行)》明确了信息上报的参考标准,包括发现不明原因肺炎病例、两周内在集体单位发现有相同临床症状的不明疾病3例以上等。达到这类标准显然就是传染病风险的征兆,意味着疫情危机可能正在发生,当然也有可能最后查明的结果是并不存在,但从预防为主的原则讲,对此必须以"正在发生"来应对而不可侥幸地以"并不存在"来看待。为此,前预警期自监测到传染病隐患并上报就开始了,直到有权机关作出预警决定、公布疫情信息为

止。此后便正式进入了"预警期"而不再是"前预警期"。前预警期的特点在于：

（一）这一期间的长度不具有事先的确定性

国务院卫生行政主管部门和省级政府等有权机关作出预警决定，要建立在必要的风险信息评估之上，只有通过科学且充分的评估，才能保证警报发布的准确性。由于现有科学技术和经验等限制，人类对不同类型突发事件风险信息的识别、分析、评估能力不完全相同，所耗费的时间也不会一样。例如，对于大规模食物中毒的公共卫生事件，从发现相关信息到决定、发布预警，可能在短时间内即可完成，而对于不明新型传染疾病的公共卫生事件可能就需要一个较长久的研判、决定过程。基于研判危机信息的这种复杂性，当能科学确定传染病已达到发布警报的条件时，该传染病有可能已处于扩散、暴发期，造成了较大危害并增加了后续治理的困难和成本。这种前预警期时间长度的不确定性，表明作出预警与尽早介入防治之间有一个不确定的时间差，有时这个时间段会比较长，这就对风险发生地的地方政府提出了不能被动等待预警决定的要求：即使有权的上级机关暂未决定预警，也必须尽早介入，相关工作不可滞后。因而，法律必须赋予地方政府在此时必要的风险处置应对权。

（二）这一期间的地方政府及其主管部门具有双重任务

地方政府及其主管部门一方面有着收集、报送相关信息和跟踪监测的任务，一方面又需直接应对已经显现并随时可能扩大的传染病风险。从后一种任务的意义上讲，地方政府在前预警期实际上就要进入接近预警的临战状态，只是与宣布预警后的启动应急预案等应急管理比较，其应对工作在强度和范围上有些差别。这后一项任务的完成当然需要明确配置相应的职权。在公共危机管理学上，"预警"其实不是从有权国家机关决定并宣布才开始的。预警一词最早起源于军事领域，后来逐渐发展到经济社会领域。[①]公共危机管理学将公共危机预警界定为：根据有关危机现象过去和现在的

① 张小明：《公共部门危机管理》，第 138 页。

数据、情报和资料,运用科学方法,对危机出现的条件、发展趋势和演变规律等做判断,并作出警示,以便有关部门和公众了解并及时采取应对措施的一系列活动。[1] 学界还有人认为它是在危机潜伏阶段所进行的一切有效预防、警示工作,是对可能引起公共危机的各种要素及其所呈现的信号、征兆实施动态监测,就其发展趋势、可能发生的危机类型、危害程度等作出科学评估,并用危机警度发出警报的一套运行体系。[2] 可见预警并不仅仅是单一决定及发布警报的行为,而是一系列相关活动和一整套运行体系。该整体系统包括信息收集子系统、信息加工子系统、决策子系统和警报子系统。[3] 在公共危机管理学看来,预警从危机信息的收集报送就已开始,一直持续到警报的发布。而在突发公共卫生事件应对的立法上,"预警"是从有权国家机关"决定和发布预警"开始的,《突发事件应对法》第43条规定为"发布相应级别的警报,决定并宣布有关地区进入预警期",此后包括采取启动应急预案等一系列措施,直到转入应急处置与救援阶段;或是在"有事实证明不可能发生突发事件或者危险已经解除"的情况下,由发布警报的人民政府宣布解除警报、终止预警期为止。公共危机管理学上的预警和现有立法上的预警起点和终点显然不同。从理论上讲,现行立法设定的预警不完全符合公共危机管理学的预警理论,在法律表述上将预警起点后移至决定和宣布警报的时间节点上,排除了宣布预警之前的危机信息收集、传递、分析、决策等活动,这易于使地方政府形成要等待上级有权机关决定并宣布预警才进入预警状态的观念。如果吸收危机管理学上预警活动的完整内容,笔者认为传染病疫情的预警关口应当前移,即从监测到传染病相关信息并上报就已属于预警。国家有权机关现有的所谓"决定并公布预警",似应表述为"决定并公布警报"而不应称为"预警"。在立法的现有结构上,为了提升地方政府的警情意识和处警能力,在法律规定的"预警"决定公布之前确立临界状态的"前预警期",形成与预警决定公布之后进入预警期的紧密承接,并赋予地方政府在此期间应对风险的相应职权,有利于疫情发生地的地方政府尽早、尽快地进入防控状态,以免公共卫生事件在等待预警决定、宣布的过程中不断扩大和恶化。

---

[1]　王乐夫、蔡立辉:《公共管理学》,中国人民大学出版社,2014年,第350页。

[2]　张小明:《公共部门危机管理》,第138页。

[3]　王乐夫、蔡立辉:《公共管理学》,第352页。

（三）前预警期是常态管理向应急管理的过渡阶段

应急管理与常态管理不同的是，它会导致常规法律秩序的较大变动。①一般而言，应急管理是对突发事件的紧急应对，此时突发事件已显现、爆发甚至持续演进，这使得应急主体必须拥有不同于常态管理的应急权力，以便采取非常措施及时控制事态，其权力的强制力度、程序简略程度等要逾越常态管理的规则。对于常态管理和应急管理的转换标志，学界有不同的观点。有学者认为："预警行为的做出，事实上宣告进入特殊状态，根据预案的规定，每一级警报都对应一定的行政应急处置措施可供采取，后者会直接产生影响民众权利义务的法律效果。"②还有学者认为，突发事件发生后国家启动应急响应便标志着开始进入应急管理。③ 这就是说，有的以作出预警为应急管理状态，有的以启动应急响应为应急管理状态。无论如何，这都不是前预警期中的风险应对管理，因为前预警期是预警尚未作出的时段。但是，前预警期中的应对管理也不属于常态管理，因为此时已经监测发现并上报了相关风险信息，表明风险已有征兆，并极有可能持续扩大发展，随时会由有权机关确认并作出预警决定，这就超出了常态范围。由此，前预警期既不是常态管理期也不是应急管理期，而是两者之间的一个过渡阶段。对此，地方政府以常规管理职权是不足以应对这一时期特定事项的，必须赋予与此过渡阶段相适应的应对管理权，它要超越常态管理职权的力度和范围，但又不等同于进入预警期后的应急管理职权。相对于常态管理的职权配置而言，由于突发公共卫生事件已经显现风险并随时可能爆发，其应对管理权限必须具有特别针对性和一定强度；相对于应急管理的职权配置而言，由于突发公共卫生事件尚待确认，有权机关还未宣布预警，因此前预警期的应对管理权限又必须保持克制，在范围和强度上不可过于宽泛。

---

① 林鸿潮：《论应急处置状态结束的法律机制》，《云南行政学院学报》，2010 年第 4 期。

② 陈无风：《应急行政的合法性难题及其缓解》，《浙江学刊》，2014 年第 3 期。

③ 林鸿潮：《论应急处置状态结束的法律机制》。

三、前预警期的地方政府应对权配置

有学者曾提出,应将传染病疫情的预警权和信息公布权直接下放到省级以下、县级以上的地方政府及其主管部门,[①]这种观点有待商榷。现行立法将突发公共卫生事件预警和疫情公布划归为部、省高层级行政机关的权限,是因为这一工作必须具有高度的科学性和准确性,且不能造成社会不必要的恐慌。对此,参与《传染病防治法》修订工作的中国疾控中心有关专家曾指出,"错误的预警信息有可能引起大众不必要的恐慌,造成不必要的动荡,所以,传染病预警信息的及时、科学、准确是非常重要的","要想作出准确的传染病预警,就必须有一定的基础资料和坚实的基础工作"。[②] 不同层级政府在传染病科学、准确认定方面的资源条件和研判能力是有差异的,地方市、县级政府显然不具有优势和条件,因而在确认结果的科学性和准确性上难以保证。同时,如果省级以下的各行政区域都可自主宣告传染病预警和公布疫情信息,继而启动各自的应急预案,极易导致混乱,影响全局性统筹安排。这可能是《传染病防治法》《突发公共卫生事件应急条例》将预警和相关信息发布权限集中于国务院卫生行政部门和省级政府及其卫生行政部门的一个重要原因。此外,在现有交通发达、电子通信方便的条件下,省级政府与省内各市、县级政府的联系十分便捷,即使是国家卫生行政部门,一两天内迅速抵达公共卫生事件发生地也不困难。因而,直接下放预警权和疫情确定信息的宣布权到市、县并不恰当。但除这类涉及科学性判断和全局统筹的权力之外,地方政府也需要配置其他相关权限来处置前预警期中必须应对的事项。

---

① 参见《学者建议下调疫情信息发布机构层级》,http://www.caixin.com/2020-01-21/101506885.html,2020 年 2 月 10 日访问;另参见《该思考应急法律体系"疫后重建"了》,该文提出"在《突发事件应对法》和各种单行应急法律、法规中,要明确规定应急预案的预决策功能,赋予各级行政机关按照预案规定的触发条件启动应急响应的职责",http://opinion.caixin.com/2020-02-15/101515933.html,2020 年 3 月 10 日访问。
② 陈明亭:《预防为主向前延伸的具体体现——〈传染病防治法〉修订的基本思路之一》,《疾病监测》,2005 年第 1 期。

重审斯芬克斯之谜

如前所述,地方政府在前预警期就已具有预先介入防范风险的任务,需要对社会及时采取措施加以防控。由于前预警期已是预警的临界点,其间的风险应对工作有许多与预警后的应急管理工作相似,因此地方政府有权采取的措施,可以参照《突发事件应对法》《传染病防治法》《中华人民共和国传染病防治法实施办法》(以下简称《传染病防治法实施办法》)以及《突发公共卫生事件应急条例》中有关进入预警期之后的权限内容作出配置。

《突发事件应对法》第 44 条和第 45 条规定,在预警期内政府及其主管部门有采取相应的"防护性、保护性措施"的职权,如公布反映突发事件信息的渠道、宣传避免或减轻危害的常识、启动应急预案、关闭或者限制使用易受危害的场所等。该法第 49 条和第 52 条还规定,在应急处置中政府及其主管部门有权采取相关应急措施,如标明危险区域、划定警戒区、征用应急救援所需物资等。《传染病防治法》也规定了预警期内政府及其主管部门有权"按照传染病预防、控制预案,采取相应的预防、控制措施"等。同时,该法还列举了疫情控制的一系列措施,如强制隔离治疗、封锁疫区、征用物资等。此外,《传染病防治法实施办法》第 52 条规定当地政府有根据传染病疫情控制的需要采取"预防、控制措施"的职权,如对病人进行隔离治疗、开展防病知识的宣传等。概括地讲,上述措施大体可分为公开信息、作出指导和实施强制三种类型。在突发公共卫生事件的前预警期,地方政府的管理职权也可据此来适当配置。具体可以包括疑似病例的披露权、防护知识的指导权和有限度的临时强制处置权等。

(一)疑似病例披露权

疑似病例披露权是指地方政府在等待有权机关发布预警和传染病信息之前,对辖区内存在的疑似病例信息等进行初步披露的权力。该职权的作用在于及时让社会公众知情,提醒疫病风险存在的可能并注意预防。但疑似病例披露不同于《传染病防治法》第 38 条规定的传染病疫情信息公布,两者发布的信息内容是不同的。《传染病防治法》第 3 条规定了传染病的法定类别,其类别调整由国务院卫生行政部门决定并公布,所以此时公布的传染病疫情信息是已经确定为传染病的公共卫生事件相关信息。此次新型冠状病毒肺炎于 2020 年 1 月 20 日被国家卫健委宣布纳入乙类传染病,并采取甲类传染病的预防、控制措施。而在前预警期,有权机关还处于对相关信息进行研判和分析的过程中,对于可能发生的突发公共卫生事件尚待定性,地方政府发布的信息内容只是提示有疑似病例的存在,包括发现的区域、临床症状、可能的传播途径、公众应注意的事项,以及客观传递有关部门正在作出研判等信息,这与上级有权机关宣布已确定的传染病疫情有明显差别。

　　面对传染病这类突发公共卫生事件,政府基于其严密的风险监测机制而先于公众获取有关传染病风险的信息,并只在行政系统内部掌握,与普通民众之间处于信息不对称的状态。但人们需要及时做出预防风险的行为,而行为必须以信息的取得为前提,[①]其信息来源就是政府的披露,因此披露疑似病例必然是地方政府提醒人们进行防护的首要环节。政府信息能直接引导公众应对风险的心理准备和行动,披露疑似病例的存在,有利于公众强化风险意识,增强警觉性,广泛认识采取防护行动的必要性。同时,及时披露疑似病例信息有利于消除各种社会传闻和谣言。随着微博、微信等各种自媒体的发展,突发事件舆论往往与全媒体紧密相伴,而且具有极快的扩散速度。政府部门和医疗机构监测到的传染病风险征兆,如不明原因肺炎病例、临床症状和治疗效果等信息,同样也会被相关医护人员、病患者本人及其社会关系知晓,并可能通过自媒体等各种渠道广泛传播,政府传统的内紧外松策略实际上已失去效果。[②] 因此,政府应主动公开客观存在的疑似病例相关信息,这样一来可以把控社会舆论导向,避免公众从社会上的各种非正式渠道获取真假混杂或内容变异的信息,从而陷入混乱;二来还可以提升政府公信力,防止掉入"塔西佗陷阱"[③]。《政府信息公开条例》第 19 条规定,"对涉及公众利益调整、需要公众广泛知晓或者需要公众参与决策的政府信

　　① 施密特·阿斯曼:《秩序理念下的行政法体系建构》,林明锵等译,北京大学出版社,2012 年,第 260—261 页。

　　② 薛澜等:《防范与重构:从 SARS 事件看转型期中国的危机管理》,《改革》,2003 年第 3 期。

　　③ "塔西佗陷阱"来源于《塔西佗历史》一书,塔西佗在评价一位罗马皇帝时说,一旦皇帝成了人们憎恨的对象,他做的好事和坏事就都会引起人们对他的厌恶。后来这一评论被引申为一种社会现象,表示"当公权力失去公信力时,无论发表什么言论、无论做什么事,社会都会给以负面评价"。参见胡象明、张丽颖:《公共信任风险视角下的塔西陀效应及其后果》,《学术界》,2019 年第 12 期。

息,行政机关应当主动公开"。有关传染病疑似病例的信息作为一种风险预防信息,与社会公众的生命健康等切身利益密切关联,理应作为需要公众广泛知晓的政府信息,进入主动公开的范围。因而,在前预警期,地方政府应当具有披露疑似病例相关信息的权限。

(二)防护知识指导权

防护知识指导权是指地方政府引导、建议社会公众为应对传染疾病而采取必要防护方式方法的职权。在传染病疫情防控的前预警期,传染病疑似病例已经出现,疫情风险随时可能发生,尽早预防是发生地地方政府的一项重要工作。社会公众因专业知识等方面的限制,缺乏相应的风险感知能力和防护能力,政府为他们提供防护指导自然必不可少。行政指导作为一种"柔性"管理方式,在前预警期应当是地方政府应对疫情风险的主要方式。因为此时上级有权机关尚未宣布预警和公布传染病疫情,应急预案不可启动,还不能适用大量强制性的应急措施,特别是不能对公民限制人身自由和对财产实施征用等。这就主要依赖行政指导发挥作用,防护知识指导权也应成为地方政府在这一期间所运用的主要职权。

防护知识指导在方法上包括以政府网站、官方微信、电视、报纸等媒介和编制发放手册、指南等各种形式,做好宣传教育、建议倡议、劝导指引、奖赏示范、告诫警示等。在指导内容上则主要有:第一,防病知识的指导,如向公众宣传建议日常勤洗手、加强锻炼、保持饮食营养均衡、注意室内通风等,劝告指引在公共场合佩戴口罩、避免聚集活动等;第二,识病知识的指导,如教育公众掌握识别疑似病例的临床症状和特点,指引是否患病的判断标准,示范有关医用检测器械、药品的使用方法等;第三,就医知识的指导,如建议患者早发现、早治疗,指引就诊医院、就诊流程、注意事项,告诫患者配合接受医院的必要隔离治疗、密切接触者自觉进行居家隔离、配合医疗部门进行医学跟踪调查,并警示不采纳防治方法的自身危险后果和社会危害后果等。

(三)临时强制处置权

临时强制处置权是指在可能发生的疫情风险明显增大时,地方政府对有关物品、特定场所等采取一定的临时性强制措施的权力。该职权的作用在于及时管控易于引发危机的风险点,阻止事态扩大。对于暴发性强、扩散迅速的传染疾病,一旦发现有扩散迹象,就必须及时果断地控制风险点,即使可能是虚惊一场,也不能视而不见。因此地方政府仅靠非强制性的方法是难以完全奏效的,必须采取一定的强制性手段。但这种前预警期的强制权与进入预警期之后的强制权在内容上是不能完全相同的。在宣布预警、进入预警期后,从启动的"应急预案"和法律规定的应急处置中可以发现,政府在应急状态下有权采取的一系列强制措施大体可分为对人的强制和对物的强制两大类。对人的强制主要有:(1)对病患者、密切接触者等人员的强制隔离观察和治疗;①(2)封锁疫区;②(3)限制和停止聚集性活动。③ 对物的强制主要有:(1)封闭易传染场所;④(2)控制传染源;⑤(3)紧急物资征用。⑥相比较而言,地方政府在前预警期中的强制权配置,由于尚不属于应急状态,应当远远小于上述范围。一是不能具有对人的强制权,二是可以具有部分且适用事项有限的对物临时强制权。

1. 地方政府在前预警期中不能具有限制人身自由的强制权

《中华人民共和国立法法》第 8 条规定"限制人身自由的强制措施和处罚"只能由法律设定。与此相承接,《传染病防治法》设定了以下几种涉及人身自由的强制措施。

(1)《传染病防治法》第 4 条、第 39 条规定,针对甲类传染病,以及经国务院批准需要按照甲类传染病预防、控制的乙类传染病或突发不明传染病,其

---

① 参见《传染病防治法》第 39 条、《传染病防治法实施办法》第 52 条。

② 参见《传染病防治法》第 43 条。

③ 如限制或者停止集市、影剧院演出或者其他人群聚集的活动,控制或限制容易导致危害扩大的公共场所的活动。参见《传染病防治法》第 42 条、《突发事件应对法》第 45 条。

④ 如关闭或者限制使用易受突发事件危害的场所、划定警戒区、封闭可能造成传染病扩散的场所等。参见《突发事件应对法》第 45 条、第 49 条,《传染病防治法》第 42 条。

⑤ 如封闭或者封存被传染病病原体污染的公共饮用水源、食品以及相关物品,控制或者扑杀染疫野生动物、家畜家禽等。参见《传染病防治法》第 42 条、《突发事件应对法》第 49 条。

⑥ 如征用房屋、交通工具、场所、生产线和产品等。参见《传染病防治法》第 45 条、《突发事件应对法》第 52 条。

病人、病原携带者、疑似病人以及相关密切接触者均应实施隔离治疗或医学观察;应隔离对象拒绝隔离治疗或隔离期未满擅自脱离隔离治疗的,由公安机关协助医疗机构采取强制隔离治疗措施。这一规定明确了限制人身自由的强制措施的适用对象和条件:其一,病人、病原携带者、疑似病人等所患有的传染病,必须符合《传染病防治法》所列举的种类;其二,强制的前提条件是前述对象拒绝接受隔离治疗,或者在隔离期间擅自逃脱。在前预警期间,由于有权机关尚未宣布传染病疫情信息,也即目前存在的疑似病例尚未被确认为属于法定传染病的范围,那么疑似病例的患者等也就不属于应受强制的对象,因此不能采取强制隔离治疗和观察的措施。如果医疗机构根据患者病情判断认为需要隔离治疗,即使当事人拒绝隔离或在治疗期间擅自逃脱,医疗机构也只能采用劝导、说服、警示等方式,而不能在公安机关协助下强制当事人隔离治疗。

(2)《传染病防治法》第43条规定,传染病暴发、流行时,县级以上地方政府报经上一级政府决定,可以宣布本行政区域为疫区;省级政府可以决定对本行政区域内的甲类传染病疫区实施封锁。由于传染病的传染性和扩散性极强,传染病防治要求在必要时划定疫区,并实施封锁,以隔绝疫区内外人员的出入。这意味着封锁疫区本质上是禁止人的自由行动,因而具有限制人身自由的内涵。但实施封锁这一措施在前预警期内是不能运用的,理由在于:首先,有权机关没有宣布预警及公布疫情信息,此时不满足封锁疫区的前提条件,即未宣布本行政区为甲类传染病(或按照甲类传染病预防、控制的乙类传染病或突发不明传染病)疫区;其次,前预警期尚未进入应急状态,此时不能够随意限制公民人身自由。正如参与《突发事件应对法》立法工作的于安教授所言,应急期间公民权利必然受到克减,"应急立法关注的主要问题是克减的最低限度"①。封锁疫区是在确有必要的情况下采取的一项非常重大的决定,涉及大规模人群的人身自由和生活保障,是在迫不得已的情况下以牺牲公民人身自由来换取生命保障的措施,因而不能在前预警期内适用。

(3)《传染病防治法》第42条规定,传染病暴发、流行时,县级以上地方政

---

① 于安:《制定〈突发事件应对法〉的理论框架》,《法学杂志》,2006年第4期。

府可以限制和停止集市、影剧院演出或其他人群聚集的活动。这一措施的强制性在于要以强行驱散众人、强制带离个体等方式实现。而前预警期还没确认宣布传染病,未进入传染病暴发、流行的应急状态,因而还不能对人群聚集活动运用这种强制措施,否则就过度干涉了公民的正常生活。据此,在前预警期,即使地方政府基于预防的目的认为有必要减少或取消各种聚集性活动,也只能通过说服劝导、警示危险等方式来引导公民。

2. 地方政府在前预警期中可具有部分且适用范围受限的对物强制权

所谓"部分"是指相对于预警宣布后可运用的多种类强制措施而言,地方政府此时有权采取的强制措施种类要少一些。而适用范围受限,则要求地方政府只能针对特定性、个别性的"物"采取强制措施。其原因主要是前预警期还不属于传染病疫情确定后的应急状态,对地方政府具有强制性的职权配置必须尽可能加以限制。

(1)不能实施物资的紧急征用。行政征用是行政机关基于公共利益而强制取得公民私有财产的使用权,并事后予以补偿的行为。征用具有行政机关对被征用对象单方强制的特点,即被征用方必须接受行政机关的征用决定,因而它受到法律的严格限制。《突发事件应对法》和《传染病防治法》都在预警之后的应急处置中规定了紧急征用,即在必要时根据传染病控制的需要可以实施。所谓"必要时"是指行政机关因疫情防治的应急救援需要,在自身物资缺乏的特定情形下,对单位和个人紧急征用所需的相关物资。而在前预警期,尚不属于抗击疫情的紧急状态,不涉及大规模的应急救援行动,通常不存在相关物资缺乏的情况,因此不能实施紧急征用。如确有某种特殊物品的短缺,也应经过平等协商,以租用或购买的方式来取得。

(2)针对特定场所可采取临时关闭的强制措施。关闭特定场所是指关闭除医疗机构之外的具体易传染场所,如已出现多个疑似病例的某个市场、酒店等。其目的在于预防性切断疑似传染病的传播途径,避免人群进入这类特定空间而染病。这一措施是限制场所的使用,而非限制人身自由。在前预警期,易传染场所的关闭只限于特定、具体的场地,而不是整个区域。这是因为在前预警期,传染病疫情并未确定和宣布,不能肯定已进入暴发、流行状态,因而不得实行广泛性的场所关闭,即只能针对疑似病例集中发生、高度怀疑为易传染的具体场所。

（3）对高度可疑传染源可实施临时控制的强制措施。传染源是传染病传播扩散的源头，控制传染源是传染病防治的重要措施。但传染病的传播载体并非仅限于人体，还可能涉及承载病毒的野生动物、家畜家禽、受污染的食品以及其他物品等。如21世纪以来的多次重大传染病暴发，经科学证明，多是由携带病毒的野生动物传染给人类的。因此，在前预警期，地方政府对高度可疑传染源加强控制极为重要，这就需要采取一定的强制措施。如扣押市场流通的疑似传染源的野生动物和家畜家禽及其制成品，封存疑似传染源的其他食品、物品等，封闭疑似受病原体污染的公共饮用水源，集中隔离疑似传染源的宠物等。这些控制措施都具有临时性，因为在国家有权机关决定、宣布传染病预警以及公布传染病信息之前，是否存在传染病未得到最后确认，地方政府只是从及时预防的角度对高度疑似传染源的物品实施预先控制，一旦有权机关作出传染病的确认，则扣押、封存、隔离的传染源物品就要做销毁、灭杀、消毒等处理。如果有权机关确认为不属于传染病，便要对上述物品（除禁止交易买卖的野生动物及其制成品之外）解除扣押、封存和隔离，并作出返还处理。

四、前预警期地方政府应对权配置的立法完善

配置地方政府目前在前预警期中出现空缺的应对权，需要对现行立法加以修改完善。《突发事件应对法》为了能普遍适用于自然灾害、事故灾害、公共卫生事件和社会安全事件等的应急管理，原则上将预警权和信息宣布权都赋予了县级以上地方各级人民政府。同时，基于某些突发事件的特殊性，对于传染病等突发公共卫生事件的应急管理，又采取了准用他法的立法技术，要由其他有关法律、行政法规来规定权限，这体现了其原则性和灵活性的结合。据此，《突发事件应对法》作为突发事件应对的基本法无须较大修改，但应对地方政府在前预警期中增加一项原则性的授权，这可体现在该法的第43条中。该条规定，县级以上地方政府应根据有关法律、行政法规和国务院规定的权限和程序宣布预警。但对"有关法律、行政法规"没有规定上述权限和程序的县级以上地方政府，在等待上级有权机关发布警报、宣布预警时如何积极应对本地已出现的风险却没有涉及。针对这一问题，可以

在第 43 条中增设一款,使这些地方政府有权在预警宣布之前就采取相关应对措施。具体表述可以为:"有关法律、行政法规和国务院没有规定前款权限的县级以上地方各级人民政府,在警报发布之前可以视情况需要预先采取必要的风险防范措施。"这样就在基本法的层面明确了地方政府在前预警期有一定的应对权,同时既不改变《突发事件应对法》现有应急四阶段的体制结构,又能与单行的应急法律《传染病防治法》相衔接,并为《突发公共卫生事件应急条例》作出具体规定提供上位法依据。与《突发事件应对法》第 43 条的增设款项相衔接,《传染病防治法》第 19 条也需增设相同内容,该法第 19 条第 2 款的现有规定是:"国务院卫生行政部门和省、自治区、直辖市人民政府根据传染病发生、流行趋势的预测,及时发出传染病预警,根据情况予以公布。"在此之后还可增加第 3 款,规定"在有权机关发出和公布预警之前,县级以上地方各级人民政府可以视情况需要预先采取必要的风险防范措施"。国务院《突发公共卫生事件应急条例》的相应修改,则可根据《突发事件应对法》和《传染病防治法》的上述规定,就地方政府可采取的"必要的风险防范措施"作出更明确、具体的规定。如可规定为:"在有权机关发出和公布预警之前,县级以上地方各级人民政府可以根据当地的实际情况,在必要时公布发现疑似病例的有关信息,指导公众加强防护,对有关场所、物品实施限制性措施等。"各地方政府为贯彻法律和行政法规的规定,则可以通过相关地方政府规章、规范性文件等,细化地方政府可采取的"必要的风险防范措施"的具体内容,如疑似病例信息的范围、披露条件和方式,防护知识指导的内容和方法,临时强制处置措施实施的对象、条件和方法等,并将这些内容在编制各自的《突发公共卫生事件应急预案》时纳入其中,以便具体执行。

习近平总书记在中央全面深化改革委员会第十二次会议上强调,"针对此次疫情暴露出来的短板和不足,抓紧补短板、堵漏洞",要"完善重大疫情防控体制机制,健全国家公共卫生应急管理体系"。确立突发公共卫生事件的"前预警期",并对地方政府在此期间应有的职权作出配置,对于完善现有应急管理体系,促使地方政府依法定职权及时、主动和有效地防控疫情具有重要现实意义。

原文发表于《云南社会科学》2020 年第 3 期

重审斯芬克斯之谜

入选理由：

在新冠疫情期间，大家处于焦虑的情绪之中，都需要一种精神指引，而方老师与孙博士的这篇文章就提供了这种指引。本文针对性强、逻辑清晰、重点突出（不是每篇文章都能做到这一点），不仅回应了关于信息发布是否及时的社会疑问，批驳了"公布权下放"等观点，还兼顾了"强制权不能限制人身自由"等细致的方面。全文有条有理，读起来很有力量，堪称范文！本文也是编者最喜欢的文章之一。

专家评论：

公共卫生事件具有突发性、公共性、危害性等特征，在地方政府依职权积极作为的"空窗期"进行合理化处置是降低其风险和损害的有效路径。方世荣、孙思雨一文以新冠病毒肺炎疫情抗击工作为切入点，对公共卫生事件"前预警期"内地方政府的权限缺位、重点任务、权力配置等问题进行了细致阐述，为《突发事件应对法》《传染病防治法》等法律法规的修改和完善提供了有益借鉴。

——聂鑫，清华大学教授

公民健康权实证化的困境与出路

李广德①

摘　　要：《基本医疗卫生与健康促进法》第三稿草案中明确规定公民依法享有健康权，这表明中国健康权实证化的新时代即将开启。健康权的实证化面临两重现实困境：健康权的概念争议带来的正当性困境，以及中国宪法依据不明导致的合法性困境。因此理论上必须夯实健康权的法理基础和宪法依据。世界人权机构对健康权的官方阐释为健康权界定和立法限定提供了权威参考，同时健康权构成中国宪法中的未列举权，其文本依据可依循普遍意义上的健康权概念和作为基本权利所具有的功能体系相互关联而推导出来。进而健康权作为一项公法请求权，可从权利的享有主体、义务主体和权利内容呈体系地展开，为相关立法的制度表达提供依据和要求。

关键词：公民健康权；权利实证化；基本权利；基本医疗卫生立法；健康中国

《基本医疗卫生与健康促进法》作为中国卫生与健康领域第一部基础性、综合性的法律，一直以保障公民健康权作为核心出发点，并在其草案中明确规定公民依法享有健康权，从而即将开启中国公民健康权实证化的新时代。立法者以健康权的方式坦率地承认政府在保障公民健康需求上的国家义务，以立法决断的魄力开启了中国社会权行政法以及行政诉讼保护的

①　李广德，中国人民大学博士后研究人员，现为中国社会科学院副研究员、中国社会科学院大学副教授。

先河,体现了新时代党和国家在保障人民利益上的责任担当,为以治病为中心向以健康为中心的卫生理念之转变以及健康中国战略建设提供了以权利为抓手的法治手段,意义深远。然而,健康权作为传统社会权的具体类型之一,因其内在权利属性和可诉性难题等理论争议而在实证化方面备受挑战。① 因此,健康权的实证化首先需要面对其内涵确定性的理论挑战,这是通过立法保障公民健康权的认知前提。此外,尽管中国是社会主义国家,通过行政基本法律和行政诉讼的方式为公民的基本健康需求提供保障,无疑具有充分的政治正当性,但也必须夯实这一法律权利的宪法依据以充实健康权实证化的合法性根基,体现"依据宪法,制定本法"的立法原则要求。② 而中国宪法中是否存在健康权规范以支持法律的具体化,这也是一个需要证成的规范命题。

换句话说,虽然中国公民健康权即将为《基本医疗卫生与健康促进法》所实证化,但健康权的理论基础和宪法依据却是一个存在争议的问题,由此带来了理论上的挑战和认识上的困境。为了不至于让这部基本法律中的核心概念变得空洞,避免成为仅仅只是停留在文本上的法,并能够切实指导未来公民健康权的立法构建、执法实施以及司法保障,推动健康中国战略法治化建设,就很有必要对健康权实证化的困境进行梳理,为消除健康权实证化困境提出相应的理论支持,并为相关制度的设计提供必要的启示,本文就是对此的一个尝试。

一、公民健康权实证化的两重困境

从实施立法行为的形式上说,根据中国的政权组织形式和国家权力结构,制定基本法律是中国宪法赋予全国人大及其常委会的基本职权。因此,全国人大制定的《基本医疗卫生与健康促进法》规定公民依法享有健康权,是其立法权的正常表现。理论上全国人大可以为公民创设任何权利义务,并不会存在正当性的危机。那么,为何要特别强调健康权的宪法基础,亦即

① 李广德:《健康权如何救济?——基于司法介入程度的制度类型化》,《清华法学》,2019 年第 3 期。
② 叶海波:《"根据宪法,制定本法"的规范内涵》,《法学家》,2013 年第 5 期。

探寻中国宪法中公民健康权的宪法基础之缘起或者必要性何在？这是因为一方面,健康权一直是一个颇受理论质疑的概念,即健康权概念本身的理论争议导致健康权实证化和法律化的正当性困境;另一方面,肯定"根据宪法,制定本法"的立法原则之效力,就意味着探寻宪法中的依据是立法的基础,而中国宪法文本中是否存在健康权规范恰恰是一个存在争议的问题。因此,健康权在中国宪法文本中的依据问题,给健康权的实证化带来了合法性的困境。

(一)正当性困境:健康权的概念争议

健康权的理论争议首先体现在它是否能构成一项真正的权利这个根基性问题上。学者和人权理论家们主张健康权不应被当作一种人权,因为健康权难以被详细地定义,其权能边界的"最低标准"不明晰,缺乏义务和社会责任的对应主体,且健康权的概念没有充分考虑到个人自身对身体所负的责任。他们进一步指出,理论上"权利"应当具备两个要素:一是相关主体需要不惜代价来维护权利;二是它是一个需要由司法机关来进行定义和解释的概念。若健康权成为一种权利,这就意味着政府需要花费很多资源为民众提供此种服务,而以有限的资源来为每个人提供健康保健会使经济崩溃。因此,健康作为一种权利是不可行的,追求健康保健的财政和物资负担根本无法承受,资源的约束使得旨在无限延长寿命的权利难以证成。[1] 学界大都认为提高人群健康的目标应该通过社会经济政策而不是一项正式的健康权来实现。[2]

此外,主张健康的权利化,也就意味着健康保障的司法化,因为"没有救济就没有权利"既是法谚的经验表达,也是逻辑的法理穿透。司法救济是权利救济的典型方式,而这意味着法院必然会对健康资源的分配指手画脚。首先,此举将导致对民主原则和分权原则的破坏。因为实施公民健康保障所需的资源分配在传统上属于立法机构的权力范围,司法机关的介入首先

---

[1]　参见 Berkeley John, "Health Care Is Not a Human Right", *British Medical Journal*, vol. 319, no. 321 (1999), pp. 319-321。

[2]　对健康权理论争议的详细梳理与评论,参见高秦伟:《论作为社会权的健康照护权》,《江汉论坛》,2015 年第 8 期。

会侵犯立法机关的职权。其次,因为法院不是民选机构,法院对立法权进行侵犯的同时,也就意味着对民主原则的破坏。最后,资源分配决定的执行是非常专业化的机构才能实施的事项,法院被认为不具备应有的专业能力,因而引发对其执行能力的质疑。[①]

(二)合法性困境:中国宪法中的健康权争议

对于中国现有宪法中是否存在公民健康权的问题,首先应当澄清的是,在中国现有宪法文本中,并没有明确规定"公民健康权"的基本权利。因为根据现有宪法文本第 3 章基本权利章节的内容,除了第 36 条宗教信仰自由中规定任何人不得利用宗教进行损害公民身体健康的活动之外,均无其他直接的健康相关内容。中国宪法文本中是否存在现代人权意义上的健康权? 是否可以通过宪法解释和教义学构建的方法推导出中国公民享有健康权? 对此,学术界存在不同的观点和主张。

有少数学者依据中国宪法文本中没有相关内容而直接否定了健康权的存在,因而进一步主张通过立宪的方式,在中国宪法中将健康权予以明确化。[②] 多数学者主张健康权可以构成中国宪法上的一项基本权利,而且在推论和主张的证成思路上,主要存在两种不同的方式。一是直接列举相关条文作为中国公民健康权的规范依据,如现行宪法第 21 条、第 26 条第 1 款、第 36 条第 3 款、第 45 条第 1 款等。[③] 这种方式直接认为前述条款是中国宪法文本中的健康权条款,即通过对这些条款的体系解释,可以建构出中国宪法对公民健康权相关内容的宪法确认,从而将其确定为中国公民健康权的文本规范。但这种通过直接列举相关宪法条款作为健康权的文本规范的方式,略显简略和生硬,使得相应的宪法文本依据与健康权规范之间缺乏合理

---

① 对包括健康权在内的社会权可诉性的质疑,参见秦前红、涂云新:《经济、社会、文化权利的可司法性研究——从比较宪法的视角介入》,《法学评论》,2012 年第 4 期。

② 参见田开友:《健康权的贫困:内涵、根源和对策》,《中南大学学报》(社会科学版),2012 年第 5 期;杜承铭、谢敏贤:《论健康权的宪法权利属性及实现》,《河北法学》,2007 年第 1 期。

③ 例如王晨光:《论以保障公民健康权为宗旨 打造医药卫生法治的坚实基础》,《医学与法学》,2016 年第 1 期;焦洪昌:《论作为基本权利的健康权》,《中国政法大学学报》,2010 年第 1 期;等等。

的关联。二是认为健康权是中国宪法上的一项未列举的基本权,需从其他条文中推导出来。[①] 而对于如何推导,解释建构的理论依据都没有进一步的展开,从而使得健康权的文本依据和规范内容更显空白。

二、正当性困境的突破:健康权的官方定义

尽管健康权遭受多种理由的质疑和责难,但滥觞于国际人权界肯定健康权的努力,在证成健康权的研究上,同样取得了很多共识性的理论,并反映在相关国际人权的文件中。[②] 其中,联合国专门负责人权事务的高级机构——人权事务高级专员办事处(Office of the United Nations High Commissioner for Human Rights,简称 OHCHR)和世界卫生组织(WHO)于 2008 年发布的第 31 号情况说明书(Fact Sheet No. 31)[③]专门以健康权为标题,对它的核心要素、规范内容以及一般争议等理论问题进行了系统的论述,集中反映出了理论界对健康权的理论共识。该官方文件延续了 1946 年世界卫生组织宪章中的健康和健康权的定义,认为"健康不仅仅只是没有疾病或者体弱的状态,而是一种身体、心理和社会福祉健全的状态……享有可获得的最高水准的健康是每个人的基本权利"。类似于"享有可获得的最高水准的健康"表达构成了健康权的实质内涵。具体而言,官方将健康权的实质内容概括为五个核心要素。

首先,健康权是一项总括性的权利(inclusive right)。它的作用范围和制度功能首先指向能影响人体健康生活的潜在因素,如食品安全、饮水安全、营养充足、卫生条件充分、工作环境友好、健康教育信息可及以及隐含的性别平等。其次,健康权包含自由权(freedom)的面向,这些自由权利包括免于未经同意的医疗诊断,如医疗试验,以及免于肉体折磨和其他非人道的、

---

① 例如张卓明:《中国的未列举基本权利》,《法学研究》,2014 年第 1 期;杜承铭、谢敏贤:《论健康权的宪法权利属性及实现》;等等。

② 对包括健康权在内的社会权可诉性的质疑,参见秦前红、涂云新:《经济、社会、文化权利的可司法性研究——从比较宪法的视角介入》。

③ 参见 Fact Sheet No. 31: The Right to Health, http://www.ohchr.org/Documents/Publications/Factsheet31.pdf。

非体面的惩罚和对待。再次,健康权包含着权能和资格(entitlement),如有权获得健康保护系统为每个人所提供的平等机会来享有最高可获致水准的健康,享有预防、治疗和控制疾病的权利,获得必要医疗的机会,妇幼保健健康,平等、及时地获得基本卫生服务,在国家和社区层面参与有关的健康决议等。复次,健康权本身含有不受歧视的内涵,亦即健康服务、产品和设施必须对所有人无歧视地提供。最后,所有的服务、产品和设施必须保质保量地可用(available)、可及(accessible)和可接受(acceptable)。①

根据上述对健康权的定义和内容阐述,健康权并不是要求国家直接确保每个人的身体都处于健康的状态。个人的健康状态受诸多内外因素影响,如个人的生物基因和社会经济条件等,都不受外在力量尤其是国家的直接控制。健康权指向的是要国家和政府确保人们都能享有一个健康的环境,从而为健康状态的享有提供最基本的可能和保障,如提供药品、健康设施、医疗服务等。换言之,健康权的作用方向是对人们的生活和生存环境进行直接调整,以间接地实现人人身心健康的价值目标。从这个意义上来说,健康权既具有工具性的意义,也是人类一切活动的价值追求。上述定义还从健康和健康权机理的角度指出,"我们自己的健康以及被我们所照护的那些人的健康是人类日常关注的焦点,健康也是所有人的最基本和最必不可少的财富",而赋予人人享有最高能获得的健康标准的健康权,则构成人权的基础部分。因此,健康是人之所以具备权利能力的基础,健康权则构成其他人权甚至所有法律权利的基础性权利。

在健康权的权利性质和价值取向上,传统的理论常把基本人权划分为消极权利和积极权利(在宪制形态上又被称为社会权),健康权属于积极权利。积极权利的定位又带来了两个对健康权的误解:一是把最高可获得的健康标准当作国家的一项长远纲领性目标(即宪法规范类型中所谓的政策条款),国家没有法定的直接义务为本国公民提供健康保障;二是健康权的实现取决于国家的财政状况,因此对公民健康保障负担不起的国家对本国公民的健康不负有义务。针对这两个误解,联合国人权事务高级专员办事处和世卫组织都予以了回应,指出任何国家都有义务采取措施和步骤尽可

———————
① Fact Sheet No. 31: The The Right to Health.

能地、毫不犹豫地为本国公民提供健康保障。从原理上而言,社会权旨在维护人类尊严,甚至有学者指出:"社会基本权利之重心,并不在于保障人民自由,而是在保障社会安全。"①作为保障和体现人类尊严的社会基本权,自然就是国际人权条约和各国宪法文本的应然内容。作为社会权之一的健康权"是实现公民权与行使其他基本权利的有效工具"②,而不健康的身心状态则会使个人的自由、自治以及其他权利的行使受到克减。健康作为公民个体的基础要素,在现代政治功能的意义上,发挥着夯实民主参与的价值。因此,健康权是人格尊严最核心的要素和前提,拥有健康的体魄和心理是人拥有尊严的最起码的标志,它"通过为公民提供健康,促进了更大规模与数量的公民参与到社会生活之中,促使国家治理得以有效实现"③。这种意义上的健康权具有了社会治理的功能,因为健康权为公民形塑了现代政治参与中机会平等的秩序功能。如果公民因为缺乏健康医疗而导致身体或精神不适,这就在制度上"人为地"导致了不平等的出现,也就在结果意义上带来了社会的制度不公正、不平等。④ 正是因为作为一种社会权的健康权对自由权的享有所具有的基础性作用,健康权的国内化、法律化和国家义务的法定化才具有意义。

三、合法性困境的突破:公民健康权的宪法依据

笔者认为健康权构成中国宪法中的一项未列举权,因此,将从未列举权的角度展开对中国宪法中的公民健康权的规范论述,通过未列举权与健康权之间的关联论证,运用文本解释和教义学建构的方式,推导出中国宪法中的公民健康权之文本与规范内涵。

---

① 陈新民:《德国公法学基础理论》(下卷),法律出版社,2010 年,第 434 页。
② 参见 M. David Low et al., "Can Education Policy be Health Policy? Implications of Research on the Social Determinants of Health", *Journal of Health Politics，Policy and Law*, vol. 30, no. 6 (2005), pp. 1131-1162.
③ 高秦伟:《论作为社会权的健康照护权》。
④ 关于健康权的法理及其价值,参见李广德:《健康作为权利的法理展开》,《法制与社会发展》,2019 年第 3 期。

重审斯芬克斯之谜

美国宪法第九修正案规定："本宪法对于一定权利之列举,不得解释为否定或者轻视人民所享有的其他权利。"它是法官援以保护公民基本权利的最后宪法依据,这被认为是未列举权(unenumerated right)理论的滥觞。不过美国宪法语境下的未列举权更多是司法操作,尤其是宪法解释意义上的概念,是通过法院的解释适用发展出来的未列举权体系。① 同样,德国基本法第 2 条第 1 项,即德国基本法上所谓的"兜底条款",成为保障基本权利秩序和价值的最后屏障,构成德国基本法上未列举基本权的概括和推断依据。此外,日本宪法第 13 条有关公民幸福权的规范也与德国类似,构成日本宪法上的"概括性基本权"②,都是对未列举权理论的发展。

据有关学者的主张,宪法之所以在明文列举的权利之外还能推导出未列举的基本权利,是由基本权利的先验性决定的。公民的权利可以分为三个层次:一般法律层次、宪法基本权利层次和固有权层次。③ 宪法基本权和一般法律上的权利都是对人固有权利的实在法确认,二者的区分在于各自的重要性,而重要性的判断既取决于立宪者的主观意图,也受制于制宪时的理念和物质所能提供保障的水平,即立宪时能为宪法文本所列举或者承认的基本权利总是有限的。但本质上,基本权利"既不是造物主所赋予的,也不是国家或宪法赋予的,而是人本身所固有的"④,宪法对基本权利的确认和保障的价值目标在于实现基本权利的不受侵犯性,换句话说,"基本权利的产生与发展有其自身独特的生命力,并不依存于宪法"⑤。而人民的固有权利具有自然权利的属性,应当受到宪法的保障,而这部分没有为宪法所列举的人民固有权利构成未列举的基本权。前述所揭示的健康权对于人以及人的尊严所具有的重要性表明,公民的健康权益毫无疑问应当成为宪法所保护的固有权利。

---

① 郭春镇:《从"限制权力"到"未列举权利"——时代变迁中的〈美国联邦宪法第九修正案〉》,《环球法律评论》,2010 年第 2 期。

② 芦部信喜:《宪法》,林来梵等译,北京大学出版社,2006 年,第 103—110 页。

③ 李震山:《多元、宽容与人权保障——以宪法未列举权之保障为中心》,台湾元照出版公司,2007 年,第 13—15 页。

④ 林来梵:《公民的基本权利和义务》,载许崇德主编:《宪法学》,中国人民大学出版社,2009 年,第 167 页。

⑤ 郑贤君:《基本权利研究》,中国民主法制出版社,2007 年,第 419 页。

　　因此,如何建构中国宪法中作为未列举权的健康权的问题,就转换为如何寻找健康权的宪法文本依据问题,即现有的宪法条款中哪些规范和条文包含有健康权的规范。确定未列举权的规范内容既需要依循概念即健康权的一般理论和共识,又需要符合未列举权作为基本权的特性。前者构成确定未列举权文本的意向要素,即未列举权的规范是由作为基础概念的意向所决定的,即健康权的概念基础决定了健康权文本的意向;后者规定了未列举权文本的语境要素,即未列举权的规范是在基本权的语境之下所产生出来的,即健康权作为基本权利的定位决定着健康权文本的确定与范围。① 总而言之,建构中国宪法中的公民健康权,须将意向要素与语境要素相互结合,循环理解。

　　从未列举权的作用机理来说,如果把基本权利当作一种基础性的社会资源分配资格,②那么一项权利之所以需要被确定为未列举权,其本质就是要使这项权利获得基本权利所具有的参与资源分配的资格以及由此获得的配套制度保障,从而获得等同于明文列举的基本权所具有的法律地位和制度保护。

　　换句话说,未列举权的作用逻辑和作用机制是一种拟制,即把某项未列举权拟制为列举的基本权。而这种拟制最根本的出发点是基本权利本身所具有的功能,是因为未列举权亦要获得列举权的同样功能,才选择了赋予一种未列举权拟制的基本权利资格。故而,作为未列举权的健康权,其实质是赋予健康权以基本权利的功能,赋予公民健康权的基本权利地位,进而使得公民的健康权益能够参与国家基本权利资源的分配。那么反过来,宪法文本中能够满足健康权作为基本权利之功能内容的相关文本,在与健康权的一般法理内涵进行关联的基础上,都可以构成健康权的宪法依据。问题进

---

　　① 在哲学解释学上,意向和语境是理解文本意义的两个标准,意向提供了文本的主体意图,语境限缩了语义的理解范围。探寻宪法文本中的健康权规范,健康权本身的法理意向和健康权作为基本权利的功能语境相互关联,循环理解,既确立了健康权的规范依据,又限制了宪法文本空间,使得理解公民健康权规范的认识论依据建立在合理和合宪的理想基础之上。

　　② 秦小建:《宪法为何列举权利? ——中国宪法权利的规范内涵》,《法制与社会发展》,2014 年第 1 期。

重审斯芬克斯之谜

而又转化为确定作为基本权利的健康权到底具有什么样的功能。

在传统的基本权利理论看来,基本权利被划分为自由权和社会权。前者是消极权利,国家尊重而不得侵入,后者是积极权利,国家须主动介入和积极作为。德国基本权利理论的发展,发现自由权和消极义务与社会权和积极义务两者之间的理论鸿沟,并不符合现实的情况。自由权同样需要国家履行积极义务,比如提供司法救济;对于社会而言,由于基本权利最初的制度目的是确保公民的权利免遭国家侵害,故而社会权也就天然地有着抵抗国家侵害的意义。① 因此,任何基本权利都既具有自由权面向的消极功能,也具有社会权面向的积极功能,只是不同的权利各自的侧重点不一样而已。功能体系的描述既适合于整个基本权利秩序,也适合于每一项单独的基本权利。因此,任何一项单独的基本权利,既具有主观法性质的防御权功能(即当国家侵害基本权利时,个人得请求国家停止侵害,且此项请求可得到司法支持)以及受益权功能,还具有客观价值秩序的功能,如制度性保障(立法机关必须通过制定法律来建构制度)、组织与程序保障(国家要为基本权利的实现提供组织上和程序上的保障,构建组织体系和程序制度来确保公民基本权利的享有、实现和救济)以及狭义的保护义务(国家保护公民免受来自第三方的侵害义务以及基本权利具有对私主体之间的第三人效力等)。②

作为中国宪法中未列举的基本权利的公民健康权,自然具有作为基本权利的上述功能体系,从而构成推导中国宪法文本中公民健康权的语境要素。又结合前述一般健康权的理论共识这一意向要素,笔者认为,中国宪法文本中的以下条款构成中国公民健康权的宪法规范依据。其具体的语境与意向相互关联的推论思路详见表 1。

---

① 张翔:《基本权利的受益权功能与国家的给付义务——从基本权利分析框架的革新开始》,《中国法学》,2006 年第 1 期。
② 张翔:《基本权利的双重性质》,《法学研究》,2005 年第 3 期。

表 1　公民健康权的功能与宪法文本

中国宪法中的 健康权规范	功能	宪法条款	主要内容
	程序保障功能	第 2 条第 3 款	公民对国家健康事务的参与及其法律保障
	制度保障功能	第 14 条第 4 款	国家建立健全社会保障制度
	受益权功能	第 21 条	国家发展医疗卫生事业,保护人民健康;发展体育事业,增强人民体质
	受益权功能	第 26 条	国家保护生态环境
	防御权功能	第 33 条第 3 款	国家尊重和保障健康权
	防御权功能	第 36 条第 3 款	公民身体健康不受宗教活动侵犯
	受益权功能	第 45 条	年老、疾病或丧失劳动能力时的物质帮助权
	制度保障功能		国家发展社会保险、社会救济和医疗卫生事业
	受益权功能		残废军人、残疾公民的最低生活保障

　　由此,中国宪法中的公民健康权规范得以依循未列举权的思路和基本权利的功能体系得之关联而证成。需要说明的几个问题是,第一,上述关于健康权的内容是中国宪法文本中最广泛的健康权概念,包括了环境健康在内的内容,从而会与环境权的概念在未列举权的意义上发生一定的竞合。而在具体化的意义上,健康权的范围需要由立法者进行限缩和选择,到底选择保护多少健康权的范围,是《基本医疗卫生和健康促进法》所要面对的任务。第二,上述很多条款并不是基本权利规范,而是国家目标或者政策条款,而国家目标条款或政策条款能否推导出主观法性质的基本权利,是一个在理论上有争议的问题。德国法上所谓客观法的主观化理论就是对这种现象的描述,目前国内公法学者尚未对此展开研究和译介。这也从侧面说明,本文对未列举基本权的论证思路会受到宪法规范理论的挑战,从而需要根据具体的语境不断作出修正。

四、公民健康权实证化的制度表达

《基本医疗卫生与健康促进法》作为宪法中健康权规范的具体化,毫无疑问得以宪法中健康权的规范内涵为依据和合法性来源。宪法中的健康权作为基本权利,可被视为一项公法上的请求权,从而可借用请求权的体系思维对上述宪法中的健康权条款所具有的规范内涵作出体系性的建构,以此作为基本医疗卫生立法中的健康权相关制度设计的依据和内容。公法中的请求权分析框架包括三个方面:请求权的主体(基本权利的享有主体)、请求权的对象(基本权利的义务主体)以及请求权的内容(基本权利的保护范围)。① 落实公民健康权的相关制度亦应当包括这些方面。

(一)权利主体制度

健康权的主体问题无疑首先是公民。根据《宪法》第 33 条第 1 款,公民是指具有中华人民共和国国籍的人。那么问题在于:不具有中国国籍的人能否在中国享受健康保障?尽管中国《宪法》第 32 条第 1 款规定了在中国的外国人之合法权利应当得到应有的保障和保护,但健康的保障以一国公民的纳税为基础,如何合理划分外国人在华所能享受到的诸如医疗保健等健康权益,就需要在《基本医疗卫生与健康促进法》中作出合理科学的设计,既需要照顾人道主义精神,又不能违背公平原则和权利义务相统一的法律原理。此外,根据健康权国际公约和国外立法的实践,健康权除了实质内容上的最高可能获致的健康水准之外,还包括对弱势群体的肯定性权利内容。中国《宪法》的健康权规范多为对普通公民的一般性和普遍性规定,但第 45 条第 2 款和第 3 款规定了国家和社会保护残废军人和盲、聋、哑等残疾公民的劳动、生活和教育等。这里的"生活"应当包含基本医疗服务在内的最低要求。残疾军人等公民构成中国公民健康权的特殊主体,这些群体的健康权需求需要得到特别的立法确认和保障。

① 张翔:《基本权利的体系思维》,《清华法学》,2012 年第 4 期。

(二)义务主体制度

与基本权利对应的概念就是国家的基本义务。基本权利的义务主体即公民基本权利的请求对象,乃国家。这就决定了政府在提供公共医疗服务时的主要责任与义务,[①]这也是目前立法的基本共识。但中国健康权义务主体的特殊性表现在:《宪法》第 21 条规定国家鼓励三类组织(农村集体经济组织、国家企业事业组织和街道组织)举办医疗卫生设施,第 45 条规定公民在年老、疾病或丧失劳动能力情况下,可向"国家和社会"请求物质帮助,以及"国家和社会"负有保障残废军人以及盲、聋、哑和其他有残疾的公民的生活的义务。因此,这里的"社会"是否是健康权的国家义务的主体? 在"社会"的性质问题上,"社会"的实质内涵主要指社会组织,它并没有为公民提供社会保障的义务。[②] 这里把"社会"列为义务主体,应当解释为鼓励社会组织参与社会保障事业,即国家和负有相应职责的社会组织等一起为公民提供物质帮助等。这构成这些社会主体参与社会事务的一种宪法权利,与此相一致,应赋予这些社会组织相应的制度地位。因此,《基本医疗卫生与健康促进法》需要为社会组织等力量参与公民卫生和健康照护事务提供制度性的赋权,比如吸收社会资本办医和公益慈善资本参与医疗服务,开放非政府公益组织(NGO)、福利院、宗教组织等主体的办医资质等。

(三)权利内容制度

公民所能够享有的健康权利是公民健康权的实质内涵,《基本医疗卫生与健康促进法》中的公民健康权应当包含以下权利内容。

1. 应当规定公民的身心健康不受侵犯。公民的身心健康不受侵犯既包括不受国家的侵犯,也包括不受其他任何第三人的侵犯;既包括身体健康(physical health)不受侵犯,也包括精神健康(mental health)不受侵犯。在国家义务上,既要求国家尊重公民的身体健康,政府没有任何理由侵犯公民健康的消极义务,还要求国家建立法律制度禁止任何第三人对公民身体健

---

① 陈云良、何聪聪:《新医改背景下政府公共医疗服务义务研究》,《湖南师范大学社会科学学报》,2012 年第 1 期。

② 参见蔡定剑:《宪法精解》,法律出版社,2006 年,第 275 页。

重审斯芬克斯之谜

康的侵犯(这也是目前正在编纂的《民法典》人格权编中有关健康权的宪法依据所在),也包括保护公民精神健康。就政府而言,主要应确保公民免于恐惧的权利。《基本医疗卫生与健康促进法》应当主要规定国家对公民身心健康的尊重。

2.公民有获得健康照护的权利。公民在遭遇疾病的时候有从国家和社会获得物质帮助的权利,这就是获得健康照护权的宪法依据。《宪法》第45条规定的"获得物质帮助"应当解释为获得医疗健康照护、医疗费用给付和其他健康服务等。病人必然需要获得专业人员的帮助,通过药物和诊疗技术的介入来恢复健康。因此,获得物质帮助主要指获得医疗照护和医疗费用给付,这是健康权最为核心和最实质的内容之一。医疗保险要解决的就是公民享受医疗服务对价给付的问题,通过保险的方式来为公民提供可支付的甚至是免费的医疗服务。因此,《基本医疗卫生与健康促进法》应当规定公民的健康照护权利,并通过医疗保险制度、现代医院制度、医生制度、药品管理制度、疾病防控制度等对此加以保障和实现。

3.公民有获得公共卫生福利的权利。《宪法》第21条规定了国家有义务发展医药事业和体育事业,鼓励社会力量参与医疗卫生设施的建设,尤其是鼓励开展群众性的卫生活动。这一条的规范意义已经超越了个人主体的维度,包含了宪法中公共卫生的基本要素。[①] 因此,《基本医疗卫生与健康促进法》应当对公民的公共卫生权利作出确认,夯实相关内容表达。

4.公民有获得健康生活环境的权利。健康权的确立并不是要通过法律和制度来保证和维护每个人都处于健康的状态,而是要基于预防的角度确保健康的可能以及基于救济的角度确保不健康的状况能够得到救治和恢复(毕竟个体的生老病死是自然的机理和规律),这也是新时代健康中国战略建设中将卫生工作的理念由以治病为中心转变为以健康为中心的宪法要求。因此,提供一个健康的生活环境和生态环境对于预防和保障健康而言是起基础性作用的。《基本医疗卫生与健康促进法》应当对此进行明确的宣示,以作为未来相关立法的根据。

---

① 参见 Lawrence J. Gostin and Lindsay F. Wiley, *Public Health Law: Power, Duty, Restraint*, University of California Press, 2016, pp. 1-38。

5.公民有参与健康卫生事业管理的程序权利。宪法规定人民依法管理国家事务、经济和文化事业以及社会事务。公民的健康权利涉及方方面面的制度设计、立法和政策制定等,必须充分保障公民参与民主决策的权利。公共卫生同样需要公民参与,需要国家作出程序保障。中国未来卫生基本立法"应该注重程序性健康权的规定,保证公民的参与性"①。

本文的结论在于,健康权是可以实证化的。具体来说,健康权尽管内涵丰富,存在着消极尊重和积极履行的双重面向,但作为一种权利类型,完全具备实证化所要求的规范内涵,立法者的选择和立法表达足以消解其正当性的困境。就中国的具体语境而言,健康权是中国宪法文本中的一项未列举的基本权利,中国公民健康权的实证化具备充分的宪法基础,从而消解中国公民健康权实证化的合法性困境,并为《基本医疗卫生与健康促进法》的相关内容提供了宪法依据和参考。

随着《基本医疗卫生与健康促进法》对公民健康权的正式确认,明确政府基本医疗服务义务,为有关的国家机关保障公众健康权提供执法前提,为司法机关救济健康权利提供法理依据,尤其是确立以基本法律保障公民健康权的行政法与行政诉讼模式,将会开启全球范围内公民健康权保障的新范式。这部法律将构成中国公民健康权法治保障的制度基础,将有利于落实宪法关于国家发展医疗卫生事业、保护人民健康的义务。不论是确认健康权本身的法理基础,还是评价这部法律立法的宪法依据,抑或是实施这部法律过程中的合宪性审查和合宪性解释,本文的工作都为未来中国公民健康权的法治实践提供了一定的智识参考。但对于健康权具体化后的制度实践问题,尤其是在行政诉讼救济模式等复杂问题上的考虑,这仅仅只是一个起点。

原文发表于《云南社会科学》2019 年第 6 期

① 谭浩、邱本:《健康权的立法构造——以〈中华人民共和国基本医疗卫生与健康促进法(草案)〉为对象》,《南京社会科学》,2019 年第 3 期。

重审斯芬克斯之谜

入选理由：

　　健康权属于相对较新的内容,发文时(2019年)知网成果还不是特别多,现在当然已经发展成稳定的学术热点。本文全文转载于《中国社会科学文摘》2020年第5期,摘要转载于《高等学校文科学术文摘》2020年第2期。全文对健康权做了较完整的梳理,符合我刊的一贯风格。

专家评论：

　　健康权是一种重要的社会权利,如何对其加以制度性的安排和考量,事关健康中国建设的成效。李广德一文以当时的立法为语境,对健康权实证化所遭遇的合法性挑战和正当性挑战做了较为全面的回应,对《基本医疗卫生与健康促进法》的立法和实施具有参考意义。

——聂鑫,清华大学教授

第六编

土地治理

中国土地治理的规划权体系构建

李 俊[①]

摘　要：中国土地管理以用途管制为手段，"管制与规划"构成了土地治理的双轨模式。以土地利用总体规划为核心构建土地规划权体系，需要从不同角度梳理规划权的内容，以分级分类的方式对农用地、建设用地和未利用地进行合理规划，将"校正型、融合型、消极型"规划权与用途管制相衔接，搭建规划权体系的三层架构。土地规划权概念应作扩张性解释，除宏观层面的土地利用总体设计之外，还应包括微观层面的具体行政行为。在重视农民土地财产权保护的趋势下，不宜孤立地践行规划权的行政强制性，而是应当通过事先和事后相结合的规划模式与私权形成互动，从而协调规划权权力束与土地财产性权利束之间的关系，实现土地规划权内部体系和外部体系的统一。

关键词：规划权；用途管制；合理利用；限度；内外体系

在中国土地改革的历史变迁中，规划一直都是有效管理土地的基础。按既有规划进行土地治理，不仅仅是法治建设的外在体现，更是具体管理制度形成的内在要求。《土地管理法》第 3 章专章规定土地利用的总体规划内容，从管理的角度对土地规划进行赋权，实现土地管理所要求的用途管制目标。同时，土地财产权利的行使受用途管制的制约，应当遵守预设的土地利用总体规划。显然，中国的土地规划是以土地利用的总体规划为基础进行

---

　　① 李俊，中南财经政法大学副教授。

体系设计的。相较于《土地管理法》,《中共中央 国务院关于建立国土空间规划体系并监督实施的若干意见》(以下简称《规划意见》)将主体功能规划、土地利用规划和城乡规划等多项国土空间规划融为一体,并将这一规划体系再次分解为编制审批体系、实施监督体系等四大部分,确立了"多规合一"的规划模式。

　　不过,除了确定一系列规划审批规则、规划技术性指标,以及在规划适用上进行分层划分之外,规划权的系统构建还需要将分散的规划权体系化,从规划类型和规划时间上予以细分,糅合公权与私权以实现土地的合理利用。这一过程还应当立足于中国土地治理的视野,挖掘土地规划权的制度内涵和行使限度、梳理土地规划规范群内部的逻辑脉络,发现以土地规划为中心的权力束与土地财产权利束之间的联动关系。

一、管制与规划并行的双轨治理模式

(一)以土地利用为中心的"管制—规划"治理逻辑链

　　在土地管理的研究视角下,资源合理配置、政府的土地管理职能等均可能被视为分析土地管理行为的逻辑起点,[①]但立足于《土地管理法》的规范群管制与规划无疑是土地治理逻辑链的基础。就土地总体规划而言,存在土地利用规划、城乡规划和主体功能区规划三大分类,其中土地利用规划居于核心地位。《土地管理法》更是将按归规划合理利用土地视为中国的一项基本国策,并将其与保护耕地一并作为中国土地治理的基本原则。换言之,土地利用规划是广义土地总体规划的核心和逻辑起点,而城乡规划和主体功能区规划则是在土地利用规划的基础上所做的拓展与细化。

　　在中国法语境下,对土地进行合理利用必然会涉及土地用途的管制,这是中国土地管理历史演进的结果。只不过,中国在不同的历史阶段采取了差异化的管理模式。《土地管理法》在 1986 年实施时,抛弃了"城市用地由政

---

　　① 　张先贵:《权力束视角下我国土地管理行为法权表达及意义——立足于〈土地管理法〉修改背景下的审思》,《社会科学辑刊》,2016 年第 5 期。

府划拨,谁用谁管;农村土地由集体所有,集体用集体管"的土地管理思路,否定了"谁使用,谁管理"的多头分散用地管理模式,确定了以"统一分级限额审批制"为核心的土地管理制度。不过,在土地大规模开发的时代背景下,以土地有效供给为核心的"统一分级限额审批制"与耕地资源保护制度难以有效融合。为适应土地管理实践的发展,立法者在 1998 年修订《土地管理法》时将土地管理制度明确为"用途管制制度"。党的十七届三中全会审议通过的《中共中央关于推进农村改革发展若干重大问题的决定》进而明确要求坚持最严格的耕地保护制度,以落实土地用途管制为核心的土地管理模式,进而实现"公法与私法规范结合的激励性管制模式"①。

为了达到合理利用土地的管理目标,需要用途管制和土地规划双轨并行,两者内外协同是有效治理土地的关键。其一,要有效地落实土地管制,就必须以土地总体规划为基础。其核心就是建立土地利用总体规划规则,包含上下级编制关系、编制原则、"国家、县、乡镇级"划分土地利用区的规则、土地利用总体规划的分级审批制、不同土地类型的用地规则、土地利用的计划管理方式,以及相应的土地调查、评级、统计和信息管理等分级分层规范。其二,上述规划内容需要借助土地用途管制才能予以落实。显然,作为保护耕地资源和协调建设用地供给关系的土地用途管制制度,与土地规划一同形成了中国土地治理的双轨模式,最终形成"以规划为基础,以统一用途管制为手段"的国土空间开发保护制度。

(二)双轨治理模式下的规划谱系

1. 现行土地总体规划制度的分级分类设置

《土地管理法》第 4 条开宗明义地指出中国实行土地用途管制制度。依据土地用途,中国土地被规划为农用地、建设用地和未利用地三种类型,使用主体必须按总体规划所确定的用途来使用土地。针对前两项内容,《土地管理法》既从建设用地总量上进行控制,还限制农用地向建设用地的转换,着重对耕地进行特殊保护。针对未利用地,现行法则主要通过"四荒地"等制度予以规范。

① 郭洁:《土地用途管制模式的立法转变》,《法学研究》,2013 年第 2 期。

就内涵而言,土地总体规划借助统一用途管制的手段对土地资源进行保护,以提升国土空间开发保护的治理能力。但是,《土地管理法》与《规划意见》在具体规划内容上侧重不同。《土地管理法》主要涉及土地利用的总体规划,对主体功能区规划和城乡规划等内容并未作详细规定,只在该法第21条和22条指出城乡规划和综合治理应当与土地利用的总体规划相衔接,以实现生产、生活、生态空间的可持续性发展。相反,《规划意见》从"多规合一"的角度,更为详细地阐释了土地规划体系。《规划意见》是一项意在梳理现行土地规划谱系的政策规定,尤其是通过总结成熟的经验来完善现行土地规划和用途管制的内容。相较于《土地管理法》,《规划意见》在编制要求上更为细化,同时凸显出土地规划的战略性,旨在协调区域发展、形成主体功能区,进而优化城镇化、农业生产和生态保护的格局。

2. 规划谱系中主体的单一性与多样化

"多规合一"呈现了土地规划的树型谱系模式,体现了各类规划相互依存、相互影响的紧密关系。凡是被《土地管理法》赋权的规划主体,均可以通过用途管制的区分方式去干预土地的利用,实现土地资源的合理有效配置,以弥补市场调节的不足。国土空间规划体系的建立首先在国家层面展开,由国家统筹安排土地的功能空间,优化国土空间的结构与布局。国家统筹也意味着全国国土空间开发保护形成"一张图",各编制主体均应以"分级分类"的标准进行编制。[1]

也即,各级政府编制国土空间总体规划,各地在此基础上编制乡镇国土空间规划,尤其是建设用地不得超过上一级的编制总量,而耕地则不得低于上一级规划的保有量。在单一性主体的规划编制下,这种体现土地利用规划技术的"蓝图规划"通过不同主题、不同层级的规划付诸实际。[2]

规划权的性质决定了规划主体的单一性。虽然市场化的激励性管制方式可以促成规划的制定,土地规划可以由民事主体参与编制,但是规划权的

---

[1] 在《规划意见》中,中国在2020年将基本建立国土空间规划体系,基本完成市县以上各级国土空间总体规划编制,初步形成全国国土空间开发保护的"一张图"。也即,国土空间规划在全国自上而下形成统一的标准、体系和监督平台。

[2] 郭洁:《土地用途管制模式的立法转变》。

编制主体与参与主体并不一致,规划主体不能扩展到私主体层面。同时,在不同的规划视角下,单一性规划权的行使主体呈现出多样化的特征。在"多规合一"的规划谱系中,国家还以"总体规划、详细规划和专项规划"逐级细化,形成相互依存和有效衔接的规划整体。① 各级规划主体具有不同的规划编制重点,且编制内容也应当与其编制级别相对应。全国国土空间规划侧重于战略性,由自然资源部进行编制。各级政府是地方土地规划权的编制主体,但是下级土地利用总体规划仍应依据上一级土地利用总体规划编制。

复杂的是,总体规划还将基层组织纳入规划主体行列。区别于传统的"垂直的规划权力分配模式",国家和地方政府在规划权配置上互为补充。② 首先,编制市县及以下土地规划时,具体地块的用途和开发建设强度需要基层规划主体进行编制。其次,针对乡村地区,乡镇政府组织以一个或多个行政村为对象编制详细的乡村规划,并报上一级政府审批。最后,基层政府组织作出的土地利用总体规划,非经法定程序和审批主体同意不得予以变更,表明了极强的主体单一性和多样化特征。

二、土地利用总体规划权的类型扩张与内容限制

虽然双轨治理模式构建了"多规合一"的规划权体系,但是仍然不可忽视规划权在具体行使过程中存在的障碍。规划权的体系化需要对现有规划类型进行改造,并确定规划权行使内容的限度,使之与土地的合理利用相吻合。

(一)土地总体规划权行使理念的分层架构

1. 立足于合理利用的"校正型规划权"

规划权的行使是为了落实国土空间开发保护的要求,严格保护永久基本农田和控制非农建设占有农用地。可以说,规划权的行使首先是一项有限的权力行使,这种限制并非由财产权范围所决定,而是源于规划权自身的

---

① 参见《规划意见》关于分级分类建立国土空间规划的规定。
② 赵力:《美国土地利用规划权的配置》,法律出版社,2019年,第210页。

基本要求。也即,土地规划权的产生以土地资源的合理利用为目标,其首要功能旨在校正土地利用的不合理性和使用方式的低效性。也即,规划权的行使目标并非最大范围地满足土地利用的需求,而在于土地的合理利用,尤其是提升节约和集约的土地利用水平。

2014年国土资源部颁发了《节约集约利用土地规定》,从部门规章的角度对全国土地利用进行规范和引导,针对耕地和建设用地来实现国家关于土地利用的结构和布局,并提升土地的利用效率。在确保耕地数量的前提下,通过集约和节约的方式来严控总量和盘活存量。此时,规划权的行使主体可以发挥市场在土地资源配置中的决定性作用,通过"校正"的方式创新节约集约用地的新模式。在"校正"的规划方式下,各地区通过对城市闲置土地的利用和农用地的整治来达到盘活土地利用的良性结果,进而根据校正结果来确定实际用地标准。此外,具有战略性和全局性的规划在编制过程中变得极为具体,导致了规划的不稳定性。此时"校正型规划"不仅仅是对土地利用的初次规划,而且还涵括再次规划。当初次规划不满足现实需要时,特定的编制主体可以按法定理由和程序对规划予以"校正"。

2. 满足城乡用地需求并促进实现城乡协调发展的"融合型规划权"

中国土地制度建立在城乡二元结构之上,土地所有权也因城乡之别分为国家所有权和集体所有权,两者的目的和功能均有较大差异。对于城市土地而言,稀缺的土地资源无法满足民事主体使用国有建设用地的需求,那么除了"节约集约"用地之外,将集体的土地转化为国家所有成为城市土地增量的一种途径;而对于农村土地而言,既要维持基本农田的数量和质量,又要适当满足各类建设用地的需要,更要符合农地集体所有权作为基层治理工具的创设目的。在城镇化的趋势之下,保护耕地资源与建设用地的供给之间必然形成紧张关系,作为计划手段的规划恰恰能起到调和功能,起到引导城乡市场合理配置土地的作用。[1]

在"三规合一"的规划体系下,城乡规划和主体功能规划立足于土地利用总体规划,三者需要相互融合才能发挥作用。在城乡融合地带,中国并非

---

[1]　张先贵:《我国土地用途管制改革的法理求解》,《法学家》,2018年第4期。

实行单一化和平面化的规划模式,而是通过细化标准形成了复合化、立体化的规划体系。《城乡规划法》中存在"城镇体系规划、城市规划、乡镇规划和村庄规划"的区域规划群,以及"土地利用的总体规划、控制性详细规划和修建性详细规划"的技术性规划群,各项规划权相互融合才能满足城乡用地需求,从而促进城乡之间的协调发展。但值得注意的是,城镇化和城镇边界开发,涉及不同土地类型的差异化利用、土地所有权性质转化、土地使用权类型转化等诸多问题,需要依靠土地规划的内部协调等法律技术手段来实现土地治理的目标。此时规划权行使的难点在于,如何在合理利用的前提下对城镇开发边界的用地进行统筹规划。事实上,城镇开发边界的规划,应采取内外有别的管制方式。其一,针对城镇开发边界内的建设需求,规划主体采取"详细规划与规划许可"相结合的方式,通过详细规划明确土地的使用目的,同时借助规划许可来限制土地的滥用。其二,针对开发边界以外的建设需求,规划主体在常规管制的基础上增设"约束指标和分区准入"制度,因地制宜地制定规划内容。① 显然,不同类型的规划都具备土地合理利用的制度目的,但在规划目标和规划手段上仍存在不同。② 规划权的体系化需要融合不同规划,解决耕地保护与建设用地供给的矛盾,保障不同类型土地的合理利用,以满足乡村产业、基础设施发展的用地需求,实现城镇开发边界的快速发展和城乡融合。

3. 强调人与自然和谐的"消极型规划权"

在规划权的体系构建中,城乡建设规划逐渐成为合理利用土地的最佳方案,这种规划方式更能形成科学、适度、有序的国土空间布局体系。不过,形成能促进社会经济可持续性发展的国土空间体系布局,并不能完全依靠规划权。同时,规划权的本质是对土地利用进行合理配置,不能等同于对土地利用的强行干预。规划权的发展脉络也与土地规划思想史的演变过程大抵相符,经历了一个由"原始规划思想"到"现代强干预规划思想",再到"回

---

① 依据《规划意见》,中国土地规划根据区域、用途和空间管制实行"分区准入",也以不能突破或者必须实现的指标实行"约束性指标"制度。这两者都是对常规规划的必要补充,遵循因地制宜的指导思想来制定土地规划。

② 赵力:《美国土地利用规划权的配置》,第167页。

归弱干预规划思想"的过程。[①]

　　规划权若要实现人与自然相和谐、社会经济可持续性发展的目标,不仅需要事先预防土地的不合理利用、对过度规划进行有效限制,还需要消极干预或者弱干预。事实上,消极型规划权的行使基础是对人与自然和谐关系的尊重与保障,又或者源于市场的自然结果,有别于积极的、激励性的土地利用方式。"消极型规划"在实践中充分体现在严格保护永久基本农田、严控非农业建设占有农用地、保障占用耕地与开发复垦耕地数量平衡和质量相当、审美保护[②]等方面。甚至,保持现状、对现实进行最小化干预、恢复土地的原有自然状态等被视为有效治理土地的方式之一。这种"消极"并非负面或不合理地利用,而是以消极的方式实现土地的规划价值。"消极型规划"的治理方式不局限于对土地利用的限制,而是通过消极利用来实现土地的综合治理目标,在美丽乡村建设、城市个性化建设、保持城乡风貌的多样性中能起到积极、重要的作用。

(二)"用途管制"分类下土地总体规划权的行使限制

1. 农用地规划权行使内容的限制

　　农用土地一般包括各类农田和水利用地,其用途与土地自身的自然属性相关,必须严格按照土地利用总体规划所确定的用途进行使用。可以说,农用地的规划,需要根据土地的地理位置和土壤环境等要素来确定,行使规划权的主体并不能随意为之。鉴于耕地在粮食安全上的重要性,划定永久农田和对耕地实行特殊保护成为土地总体规划的基本要求,并且严格控制耕地向非耕地的转化。在非农建设确实需要占用耕地时,政府也应维持耕地保有量,通过被占耕地的数量和质量来确定开垦量。同时,农用地规划权的行使,还要严格执行土地利用总体规划和年度计划,以只增不减的原则来保护耕地。即便是未被划分为永久基本农田的耕地和其他农用地也需要予

---

① 党国英、吴文媛:《土地规划管理改革:权利调整与法治构建》,《法学研究》,2014年第5期。

② 肖伟志:《土地规划法中的审美保护——美国法的经验及其启示》,《法学评论》,2010年第4期;方涧、沈开举:《美国城市土地区划中的美学规范及其对中国的启示》,《郑州大学学报》(哲学社会科学版),2017年第4期。

以合理规划,县、乡(镇)人民政府和农村各集体经济组织可以对村内土地进行综合整治,因地制宜地进行轮作休耕或者改良土壤,以提高耕地质量和增加有效的耕地面积,从而达到保护耕地的规划目的。

2. 建设用地规划方式的限制

尽管土地利用规划的首要目标是保护耕地,但市场经济高速发展后,规划目标也逐渐转向注重社会经济生态综合效益的可持续发展方式。土地用途管制的重心也从农用地管制逐渐转移至建设用地管制,并为后者的管制对象划定了建设边界、拓展建设边界和禁止进行建设边界等。① 不但城市土地需要严格规划,乡镇建设用地也需要符合乡镇土地利用总体规划和土地利用年度计划,并且经审批才可以被允许使用。尤其是在集体经营性建设用地入市的背景下,针对集体建设用地还需要建立控制性详细规划,重要地块还可以编制修建性详细规划,以满足《城乡规划法》的具体规划要求。

3. 对未利用地的规划限制

未利用地本是一种土地未利用的现象,在《土地管理法》中特指农用地和建设用地以外的土地,但在私法规范上并无完全对应的概念。未利用地描述的只是一种无利用主体的状态,并非特指一种脱离于现行法律框架的土地形态。从所有权归属的角度来看,未利用地仍然属于《物权法》所规定的国家所有或者集体所有的土地。对未利用地的解释不宜泛化,应作限制性解释,将其限定在四荒地和无规划的用地范围内,除了未用于农业生产、未用于建造建筑物和构筑物的土地之外,生态用地等保持自然状态的土地也应当属于未利用地的界定范畴。但是,未利用地不应包括"已经规划为农用地或者建设用地,但还未加以利用"的土地类型。显然,上述规定是《土地管理法》第 4 条从规划的角度对土地进行的分类,与《物权法》第 46 条、第 47 条、第 48 条、第 58 条的土地分类标准并不一致。

对土地规划而言,一块未利用土地被规划为农用地还是建设用地也是对土地发展权的一种分配,那么土地发展权配置的调整和弥补最终还是要

---

① 参见 2008 年国务院批准颁布的《全国土地利用总体规划纲要(2006—2020年)》,以及 2016 年国土资源部颁发的《全国土地利用总体规划纲要(2006—2020 年)调整方案》。

落实到土地规划上。① 换言之,对未利用土地的规划是土地发展权创设和运行的技术保障。也即,未利用地的规划受到了"土地发展权分配"的限制,未利用地的地理位置、土壤情况等都成为受限的因素。

三、规划权与私权的冲突和协调

(一)土地利用"权力-权利"束内部之间的平衡

从性质上看,土地规划权、土地监督权、土地用途管制等具有公法性质的权力集合体构成了土地管理的权力束。土地管理的权力束所包含的权力内容都建立在土地财产权的基础之上,并借助管制的方式来提升土地利用效益和优化土地资源配置。在重视农民土地财产权保护的趋势下,以规划权为代表的公权力与私权的衔接尤为重要。②

如前所述,在众多土地利用的权力束中,土地总体规划权是一项具有前瞻性的权力。行使规划权编制详细内容,可能会是一项具体行政行为,从而直接对民事主体的财产权利产生影响。不过,就规划权本身而言,无论是抽象行政行为还是具体行政行为,都必然会与土地利用的权利束相碰撞。基于国家所有权和集体所有权,土地利用的权利束包括了国有建设用地使用权、集体建设用地使用权、土地承包经营权等一系列权利内容。以合同方式实现的上述用益物权,应以符合规划的方式使用,并在权利形成和权利行使过程中受到规划权的限制。也即,政府通过规划权的行使来引导土地的合理和有效利用,同时对私人财产权利的行使进行了限制。

显然,在土地利用的"权力—权利"束内部之间,必然存在规划权利与民事权利的界限问题,以及以哪项权力(利)为基础的问题。③ 这一争议催生了

---

① 严金明、刘杰:《关于土地利用规划本质、功能和战略导向的思考》,《中国土地科学》,2012 年第 2 期;陈柏峰:《土地发展权的理论基础与制度前景》,《法学研究》,2012 年第 4 期。

② 耿卓:《农民土地财产权保护的观念转变及其立法回应——以农村集体经济有效实现为视角》,《法学研究》,2014 年第 5 期。

③ 郭洁:《土地用途管制模式的立法转变》。

土地规划模式的转变,使得"权力—权利"束内部之间必须相互协调。"校正型规划"和"融合型规划"是规划权力束的行使内容,更是借助规划权来激发土地权利束的行使,让土地得以合理、有效地利用。"消极型规划权"则拓展了权利束的行使空间,使得权利主体更多地享受到公共利益。同时,权利束的发展也推动了规划权的改革。

(二)事先规划对土地权利束的限制

对财产权利的限制首先在于权利的社会化观念,也即,在于强调权利的非绝对性,权利的承认需符合社会的利益。[①] 事实上,对土地权利予以限制的形态多样,土地规划(土地用途管制)仅仅是限制民事主体享有土地权利的方式之一。例如土地分区管制、规划标准等都是政府行使公权力对民事主体使用不动产权利的限制,只不过此种限制需受到严格的检验。[②] 土地规划对财产权利进行限制的目的,在于转变市场配置土地资源时单纯的利益导向,平衡土地的财产属性和社会属性之间的关系。[③]

通常,规划权对土地财产权利的限制具有事先预见性,在民事主体利用财产权利之前规划权行使主体就已经编制了规划。即便规划编制后存在不确定性或有被修改的可能,但是只要原有规划未被变更,民事主体就应当按原有规划的内容利用土地。显然,规划内容体现出强行规范与禁止规范的特点,通过两类强制性规范来限制土地权利内容的行使。同时,《土地管理法》第74条和第77条还专门针对违反土地利用总体规划的不同情形进行规范。行为人在非法转让的土地上或非法占有的土地上新建建筑物和其他设施时,县级以上人民政府可以要求违反规划的行为人限期拆除,恢复土地原状;在耕地上擅自建房时,可以要求行为人限期改正并处以罚款。

甚至,事先规划所涉及的内容还会作为合同的条款约束双方当事人,并

---

① 谢哲胜:《不动产财产权的自由与限制——以台湾地区的法制为中心》,《中国法学》,2006年第3期。

② 陈越峰:《城市空间利益的正当分配——从规划行政许可侵犯相邻权益案切入》,《法学研究》,2015年第1期。

③ 柴荣、李竹:《城市规划中土地利用的法律规制——基于公平正义的分析》,《山东社会科学》,2017年第6期。

对转让行为产生影响。但是,这并不意味着当合同的约定违反《合同法》第52条第5项的强制性规定时,当事人只能通过参引构成要件,将《土地管理法》等规定的禁止规范引入私法,产生合同无效的法律效果。也即,规划所具有的强制性特征可能只针对转让行为,而非对合同效力产生影响。其一,政府管制对市场准入设定门槛,将规划内容设置为合同的积极生效要件,并排除《合同法》第52条第5项的适用。《城乡规划法》第38条规定,市、县人民政府城乡规划主管部门应当依据控制性详细规划,提出规划条件并将其作为国有土地使用权出让合同的组成部分。此时规划被强制设定为合同内容,并非对合同当事人意思自由的干预,而是作为一项积极生效要件对转让行为产生影响。换言之,此项"生效管制"要件若未获得满足,会直接影响转移权利的行为,此时合同不能生效。其二,如果规划意旨并非在于影响合同的有效性,而只是涉及合同外部秩序,合同的效力也不受规划内容的影响。显然,《城乡规划法》第64条涉及的规划许可证规定,就应认定为仅具外部秩序意义的管理性强制规定。[①]

除法律外,事先规划的强制性特征还通过政策文件的形式体现出来。中共中央办公厅、国务院办公厅在《关于在国土空间规划中统筹划定落实三条控制线的指导意见》中指出,生态保护红线、永久基本农田和城镇开发边界是土地开发的"三条控制线",其中按生态功能划定的生态保护红线,以及按照集约适度和绿色发展要求划定的城镇开发边界,从政策上限制了民事主体享有财产权利的范围,从国土空间规划的角度为权利的行使划定了界限。

(三)事后规划对财产权利的限制

民事财产权利不符合事后规划的情形,主要存在下述两种情形。其一,事后规划"已利用,但尚未被规划"的土地。例如,依据《土地管理法》第59条和65条规定,乡村建筑物应当按照村庄和集镇规划建设,在土地利用总体规划制定前已修建却不符合规划所确定的用途的,不得重建和扩建。换言之,已建的建筑物或构筑物如果不符合事后规划内容,不会被强制拆除。可见,

---

　　① 关于生效管制型和纯粹秩序型的区分方式,参见朱庆育:《〈合同法〉第52条第5项评注》,《法学家》,2016年第3期。

此类事后规划只是限制了民事主体利用财产权利的内容,而不是消灭民事权利。其二,事后调整既有规划。事后规划既可以是初次规划,也可以是再次规划。如果是再次规划,也即对原有土地利用总体规划进行修改,此时再次规划的内容须经原批准机关批准。同时,既然再次规划是对初次规划的修改,那么这势必会影响到符合原规划内容的土地利用内容。此时,应对《土地管理法》第 59 条和 65 条作扩张解释,将"满足初次规划,但不满足再次规划"的已建建筑物和构筑物列入该条的适用范围。

值得注意的是,当出现上述"已利用但尚未被规划的土地进行事后规划"和"满足初次规划,但不满足再次规划"的情形时,民事主体享有的财产权是否可因规划而受到限制需进一步分析。

其一,事后规划有别于征收制度。《宪法》第 13 条、《物权法》第 42 条、《土地管理法》第 46 条至 49 条规定,为了公共利益的需要,国家可以依照法律规定对公民的私有财产实行征收并予以补偿。① 如果已建建筑不符合事后规划但符合上述条文中的公共利益条件,则其可以被征收,同时给予适当补偿。但是,因公共利益导致的征收与事后规划的权力行使并不等同,两者在适用时可能存在重叠,但在制度目的上存在差异。②

其二,事后规划必然会对公民财产权的行使造成影响,应依实际情况对土地财产权利主体进行补偿。事后规划的影响分为积极影响和消极影响,前者会导致权利人的财产价值增值,后者会导致财产贬值或者引发"容积率转移"的情形。③ 如果事后规划对权利人产生的是积极影响,权利人无须因规划支付额外费用;但涉及征收时,则需要考虑权利人为公共利益的特别付

---

① 财产补偿的利益平衡模式来源于土地利用限制的补偿模式,有美国的"管制准征收理论"和德国的"类似征收侵害理论"之分。参见郭洁:《土地用途管制模式的立法转变》。

② 值得注意的是,规划调整和征收并无逻辑联系,因规划调整而产生征收的情形,只是恰好满足了征收的构成要件。

③ 实践中,为了解决旧城保护和开发的困境,政府会通过规划的方式,将该栋建筑自有的容积率转移到同一财产主体的其他建筑物之上。"容积率转移""地票""城市建设用地增减挂钩"等实践模式,均是基于规划权对民事主体的财产权产生影响的表现形式,是借规划之名以开发方式来实现土地的有效治理。参见张先贵:《中国法语境下土地开发权是如何生成的——基于"新权利"生成一般原理之展开》,《求是学刊》,2015 年第 6 期。

出,予以额外补偿。当然,此种情形与商业性的伪征收无关。如果事后规划产生的是消极影响,那么政府在作出事后规划后,应当对权利主体进行补偿。换言之,因新规划或规划调整导致私权利的损失,除通过市场途径予以解决外,还应当考虑事后规划(含规划调整)对权利主体带来消极影响所产生的损失。①

(四)规划权对权利束产生的"外部性"积极影响

规划权的产生并非为了限制民事主体财产权利的行使,而是旨在补充市场调节作用的不足,从权利束外部实现土地资源的合理配置。相对土地上的民事权利,土地规划所具有的外部性特征在基层土地治理中能产生积极影响。例如,村庄规划能有效促进乡村振兴,达到土地治理的目标。显然,土地规划权越来越积极主动和多维度地对土地财产权进行限制,中国土地规划也不能一味依靠公权力的影响,而应当采取公私主体相互合作的治理模式。尤其在编制土地详细计划时,可以发挥公众参与的程序规则,构建民事主体与公权力主体之间的互动关系,建立重大影响规划的评估制度,从而激发规划权对土地财产权利束的外部影响,更有效地促成权利主体与公权力主体一道参与土地治理。②

综上,规划权体系的构建是实现土地合理利用的前提,也是中国土地治理的核心内容。就内在体系而言,土地规划体系的构建不仅在于提升土地利用效率、促进城乡协调发展,还需要实现人与自然的和谐。而在外部体系的构建上,要以《土地管理法》为基础,通过用途管制的不同类型来完善规划权制度。在土地利用权力束和土地财产性权利束的互动下,规划权的内部体系与外部体系才能获得统一,土地资源才能得到最为合理的配置。

原文发表于《云南社会科学》2020 年第 2 期

---

① 规划调整与征收都是因公共利益引起的非市场行为,但其补偿均可考虑"内部化到可能因此取得利益的相邻者的土地上"。参见黄茂荣:《法学方法与现代民法》,法律出版社,2007 年,第 562 页。

② 郭洁:《土地用途管制模式的立法转变》。

重审斯芬克斯之谜

入选理由：

本文是 2020 年第 2 期"土地管理法制改革"专题文章之一，全文转载于《高等学校文科学术文摘》2020 年第 3 期，这是对该文质量的认可。在众多有关土地的法学研究的成果之中，该文的新颖处体现在，其从中国土地治理的规划权体系的角度展开论述，也与我刊"宏观性选题"的风格吻合。

专家评论：

文章在土地用途管制的前提下，力求实现土地规划中私权保护与公共管制的平衡。

——朱庆育，南京大学教授

"三块地"改革背景下集体建设用地使用权的再体系化

汪　洋[①]

摘　要：集体建设用地使用权应类型化为集体经营性建设用地使用权、集体公益性建设用地使用权与宅基地使用权。入市客体仅限于集体经营性建设用地，实施主体的入市行为需符合农民集体决议程序以及国土空间规划。只能有偿出让设立集体经营性建设用地使用权，并通过转让、互换、出资、赠与或抵押等方式流转。入市与征收是联动和分工的关系，若出让金数额或调节金缴纳比例与征地补偿标准保持适当平衡，征收与入市模式的差异不大。应采用"法定＋意定"相结合的模式，在集体内部成员之间分配土地增值收益抑或征收补偿费。宅基地使用权应坚持特殊主体居住保障的功能定位，视为法定的非经营性建设用地。在符合土地规划的前提下，三种集体建设用地应当被允许相互转化，将转权与入市两个步骤有机结合。

关键词：集体建设用地使用权；集体经营性建设用地；宅基地使用权；三权分置；入市

改革开放以来，在"以经济建设为中心"的方针指引下，城市地区获得了绝大多数新增的建设用地指标。[②] 近年来，随着国家治理体系现代化的逐步推进，"多规合一"的国土空间规划体系日益成型。2020 年中央一号文件要求"通过村庄整治、土地整理等方式节余的农村集体建设用地优先用于发展

---

　　① 汪洋，清华大学副教授，现为清华大学长聘副教授。
　　② 耿卓、孙聪聪：《乡村振兴用地难的理论表达与法治破解之道》，《求是学刊》，2020 年第 5 期。

乡村产业项目",建立国有和集体建设用地一体化的用途管制制度,在国土空间规划体系以及年度建设用地计划中统一纳入集体建设用地。2021年中央一号文件提出"积极探索实施农村集体经营性建设用地入市制度,完善盘活农村存量建设用地政策",建设用地使用权的制度改革已经从城市国有土地蔓延到农村集体土地,其中核心举措便是包括"宅基地改革""集体经营性建设用地入市"以及"集体土地征收"等内容的"三块地"改革。在理论层面上,亟须统合协调集体建设用地的入市和征收、宅基地与其他类型建设用地的相互转化等问题,实现集体建设用地使用权的再体系化。

集体建设用地在法源层面涉及大量国家政策文件、立法以及行政法规规章,堪称修法最为频繁和活跃的领域,亟须梳理呈现规范沿革的全貌(第一部分);在此基础上厘清集体建设用地的基本类型(第二部分);针对集体经营性建设用地使用权进行全方位的教义学层面的制度构建(第三部分)。国家、集体、集体内部成员、非集体成员四方围绕集体建设用地呈现出复杂的法律关系和利益纠葛,改革成败系于两大难题:一为集体建设用地在供应端如何协调征收和入市的关系,以平衡国家利益与集体利益(第四部分);二为宅基地与其他集体建设用地类型之间如何相互转化以及对相关主体进行补偿,以平衡农民利益与集体利益(第五部分)。

一、法源与政策沿革

农村集体建设用地治理问题被纳入法治轨道始于1986年颁布的《关于加强土地管理、制止乱占耕地的通知》,该通知认定"乡镇企业和农村建房乱占耕地、滥用土地的现象极为突出",要求严格限制耕地转化为集体土地。1987年十三大提出"积极推行住宅商品化"和"社会主义房地产市场",引发的开发区热和房地产热现象催生出大量闲置土地。1992年国务院接连发布《严格制止乱占、滥用耕地的紧急通知》《关于发展房地产业若干问题的通知》两个文件,试图通过禁止集体土地入市来减少更多潜在的闲置土地,并规定集体土地出让前必须先通过征收转化为国有土地。

1988年《土地管理法》第2条规定"国有土地和集体所有的土地的使用权可以依法转让",1998年《土地管理法》第2条将其修改为"土地使用权可以依法转让"的模糊表述。第 43 条首次规定:"任何单位和个人进行建设,需要使用土地的,必须依法申请使用国有土地。……前款所称依法申请使用的国有土地包括国家所有的土地和国家征收的原属于农民集体所有的土地。"第 63 条规定:"农民集体所有的土地的使用权不得出让、转让或者出租用于非农业建设。"据此,除乡镇企业、乡(镇)村公共设施和公益事业以及村民住宅外,其他类型的农村集体土地进入建设用地一级市场均以征收为国有作为前提。该模式在 2004 年《土地管理法》中被沿用。

2007 年《物权法》舍弃了 1995 年《城市房地产管理法》采用的"国有土地使用权"称谓,采用了足以涵盖集体土地上建设行为的"建设用地使用权"这一术语。多部学者编纂的"民法典草案建议稿"亦未区分集体建设用地使用权与国有建设用地使用权。"考虑到中国土地改革正在试点和深化,各地情况差异较大,尚待总结实践经验,集体建设用地制度的改革需要通过修改《土地管理法》从根本上解决,作为民事基本法律的《物权法》只需留下原则且灵活的规定,为今后改革留下空间。"①《物权法》采取的方案是在第 135 条将建设用地使用权客体限定为国有土地,同时第 151 条规定"集体所有的土地作为建设用地的,应当按照《土地管理法》等法律规定办理",发挥转介条款的功能。只要目的是建造并保有建筑物所有权,不论客体是农村集体土地还是城市国有土地,土地上所设权利都被称为建设用地使用权。② 只是《物权法》第 183 条等规范对集体建设用地使用权抵押等流转方式依旧采取了"一般性禁止"的立场。在立法层面上,直至 2016 年《慈善法》第 85 条才首次使用"农村集体建设用地"这一术语。

近年来,中共中央和国务院先后出台了一系列涉及集体建设用地的政策文件。③ 在国家政策推动以及改革试点成功经验的基础上,立法开始跟

---

① 胡康生主编:《中华人民共和国物权法释义》,法律出版社,2007 年,第 335 页。

② 崔建远:《物权:规范与学说——以中国物权法的解释论为中心》(下册),清华大学出版社,2011 年,第 534 页。

③ 参见 2013 年《关于全面深化改革若干重大问题的决定》、2014 年《关于农村土地征收、集体经营性建设用地入市、宅基地制度改革试点工作的意见》、2015 年《全国人民代表大会常务委员会关于授权国务院在北京市大兴区等三十三个试点县(市、区)行政区域暂时调整实施有关法律规定的决定》。

进。2019年《土地管理法》首次允许非集体经济组织成员在符合法定条件和程序时,取得、互换、转让甚至抵押集体经营性建设用地使用权,阻碍城乡一体化发展的二元体制被终结,集体建设用地可以和国有建设用地同权同价同等入市。2020年《民法典》第361条沿用《物权法》第151条的转介条款模式,以"应当依照土地管理的法律规定办理"这一表述替代了"应当依照土地管理法等法律规定办理"的表述,极大扩展了法源适用的范围。而且2019年《土地管理法》本身与2004年的版本相比,在集体建设用地的规范内容上也存在天壤之别。2021年相继出台的《关于为全面推进乡村振兴加快农业农村现代化提供司法服务和保障的意见》和新版《土地管理法实施条例》进一步全面细化了相关内容,集体建设用地的规范体系初步建立。

法源层面的潜在问题是,《民法典》第361条转介的"土地管理的法律规定"是否包括《民法典》第12章国有土地"建设用地使用权"的规定?有学者认为,集体所有权仅惠及小范围封闭群体,在所有权的行使机制如设权程序、提前收回、自动续期等方面,与国家所有权存在诸多差异,不适合直接套用国有建设用地的规定,因此《民法典》第12章不适用于集体建设用地。[①]笔者认为,国有建设用地使用权与集体建设用地使用权在具体权能和土地用途上具有一致性,《土地管理法》修订的目标之一便是推动实现同地同权,可以把《民法典》第12章视为一般性规范,而《土地管理法》及其实施条例等视为特殊性规范优先适用,当不存在特殊性规范时,在权利内容和行使要求、空间建设用地使用权、出让方式、出让金缴纳、权利登记的效力等方面,就可以准用《民法典》第12章的一般性规范。《土地管理法》第63条也明确了"集体建设用地使用权的出让及其最高年限、转让、互换、出资、赠与、抵押等,参照同类用途的国有建设用地执行"。

二、集体建设用地的基本类型

依据《民法典》第249条与第260条,中国土地所有制分为国家所有和农

---

① 宋志红:《集体建设用地使用权设立的难点问题探讨——兼析〈民法典〉和〈土地管理法〉有关规则的理解与适用》,《中外法学》,2020年第4期。

民集体所有,用益物权分编有三章内容分别针对农村住宅用途的宅基地使用权、城市的建设用地使用权以及农村耕作用途的土地承包经营权。《土地管理法》依行政管制的逻辑区分各种建设用地权利类型,目的在于通过土地规划等用途管制途径限制财产权以实现耕地保护,确保粮食安全。建设用地又可以区分为国有和集体所有两种类型。

依据对 2004 年《土地管理法》第 43 条的解释,集体建设用地根据具体用途划分为公共设施和公益事业建设用地、乡镇企业用地以及宅基地。但是2019 年《土地管理法》改变了集体建设用地的分类方式:第 59 条规定的集体建设用地广泛用于村民住宅、公共设施和公益事业建设以及乡镇企业;第 63 条新设了集体经营性建设用地,需要依法登记,用于工业、商业等经营性用途。对这两条的理解决定了如何划分集体建设用地的基本类型。

第一种类型为集体公益性建设用地,用于乡村公共设施和公益事业,包括乡村行政办公、文化科学、医疗卫生、教育设施、生产服务和公用事业,等等。[①] 2019 年《土地管理法》第 61 条对乡村公共设施、公益事业建设用地审批进行了规定。鉴于实践中集体财力和人力不足,为了激励其他市场主体对公共设施和公益事业的建设投资,需要为投资主体设立集体公益性建设用地使用权。可以借鉴国有建设用地使用权利用中经由行政审批的无偿划拨方式,经由集体决策划拨给投资主体,不采取市场化配置逻辑下的有偿出让方式。[②]

第二种类型为宅基地,关乎集体内部成员的住房福利保障。《民法典》中,宅基地使用权是一种独立类型的用益物权,与建设用地使用权是并列关系,而《土地管理法》规定宅基地的第 62 条放置在"建设用地"章节,宅基地上的权利不是独立的权利类型。鉴于宅基地的福利保障属性,对它的规划、管制相比其他集体建设用地更为严苛,导致其财产价值和市场功能严重受限,用途上即便隶属于建设用地,权利设立和管理也一直单独规定并自成体系。

----

① 　如乡(镇)政府、村民委员会办公、公安、税务、邮电所、学校、幼儿园、托儿所、医院、农技推广站、敬老院以及乡村级道路、供水、排水、电力、电讯、公共厕所等。参见杨合庆主编:《中华人民共和国土地管理法释义》,法律出版社,2020 年,第 107—111 页。
② 　宋志红:《集体建设用地使用权设立的难点问题探讨——兼析〈民法典〉和〈土地管理法〉有关规则的理解与适用》。

重审斯芬克斯之谜

随着宅基地"三权分置"改革逐步推开,宅基地和其他类型的集体建设用地之间存在相互转化的可能性,更适合被看作一类集体建设用地。2021年《土地管理法实施条例》第33条采取的方案是以"建设用地指标"保障宅基地需求。

第三种类型为集体经营性建设用地,2002年《招标拍卖挂牌出让国有土地使用权规定》第4条把"经营性用地"列举为商业、旅游、娱乐和商品住宅用地,2007年《招标拍卖挂牌出让国有建设用地使用权规定》新增工业用地,2008年《关于推进农村改革发展若干重大问题的决定》第一次提及集体经营性建设用地。2014年《关于农村土地征收、集体经营性建设用地入市、宅基地制度改革试点工作的意见》将集体经营性建设用地界定为"存量农村集体建设用地中,土地利用总体规划和城乡规划确定为工矿仓储、商服等经营性用途的土地"。2019年《土地管理法》第63条将其总结为"土地利用总体规划、城乡规划确定为工业、商业等经营性用途,并经依法登记的集体经营性建设用地"。2021年《土地管理法实施条例》新增第5节内容规定"集体经营性建设用地管理"。

集体经营性建设用地是否包含乡镇企业用地?依据2004年《土地管理法》第43条,除宅基地和集体公益性建设用地外,唯一可以不经征收保留集体所有性质进行利用的建设用地只有乡镇企业用地。然而2019年《土地管理法》并未在第63条规定乡镇企业用地,而是规定于第59条,要求乡镇企业用地与集体公益性建设用地以及宅基地一道履行严格审批手续。官方释义也明确区分了两者:"集体建设用地的概念与集体经营性建设用地有所不同,一是使用主体有特殊限制,是本集体所属乡镇企业和村民个人等,属于农村集体经济组织及其成员自行使用,而集体经营性建设用地的使用主体包括本集体组织之外所有的自然人和法人。二是用途不同,前者只能用于乡镇企业、乡村公共设施、公益事业和村民建住宅等情形,而后者则可用于工业、商业等经营性用途,范围更为广泛。"①

第一,乡镇企业用地符合集体经营性建设用地的内涵。"集体"强调土地的所有权属于农民集体所有;"建设用地"区别于农业生产经营用地;"经

---

① 杨合庆主编:《中华人民共和国土地管理法释义》,第107—111页。

营性"排除了非经营性质的公共设施、公益事业用地以及宅基地。① 区分实益在于能否直接入市以及实现市场化有偿使用。乡镇企业用地在功能上迥异于具有福利保障性质的宅基地和集体公益性建设用地,更趋向于"工业、商业等经营性用途"。2021 年《土地管理法实施条例》第 37 条第 2 款规定,"鼓励乡村重点产业和项目使用集体经营性建设用地",其中乡村重点产业和项目可以解释为涵盖了乡镇企业。第二,集体经营性建设用地不等同于乡镇企业用地。《土地管理法》第 60 条区分了农村集体经济组织独自兴办的乡镇企业,以及以使用权入股、联营等方式同其他主体共同兴办的乡镇企业。由于股权冲突、市场压力及企业改制等方面原因,现阶段中国尤其是中西部地区符合法律定义的乡镇企业数量非常有限。如果仅仅把乡镇企业用地认定为集体经营性建设用地,将大大限制集体经营性建设用地入市改革的适用空间及其价值。

从解释论上,可以把乡镇企业用地定性为存量集体经营性建设用地,审批手续等问题适用《土地管理法》第 59 条与第 60 条;把工商业用地作为增量用地,出让及流转等问题适用《土地管理法》第 63 条。后者是未来拓展集体经营性建设用地的主要方向,通过规划调整、土地整理等方式,把农用地、宅基地或者公益性建设用地调整为集体经营性建设用地。《土地管理法》第 63条"工业、商业等"应解释为开放式的非完全列举,可以囊括其他政策文件和部门规章中"工矿、仓储、商服"等土地用途。② 实质判断基准是土地建设用途为经营性而非公益性,商服、工矿和仓储也可能用于公益性用途,并非当然属于经营性用途,《土地利用现状分类》也不存在"经营性"与"非经营性"之分。

经营性建设用地能否用于商品住宅开发?官方释义认为:"集体经营性建设用地入市后不能违规用于商品房开发,将来是否允许用于商品房开发,应当根据实践发展需要由党中央作出决策部署。"③鉴于中国现阶段房地产问题极为敏感,暴露出一系列痼疾,相关管制和调控措施触及经济生活的方

① 韩松:《论农村集体经营性建设用地使用权》,《苏州大学学报》(哲学社会科学版),2014 年第 3 期。
② 高圣平:《论集体建设用地使用权的法律构造》,《法学杂志》,2019 年第 4 期。
③ 杨合庆主编:《中华人民共和国土地管理法释义》,第 107—111 页。

方面面,并且城市房地产开发和农村住房的背景完全不同,《土地管理法》没有在用途中标明“住宅”这一类型,尚未放宽集体土地上的住宅开发。此外,考虑到“加快建立多主体供应、多渠道保障、租购并举的住房制度”这一党的方针政策,以及现代土地复合利用形态下工商业和居住等用途聚合于不动产更有利于土地价值的充分发挥,[①]可以预见到未来会逐渐放开集体土地用于住宅开发。笔者认为,集体经营性建设用地的入市的前提是符合土地规划和用途管制,因而是否用于商品住宅开发可以通过土地利用总体规划以及城乡规划进行精细化管控,无须一刀切完全禁止。

综上所述,建设用地依据土地所有制划分为国有建设用地和集体建设用地,集体建设用地使用权依据设立目的和用途类型化为宅基地使用权、集体公益性建设用地使用权和集体经营性建设用地使用权。后者又进一步划分为存量乡镇企业用地和增量工商业经营性用地(见图1)。

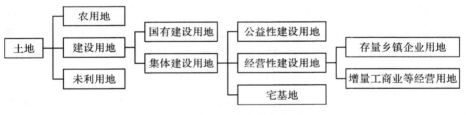

图1 建设用地的基本类型

三、集体经营性建设用地入市的制度构造

(一)客体仅限于集体经营性建设用地

通过立法沿革可知,导致集体建设用地入市立法迟滞的原因包括严峻的耕地保护形势以及国家通过垄断土地经营获取巨额收益两方面。在2004年《土地管理法》“先征收、再出让”的城乡二分模式下,国家垄断了建设用地的供给,虽有利于集中、集约利用土地,但农村集体建设用地不能与国有建

---

① 宋志红:《集体建设用地使用权设立的难点问题探讨——兼析〈民法典〉和〈土地管理法〉有关规则的理解与适用》。

设用地同等入市、同权同价，无法用于商业化开发，完全阉割了其市场化配置功能。在应然层面，集体土地权益得不到充分保障；在实然层面，大量城乡接合部的集体建设用地违法进入市场。2019 年《土地管理法》承认了集体经营性建设用地入市资格，被誉为"继农村土地承包、国有建设用地使用权有偿使用、农村土地三权分置改革之后，我国土地制度的一次重大调整和与时俱进，有利于进一步盘活农村建设用地，提高农村集体经济组织及其成员的收入，有利于促进乡村振兴和城乡融合发展"[1]。

入市客体仅限于集体经营性建设用地是一种稳妥的土地改革方案。根据《土地管理法》第 61 条，集体公益性建设用地使用权仍以行政审批的方式设立，使用权人无偿取得或仅需支付极为低廉的取得成本，通常情况下不预先设定期限限制，参照国有土地划拨的相关规定施行。实践中通常使用"拨用"一词指代集体公益性建设用地使用权的无偿设立行为，[2]该使用权用途限定且禁止再流转。集体在实际用途溢出限定的公益性用途时，应当收回建设用地使用权以防私益假借公益之名无偿占用集体建设用地。2019 年《关于建立健全城乡融合发展体制机制和政策体系的意见》并未放开集体公益性建设用地流转，而是对公益性转变为经营性建设用地严格限定条件。在是否允许农用地转变为集体经营性建设用地入市的问题上，官方释义明确持否定立场。[3]

（二）入市实施主体、决议程序及规划控制

集体经营性建设用地入市涉及建设用地一级市场和二级市场。一级市场指集体土地所有者以市场化方式为其他主体设立有偿的建设用地使用权；二级市场指土地使用者再次流转已经取得的建设用地使用权，流转

---

① 杨合庆主编：《中华人民共和国土地管理法释义》，第 117—121 页。
② 宋志红：《集体建设用地使用权设立的难点问题探讨——兼析〈民法典〉和〈土地管理法〉有关规则的理解与适用》。
③ "因我国耕地资源十分有限，同时目前城乡建设用地数量庞大但利用效率较低，城乡建设用地应主要在提高利用效率上下功夫。中央没有允许这种做法，地方在实践中应严格按照中央决策部署开展入市工作，不能随意将耕地转变为集体经营性建设用地入市。"参见杨合庆主编：《中华人民共和国土地管理法释义》，第 117—121 页。

方式包括赠与、继承、出资、抵押以及转让、互换等。针对经营性建设用地使用权人未设置资格准入门槛。《土地管理法》第63条第1款主要处理一级市场上建设用地使用权的设立,"农村集体经济组织作为土地所有权人,可通过出让、出租等方式将符合规划和特定用途的土地交由单位或个人,用于建设建筑物、构筑物及附属设施"。针对存量的乡镇企业用地,鉴于集体在乡镇企业设立之初已经设立过有偿出让方式的集体建设用地使用权,因此理论上仅存在二级市场上使用权的流转问题,但是也不能排除一些闲置的乡镇企业用地已被集体经济组织收回,存在进入一级市场的可能性。[1]

《土地管理法》第11条以及《民法典》第262条规定了法定代表行使机制,由确权登记的农民集体对应的乡镇或村集体经济组织等代表作为集体建设用地使用权设立合同的甲方;或者通过意定代理机制委托上一级农村集体经济组织、村民委员会以及由经市场监管机关登记注册具有法人资格的组织代理担任入市实施主体,以弥补集体经济组织或村委会专业能力的不足。[2] 考虑到农村社会治理现状,由法定代表主体再行对外委托可能导致代理链条延长,增加了代理人偏离农民集体利益的风险,应当限制委托入市实施主体的适用范围。如果存在对应级别的农村集体经济组织且无市场主体资格方面的障碍,由其直接担任入市主体及合同甲方,并通过引入第三方服务的方式弥补专业能力的不足。

无论采取法定代表还是意定委托的方案,权利设立必须通过农民集体决议程序,以体现土地所有权人的真实意思。《土地管理法》第63条第2款规定了多数决原则,入市"应当经本集体经济组织成员的村民会议三分之二以上成员或者三分之二以上村民代表的同意"。《村民委员会组织法》依据不同情形要求二分之一以上或三分之二以上组成人员参加方能召开村民会议,所作会议决议需到会人员过半数同意。因此《土地管理法》规定的"三分之二"指表决同意人数占到会人数三分之二以上,高于《村民委员会组织法》

---

① 黄发儒:《集体经营性建设用地入市路径思考》,《中国土地》,2015年第2期。
② 岳永兵:《集体经营性建设用地入市实施主体对比分析》,《中国国土资源经济》,2019年第6期。

"过半数同意"的一般性规定。① 决议事项包括《土地管理法》第 63 条第 1 款列举的"土地界址、面积、动工期限、使用期限、土地用途、规划条件和双方其他权利义务"等书面出让合同应载明的核心内容,还包括对入市实施主体的委托授权、入市成本、价格形成机制以及收益分配方案等关乎集体及其成员重要利益的事项内容。交易方式和程序采取招拍挂等公开竞价方式还是协议形式,现行法只规定参照同类用途的国有建设用地执行,尚需制定配套法规予以明确。

集体经营性建设用地入市的前提和依据是土地规划,但是程序上不同于集体公益性建设用地、宅基地以及农用地转为建设用地的审核、申请以及审批手续。依据《土地管理法》第 23 条第 2 款和第 63 条第 1 款,只有土地利用总体规划和城乡规划确定为工商业等经营性用途并且纳入土地利用年度计划的建设用地,才能设立经营性建设用地使用权。第 64 条也体现了用途管制的基本思想,明确了入市后的管理措施。2021 年《土地管理法实施条例》第 37 条以下内容进一步要求集体经营性建设用地布局和用途须符合国土空间规划。

《民法典》第 350 条规定土地用途不得随意改变,依第 361 条转介规范,该规定同样适用于集体经营性建设用地使用权。但是规划编制程序不应将集体经济组织完全排除在外,而是应当落实《城乡规划法》第 18 条与第 22 条"乡规划、村庄规划……尊重村民意愿""乡、镇人民政府组织编制村庄规划,……报送审批前,应当经村民会议或者村民代表会议讨论同意"等程序要求。依《行政诉讼法》第 70 条,"明显不当"的集体土地规划作为"抽象行政行为"具有可诉性。

(三)权利设立与流转方式

《土地管理法》第 63 条第 1 款规定了"出让、出租等"集体经营性建设用地的设立方式。《民法典》第 347 条第 2—3 款强调经营性用地应采取公开竞价方式出让,严格限制无偿划拨设立建设用地使用权。"入股"是"出让"的

---

① 乔思伟:《农村土地制度实现重大突破——自然资源部法规司司长魏莉华解读新土地管理法》,《中国自然资源报》,2019 年 8 月 27 日。

一种形式,土地所有者以使用权作价入股的行为已经内含了将该权利让渡给被入股的企业的出让行为,接受入股的受让方无须给付出让金,而是分给集体相应股权或者出资份额。应当鼓励采用入股方式入市,通过股份的捆绑形成集体组织和土地利用人的利益共同体,农民集体收益依据的是土地股份,本质上是农民集体对土地级差地租 I 的公平分享。

对于"出租"方式,1999 年《规范国有土地租赁若干意见》第 6 条赋予"出租"行为物权效力,异化为一种分期支付出让金的变相出让行为。[1] 出租供地模式是我国经济体制改革及国有土地有偿使用实践中为了应对国企改革这一阶段性任务而采取的无奈之举,有规避土地出让规则的嫌疑。[2]《土地管理法》第 63 条第 3 款表述为"通过出让等方式取得的集体经营性建设用地使用权",第 4 款表述为"集体经营性建设用地的出租,集体建设用地使用权的出让",明确了"出租"并非集体经营性建设用地使用权的设立方式,立法仅保留"出让"这一设立方式即可。

《土地管理法》第 63 条第 3 款规定的"抵押",本属于二级市场的交易行为。但是在一级市场上,土地所有者也可以为自己设立建设用地使用权并将其抵押融资,所得资金用于开展配套基础设施建设、补偿原权利人等土地整理工作。代表国有土地所有者的土地储备中心在出让之前经常通过建设用地使用权抵押融资来开展土地整理储备活动,同理集体建设用地应予允许。鉴于抵押物处置时会发生集体建设用地使用权出让的法律效果,设定抵押时应参照出让的条件和程序进行。[3]

若未来修法时明确删除出租方式,《土地管理法》第 63 条第 1 款"经依法登记的集体建设用地"则可以理解为建设用地使用权首次登记。2015 年《关于启用不动产登记簿证样式(试行)的通知》所附不动产登记簿样式中,"土地所有权登记信息"只要求登载农用地、建设用地、未利用地的分类面积,并

---

[1]　宋志红:《集体建设用地使用权设立的难点问题探讨——兼析〈民法典〉和〈土地管理法〉有关规则的理解与适用》。

[2]　刘璐、高圣平:《土地一级市场上租赁供地模式的法律表达——以〈土地管理法〉的修改为中心》,《上海财经大学学报》,2012 年第 2 期。

[3]　宋志红:《集体建设用地使用权设立的难点问题探讨——兼析〈民法典〉和〈土地管理法〉有关规则的理解与适用》。

不要求登记集体建设用地地块。这意味着集体土地所有权并非按宗地登记，而是按一定区域整体登记。而集体建设用地只是该区域中的一部分面积，尚未在登记簿上被特定化。通过首次登记，不仅建设用地的四至、用途、期限得以明确，还有利于促使集体组织在设权之前按照法定程序清除土地上的负担，保障"净地"交易，避免设权纠纷、遗留的拆迁安置补偿与进场开发建设冲突导致的强拆现象。以上构成了从2012年开始禁止国有建设用地使用权"毛地"出让的重要原因。①

2004年《土地管理法》第63条将集体建设用地二级市场局限在破产、兼并等场合，但是2019年《土地管理法》第63条拓展为集体经营性建设用地使用权可通过转让、互换、出资、赠与或抵押等多种方式进入二级市场，供地渠道和价格形成机制与同类用途的国有建设用地保持一致，出让年限也参照《城镇国有土地使用权出让和转让暂行条例》执行。

2019年《土地管理法》第63条第3款②相较于《民法典》第353条对国有建设用地使用权流转的限制，增加了"法律、行政法规另有规定"及"书面合同另有约定的除外"的内容。"法律、行政法规另有规定"指的是《民法典》第243条、第327条的建设用地征收、第358条的建设用地因公共利益需要提前收回、《土地管理法》第66条的集体经济组织提前收回等规定，这些情况下建设用地使用权无法再行流转。《民法典》第398条还规定乡镇企业用地的建设使用权不得单独抵押，但是根据"地随房走"原则，该使用权在建筑物设定抵押时仍然可以一并抵押。"书面合同另有约定"体现了意思自治原则，约定内容未登记的不得对抗善意交易第三人，使用权人违反此约定时只承担违约责任。

---

① 宋志红：《集体建设用地使用权设立的难点问题探讨——兼析〈民法典〉和〈土地管理法〉有关规则的理解与适用》。

② 《土地管理法》第63条第3款但书规定"但法律、行政法规另有规定或者土地所有权人、土地使用权人签订的书面合同另有约定的除外"。

重审斯芬克斯之谜

四、入市与征收的体系分工及利益协调

(一)入市与征收的收益分配格局

集体经营性建设用地入市打破了政府对土地一级市场的垄断,将"集体土地用途管制＋土地征收"的一元化供地模式改革为"公益性建设用地征收＋非公益性建设用地入市"的双轨制供地模式,从而把"征收"与"用途转变"两个性质迥异的行为松绑。征收与入市的理想分工模式是将征收场景限定于公共利益目的,非公益性用地需求通过入市来实现。入市与征收是联动和分工的关系,唯有通过严格界定公共利益进而从技术层面缩减征收的适用场景,方能为入市开辟空间;只有开通入市这一新的供地途径,才能达到降低征地需求的作用。入市与征收的实质性差异,还体现为"卡-梅框架"(C&M Framework)下"财产规则"(property rule)与"责任规则"(liability rule)两种方式的区分和协调。[1] 财产规则对应入市这种自愿交易模式,由集体作为土地所有权人与意图获得使用权的主体商谈出让价格;而责任规则通常对应着通过征收这一方式强制转移土地所有权,转移之后通过征收补偿协议或者决定进行事后补偿,因此必须限定在公共利益场景下。

征收与入市的区别除了公权力强制与否,还体现为"转权获利"和"保权获利"的区别。征地使土地由集体所有变成国家所有,征地补偿是一次性买断的;而入市并未改变集体所有的性质,建设用地使用权到期后,这一用益物权消灭,集体经济组织保留了在建设用地上为新的主体多次设立使用权以获利的可能性。为了平衡征收与入市不同的收益分配格局,立法应当对因"保权获利"而产生的二次土地增值收益比例进行严格的公共利益保留约束,确保二次土地增值收益的绝大部分用于公共设施的改善、公共产品的供

---

① Guido Calabresi and A. Douglas Melamed, "Property Rules, Liability Rules and Inalienability: One View of the Cathedral", *Harvard Law Review*, vol. 85 (2013), pp. 1089-1128. 也参见汪洋:《地下空间物权类型的再体系化:"卡-梅框架"视野下的建设用地使用权、地役权与相邻关系》,《中外法学》,2020 年第 5 期。

给以及集体成员的福利保障安排。2016年《农村集体经营性建设用地土地增值收益调节金征收使用管理暂行办法》将"土地增值收益"定义为"入市环节入市收入扣除取得成本和土地开发支出后的净收益,以及再转让环节的再转让收入扣除取得成本和土地开发支出后的净收益",且由政府"分别按入市或再转让农村集体经营性建设用地土地增值收益的20%—50%征收调节金"。

　　国家参与集体土地入市收益分配具有正当性。第一,从增值贡献层面,土地产生的增值收益主要源于国家对基础设施的配套完善和规划引领,改变了建设用地的开发利用条件,"生地"变成了"熟地"。第二,从地租形态角度,建设用地的价值主要由所处地区的经济条件和特定区位决定,需要通过税收和转移支付等手段实现土地财富在全社会的平均分配,平衡不同群体之间的利益关系。① 第三,在用途效果方面,政府通过对增值收益的提取和调节,实现承担地方基础设施及公共服务相关的公共职能,符合土地资源社会性和公共性的特点。考虑到社会现实情况是地方政府已经形成对土地财政的依赖,财政收入的重要来源之一便是土地出让金,放开入市意味着打破地方政府对土地一级市场的垄断,政府无法继续大规模低征高卖集体土地。如果可以通过土地增值收益调节金或土地增值税的形式继续参与入市收益分配,也可以减少地方政府的顾虑及改革阻力。

　　若要保证入市与征收在收益分配格局上不存在太大差别,则要求出让金数额或土地增值收益调节金缴纳比例应当与征地补偿标准保持恒定比例,以利于未来构建统一的增值收益分配体系。若调节金缴纳比例过高,集体及农民的利益和入市动力会大受减损;若调节金缴纳比例过低,导致集体的入市收益远高于征收补偿,则容易引致农民对征收的抵制,地方政府也无

---

　　① 集体建设用地入市试点地区的多数做法是政府直接参与分配。例如安徽省芜湖市规定,县级人民政府获得10%的出让收益,乡级政府获得40%的出让收益,农民集体获得50%的出让收益;浙江省湖州市的地方政府土地管理部门只收取5%的手续费,乡镇政府收取15%用于乡镇基础设施建设,剩余的出让收益由农民集体分给集体成员;广东省顺德区规定出让收益的50%作为集体成员社会保障金,剩余的50%则需要将其中的20%留存给集体,80%分配给集体成员。参见李国强:《〈土地管理法〉修正后集体建设用地使用权的制度构造》,《云南社会科学》,2020年第2期。

力负担入市后的基础设施建设等财政项目,无法实现再分配的调节作用和地区间的统筹平衡。由于征收的被动性,集体土地资源的市场化交易价格一直很难形成,入市价格客观上成为征地补偿标准市场化的参照依据。2021年《土地管理法实施条例》第32条要求"制定公布区片综合地价,确定征收农用地的土地补偿费、安置补助费标准",目标导向是建立"同等入市、同权同价"的城乡统一的建设用地市场,赋予城乡不同所有权的建设用地统一且平等的权能、价格形成的公平市场环境支撑以及平等的监管机制保障。同权同价意味着同责,国有或集体土地都具有公共资源属性,必须承担同等公共责任,国家参与集体土地入市收益分配的正当性便在于此。

试点地区的惯常做法是对集体提留的入市收益设置比例,一般不低于40%,计算时或以土地增值收益为基数,或以成交价款为基数,或采用复合基数。在试点改革初期,囿于相关参照系的不足,以成交价为基础计算土地增值收益调节金是不得已的替代选择,虽简单明确、易于操作,但成交价款并非增值收益,已偏离增值收益调节金的概念本意。大多数试点地区用于教育、医疗以及道路等公共产品的基建成本甚至都高于调节金,共享地利之说无从谈起。[1] 随着城乡统一建设用地市场逐渐成熟,应改采土地增值收益价为基数,化解因入市价格过低产生的收益调节失灵。[2]

综上所述,在征收模式下,集体的收益体现为"公平、合理的征收补偿",国家的收益体现为"征地变为国有后出让获得的出让金减去征收补偿款的剩余部分";入市模式下,国家的收益体现为集体缴纳的"土地增值收益调节金",集体的收益为"入市的土地增值收益减去调节金的剩余部分"。在出让金数额或调节金缴纳比例与征地补偿标准之间保持适当平衡的前提下,征收与入市模式在经济效果层面差异并不大,土地增值收益调节金或土地增值税实质上也可以视为国家对私人财产的一种征收方式。[3](见表1)。

---

① 黄忠:《成片开发与土地征收》,《法学研究》,2020年第5期。

② 胡大伟:《土地征收与集体经营性建设用地入市利益协调的平衡法理与制度设计》,《中国土地科学》,2020年第9期。

③ 黄忠:《成片开发与土地征收》。

表 1　土地增值收益的分配格局

	国家所得收益	集体所得收益
入市	土地增值收益调节金/土地增值税	土地增值收益减去调节金（土地增值税）
征收	出让金减去征收补偿款	征收补偿款

（二）土地增值收益调节金的性质以及增值收益的内部分配

《农村集体经营性建设用地土地增值收益调节金征收使用管理暂行办法》第 15 条规定调节金按照"非税收入"收缴管理，未将调节金定性为税收；同时政府征收该调节金未提供对应的公共服务，故也不属于有偿交换的"费"的范畴，修订《土地管理法》时最终未采用"第二次征求意见稿"中"向县级人民政府缴纳土地增值收益调节金"的表述。鉴于调节金实际上具备税收的强制性、无偿性以及收入二次分配和宏观调控的功能，有必要将其升级为相应税种，以化解征地和入市的增值收益失衡，解决因地块位置、用途管制、耕地保护等导致的不同集体经济组织利益不平衡的问题。虽然现行《土地增值税暂行条例》不涉及集体土地，对象为国有土地使用权及其地上建筑，但是 2019 年 7 月财政部、国家税务总局《土地增值税法（征求意见稿）》已将土地增值收益调节金纳入土地增值税范畴统一规定，允许省级人民政府决定是否减征或免征土地增值税，同时拟取消土地增值收益调节金。依据"征求意见稿"第 4 条到第 8 条，纳税基准为增值额，囊括一级市场的设立与二级市场的转让行为，以收入扣除取得土地使用权支付的金额以及开发土地的成本、费用等，然后采用 30%—60% 的四级累进税率。若以 60% 累进税率计算，征税与征收两者实质上非常趋近。依据税收法定原则，除土地增值税等税收收益，应严格规范地方政府在集体土地入市中的收益，构建以土地增值税为基础工具，以留地安置、产业安置、留物业安置等方式为补充的收益平衡调节机制。①

入市的土地增值收益和征收补偿的土地补偿费和安置补助费，都需要在集体内部成员之间分配。2004 年国务院《关于深化改革严格土地管理的

① 肖顺武：《从管制到规制：集体经营性建设用地入市的理念转变与制度构造》，《现代法学》，2018 年第 3 期。

决定》明确要求各省级政府制定的土地补偿费分配办法依循"主要用于被征地人"原则。2016 年《农村集体经营性建设用地土地增值收益调节金征收使用管理暂行办法》更是要求公平分配增值收益并公示。然而立法无法越俎代庖包办解决具体的分配问题,这一领域更应发挥集体灵活安置的优势,保障原农户选择安置或补偿方式的权利。①

入市意味着坐实了农民集体土地所有权,但是在农村集体经济组织制度建构不完善的现实背景下,很多地区依赖村民委员会代行职能,集体缺乏意志形成机制,没有集体土地出让整体规划,更别提通过执行机关落实提留收益的使用和管理。现阶段,对于是否分配、分配对象以及标准等问题,应采取"法定＋意定"相结合的模式。"法定"体现为由立法规定集体提留比例和主要用途,其正当性理由有三:一为保证代际公平,集体土地归集体成员集体所有,集体成员不能仅仅以某个时间点的成员为限,考虑到未来集体的可持续发展,收益不能全部分配给现有成员;②二为承担农村的公共服务职能和福利保障功能,用于集体公共设施建设以及扶助弱势成员;三为用以发展壮大集体经济。"意定"体现为赋予集体自治空间,哪些人有权获得分配收益、按人头均分还是按贡献分配、如何照顾弱势成员或失地农户、是否按比例提取设立集体发展基金专款用于福利保障等,由集体经济组织通过决议程序作出决定。

(三)集体土地入市与成片开发型征收的协调

集体经营性建设用地的利用实践中,存在"点状供地"的碎片化征收模式。例如乡村产业通常配套有经营性粮食存储、加工和农机农资存放,餐饮住宿会议,停车场,工厂化农产品加工、展销,休闲观光度假场所以及各类庄园农家乐等用地,若项目开发主体不愿为整个开发项目用地支付出让金,则会选择将项目分为永久性建设用地和生态保留用地。前者通过征收后有偿

---

① 如宅基地被征收的集体成员可以选择要求集体将补偿款直接分配给他,也可以选择集体为其重分宅基地。参见肖新喜:《"利益兼顾"机制下我国农地征收补偿制度的改进》,《暨南学报》(哲学社会科学版),2020 年第 8 期。

② 吴昭军:《集体经营性建设用地土地增值收益分配:试点总结与制度设计》,《法学杂志》,2019 年第 4 期。

出让方式获得使用权,后者采取租赁、托管等利用方式,由此造成生态保留用地租赁期限与建设用地出让年限不一致、项目周边环境难提升、用地效率低下等一系列问题,加剧了乡村振兴供地的碎片化现象。[1] 为了遏制碎片化供地现象,2019 年《土地管理法》第 45 条第 1 款第 5 项规定"在土地利用总体规划确定的城镇建设用地范围内,经省级以上人民政府批准由县级以上地方人民政府组织实施的成片开发建设"属于征地范围,"成片开发"在本条列举的可以依法实施征收的公共利益类型中,是唯一兼具商业开发性质的土地征收类型。这就把征收与城市规划两者纠缠一处,需要统一判断土地征收和城市规划的公共性问题。[2]

　　成片开发由政府统一实施规划和开发,主要涉及危房集中、基础设施落后地段的旧城区改建以及开发区、新区的规模化开发。成片开发通常涉及多块集体土地,存在多个集体协商一致的难题,从而减损开发效率。[3] 虽然成片开发有利于统筹城市建设、提高资金使用效率、降低社会运营成本,[4]但是为了防止成片开发偏离征收的公共利益属性,应当对《土地管理法》第 45条予以整体解释,征收"成片开发建设需要用地"必须是"为了公共利益的需要"而非商业需要。在实践操作层面需要甄别何种情况下可认定为"为了公共利益的需要"。[5] 最高人民法院的裁判意见也对甄别标准进行了尝试性说明。[6]

　　征收范围扩大至成片开发土地之后,成片开发型征收与经营性建设用地入市两者的制度竞争关系变得更为明显。为了协调两者,可以在成片开发型征收前设置国家议价购买的前置程序。依据《土地管理法》第 45 条的规

---

① 耿卓、孙聪聪:《乡村振兴用地难的理论表达与法治破解之道》。

② 屠帆等:《荷兰工业用地利用政策演变与对中国的启示:公共土地开发模式与可持续的土地开发利用》,《国际城市规划》,2020 年第 1 期。

③ 征地改革试点中,有地方明确要求将城市规划区范围内满足成片规划建设要求的用地纳入征收范围。参见朱道林:《禹城农村土地制度改革试点创新之处》,《中国国土资源报》,2017 年 8 月 31 日。

④ 杨合庆主编:《中华人民共和国土地管理法释义》,第 82 页。

⑤ 崔建远:《中国民法典释评·物权编》(下卷),中国人民大学出版社,2020 年,第225—229 页。

⑥ 参见最高人民法院(2017)最高法行申 2927 号行政裁定书。

定,在满足公共利益需求的前提下,针对集体土地只是"可以"而非"必须"征收,这为国家议价购买集体经营性建设用地预留了制度空间。①

五、"三权分置"视野下宅基地与集体建设用地的相互转化

(一)宅基地使用权应坚持特殊主体居住保障的功能定位

宅基地是农村村民用于建造住宅及其附属设施的集体建设用地,包括住房、附属用房和庭院等用地。②《土地管理法》第62条对宅基地的规定置于第5章"建设用地",在土地用途上将宅基地视为集体建设用地的类型之一。在《物权法》起草过程中,对于传统民法的地上权采取何种立法体例,学界存在"统一说"③和"分立说"④两种主张。最终《物权法》采取了"分立说",通过"建设用地使用权"调整国有土地的物权性利用关系,通过"宅基地使用权"调整集体住宅建设用地的物权性利用关系,宅基地使用权成为一种独立的用益物权。

有学者倾向于将宅基地使用权与建设用地使用权合并为地上权,⑤但是鉴于宅基地使用权具有保障农民基本居住需求和维护农村社会稳定的特定功能目的,与集体建设用地使用权相比,宅基地使用权的内容及其行使多有限制,例如限于本集体经济组织成员作为权利主体的身份性、申请审批取得以及利用的无偿性、存续上不受个别成员死亡或退出影响的无期限性、一户

---

① 黄忠:《成片开发与土地征收》。

② 参见《中央农村工作领导小组办公室、农业农村部关于进一步加强农村宅基地管理的通知》(中农发〔2019〕11号)。

③ 由"宅基地所有权"统一调整在国家所有和集体所有土地上设置建筑物、其他工作物的权利。参见梁慧星主编:《中国民法典草案建议稿附理由·物权编》,法律出版社,2004年,第19—20页。

④ 由"土地使用权"和"宅基地使用权"分别调整在国家所有和集体所有土地上设置建筑物以及其他工作物的权利。参见王利明主编:《中国物权法草案建议稿及说明》,中国法制出版社,2001年,第75—77页。

⑤ 崔建远:《中国民法典释评·物权编》(下卷),第233—235页。

一宅的唯一性等,呈现出了明显的人役权属性。① 而出让设立的国有建设用地使用权作为涤除了身份属性和管制目的的用益物权,在设立有偿、主体开放、转让自由、期限固定等具体制度设计上,与宅基地使用权存在天壤之别。因此,《民法典》体例上仍然将宅基地使用权和建设用地使用权分别规定,实现不同的规范目的和管制目标。

若严守宅基地的生存保障功能和福利属性,遵循身份特定、分配无偿、一户一宅以及无期限性的制度构造,则不存在宅基地使用权的流转问题。首先,针对无宅基地的本集体成员,集体经济组织有义务无偿分配一定面积的宅基地,该成员没有必要从其他成员处有偿取得宅基地。其次,已经享有法定面积宅基地使用权的本集体成员若通过流转途径获得更多面积的宅基地,则违反了一户一宅原则。再次,集体成员若通过出让丧失了宅基地使用权,则宅基地的居住保障功能无法实现。最后,非集体成员若通过流转获得宅基地,则违反了身份特定原则。

(二)宅基地与其他类型集体建设用地的相互转化

集体建设用地依据设立目的和用途分为集体经营性建设用地、集体公益性建设用地与宅基地。在该体系下,宅基地可被视为一种法定的非经营性建设用地。若集体提交土地权利变更申请并通过土地管理部门审批,把宅基地性质转化为集体经营性建设用地,便可解决流转资质限制,新设的使用权人不受本集体经济组织成员的身份限制。在符合土地规划的大前提下,应当允许三种类型的集体建设用地相互转化,通过将公益性和经营性建设用地转化为宅基地,来满足无宅基地农民的居住需求;富余闲置的宅基地也可以通过转权入市为有偿有期限的集体经营性建设用地,最大化土地的功能和价值。在"三块地"改革试点中,有的试点地区通过将闲置宅基地整治并转化为集体经营性建设用地,实现适度放活宅基地的改革目标,避免直接放开宅基地使用权处分和流转可能造成的冲击,从而降低了改革的成本和难度。②

---

① 温世扬、梅维佳:《宅基地"三权分置"的法律意蕴与制度实现》,《法学》,2018 年第 9 期。
② 高飞:《农村宅基地"三权分置"政策入法的公法基础——以〈土地管理法〉第 62 条之解读为线索》,《云南社会科学》,2020 年第 2 期。

实践中,宅基地性质转化的主要方式是把腾退整治后节余部分的宅基地复垦为耕地,然后通过增减挂钩政策形成建设用地指标并入市交易。所涉的宅基地包括因超标超占、长期闲置无人居住而被集体收回的土地,以及农民退出集体经济组织从而主动交回的土地。宅基地性质转化须经集体同意以及政府审批,程序上先注销宅基地使用权,然后批准设立集体经营性建设用地使用权。在宅基地与地上房屋一并转让的场合,视为原宅基地使用权人将宅基地使用权退回集体,转让的仅是房屋所有权,同时在符合规划与审批流程的前提下,集体将退回的宅基地性质转化为集体经营性建设用地,根据"房地一体原则"为房屋所有权人新设集体经营性建设用地使用权。这一过程中"房地一体"的内涵发生了变化,从房屋与宅基地更新为房屋与集体建设用地。①

出让的集体建设用地使用权期限届满后,参照《民法典》第359条续期规则处理。未续期的集体建设用地由集体收回,再根据规划来决定土地性质是保持经营性建设用地、转为公益性建设用地抑或回归宅基地分配给内部成员。如前文所述,笔者认为宅基地使用权应坚持特殊主体居住保障的功能定位,因此本集体成员无权转让面积限额内的宅基地使用权,集体建设用地使用权届期后,不存在原宅基地使用权人优先申请恢复宅基地使用权的问题。

在集体收回宅基地使用权时,若宅基地上建有房屋,该房屋应当如何处理?《城镇国有土地使用权出让和转让暂行条例》第40条规定:"土地使用权期间届满,土地使用权及其地上建筑物、其他附着物所有权由国家无偿取得。"该规定一方面令原使用权人承受无端丧失建筑物所有权这一显失公平的后果,另一方面容易引导权利人在使用权存续后期不再投资建设,使建设用地使用权促进房地产开发建设的制度目的落空。② 因此,《物权法》不再规定收回土地使用权时房屋所有权一律归国家所有,而是规定根据双方在使用权出让合同中对届满后房屋归属的约定,以及期间届满后双方就房屋归

---

① 高海:《宅基地"三权分置"的法律表达——以〈德清办法〉为主要分析样本》,《现代法学》,2020年第3期。

② 崔建远:《物权:规范与学说——以中国物权法的解释论为中心》(下册),第584页。

属达成的协议处理；如果没有约定或约定不清，再依据法律处理。《民法典》第 359 条继续沿用了《物权法》的表述，集体建设用地使用权期满不续期时可以参照适用。

转权与入市两个步骤可以有机结合，允许农户在不影响自身基本居住保障的前提下，向不具有集体成员身份的社会主体一并转让宅基地使用权与房屋所有权，或者单独转让宅基地使用权。转让的效果是，宅基地在符合规划的前提下先行转权为集体建设用地，然后由交易双方向集体办理入市的出让手续并缴纳土地出让金。该交易包括办理转权手续和入市出让使用权两个行为，转权行为为入市交易行为提供了正当性基础。集体经营性建设用地使用权不同于宅基地使用权之处在于明确的使用期限，转权后当使用权到期，土地上的剩余权利仍然由集体作为土地所有权人享有，其土地收益不仅及于入市时收取的出让金。因此，集体收取土地出让金后应适当向原宅基地使用权人让利或补偿，用于激发农户将闲置宅基地转权入市的积极性。宅基地转权入市还适用于非集体内部成员继承以及取得宅基地后使用权人丧失成员资格的情形。限于文章主题和篇幅，此处不再详述。

六、结　论

集体建设用地使用权依据设立目的和用途类型分为宅基地使用权、集体公益性建设用地使用权和集体经营性建设用地使用权，后者又进一步划分为存量乡镇企业用地和增量工商业经营性用地。入市客体仅限于集体经营性建设用地，实施主体包括由集体土地所有权确权登记确定的农民集体对应的集体经济组织或村民委员会、村民小组等法定代表以及由前者通过意定代理机制委托的相应组织，入市行为须符合农民集体决议程序以及国土空间规划。集体经营性建设用地使用权只能采取公开竞价方式有偿出让设立，并通过转让、互换、出资、赠与或抵押等流转方式进入二级市场。

"集体土地用途管制＋土地征收"的一元化供地模式应转变为"公益性建设用地征收＋非公益性建设用地入市"的双轨制供地模式。入市与征收是联动和分工的关系，在征收模式下，集体的收益体现为"公平、合理的征收补偿"，国家的收益体现为"征地变为国有后出让获得的出让金减去征收补偿款的剩余部分";在入市模式下,国家的收益体现为集体缴纳的"土地增值收益调节金",集体的收益为"入市的土地增值收益减去调节金的剩余部分"。在出让金数额或调节金缴纳比例与征地补偿标准之间保持适当平衡的前提下,征收与入市模式在经济效果层面差异并不大。入市的土地增值收益抑或征收补偿的土地补偿费和安置补助费,都需要在集体内部成员之间分配,应采取"法定＋意定"相结合的模式,由立法规定集体提留比例和主要用途,由集体经济组织通过决议程序决定并履行。应当对《土地管理法》第45条予以整体解释,征收"成片开发建设需要用地"必须是"为了公共利益的需要"而非商业需要,在成片开发型征收前设置国家议价购买的前置程序。

宅基地使用权和建设用地使用权在《民法典》中被分章规定,以实现不同的规范目的和管制目标。宅基地使用权应坚持特殊主体居住保障的功能定位,宅基地应视为一种法定的非经营性建设用地。在符合土地规划的前提下,应当允许三种集体建设用地相互转化,公益性和经营性建设用地可以转化为宅基地,宅基地也可以转权入市为有偿有期限的集体经营性建设用地。转权与入市两个步骤应有机结合,允许农户在不影响其基本居住保障的前提下,向不具有集体成员身份的社会主体一并转让宅基地使用权与房屋所有权,或者单独转让宅基地使用权。转让的效果是,宅基地在符合规划的前提下先行转权为集体建设用地,然后由交易双方集体办理入市的出让手续并缴纳土地出让金,转权行为为入市交易行为提供了正当性基础。集体收取土地出让金后应适当向原宅基地使用权人让利或补偿,用于激励农户将闲置宅基地转权入市。

原文发表于《云南社会科学》2022年第3期

入选理由:

本文为2022年向汪洋老师约的稿。文章对"'三块地'改革背景下集体建设用地使用权的再体系化"进行了详细论述,功底扎实,因此放宽了对文章字数的限制。

专家评论：

　　文章通过集体建设用地使用权的体系化整合，为集体建设用地探索进入市场的可行路径。

——朱庆育，南京大学教授

第七编

企业风险

涉罪企业合规不起诉制度重点问题研究

周　新①

摘　要：合规不起诉制度建设已经成为当前刑事合规试点改革的重点内容。但对于这项制度应如何建立，尚处于初步探索阶段。当前，涉罪企业合规不起诉制度在适用范围、不起诉方式的选择、合规有效性标准评价、第三方合规监管、检察机关不起诉权规范等方面仍面临诸多争议。未来立法可以建立企业合规不起诉制度体系，并着重从程序供给与权力规范两个层面，以合理设定适用对象的范围、建立层次性的合规有效性标准、建立常态化的监督回访机制、强化检察机关主导地位、设置不起诉裁量标准与建立检察权运行的监督制约机制等具体方式，进一步完善合规不起诉制度的整体建构。

关键词：涉罪企业；刑事合规；合规不起诉；合规监管

涉罪企业合规不起诉制度，是检察机关对于那些涉嫌犯罪的企业，发现其具有建立合规体系意愿的，可以责令其针对违法犯罪事实，提出专项合规计划，督促其推进企业合规管理体系的建设，然后作出相对不起诉决定的机制规则的总称。② 这项制度是从国家层面推动企业进行合规建设的刑事策略，是落实保护民营经济发展战略、拓展检察机关社会治理功能的又一重大制度探索。

---

① 周新，广东外语外贸大学教授。
② 陈瑞华：《企业合规不起诉制度研究》，《中国刑事法杂志》，2021年第1期。

在最高人民检察院的积极推动下,广东、浙江、江苏、上海等地检察机关纷纷开展企业合规不起诉制度试点工作。随着两期改革工作的推进,各试点单位形成了各具特色的经验做法。结合已有改革成果,最高人民检察院等单位出台了《关于建立涉案企业合规第三方监督评估机制的指导意见(试行)》(以下简称《指导意见》),为企业合规不起诉实践提供了明确指引。根据《指导意见》的规定,检察机关在办理涉企犯罪案件过程中,应当将第三方组织合规考察书面报告、涉罪企业合规计划、定期书面报告等合规材料作为依法作出批准或者不批准逮捕、起诉或者不起诉以及是否变更强制措施等决定,提出量刑建议或者检察建议、检察意见的重要参考。由此可见,企业是否制定并执行有效的合规体系,已成为企业犯罪案件中影响检察机关公诉权的关键因素之一。时至今日,涉罪企业不起诉制度的具体模式仍处于初步摸索阶段,特别是合规不起诉制度的适用范围、适用对象,合规的有效性标准,第三方机制监管与检察机关主导责任的具体落实等诸多问题,都有待理论阐释与实践检验。因此,结合既有改革实践,笔者对当前正在探索的涉罪企业合规不起诉制度展开剖析。

一、涉罪企业合规不起诉制度适用中的几个主要问题

从制度设计层面而言,刑事诉讼法没有限制认罪认罚从宽制度的适用罪名与案件类型,这表明单位犯罪案件同样可以适用认罪认罚从宽制度。但现有的制度方案以宏观框架为主,涉及涉罪企业合规不起诉制度的规范依据、适用范围以及检察权力运行等内容,有待广泛探讨并凝聚共识。

(一)关于适用对象的范围问题

关于涉罪企业合规不起诉制度适用对象问题的争议,主要集中在两个方面。其一,该制度是否适用于涉罪企业的主要责任人。我国刑法对单位犯罪实行"双罚制",即在企业犯罪中,既要处罚涉罪企业,又要处罚主要管理者或主要责任人。但从司法实践的情况看,在涉及单位的刑事案件中,往往重在追诉主要管理者或主要责任人,真正追诉单位的数量较少。主要原因是证明个人行为属于企业犯罪的难度较大,单位犯罪的追究最终演化为

只追究涉罪的个人。中国大部分企业的治理结构未完全实现公司所有权和管理权的分离,家族式管理模式盛行,导致在涉罪后难以区分犯罪主观方面是源自单位意志还是个人意志,企业与企业家犯罪相互勾连。如果采用"放过企业不放过企业家"的治罪方式,企业刑事合规的考察整改难以实现预期效果。当前试点改革对企业和个人同时适用涉罪合规不起诉制度,实际是考察中国企业治理结构现状后的结果。但这也引发了学界关于以企业刑事合规对自然人出罪正当性的质疑,例如有观点认为,对自然人同时适用涉罪企业合规不起诉制度与罪责刑相适应的基本刑法原则相背离。①

其二,中小微企业是否可以适用涉罪企业合规不起诉制度。从已有的经验来看,企业合规计划的建立往往需要花费巨大的成本,不可避免地会给公司业务和效益带来负面影响。② 在域外,适用刑事合规计划的国家通常对适用范围作出限定,即一般只有财力雄厚的大中型企业才有资本通过事先或者事后的刑事合规计划获得从宽处罚机会,而数量众多的小微型企业恐怕很难获得这样的机会。③ 因此,出于合规成本与能力等因素的考虑,一些学者认为,企业合规的相关刑事豁免或减免制度体系应限于大中型企业,④但这也带来了该制度适用范围过窄的问题。根据调查数据显示,中国企业类商事主体超过4100万家,但其中资金规模在5000万元以上的企业只有36.81万家,占企业总量的8.9‰。中国99%以上的企业均是营业规模在5000万元以下的中小企业,还有8000万家以上个体工商户。⑤ 可见,中小微企业数量占据市场经济企业数量的绝大多数。司法实践中,大量的企业犯罪案件都是中小微企业为获取更高额的经营利润,铤而走险、以身试法。尤其是在从小到大的发展阶段,随着企业经营规模的扩大以及业务板块和交易渠道的增多,为争取市场份额、获取市场地位,非良性竞争可能产生相应

---

① 黎宏:《企业合规不起诉:误解及纠正》,《中国法律评论》,2021 年第 3 期。

② 赵恒:《认罪答辩视域下的刑事合规计划》,《法学论坛》,2020 年第 4 期。

③ 赵恒:《涉罪企业认罪认罚从宽制度研究》,《法学》,2020 年第 4 期。

④ 参见陈瑞华:《企业合规不起诉改革的八大争议问题》,《中国法律评论》,2021 年第 4 期;李奋飞:《论企业合规检察建议》,《中国刑事法杂志》,2021 年第 1 期;等等。

⑤ 《工信部部长肖亚庆:我国现有 4000 多万企业中 95% 以上是中小企业》,http://www.china.com.cn/lianghui/news/2021-03/08/content_77287627.shtml,2021 年 12 月 20 日访问。

的风险并极易诱发违法犯罪。而一旦被追究刑事责任,往往连带对其主要负责人采取羁押性强制措施或最终定罪量刑,这可能导致企业的停产、倒闭。因此,对中小微企业推行合规计划,既有现实基础也有实践需要。

(二)关于不起诉的运行方式问题

从本质上说,涉罪企业合规不起诉制度是一种推动企业合规的刑事激励措施,旨在以不起诉方式促进企业建立和完善合规管理体系。但究竟是以现有的相对不起诉制度为依托,还是拓展附条件不起诉范围,目前看来各自利弊较为明显。与突破相对不起诉的适用范围相比,附条件不起诉是建立刑事合规体系的最佳方式,有必要通过拓宽附条件不起诉的范围增强改革的普适性。[①] 而在法律制度尚未变化时,以相对不起诉的方式推进刑事合规改革似乎更符合现实要求。采用相对不起诉的主要优点在于不存在突破法律规定的风险,这也成为试点中较为常见的做法。例如,在最高检公布的企业合规改革试点典型案例中,检察机关多选择以相对不起诉方式了结案件。但相对不起诉的缺点也是显而易见的,检察机关酌定裁量不起诉的范围限于情节轻微的刑事案件,由此刑事合规不起诉的适用难免具有一定的局限性。鉴于现有刑事司法制度与企业合规融合中的改革阻力,有学者提出,对企业合规案件可以采用撤回起诉的方式,从而避免法律制度障碍,解决后期的监管不力问题,另外,还可以通过法院审查机制的方式增强合规监管。[②] 这不同于利用传统的不起诉制度推行合规的思路,而是与域外暂缓起诉协议具有相似的机理,即并非对案件不提起公诉,而是移送法院后暂时不审判,待合规考察结束后再行决定是否定罪量刑。这一改革方案以不告不理的基本诉讼原理为基础,充分发挥了检察机关撤回起诉权的作为空间。目前实践中尚未有以撤回起诉的方式完成合规整改的先例,不过,撤回起诉权属于检察机关公诉权体系的组成部分,其适用范围是检察机关发现主要犯罪事实失实或者按照刑法不应当追究刑事责任或者发现主要犯罪事实不清、证据不足的案件。对于此类案件,检察机关应当主动撤回起诉,按照不

[①] 赵恒:《企业附条件不起诉制度的理论前瞻》,《中国检察官》,2020 年第 17 期。
[②] 杨宇冠:《企业合规案件撤回起诉和监管问题研究》,《甘肃社会科学》,2021 年第 5 期。

起诉或免予起诉程序办理。具言之,现有的制度框架已经考虑到检察机关撤回起诉的制约问题,其本质与不起诉契合。企业合规监管作为撤回起诉的理由实际上也未脱离现有不起诉制度的运行范围,缺乏足够的正当性和立法依据。

(三)关于合规有效性的标准问题

目前,合规有效性标准的科学设置,已成为不少国家共同面临的难题。美国学者玛丽·马肯德尔(Marie McKendall)对美国《联邦量刑指南》中的合规管理模板进行了研究,发现其合规制度在很大程度上是一种表象化方式,对企业违法行为并没有产生实质性影响。[①] 并且,实践中存在着利用合规管理来掩饰管理层参与故意违法行为的现象,纸面上的合规体系甚至可能成为掩盖公司犯罪或违规的工具。[②] 此外,企业合规计划的有效执行,意味着企业经营的问题暴露无遗,反而更易产生被竞争对手或政府控告的风险。因此,由政府推动的企业合规难以达到预期的效果,根据指南判处的企业几乎没有有效的合规计划。[③] 正因如此,一些学者认为,企业合规计划固然应当有效,但是当前合规计划的内容和评判标准设计不当,导致了实践的失效。[④]

在涉罪企业合规不起诉制度中,评估企业合规整改后符合有效性标准,是检察机关依法作出不起诉决定的关键依据之一。而涉罪企业合规不起诉制度的难点在于有效性标准,即检察机关如何确定涉罪企业推行的合规计划得到有效实施并达成预期目标。在企业犯罪案件发生后,以"事后补救"为特征的企业合规计划在无法获得有效验证的情况下,难免存在"纸面合规"之嫌。况且,各种企业的行业领域有别、组织规模不同,如何制定科学、

---

① Marie McKendall and John A. Wegner III, "Motive, Opportunity, Choice, Corporate Illegality", *Organization Science*, vol. 8, no. 16 (1997), pp. 624-647.

② 邓峰:《公司合规的源流及中国的制度局限》,《比较法研究》,2020 年第 1 期。

③ 菲利普·韦勒:《有效的合规计划与企业刑事诉讼》,万方译,《财经法学》,2018 年第 3 期。

④ Kwan Gettml and Lundda, "Crediting Corporate Compliance but Withholding the Corporate Compliance Guidelines Credit", *Federal Sentencing Reporter*, vol. 26, no. 1 (2013), pp. 49-54.

合理的合规计划认定标准,显得尤为复杂。对于这一问题,学界大多提出借鉴美英等国家的合规计划有效性认定标准的主张。[1] 但也有学者提出,国外合规计划有效性的认定标准未必符合中国国情。[2]《指导意见》第11条对涉案企业合规计划评估进行了原则性的规定——涉案企业主要围绕与企业涉嫌犯罪有密切联系的企业内部治理结构、规章制度、人员管理等方面问题制定刑事合规计划和组织体系。由此可见,有效性评价的具体标准也应当围绕上述几个方面展开。目前企业合规改革仍处于初步试点阶段,主流的方式是采用"最低标准",即从合规计划的制定、风险评估体系、审计会计的内部控制、培训沟通、举报和报告机制、违规后的惩戒和补救措施等方面,分事前、事中和事后进行全流程的监控。同时,国家相关部门制发的合规管理指引和规范要素,也可以为企业提供参考性指引。总体而言,判断涉罪企业建立并推行的合规计划是否有效,绝不单是凭一份看似规范而无可挑剔的书面文件,而应当是促进企业转变治理结构、组织体系、经营方式和企业文化的系统性制度措施。

(四)关于第三方机构合规监管的问题

最高检张军检察长指出:"企业的合规承诺想要落实落地,就必须建设好、使用好第三方监管机制。"[3]第三方监管机制的建立,是应对企业合规体系多元化挑战与补足检力资源的重要举措。目前,律师等第三方主体参与的监管模式,已经成为检察机关推进涉罪企业进行合规建设的基本选择。根据《指导意见》的规定,作为涉罪企业合规不起诉制度中的重要参与主体,第三方监管人的职责是在设定的考察期内对涉罪企业合规建设、制度整改和执行情况进行监督和评估。同时,《指导意见》还细化了对第三方机制管委会和第三方组织和成员的选任、监督、管理职责,建立了第三方组织的选

---

① 参见陈瑞华:《有效合规计划的基本标准——美国司法部〈公司合规计划评价〉简介》,《中国律师》,2019年第9期;周振杰、赖祎婧:《合规计划有效性的具体判断:以英国SG案为例》,《法律适用》,2018年第14期。

② 邓峰:《公司合规的源流及中国的制度局限》,《比较法研究》,2020年第1期。

③ 邱春艳、李钰之:《张军:创新检察履职助力构建中国特色的企业合规制度》,https://www.spp.gov.cn/tt/202012/t20201227_503711.shtml,2021年12月20日访问。

任程序和责任追究制度,以防范企业合规整改中的形式主义和腐败风险,从而建立起第三方参与企业合规整改的整体性框架。但随之而来的是第三方机制在企业合规考察中的作用问题。从运行机理看,第三方机制监管模式中,由第三方机制管委会负责选任第三方组织,之后由其进行具体的计划筹备、进驻企业调查、监督和考察,检察机关则不参与具体的评估活动,主要通过审查合规计划、定期报告和考察报告等进行审查,必要时展开调查核实。这样一来,可以避免检察机关与涉罪企业之间出现权力寻租、利益交换等行为,在一定程度上形成对检察权运行的监督与制约。但第三方机制管委会由多部门组成,工商联承担管委会日常工作,第三方组织建立后如何组织、管理和协调人员的问题都有待解决。毕竟,第三方组织往往由律师、会计师等市场经营主体中的人员组成,在企业合规考察期内与涉罪企业联系较为紧密。如果由涉罪企业直接支付薪酬,如何确保其客观、中立性,还需要进一步探讨。在检察机关主导下,管委会应如何发挥有效的监管作用,避免因多层机构的关系叠加与重合,影响检察机关对企业合规信息获取的真实性、全面性,以及如何协调好检察机关与第三方监管机构之间的配合关系,将是未来第三方机制的重要议题。

(五)关于检察机关不起诉裁量权的规范问题

认罪认罚从宽制度的改革进展与成效,充分凸显了检察机关在审前程序中权能拓展的空间与潜能。[①] 事实上,将企业合规纳入公诉领域以及认罪认罚从宽制度的改革,也释放出中国诉讼模式现代化转型的重要信号。[②] 根据顶层的制度设计,在涉企合规案件中,从涉罪企业的合规意愿、合规协议的签订到合规计划的制定实施与评估监督,再到强制措施的适用与是否移送起诉,检察机关都具有较大的裁量空间。由此,有学者对检察机关自由裁量权过大表示担忧。[③] 不起诉裁量权是中国检察机关固有的权力,应当说,至少现阶段不必过度紧张由涉罪企业合规不起诉制度带来的检察权扩张问

---

① 周新:《论我国检察权的新发展》,《中国社会科学》,2020 年第 8 期。
② 周新:《论认罪认罚案件量刑建议精准化》,《政治与法律》,2021 年第 1 期。
③ 刘少军:《企业合规不起诉制度本土化的可能性及限度》,《法学杂志》,2021 年第 1 期。

题。与美国暂缓起诉协议或不起诉协议中公权力部门的广泛裁量权不同，中国检察机关的不起诉的类型和范围都受到法律的明确限定。针对检察机关不当的消极追诉行为，国家通过公诉转自诉以及申诉等方式设置了相应的救济途径，相应的司法责任追究制也对不起诉裁量建立了"防火线"。从实践的运行情况看，各级检察机关的不起诉适用率是较低的，尤其是基层检察机关对酌定不起诉适用尤为谨慎。为防止实践中"入罪即诉""一诉了之"的情况，2018年最高检发布的《明确规范办理民营企业案件执法司法标准》明确了对企业不起诉把握的标准：经审查认定案件构成犯罪，但犯罪情节轻微，依照刑法规定不需要判处刑罚或者免除刑罚的，可以作出不起诉决定。这一规定要求检察机关在守住刑法规定的底线的同时，适当从宽掌握涉罪企业犯罪的不起诉裁量标准。因此，与其关注所谓检察权的无限扩张，不如将重点放在检察机关不起诉权的合理适用问题上。尤其是在企业合规的制度探索中，不起诉权的适用既不能完全放开，也不能完全不适用，对不起诉权的适用应当建立在敢用善用的基础之上。[1]

二、涉罪企业合规不起诉制度的未来建构

涉罪企业合规不起诉制度是检察机关主导推动的保护企业健康持续发展的刑事法领域激励机制。随着改革深入发展，该制度实践已初显成效。着眼于未来立法修改，笔者认为，应当从该制度体系建构层面出发，探讨制度改革的发展面向。

(一)整体方案：探索建立涉罪企业合规不起诉制度

目前看来，涉罪企业合规不起诉制度不是明确的法律概念，只是将合规整改作为检察机关作出不起诉决定的重要参考。扩展附条件不起诉的主体范围或相对不起诉等方式选择，可以弥补企业刑事合规考察正当性存疑的缺陷，但其适用的基本理念仍然聚焦于解决轻微的企业犯罪问题，这不仅限

---

[1] 陈卫东：《检察机关适用不起诉权的问题与对策研究》，《中国刑事法杂志》，2019年第4期。

制了涉罪企业合规不起诉制度的改革进程,而且对涉罪企业的保护力度也相对有限。有鉴于此,从长远考虑,可以探索建立独立的涉罪企业合规不起诉制度,明确规定企业刑事合规的适用条件、考察期限、整改程序、不起诉决定的作出等内容。同时,以合作性司法理念为理论基础,建立合规不起诉、认罪认罚从宽、检察建议等多层次和多维度的企业合规处置体系,区分不同的罪名和情节,针对企业犯罪的具体情况确定处置方式,依法选择适用,从而深入推进企业合规与认罪认罚从宽制度的融合发展。这一方案不仅是不起诉类型的新发展,更是将企业合规纳入认罪认罚从宽制度和宽缓化刑事处罚体系的整体思路,为企业合规开拓更为广泛的刑事法适用空间。

(二)程序供给:涉罪企业合规不起诉的配套设计

1.适当区分企业犯罪与企业负责人犯罪

如前所述,由于难以区分涉企案件中单位和个人主观过错,当前实践中普遍采用对涉罪企业和主要负责人的混同处理或"放过企业,严惩责任人"的做法。正如陈瑞华教授所言,"企业合规不等于企业家合规"[①]。对企业犯罪和企业负责人犯罪不加区分适用,面临着不当适用企业合规刑事激励机制和不当处罪自然人的双重风险。因此,在对符合合规条件的涉罪企业适用合规不起诉制度的同时,企业的负责人员如主动承认自己的罪行,愿意接受刑事处罚建议,认罪态度好且愿意积极整改的,可以作为量刑从宽的情节予以考虑。这里是在对企业和个人的责任作出适当分离的基础上,将企业合规作为责任人员出罪或从轻、减轻处罚的情节,将其纳入企业合规整改考察体系,以增强企业进行刑事合规的积极性。但将企业合规适用于负责人员应仅限于与企业市场经营行为相关的犯罪,与企业经营无关的个人犯罪不应纳入企业合规从宽情节体系中。

2.涉罪企业合规不起诉适用于中小微企业

在国内的大中型企业中,企业合规本应属其组织体系和结构的组成部分。相对而言,对其实施较为全面的合规整改,聘请专业的第三方监管机构跟进、监督和评估,具有一定的可行性。但对于小微企业,全面合规就意味

---

①　陈瑞华:《企业合规不起诉制度研究》。

着过高的经营成本。当建立企业合规的成本超过企业正常经营的负荷,那么不起诉的保护作用就难以实现应有效能。要实现企业合规的本土化,首先应考虑合规的大众面向,合规的全面推广才能真正做到优化营商环境。随着企业合规的多元发展,企业合规的方式也应适当"去贵族化",为中小微企业提供企业合规的机会。因此,中小微企业的合规无须大而全,而是应当具有针对性和现实执行性,可以根据涉及的罪名和情节严重程度,确定刑事合规计划的具体内容,如建立1—3个月不等相对较短的合规考察期,制定更为简化的专项企业合规计划,或直接由检察机关或者行政机关督促合规建设与评估,无须聘请第三方监管机构,等等。当然,除了要考虑中小微企业的合规计划特殊性外,还应当尊重其进行合规的自愿性。

3. 建立层次性的企业合规有效性标准

企业刑事合规计划的有效性判断,并非简单地对照标准进行评估,而是围绕企业治理合规体系的整体性与科学性的规划。首要前提是确立刑事合规计划的制定原则,针对不同的犯罪类型和企业规模,设置层次性的评价标准。一方面,对于规模较大的涉罪企业,合规评价标准可以从合规计划的制定、实施效果和持续性跟进等三个方面进行评估。计划制定的内容包括:(1)风险识别;(2)规章制度;(3)审计与会计审核;(4)日常培训与沟通;(5)举报与报告等。实施举措包括:(1)高层决策;(2)组织机构;(3)问责与奖惩等。持续跟进包括持续改进的能力和企业合规文化等。应当说,这一标准实际包括了刑事合规计划的制定环节的有效性和执行的有效性。另一方面,对于中小微企业,合规的评价标准应具有针对性,围绕涉及的罪名、情节对重点风险领域制定合规工作计划,通过完善生产经营监管流程,集中加强风险点的自我检查,参与相关的企业合规、合法经营的法律培训等,实现精准、高效的合规治理整改。同时,缩减第三方机制考察规模,以最大化降低合规成本。

4. 建立常态化的监督回访机制

从目前的发展情况看,中国建立起相对较长的企业合规考察周期的可能性较小。这就意味着,在完成企业合规的评估考察工作、检察机关作出不起诉决定后,企业恢复正常运转,合规计划的执行实施和改进由企业自我管理。但合规运营对以营利为目标的企业而言始终是一项负担。因此,要确保企业合规制度建设的长期有效,还需要公权力机关外部监督的支持。除了相关行政主管部门的日常检查外,检察机关可以设立"随机＋定向"的监督回访机制,联合行政部门对已经完成合规整改的企业进行监督回访,尤其是针对已涉罪领域进行风险排查。如发现合规整改落实不到位,或者未及时修正合规计划的,可以向企业制发检察建议,推进企业开展合规建设,对企业的合规情况进行常态化的监管,在更广泛领域发挥检察机关在提高社会治理效能方面的作用。

(三)权力规范:检察主导的具体落实

如何认识检察机关的主导地位和作用,是涉罪企业合规不起诉制度改革的关键问题,也关系着这项制度改革的发展方向。具体而言,企业合规中的检察主导已经成为主流趋势,在具体落实方面可以从以下几方面着手。

1.强化检察机关在第三方机制监管中的主导地位

在第三方机制监管中,检察机关的主导地位主要体现在过程控制和结果裁断两个层面。在过程层面,第三方机制委员会通过选任第三方组织形成通力合作的"监管—实施"的合规整改格局。但检察机关不能因为有专业力量介入,便直接将合规考察任务交给第三方机制处理。作为监督审查部门,检察机关应全面统筹、考察进度,及时掌握、调查、督促合规计划进展,避免出现"纸面合规""形式合规"和"虚假合规"的现象发生。在结果层面,第三方监管机制是辅助检察机关进行合规考察和评估判断的外部力量,其形成的评估报告和意见是检察机关作出是否不捕、不诉决定的重要参考,但其评估报告并不能直接作为从轻、减轻的法定证据。在第三方的监管体系中,独立监管人以其专业知识与经验为企业搭建企业合规体系,第三方管委会以日常监督与巡回检查保障整改落实情况,检察机关则在监督的基础上,对企业合规建设和评估报告进行审查并最后出具决定性意见。全流程应按照职责分工,围绕以检察机关为主导的核心展开。

2.理性看待企业"社会危险性"和"慎捕少捕不捕"之间的关系

实践中,有将减少羁押作为企业合规的激励手段之一的倾向性,但这一做法容易产生混淆"个人危险性"与"社会危险性"的风险,企业的社会危险性大小和企业合规建设有关,但是和企业员工的人身危险性往往没有直接关联关系。① 因此,应严格将被追诉人的"人身危险性"作为强制措施具体适用的判断依据,避免超出法律规范的范畴,陷入以"合规协议"换取"不捕"的窠臼。

3.合理规范不起诉裁量权

在企业治理领域,尽管最高检通过制定各项政策鼓励各地检察机关用足、用好不起诉权,但实践中检察机关适用不起诉时仍相当慎重且存在标准不一的情况。目前检察机关作出不起诉决定的最主要依据是第三方出具的评估报告。但仅依赖合规报告的书面审查,恐怕不能完全确保检察机关不起诉决定的科学性。在未来,检察机关还可以设置一套针对合规考察的评价标准体系,以不起诉法定条件为基础,从起诉牵涉的经济影响、企业合规整改的难度、预期效果等方面具体设计科学的指标、要素,对是否起诉进行综合研判,从而明确不起诉裁量的标准,消除检察机关作不起诉决定的顾虑。

4.加强检察权运行的监督制约机制

就"企业版"的认罪认罚从宽而言,在公私合作与协商的同时,检察机关还应注意避免出现权力的滥用。其中,检察听证制度可以发挥重要作用。通过公开听证,可以让各方对涉案企业的不起诉决定和合规考察情况有清晰的了解。此外,在不涉及公司秘密的情况下,通过网络等媒介公开企业合规的进展和结果,能够让公众对企业合规进行监督,确保企业合规建设监督工作和评价的公开性、权威性和公信力。

原文发表于《云南社会科学》2022 年第 2 期

入选理由:

....

本文为 2022 年第 2 期"认罪认罚从宽制度研究"专题文章之一,摘要转载于《高等学校文科学术文摘》2022 年第 3 期。本文结合了合规热点,功底扎实,论述清晰。

---

① 陈卫东:《从实体到程序:刑事合规与企业"非罪化"治理》,《中国刑事法杂志》,2021 年第 2 期。

重审斯芬克斯之谜

专家评论：

　　该文回应了涉罪企业合规不起诉制度涉及的基础性、关键性问题，为合规不起诉制度的整体建构作出了重大学术贡献。

——刘艳红，中国政法大学教授

论现代企业制度对防控企业
刑事风险的价值

左坚卫[①]

摘　要:现代企业制度能将个人责任从企业责任中剥离,为公司、企业等经营主体划定行为边界。在现代企业制度的框架内,企业人员即使未能履行合同约定的义务,也仅涉及民事违约或者一般违法,不会构成刑事犯罪。现代企业制度还能够阻却主观违法要素以及犯罪主体要件的具备,从而防止企业人员犯罪。

关键词:现代企业制度;刑事风险

从 1993 年中共十四届三中全会决定在国有企业建立现代企业制度至今,已经过去 20 多年。现代企业制度所要求的"产权清晰、责权明确、政企分开、管理科学"中的大部分内容在法律上已经确定下来。《中华人民共和国公司法》(以下简称《公司法》)要求企业具备由股东代表大会、董事会、监事会和高级经理人员组成的相互依赖又相互制衡的公司治理结构。现实中,许多企业也已经具有合理的组织结构,在生产、供销、财务等方面形成了行之有效的企业内部管理制度和机制。然而,仍然有部分经营者对现代企业制度建设不够重视。有的企业没有建立董事会、监事会,有的企业的董事会、监事会形同虚设,有的企业连一套像样的经营、财务管理制度都没有,有的虽然形式上制定了相关制度,却毫不重视,更不执行,使这些制度完全成为摆设。这种现象给企业埋下了严重的隐患,甚至将企业及其经营者带入

---

① 　左坚卫,北京师范大学教授。

刑事犯罪的深渊。企业经营者应当深刻认识到制定和落实现代企业制度对于企业刑事法律风险防控的重要价值。

一、现代企业制度能够厘清个人责任与企业责任

现代企业制度的核心是有限责任制度。[①] 有限责任制是现代企业制度由产权分化决定的企业责任方面的重要特征,是产权分化造成的利益分化在责任方面的表现。[②] 因此,现代企业制度能够将个人责任与企业责任分开。"现代企业是一个独立于公司组成人员中的每一个自然人的法律存在,是一个不依赖于任何自然人的受法律保护和制约的独立经济活动主体。"[③]如果能够制定和落实现代企业制度,就能在个人责任和企业责任之间划出一道鸿沟,把个人责任从企业责任中剥离出来。即使企业在生产、经营中存在违约甚至违法之处,也只需要由企业承担相应的责任,经营者个人可以置身事外,更可以免于受到刑事追诉。反之,则可能给经营者带来难以预料的刑事风险。

以挪用资金为例。由单位集体决定的挪用资金行为虽然可能构成违约甚至违反公司法的规定,但公司参与决策的经营管理人员通常却不会因此触犯刑法。这是因为,根据《刑法》第 272 条规定,挪用资金罪的成立,以公司、企业或者其他单位的工作人员利用职务上的便利,挪用本单位资金归个人使用或者借贷给他人为必备条件。如果严格遵循该条文的规定,挪用资金罪的成立,客观方面必须表现为自然人挪用本单位资金归个人使用或者借贷给他人的行为。这样,单位实施的挪用资金行为就不应当纳入《刑法》第 272 条的打击范围。即使是挪用人个人决定以单位名义将所挪用的资金借给其他自然人和单位,也不构成挪用资金罪。[④]

尽管后来的司法解释对挪用资金罪的主体和行为模式都作了扩大解释,将个人决定以单位名义实施的挪用资金行为也纳入了本罪的范围,但仍

---

① 邱宏铮:《现代企业制度的本质特征》,《法学杂志》,1996 年第 4 期。
② 毛立言:《关于现代企业制度的新思考》,《经济纵横》,2012 年第 11 期。
③ 毛立言:《关于现代企业制度的新思考》。
④ 赵秉志:《侵犯财产罪》,中国人民公安大学出版社,2003 年,第 317 页。

然将经单位集体决策而实施的挪用资金给其他单位使用的行为排除在挪用资金罪之外。2006 年 6 月 30 日,最高人民法院发布的《关于如何理解刑法第 272 条规定的"挪用本单位资金归个人使用或者借贷给他人"问题的批复》明确规定:"挪用本单位资金归个人使用或者借贷给他人"是指挪用资金归本人或其他自然人使用,或者挪用人以个人名义将所挪用的资金借给其他自然人和单位的情形。根据该司法解释的规定,要构成挪用资金罪,必须是资金的使用人为自然人,或者资金的挪用人为自然人。在此后的司法实务中,有关部门发现某些企业的负责人为了逃避法律追究,个人决定以单位名义将本单位资金挪给其他单位使用,并谋取个人利益。这类行为表面上看是单位挪用资金给单位使用,既不符合本罪主体为自然人的要求,也不符合资金使用对象系个人的特征,本质上却与挪用资金归个人使用没有不同,都是个人决定挪用单位资金谋取个人利益,理应纳入挪用资金归个人使用的范畴。因此,在最高人民检察院、公安部 2010 年 5 月 7 日发布的《关于公安机关管辖的刑事案件立案追诉标准的规定(二)》(以下简称 2010 年《司法解释》)第 85 条中,规定公司、企业或者其他单位的工作人员,利用职务上的便利,挪用本单位资金,具有下列情形之一的,属于刑法第 272 条规定的挪用资金"归个人使用":(一)将本单位资金供本人、亲友或者其他自然人使用的;(二)以个人名义将本单位资金供其他单位使用的;(三)个人决定以单位名义将本单位资金供其他单位使用,谋取个人利益的。

　　根据刑法及上述司法解释的规定,挪用资金罪可以分为以下两类情况:第一类是 2010 年《司法解释》中所规定的第(一)、(二)两种情形,即资金提供者和使用者中至少有一方是自然人,才可能构成挪用资金罪;第二类是 2010 年《司法解释》中所规定的第(三)种情形,即如果是以单位名义将本单位资金供其他单位使用,则必须同时具备"个人决定"和"谋取个人利益"这两项条件,才可能构成挪用资金罪。这样,即使在司法解释对挪用资金罪的犯罪圈进行扩大后,单位集体决策的行为也不可能构成挪用资金罪。换言之,这些规定在公司经营行为与挪用资金罪之间竖起了一道防火墙,只要是经公司集体决策的与其他公司之间的投资经营行为,都不可能构成挪用资金罪。

　　以《公司法》为核心的企业管理法律法规所构建的现代企业经营管理制度,对公司投资经营活动的程序作出了明确规定。公司的经营管理者只要严格遵守这些法律法规的规定,就能将自己所实施的行为框定在单位行为的范围内,即便投资经营行为存在违反合同约定之处,也会因为主体要件不具备而不可能构成挪用资金罪。在某些情况下,投资经营行为即便违反《公司法》的规定,只要履行了股东会等决策机构表决的程序,由于责任只能归属于公司而不能直接归于个人,也就仍然不会构成挪用资金罪。这就是现代企业制度所具有的功能之一——将个人责任和公司责任分开。然而,实务中,一些公司经营管理人员对《公司法》及其他法律法规规定的公司经营制度和财务管理制度置若罔闻,利用其在公司中的控股或者负责公司管理的优势,刚愎自用、独断专行,最终不但使公司经营陷入混乱,也给个人带来巨大的刑事风险,甚至陷入牢狱之灾。

例如,甲公司是甲全资控股并经营管理的某新能源公司。甲公司为了在西部某省开发风能,与另外两个小公司合作,成立了乙公司。在合作经营过程中,因基础设施建设进展缓慢以及情势变迁等原因,该项目建设陷入停滞状态。此时,乙公司账上闲置着甲公司以及另外两个小公司共同筹集的资金总计达1.5亿元。为了让闲置资金创造收益,甲决定动用乙公司部分资金进行短期理财,收益用于发放公司员工工资和应对日常开支。这样使用资金违反了甲公司与另外两个小公司签订的合作合同的约定,属于违约行为。如果甲严格按照公司法以及公司章程的规定进行操作,那么,该短期理财行为也就仅限于民事违约,并不会引发刑事风险。这是因为,《公司法》对于公司投资经营行为的决策程序作出了明确规定。2013年修订的《公司法》第37条规定,股东会"决定公司的经营方针和投资计划";第42条规定,"股东会会议由股东按照出资比例行使表决权;但是,公司章程另有规定的除外"。乙公司的公司章程规定,股东会决定公司的经营方针和投资计划,股东会会议由股东按出资比例行使表决权。也就是说,乙公司章程关于公司的经营方针和投资计划的规定与《公司法》的规定相同,并无另行规定。

乙公司的资金短期理财计划属于投资计划,根据《公司法》以及乙公司章程的规定,该投资计划应当由股东会决定。乙公司的股东会由甲全资控股的甲公司和另外两个小公司组成,三个公司股东的出资比例是:甲公司出资90%,另两个公司各出资5%。根据上述《公司法》以及乙公司章程的规定,乙公司的经营方针和投资计划实际上是由对乙公司绝对控股的甲公司决定的。又由于甲公司是由甲全资控股和经营管理的,甲公司的决定实际上就是甲的决定。这样,无论是否召开股东会,乙公司的经营方针和投资计划实际上最终都由甲决定。所谓股东会和股东表决只是走个形式,即使另两个小股东反对,他们合在一起也仅有 10% 的表决权,改变不了任何结果。如果甲严格依照《公司法》和公司章程的规定进行经营决策,虽然最后结果仍然是他个人意志的体现,但由于该决策是经公司股东会投票表决通过并且以单位的名义实施的,并非个人决定,更不是以个人名义动用资金,因此,最终只能追究乙公司的违约责任,甲个人无须承担任何法律责任。

然而,由于甲法治观念淡薄,漠视《公司法》和公司章程的规定,未经召开正式股东会就直接决定将乙公司部分闲置资金用于投资理财,仅在一次公司高层会议上通报了有关投资事项,结果被两个小股东抓住把柄,以他未经公司董事会和股东会讨论决定擅自挪用公司资金、涉嫌挪用资金罪为由,向公安机关举报。公安机关迅速立案侦查,把他拖入了刑事诉讼的泥潭,导致其一系列公司银行账号被查封,资金被冻结,个人被采取刑事强制措施,给公司经营和个人自由都造成巨大风险和实际损失。

就因为不按现代企业制度的要求规范经营、规范决策,甲的对手把一项完全是为了公司利益的单位短期投资理财行为,折腾成了一起涉嫌挪用资金罪的刑事案件,把单位违约责任折腾成了个人刑事责任,教训十分深刻。

二、现代企业制度能够防止经营者触碰刑事犯罪的红线

现代企业制度为公司、企业等经营主体设立了行为程序和行为边界,只要是在这个制度框架内开展经营活动,就不会踩到刑事犯罪的红线。企业及其经营管理人员即使未能履行与合作对方约定的义务,也只会涉及民事违约或者一般违法,不会涉及刑事犯罪。企业经营管理人员之所以会陷入刑事犯罪的深渊,被追究刑事责任,通常都是因为他们为了追求不正当利益,逾越了这道防火墙。《公司法》第 148 条明确规定:"董事、高级管理人员不得有下列行为:(一)挪用公司资金;(二)将公司资金以其个人名义或者以其他个人名义开立账户存储;(三)违反公司章程的规定,未经股东会、股东大会或者董事会同意,将公司资金借贷给他人或者以公司财产为他人提供

担保;(四)违反公司章程的规定或者未经股东会、股东大会同意,与本公司订立合同或者进行交易;(五)未经股东会或者股东大会同意,利用职务便利为自己或者他人谋取属于公司的商业机会,自营或者为他人经营与所任职公司同类的业务;(六)接受他人与公司交易的佣金归为己有;(七)擅自披露公司秘密。"可是,有的公司高管为了一己私利,往往置上述规定于不顾,利用职务便利,大肆挪用公司资金,或者进行关联交易,非法经营同类营业,泄露公司秘密,最终构成犯罪,被追究刑事责任。有的经营者则在经营管理公司的过程中,违反现代企业制度的要求,不按规则运作,这类行为一旦发生在法治环境较差的地区,再被合作方抓住把柄,就可能从民事违约责任演变成刑事责任。

例如,甲公司与 A 地方政府签订了一份借款合同,双方约定 A 政府借款2 亿元给甲公司用于发展太阳能光伏产业。在借款合同中,双方约定 A 政府出借的 2 亿元资金必须专用于合同中所确定的太阳能光伏产业项目。但是,在项目建设过程中,正好赶上欧美国家对中国光伏产品进行反倾销、反补贴的"双反",光伏产业陷入寒冬。甲公司如果继续推进光伏项目,必然陷入严重亏损甚至血本无归的境地,A 政府的借款可能都无法归还。在这种情况下,甲公司实际控制人甲决定暂停将资金继续投放于光伏项目,转而将部分资金用于其经营管理的其他公司,计划将盈利中的一部分用于甲公司的运转。

然而,由于甲公司与 A 政府此前签订的借款协议明确规定政府出借的资金只能用于光伏产业,甲这一改变资金用途的行为,显然构成了民事违约,但也仅限于民事违约,并不涉及刑事犯罪。因为甲作为甲公司绝对控股股东的代表,拥有多数表决权,有权代表公司决定资金用途,故其行为在《公司法》的层面并不违法。从公司股权结构设置的角度来说,《公司法》对于股权结构设置及表决权的规定,就是为了解决股东意见不一致时公司决策的问题。而每一位股东在公司成立划分股权比例、拟定公司章程时,实际上就对自己所拥有的决策权表示了认可,并对产生分歧时小股东意见可能得不到采纳的风险是明知且接受的。因此,甲无论是否召开股东会进行投票表决,实质结果都是一样的,都是且仅仅是违反借款合同的约定将专项资金挪作他用,构成民事违约。

遗憾的是，甲在实质上拥有公司经营管理决策权的情况下，对《公司法》的相关规定毫无遵守之意，在没有召开股东会表决的情况下，就擅自决定将公司资金拆借给其他公司使用，仅仅将决定通报了两个小股东。而此时，甲已经跟 A 政府的个别领导产生矛盾，甲这种违背《公司法》规定的做法给了与该领导存在利益勾连的甲公司小股东以强力反击的机会。小股东以甲不顾他们反对在未召开股东会的情况下擅自将公司资金挪作他用、涉嫌挪用资金罪为由，向公安机关报案。公安机关立刻予以受理，并很快对甲采取了刑事强制措施。

从《刑法》第 272 条对于挪用资金罪的规定来看，挪用资金罪的主体必须是无权动用本单位资金的工作人员。如果是有权决定资金去向及用途的人，则其完全可以通过其权限决定资金的去向和用途，不可能构成挪用资金罪。恰恰因为挪用资金的人本来无权动用资金，却利用其职务便利，即职务上主管、经手资金的便利条件，擅自动用资金，才使得资金的使用违背了公司的意志，侵犯了公司对资金的使用收益权。而本案中，甲是公司拥有绝对多数表决权的控股股东和实际控制人，他依据股东的表决权，就完全有权决定资金的用途，因此，甲是没有可能构成挪用资金罪的。公安机关以该罪对甲采取刑事强制措施，显然存在定性错误的问题。然而，甲违反《公司法》的做法却给公安机关介入经济纠纷提供了很好的口实。

在司法实务中，不少查办经济犯罪案件的机关都存在把民事违约与刑事犯罪混为一谈的不当做法。而在此过程中，犯罪嫌疑人自身的行为往往也存在严重瑕疵，突出表现就是在经营决策过程中，抛开合同或者公司章程的规定，随意进行个人决策。上述案件中，公安机关之所以认定甲构成挪用资金罪，实质原因是他违反了有关合作协议中要求双方投入的资金须专款专用的约定。但是，甲在具体操作过程中，没有严格遵守《公司法》及公司章程的规定才是直接原因。对资金使用这种类似公司投资经营的行为，依照《公司法》以及公司章程的规定，本应在召开股东会表决后再落实，甲却省略了这个重要的程序，直接决定改变资金用途，这恐怕才是让他受到刑事追诉风险的直接原因。如果甲能够严格遵循《公司法》以及公司章程的规定，经股东大会投票表决来改变资金用途，那么，改变资金用途的行为就纯属单位行为。在这种情况下，即便公司小股东想要动用刑事司法资源来追究其责任,有关机关恐怕也不会轻易支持。毕竟,案件在侦查结束后,还要经过起诉、审判两个环节,才能最后定性。对于没有任何疑问的单位理财行为,司法机关不大可能将其认定为个人挪用资金犯罪来定罪处罚。

三、现代企业制度能够阻却犯罪构成要件的具备

一般认为,现代企业制度形成于美国,其起点是企业形成系统化组织结构,并且管理成为企业的全职工作,这使得企业内部控制成为现代企业制度与生俱来的东西。[①] 一个公司如果严格按照现代企业制度的要求,做好企业内部控制,是不至于陷入刑事犯罪困境的。法人犯罪的发生,首先是企业内部失控的结果。20 世纪 90 年代以来,世界范围内的许多大公司陷入破坏环境、诉讼欺诈、财务造假等刑事犯罪的丑闻,[②]一个共同的原因是企业内部失控,企业故意虚构事实、隐瞒真相、违法经营,最终陷入不可自拔的境地。倘若现代企业制度所要求的企业内部控制机制能够有效运转,企业即使出现了经营上的失误,客观上造成了损害事实,也会由于经营者主观上不具有违法犯罪的故意,从而阻却犯罪构成要件的具备,不至于陷入刑事犯罪泥潭。这是因为,中国刑法规定的单位犯罪绝大多数属于故意犯罪,主观上以包括公司法人在内的单位(实际上是公司高层管理集体)具有犯罪故意为要件。而在现代企业制度的框架内,很难有公司高层集体沦陷、形成单位犯罪故意的可能。因此,现代企业制度能够阻却犯罪构成要件的具备。以单位行贿罪为例。所谓单位行贿罪,是指公司、企业等单位为谋取不正当利益而行贿,或者违反国家规定,给予国家工作人员以回扣、手续费,情节严重的行为。[③] 构成单位行贿罪,两个条件必不可少:第一,行贿的主体是单位;第二,单位必须是为了谋取不正当利益。

相对于自然人为主体的行贿罪而言,单位谋取不正当利益的判断标准

---

① 南京大学会计与财务研究院内部控制课题组:《内部控制:融入现代企业制度引发的思考》,《会计研究》,2011 年第 11 期。

② 范红旗:《法人犯罪的国际法律控制》,中国人民公安大学出版社,2007 年,第 4—5 页。

③ 高铭暄、马克昌:《刑法学》,北京大学出版社,2011 年,第 638 页。

更为明确和可操作，不外乎三种情形：其一，谋取违反法律规定的利益；其二，要求国家工作人员违反法律规定为单位谋取利益；其三，谋取不确定利益。行贿罪中的谋取不正当利益的内容则更宽泛、模糊些，即便是逢年过节的感情投资，只要是明显超出正常数额，实务中也经常被认定为是为了谋取不正当利益而行贿。[①]　因此，一旦被认定为单位行贿，定罪门槛就会更高，司法机关认定时会更加慎重。就企业及其责任人员而言，只要没有试图具体谋取某个方面的不正当利益，即使给予了国家工作人员财物，通常也不构成单位行贿罪。

　　但是，如前所述，单位行贿罪的主体只能是单位。判断是单位还是个人，关键看行贿行为是在单位意志还是个人意志的支配下实施的。[②]　而判断究竟是单位意志还是个人意志，主要应当从两个方面把握：其一，行贿是否是为了单位利益；其二，行贿行为是否由单位集体决策或者单位主要负责人决定，或者得到了单位集体或者主要负责人的事后追认。[③]　而判断是否是为了单位的利益时，一个重要标志是行贿款是否来源于单位。恰恰是在上述问题上，那些未能按现代企业制度的要求进行经营管理的公司容易出现严重问题。例如，甲公司在某地经营的过程中，经常受到公司所在地政府官员的索贿。为了能够让公司经营下去，只好向腐败官员行贿。后该官员被查处，交代了其收受该公司老总甲所送数百万元贿赂款的事实。为了逃避罪责，该官员没有承认他是主动索贿，而说是甲主动送钱给他，并说甲送钱的目的一方面是为甲公司谋利，另一方面是想对该官员进行感情投资，为将来得到其关照做准备，并列举了若干他为甲公司谋取利益的事实。司法机关考虑到受贿人都说他收钱是为了给公司谋取利益，倾向于将该案定性为单位行贿。而从该官员列举的为甲公司谋取的利益来看，没有一项是不正当利益，因此，本案缺少构成单位行贿罪所要求的"为谋取不正当利益"的要件，甲及甲公司在本案中本应都不构成犯罪。然而，由于甲公司管理混乱，向官员行贿一事并未经单位集体决策，而是由甲个人直接决定的；同时，由

---

①　朱晓玉：《论行贿罪构成要件之"不正当利益"》，《中国检察官》，2012年第2期。
②　董桂文：《行贿罪与单位行贿罪界限之司法认定》，《人民检察》，2013年第12期。
③　龚培华、徐亚之：《论单位行贿与个人行贿的司法认定》，《上海政法学院学报》（法治论丛），2011年第6期。

于甲公司的资金与甲个人资金经常混同使用,无法提供行贿资金来源于公司的证据,以致司法机关内部就该案到底是单位行贿还是个人行贿产生了争议。结果,该案被认定为行贿款来源于个人,属于个人为谋取不正当利益而给国家工作人员行贿,甲被定为行贿罪判处重刑。现代企业制度所具有的阻却犯罪构成要件具备的作用,被甲自己的混乱经营行为完全消解,最终让自己陷入牢狱之灾。

另外,在企业陷入刑事犯罪的泥潭之后,有关责任人员即便是部分推行现代企业制度,也可能因此免遭刑事追究。如前所述,在现代企业制度下,企业责任与个人责任是可以分开的,相应地,刑法也存在单位犯罪与个人犯罪之分,并且具有不同的构成要件。单位犯罪的成立,以主观上存在一个不同于自然人意思的单位意思为要件。① 但是,单位意思又只能通过自然人的行为表现出来。因此,在单位犯罪的认定中,首先必须考虑,作为单位活动而表现出来的单位成员的行为到底是自然人意思的体现,还是单位意思的体现。② 遵循现代企业制度而作出的决策,通常体现的是单位意志,因而只能认定为单位犯罪而不可能认定为自然人犯罪。在单位犯罪中,只处罚直接负责的主管人员和直接责任人员,如果不是这两类人员,即使是负责人,也无须承担刑事责任。这就为企业负责人在单位构成犯罪的情况下,避免随之犯罪提供了可能。而这种可能性通常只能建立在企业负责人严格遵循现代企业制度开展经营管理活动的基础上。

四、落实现代企业制度的建议

建立并严格落实现代企业管理制度,绝不是为了逃避刑事法律追究,但是,这样做在客观上确实能够大大降低企业的刑事法律风险。企业经营者应当充分认识到这种无心插柳行为的价值所在,进而通过这样做让企业和经营者自身都远离犯罪困境。只有这样的企业,才能够真正成为可持续发展的现代企业,走向未来,做大做强。为了让现代企业制度更充分地发挥在

---

① 黎宏:《单位犯罪中单位意思的界定》,《法学》,2013 年第 12 期。
② 何秉松:《法人犯罪与刑事责任》,中国法制出版社,2000 年,第 534 页。

防范企业刑事风险中的作用,笔者认为企业应当做好以下两项事务。

(一)重视发挥股东会、董事会、监事会的职能。在现代企业制度下,公司股东会、董事会、监事会、经理层有明确而不同的职权。从已经发生的公司犯罪来看,公司股东会、董事会、监事会未能设置或者形同虚设是导致犯罪发生的重要制度性原因。《公司法》第 37 条、第 46 条、第 53 条分别详细列举了股东会、董事会、监事会的职权,如果这些公司内部机构充分行使职权,就能够对公司经理层的经营管理活动起到有效的监督和制约作用。例如,《公司法》第 53 条规定,"监事会、不设监事会的公司的监事行使下列职权:(一)检查公司财务;(二)对董事、高级管理人员执行公司职务的行为进行监督,对违反法律、行政法规、公司章程或者股东大会决议的董事、高级管理人员提出罢免的建议;(三)当董事、高级管理人员的行为损害公司的利益时,要求董事、高级管理人员予以纠正……";第 54 条还规定,"监事会、不设监事会的公司的监事发现公司经营情况异常,可以进行调查……"。如果监事会或者监事履行上述职权,企业的违法犯罪行为就能够被遏制在萌芽状态。而实际上,监事会以及监事的上述职权在许多企业中基本没有行使。许多公司企业之所以卷入刑事犯罪风波,就是因为公司经理层越过股东会与董事会,擅自决定公司经营投资方向,损害公司利益。公司经理层这种异常的越权活动,是企业及其管理人员陷入刑事犯罪深渊的先兆,本应被及时发现和制止。实际情况却是,监事会根本没有发挥应有的监督作用,企业高管已经陷入犯罪的深渊,公司股东会、董事会、监事会还一无所知。因此,必须重视发挥股东会、董事会、监事会的职能。

(二)完善企业表决方式及小股东参与企业管理的制度,有效保障中小股东的权利。在现行《公司法》的框架内,企业中小股东的权利经常难以得到有效保障。企业的投资经营活动基本由控股股东决定,即使该决定明显损害中小股东的权益,后者往往也无能为力。这十分容易激化企业内部矛盾,引发刑事风险。因此,在制定企业章程时,应当给予中小股东必要而适当的权利救济途径,这样才有利于矛盾的化解。《公司法》第 22 条第 2 款规定:"股东会或者股东大会、董事会的会议召集程序、表决方式违反法律、行政法规或者公司章程,或者决议内容违反公司章程的,股东可以自决议作出之日起六十日内,请求人民法院撤销。"中小股东可以要求在公司章程中规定某些有利于维护自身权利的股东会表决方式,从而借助《公司法》的该条规定来维护自身权利。《公司法》第33条规定:"股东有权查阅、复制公司章程、股东会会议记录、董事会会议决议、监事会会议决议和财务会计报告",还"可以要求查阅公司会计账簿……公司拒绝提供查阅的,股东可以请求人民法院要求公司提供查阅。"小股东可以在公司章程中将上述权利进一步明确和细化,并配置违约责任。类似制度还包括如何保障中小股东的投票权、提案权、提请召开临时股东大会权等。

原文发表于《云南社会科学》2016年第4期

入选理由:

本文是2016年第4期"企业家刑事风险防控"专题文章之一,这也是我刊法学栏目第一次做专题,均为会议约稿。作者既有学术积累又有多年律师从业经验,因此全文高屋建瓴,既有大处的展望,也有细节的描写。

专家评论:

本文揭示了现代企业制度在防控企业刑事风险方面的重要作用,在制度建设方面具有突出的应用价值。 ——刘艳红,中国政法大学教授

第八编

金融监管

P2P 网络借贷法律规制的
德国经验及其启示

纪海龙①

摘　要：德国金融法制以及德国金融监管者针对 P2P 网络借贷的规制，提出存款的本质特征之一是承诺保本，拆分期限的债权让与模式构成非法吸收公众存款。对于平台关联公司自融行为，不应一概禁止，应在网贷监管中提高或取消非法吸收公众存款认定中的人数标准。在互联网平台融资规制中采用多人小额投资豁免原理，是平衡投资者保护和金融便捷的根本途径。

关键词：德国金融法；P2P 网络贷款；吸收存款；债权让与模式；多人小额豁免

一、背　景

2013 年以来，P2P 网络借贷异常火爆，野蛮生长。截至 2016 年 6 月底，P2P 网贷行业累计成交量达到了 22075.06 亿元，2016 年上半年累计成交量为 8422.85 亿元。② 与此同时，网贷平台跑路、提现困难等事件也大面积爆发。这使得监管者以及社会公众对 P2P 谈虎色变，以至于 P2P 被人们戏称为"骗啊骗"。2015 年 12 月 28 日，银监会发布《网络借贷信息中介机构业务

---

① 纪海龙，华东政法大学副教授，现为北京大学长聘副教授。
② 《2016 年全国 P2P 网贷行业半年报》，http://www.wdzj.com/news/baogao/30277-2.html，2016 年 8 月 20 日访问。

活动管理暂行办法(征求意见稿)》(以下简称《网贷办法征求意见稿》)。2016 年 3 月,政府工作报告将"规范发展互联网金融"列入 2016 年重点工作部分;互联网金融连续三年出现在政府工作报告中,口径却由起初的"促进""支持"变为"规范发展"。2016 年 4 月,国务院发布《互联网金融风险专项整治工作实施方案》(以下简称《互金专项整治方案》),在全国范围内启动为期一年的互联网金融领域专项整治。可以看出监管者对 P2P 网贷的态度日趋严厉。

但另一方面,在中国金融抑制、小微企业融资困难、普通民众投资渠道不畅通的背景下,P2P 网贷为小微企业以及普通民众提供了便利的投融资途径。① 实际上,P2P 网贷在中国迅猛发展的原因也正在于此。对于 P2P 网贷,一竿子打死的做法并不合适。立法者与监管者需要在投资者保护和金融便捷之间艰难地寻找平衡。本文尝试运用比较法的方法,结合德国金融法制和监管者对 P2P 行业的监管做法及其背后的金融和法律原理,探讨中国 P2P 行业具体操作模式的法律风险和法律规制之道。

二、间接融资视角下的简单居间网贷模式法律问题

(一)简单居间模式概要

简单居间模式下,网贷平台既不向借款人放款,也不向投资人吸收资金,而是类似于房产买卖中的房产中介,作为信息中介撮合借款人和投资人形成借贷关系。只是与日常的借贷关系不同,针对网贷中的一个借款需求(例如 5 万元)可能会有数个(例如上百个)出借人出借资金。实行此种模式的平台有例如中国的第一家网贷平台拍拍贷。称此种模式为"简单"居间模式,是因为下文讨论的债权让与模式中,平台也有可能只是起到居间中介的作用。这里所谓的"简单"居间模式,是指并不掺杂复杂交易架构(如债权让与)的居间模式。

---

① 彭冰:《P2P 网贷监管模式研究》,《金融法苑》,2014 年第 2 期。

(二)德国对吸收公众存款的规制

在德国,由于简单居间模式下的借款人构成吸收存款,所以原则上这种模式并不可行。《德国金融业法》(Kreditwesensgesetz)第 1 条第 1 款第 2 句第 1 项对存款进行了定义:"接受他人金钱作为存款,或自公众接受需无条件归还的金钱,且还款义务并未被证券化为不记名债券或指示债券,是否应支付利息在所不计。"按照德国联邦金融监管局和德国学界对此定义的阐释,存款的核心要件在于"需无条件归还",即保本。而该定义中的"接受他人金钱作为存款",实际指的也是"需无条件归还"。① 所有的借款合同其实都满足"需无条件归还"这个条件,但存款区别于普通借款合同的关键点在于,存款是"自公众处"接受需无条件归还的资金。此处的"自公众处",只是排除了自机构投资者处吸收资金,也排除了企业集团公司之间的调拨资金。② 从而,自公众处吸收需要保本归还的资金,是存款业务的实质。③

在德国,构成存款并不一定会启动监管。除满足上述存款定义外,触发监管(即只有申请银行牌照才被允许经营存款业务)要求"经营存款业务"。《德国金融业法》第 32 条第 1 款第 1 项规定了经营金融业务从而触发监管的两种情形:一是采用营业的方式;二是虽未构成营业,但基于业务的规模,要求该业务应当采用商人式营业。该条中规定的营业,即作为"商法之脊梁"的营业,④也就是意图以有计划的方式进行的、持续的、以营利为目的的、自主的经营行为。⑤ 就上述第二种触发监管的情形而言,对于何时满足业务规

---

① BaFin, Merkblatt-Hinweise zum Tatbestand des Einlagengeschäfts (Stand: März 2014); Schäfer, in: Boos/Fischer/Schulte-Mattler, Kreditwesensgesetz, 4. Auflage 2012, §1, Rn. 32 ff.

② Julian Veith, "Crowdlending-Anforderungen an die rechtskonformen Umsetzung der darlehensweisen Schwarmfinanzierung", *Zeitschrift für Bank- und Kapitalmarktrecht (BKR)*, vol. 16(2016), pp. 185.

③ BaFin, Merkblatt-Hinweise zum Tatbestand des Einlagengeschäfts (Stand: März 2014).

④ 徐喜荣:《营业:商法建构之脊梁——域外立法及学说对中国的启示》,《政治与法律》,2012 年第 11 期。

⑤ 朱慈蕴:《营业规制在商法中的地位》,《清华法学》,2008 年第 4 期。

模的要求从而应以商人营业方式进行经营,德国金融监管者在 20 世纪 80 年代初给出的标准是:吸收超过 5 笔 12500 欧元(当时是 25000 德国马克)的存款;或者超过 25 笔存款,无论每笔的金额是多少。[①]

(三)简单居间模式在德国因吸收公众存款的规制而不可行

对照上述关于吸收公众存款的标准可知,在简单居间模式下,网贷平台只是作为信息的传递方而存在,并不承担对投资者保本的义务。因此,无论如何网贷平台并不构成吸收存款。但由于借款人通过网贷平台向公众筹资,一般而言其筹集资金的对象会大大超过 25 笔,按照德国现行的法律和监管实践,此时借款人会构成非法吸收公众存款。根据《德国金融业法》第 37条第 1 款第 4 句,某主体虽然自己没有非法吸收公众存款,但如果其帮助他人开展和实行非法吸收公众存款活动,金融监管部门有权禁止其从事该种活动。于是在德国,尽管在简单居间模式下网贷平台并没有吸收存款,但由于在平台上的借款人会构成吸收公众存款,故而简单居间模式在德国的监管框架下并不可行。[②]

(四)中德两国吸收公众存款规制比较

在中国,对于非法集资行为,最重要的规范性文件为 2011 年 1 月 4 日起施行的《最高人民法院关于审理非法集资刑事案件具体应用法律若干问题的解释》(以下简称《解释》)。《解释》以吸收公众存款罪作为非法集资活动的基础罪名,其余罪名则为非法集资活动的特殊罪名。《解释》第 1 条规定,

---

① BaFin, Merkblatt-Hinweise zum Tatbestand des Einlagengeschäfts (Stand: März 2014).

② 限于篇幅,本文在此不拟讨论平台上的投资人是否涉嫌非法经营贷款业务,以及网贷平台是否在从事需要牌照的金融中介业务。另外,如果在简单居间模式下,将投资人和借款人之间的借款合同设计成次级债务,且相互约定此次级债务的不履行并不会赋予债权人以申请债务人破产的权利(此种次级债务在德国被称为“适格的次级化”),则通过此次级债务融资并不会被认定为存款,从而运用此种形式从事 P2P 网贷业务也不会涉嫌非法吸收公众存款。故而在德国,将网贷产生的债务进行“适格的次级化”,是简单居间模式的唯一合规可能。对此参见 Julian Veith, a. a. O., S. 187f。因这种次级化的模式在中国网贷行业中并无对应模式,故此处对之并不详论。

（非法集资活动）同时具备下列四个条件的，除刑法另有规定的以外，应当认定为刑法第 176 条规定的非法吸收公众存款或者变相吸收公众存款罪：（1）未经有关部门依法批准或者借用合法经营的形式吸收资金；（2）通过媒体、推介会、传单、手机短信等途径向社会公开宣传；（3）承诺在一定期限内以货币、实物、股权等方式还本付息或者给付回报；（4）向社会公众即社会不特定对象吸收资金。起草人将其概括为"非法性、公开性、利诱性、社会性"四个特征。换句话说，根据特别法优于一般法的原则，如果某个非法集资活动符合了刑法上规定的其他罪名，就直接以这些罪名定罪，但如果不符合这些具体罪名，则适用吸收公众存款罪。① 根据《解释》第 3 条，个人非法吸收公众存款数额在 20 万元以上或吸收公众存款对象在 30 人以上的，单位非法吸收公众存款数额在 100 万元以上或吸收公众存款对象在 150 人以上的，应追究刑事责任。

　　将中德两国关于非法吸收公众存款的规定进行比较，至少可以得出如下几点启示。首先，德国立法明确强调了存款的保本特征。也就是说，不保本的投资行为，无论如何不会落入吸收存款的范畴。保本作为存款的本质特征，可谓抓住了问题的实质。相比较而言，中国法律中并无关于存款的明确定义。《解释》第 1 条规定的是"以货币、实物或股权等方式还本付息或者给付回报"，并未明确保本这个本质特征。

　　保本之所以是存款的本质特征，是基于监管存款业务背后的金融逻辑。通过银行进行融资是间接融资的典型形式，即银行作为金融中介起到沟通资金提供方（存款人）和资金需求方（借款人）的媒介作用。与间接融资相对的是直接融资，典型的为发行股票和债券。对间接融资和直接融资进行监管的目标都主要在于保护投资者（如存款人或股票持有人），但对两者的监管手段存在根本性不同：对间接融资的核心监管手段是监管金融中介（如银行），通过种种监管措施来确保金融中介的资金流动性和偿付能力，从而保护资金提供方；而对直接融资的核心监管手段是融资方信息披露（或许再加上二级市场），通过充分的信息披露来使得投资人可以合理作出投资抑或不

---

　　① 彭冰：《非法集资行为的界定——评最高人民法院关于非法集资的司法解释》，《法学家》，2011 年第 6 期。

投资的判断,通过方便的二级市场来让决定不再投资的人方便地退出。对间接融资的监管之所以通过监管金融中介来进行,是因为金融中介如银行承诺对投资人即存款人的投资保障本金。存款人可随时要求银行支付本金,即便是定期存款人也可通过将定期转为活期而随时要求支出本金(此处忽略利息,因为存款利息可以是极低甚至为零的)。而在银行的资产端(即贷款),其期限却有长有短。换言之,银行的核心业务在于吸收存款、发放贷款,存款与贷款期限错配。保障存款本金加上业务期限错配,构成了银行业务的核心特点。设若银行无须保障存款本金,那么银行就可以和存款人自由约定回报计算方式,国家就不需要通过管理银行这个金融中介的流动性和偿付能力的方式来监管存款业务,只需要采取信息披露的方式即可。①

其次,就非法吸收存款的规制而言,在德国原则上只有"经营"存款业务才触发监管。如何认定"经营性",德国的标准是构成商法上的营业。此点颇值得借鉴。营业是一种(至少致力于)持续性的经营行为。只有致力于持续性地吸收存款,才需要持续性地对吸收存款者的流动性进行监管,以避免挤兑风险和保护存款人利益,才会要求吸收存款者获取银行牌照。对于用营业这个概念来概括监管触发标准这一点,中国理论和实务界尚未有人提出。②

另外,按照《德国金融业法》第 32 条,除构成商法上的营业外,如果吸收存款的规模已经达到了应该运用商事营业来经营的程度,也会触发监管。按照德国一贯的监管实践,吸收超过 5 笔 12500 欧元的存款,或者超过 25 笔存款而无论每笔的金额是多少,便满足此"规模性"的标准。这一点在中国法律中可找到对应的规定。按照《解释》第 3 条,个人非法吸收公众存款数额在 20 万元以上或吸收公众存款对象在 30 人以上的,单位非法吸收公众存款

---

① 吸收存款和发行债券虽然都保本,但两者的区别在于债券的证券化使得债券很容易在二级市场上出让。因此运用信息披露加二级市场的模式,就足以保护债券持有人的利益。易言之,在债券发行人持续披露正确、完整信息的前提下,债券持有人一旦不看好债券的后续走势,可以随时通过在二级市场上出售债券来变现退出。

② 唯一的例外也许是,彭冰教授在借鉴英国 2000 年《金融服务和市场法案》的相关规定后,对"经营"存款业务中的"经营性"所做的简短介绍。参见彭冰:《商业银行的定义》,《北京大学学报》(哲学社会科学版),2007 年第 1 期。

数额在 100 万元以上或吸收公众存款对象在 150 人以上的,应追究刑事责任。需注意的是,德国监管实践中这个规模性的标准制定于 20 世纪 80 年代初,[①]随着经济社会发展水平的不断提高,此标准已经严重落后,尤其不适应 P2P 网贷这种新型的融资模式。

(五)应针对网贷提高或取消非法吸收公众存款认定中的人数标准

中国监管者在一系列官方或半官方的表态中,一直强调网贷平台应恪守信息中介本位。[②] 将网贷平台定位为信息中介,禁止其承担信用中介的作用,这一点值得肯定。但笔者想强调的是,在目前中国非法吸收公众存款的法律框架下,如果不对《解释》第三条中的 30 人或 150 人这个人数上限进行修正,那么即便网贷平台恪守信息中介地位,简单居间模式也无法做到合规合法。因为在简单居间模式下,同一笔借款所对应的投资人很容易突破 150 人。从而无论是在德国现行法还是在中国现行法下,简单居间模式中的借款都会沦为非法吸收公众存款,进而网贷平台也会面临构成帮助犯的法律风险。

P2P 网贷中,各个投资人小额分散投资实际上是分散风险的绝佳办法。换言之,对某一借款人通过网贷所融的总体借款金额设置上限有其必要性,但对同一项目设置投资人数的限制,则在网贷小额分散投资的特性下不甚妥当。例如同样是一笔 100 万元的借款损失,出借人是 10 人还是 1000 人所导致的社会危害大不相同。前者每人损失 10 万元,后者平均每人只损失 1000 元。[③] 故而,监管部门应在未来的网络贷款监管规定中,将构成非法吸收公众存款的人数对象标准提高甚至取消。[④] 如果监管部门采纳此做法,那么在网贷中即便一笔借款对应众多投资人,也会因监管部门提高或取消人数标准而不具有"非法性",从而不会触发非法吸收公众存款这个罪名。

---

① Szagunn/Haug/Ergenzinger,KWG,6. Aufl.,1997,§ 1,Rn. 8.

② 参见《网贷办法征求意见稿》第 2 条第 2 款以及《互金专项整治方案》第 2 部分第 1 条第(1)项。

③ 彭冰:《P2P 网贷监管模式研究》,第 254 页。

④ 类似的观点参见彭冰:《P2P 网贷监管模式研究》,第 254 页。

三、债权让与模式的法律问题——一个直接融资的视角

（一）中德两国的网贷债权让与模式

在中国，无论是在理论界还是实务界，争议最大的是 P2P 网络贷款中的债权让与模式。在中国，宜信公司最早采取该模式。目前，中国网贷实践中有相当数量的平台采取债权让与模式。

在中国网贷行业的债权让与模式中，首先由平台高管或员工作为专业放贷人，以个人名义将资金出借给借款人，形成该专业放贷人对借款人的债权；然后平台公司将此债权拆分组合成不同的份额，将这些份额以债权让与的形式转让给出借人。平台之所以如此操作，是为了实现期限拆分和金额拆分。期限拆分的动因是出借方和借款方对资金占用期限具有不同的利益诉求。借款方一般希望长期占用资金（如一年）；而出借方出于流动性和灵活度的考虑，多希望短期出借资金（如一个月）。于是，专业放贷人便先把资金借给借款人，形成一个一年的债权，然后再把债权份额化，将某些份额转让给出借人。在转让的时候，平台与出借人约定，一个月后平台尽量为出借人寻找其债权的受让人。如果寻找不到合适的受让人，则平台或平台的关联方会负责将债权回购。

目前，中国学界和监管部门对债权让与模式均采取怀疑的态度。[①]《互金专项整治方案》第 2 部分第 1 条第（3）项规定："P2P 网络借贷平台……未经批准不得从事……债权……转让……等金融业务。"但目前针对 P2P 的债权让与模式并不存在任何批准程序，这也就意味着债权让与模式根本无法获得批准。这一规定实际是变相地消除了债权让与模式的生存空间。

---

① 认为债权让与模式下平台构成经营资金池的观点，参见冯果、蒋莎莎：《论我国 P2P 网络贷款平台的异化及其监管》，《法商研究》，2013 年第 5 期；认为债权让与模式实质上构成了资产证券化的观点，参见易燕、徐会志：《网络借贷法律监管比较研究》，《河北法学》，2015 年第 3 期；认为债权让与模式下平台与"广义上银行业金融机构的定义非常接近"的观点，参见陈益青：《行业演变中我国 P2P 借贷平台的法律性质认定》，《金融法苑》，2013 年第 2 期；认为债权让与模式可能构成非法集资的观点，参见陈丽琴：《P2P 线下交易模式的法律性质分析》，《商业时代》，2013 年第 16 期。

在德国,网贷的债权让与模式是最主要的操作模式。① 德国联邦金融监管局曾专门就 P2P 网贷发布解释性文件,在该解释中德国联邦金融监管局仅仅探讨了网贷的债权让与模式。② 在此模式下,首先由一家持牌照的商业银行将资金放贷给借款人形成债权,然后该银行将债权直接或间接地拆分数额转让给网贷的投资人。与中国 P2P 网贷实践中的债权让与模式相比较,德国的债权让与模式至少有如下两点不同:一是在形成债权的过程中,是通过持牌商业银行放贷给借款人形成债权,而在中国的债权让与模式中是通过无任何牌照的自然人作为专业放贷人出借资金形成债权;二是德国债权让与模式中,债权让与给投资者时,只拆分债权数额而不拆分债权期限,而中国的很多平台则不仅拆分数额也拆分期限。关于这两点区别所导致的法律后果上的不同,将在下文讨论。

(二)德国对债权让与模式各方当事人的监管框架及其启示

德国债权让与模式又可细分为两类:一是贷款银行直接将债权数额拆分后转让给投资人;二是贷款银行先将债权转让给网贷平台或平台的关联企业,然后再由平台或其关联企业将债权数额拆分后转让给投资人。③ 就德国债权让与模式的监管,须基于各方当事人的不同角色具体分析。

首先,对于借款人而言,由于借款人是直接从商业银行获得借款,所以并没有从事吸收存款的行为。在此点上,上文所讨论的简单居间模式则不同。

其次,对于形成贷款债权的商业银行,因其持有银行牌照,发放贷款是其正常业务之一,所以它也不涉及非法经营贷款业务。且法律并不禁止商业银行将其贷款资产通过债权让与的方式出让给他人。故而德国债权让与模式下通过商业银行形成债权,然后该商业银行再将该债权转让出去,原则上不存在合规问题。

---

① 例如 Lendico 和 Fundingcircle。对此可参见 Lendico:《一般交易条款》,https://www.lendico.de/agbs-33.html,2016 年 8 月 20 日访问;Fundingcircle:《一般交易条款》,https://www.fundingcircle.com/de/geschaeftsbedingungen-privatanleger-neu,2016 年 8 月 20 日访问。

② BaFin, Auslegungsschreiben zum Crowdlending, Stand: Oktorber, 2015.

③ BaFin, Auslegungsschreiben zum Crowdlending, Stand: Oktorber, 2015.

　　而在中国债权让与模式下,由于专业放贷人基本上都是不持有任何金融牌照的自然人,且该专业放贷人持续性地发放贷款,故而该专业放贷人实际是在经营贷款业务。虽然在中国经营贷款业务并不一定非得持有商业银行牌照,例如小贷公司、信托公司均可经营贷款业务,但经营贷款业务需要相应的牌照应属无疑。国务院法制办于 2015 年 8 月发布《非存款类放贷组织条例(征求意见稿)》,便是计划将商业银行以外的放贷人(即非存款类放贷组织)纳入牌照管理。可以预见,对非存款类专业放贷人的监管早晚会落地。即便在该条例落地前,无任何金融牌照(如银行、小贷公司、信托等牌照)者经营贷款业务,也不合规。

　　最后,对于网贷平台而言,网贷平台将贷款银行和众多投资者撮合起来,将贷款银行的资产居间介绍给众多网贷投资者,在德国构成了经营投资中介业务(Anlagevermittlung)。按照《德国金融业法》第 1 条第 1a 款第 2 句第 1 项,投资中介业务为居间介绍金融产品(Finanzinstrumente)的购买和出售的业务。而银行的贷款资产(在此便是银行贷给网贷借款人的贷款债权)为金融产品的一种。[①] 从而,网贷平台将债权介绍给网贷投资者的行为构成了经营投资中介业务。经营投资中介业务为金融服务的一种,原则上需要金融监管部门颁发的投资中介牌照。但对此牌照要求,法律定有例外。例外之一是按照《德国金融服务业法》第 2 条第 6 款第 1 句第 8 项第 e 子项,如果某个企业提供的金融服务只限于在其客户与财产投资发行人之间居间介绍财产投资(Vermoegensanlage),[②]且该企业在提供此金融服务时

---

　　① 贷款资产构成金融产品的法律渊源如下:按照《德国金融业法》第 1 条第 11 款第 2 项,《德国财产投资法》第 1 条第 2 款规定的"财产投资"构成金融产品;按照《德国财产投资法》第 1 条第 2 款第 7 项第 1 种情形,"其他保证还本付息义务的投资"构成财产投资。故而按照上述一环扣一环的法律适用,银行贷款债权也构成金融产品。

　　② 《德国财产投资法》第 1 条第 2 款对何为"财产投资"进行了定义,其内容大致为:不构成《德国有价证券募集说明书法》中的有价证券(主要是股票、债券等),不构成《德国资本投资法》(Kapitalanlagegesetzbuch)第 1 条第 1 款中规定的资本投资(主要是公募基金、集合投资计划等),也不构成存款的投资形式,主要有可分享企业利润的份额、财产份额(该财产被发行人或第三人以自己名义为他人计算而持有或管理)、分红贷款(partiarische Darlehen)、次级贷款、分红权(Genussrechte)、记名债券以及其他保证还本付息的投资或其他用暂时让渡金钱来交换指向现金财产价值之请求权的投资。

无权取得客户资金的占有或所有,则无须申请此牌照。具体到网贷行业,如果网贷平台只是在债权人和网贷投资人之间居间介绍债权的买卖,且该网贷平台无权取得网贷投资人资金的所有或占有,则平台无须申请金融中介牌照。

可见,在德国的网贷债权让与模式下,只要网贷平台不取得客户资金的所有或占有,那么网贷平台就不需要申请金融产品投资中介牌照;但如果网贷平台有权取得客户资金的所有或占有,则其必须申请金融产品投资中介牌照方可经营网贷业务。对照中国的网贷实践,自 2014 年开始网贷平台的大量跑路、利用虚假标自融、非法吸存、集资诈骗等行为之所以成为可能,均是因为网贷平台可以控制客户资金。如果网贷平台无法控制客户资金(德国法对此的表述甚为严谨:无权取得客户资金的所有或占有权),那么平台卷款跑路、挪用资金等行为便无从发生。这也是理论界和监管部门一直呼吁网贷资金应由银行存管的根本原因。① 德国的上述做法给出的启示是,对于网贷平台的监管并非一定要采取牌照式管理,但不采取牌照式监管的前提是网贷平台的客户资金应完全由银行存管。

(三)德国网贷债权让与模式中的具体运营方式及其启示

另外,就具体运营模式而言,德国债权让与模式的以下几点做法亦具有很大借鉴意义。

1. 拆分期限的网贷债权让与模式构成非法吸收公众存款

在德国的网贷债权让与模式中,债权让与过程只是债权的数额拆分,债权的期限并不被拆分。例如,一个两年期 100 万元的债权,可能会被拆分为 100 份转让出去,但所有这 100 份都还是两年期的债权。之所以不得拆分期限,是因为一旦拆分期限便构成吸收公众存款。例如,将一笔两年期的债权先出让两个月,即投资人在两个月到期后便有权要求支付本息,但因借款人的债务两年后才到期,投资人两个月期满后要求支付本息的请求权便不能

---

① 对此可参见《网贷办法征求意见稿》第 28 条:"网络借贷信息中介机构应当实行自身资金与出借人和借款人资金的隔离管理,选择符合条件的银行业金融机构作为出借人与借款人的资金存管机构。"

向借款人主张（借款人可主张债权未到期的抗辩）。投资人两个月到期后支付本息的请求权只能向平台或平台的关联公司主张。实践中的操作方式一般是在两个月到期后，平台或平台的关联公司有义务赎回债权。一旦平台或平台的关联公司负担赎回债权的义务，那么平台（或其通过关联公司）便负担了保本付息的义务。如上文所述，保本是存款的典型特征，所以向公众吸收保本的资金，构成向公众吸收存款。①

德国的债权让与模式分为两种：一种是形成贷款债权的商业银行直接向网贷投资者出让债权；另一种是贷款银行先将债权转让给网贷平台或其关联企业，然后再由平台或其关联企业将债权数额拆分后转让给投资人。在第一种操作模式中，商业银行虽然有资质向公众吸收存款，但在网贷业务中该银行只愿意起到形成贷款债权的过桥作用，并不愿意向网贷投资者负担还本付息的义务（即吸收存款）。在第二种操作模式中，平台的关联公司并不持有银行牌照，从而也不得向公众吸收存款。故而，拆分期限的债权让与网贷模式，在德国不被采用。

这一点给中国监管者的启示是，拆分期限的债权让与网贷模式，会构成向公众吸收存款。中国的监管者虽然一直表态禁止拆分期限，例如《互金专项整治方案》第 2 部分第 1 条第（1）项规定"P2P 网络借贷平台应守住法律底线和政策红线，落实信息中介性质，不得设立资金池，不得发放贷款，不得非法集资，不得自融自保、代替客户承诺保本保息、期限错配、期限拆分"②，但其实在理论上人们并未认清期限拆分的债权让与实际和保本保息相同，均构成非法吸收公众存款。因而该项规定中的"落实信息中介""不得非法集

---

① 中国司法实践中也有将类似的操作模式判决为非法吸收公众存款的案例。例如某公司开发用于安放死者骨灰的塔位，并向社会公众出售。该公司将塔位分为使用型（选位型）和投资型（不选位型）两种，并在投资性塔位购买合同中规定可退单，即在购买者选择退单时公司有义务按照市场价回购。在此案中，法院正确地认定，投资性塔位合同实为变相吸收公众存款；而选位型的塔位由于有真实存放骨灰的塔位买卖，故而未被认定为非法集资。对此可参见陕西省渭南市人民检察院诉渭南市尤湖塔园有限责任公司、惠庆祥、陈创、冯振达非法吸收公众存款、惠庆祥挪用资金案，《最高人民法院公报》，2008 年第 6 期（总第 140 期）。

② 参见《网贷办法征求意见稿》第 10 条第（6）项规定："网络借贷信息中介机构不得从事或者接受委托从事下列活动……（六）将融资项目的期限进行拆分……"

资""不得……承诺保本保息、期限错配、期限拆分",在理论上实际指代的均是同一种行为,即非法吸收公众存款。

2. 平台或其关联公司自融不应一概被禁止

在德国网贷债权让与模式的第二种操作中,是网贷平台自身或其关联公司从形成贷款资产的银行处先受让债权,然后将债权拆分数额后出售给网贷投资者。在此种操作下,在最后出售给投资者的环节,是最终的债权出售方即网贷平台自身或其关联公司吸收资金。虽然是网贷平台自身或其关联公司在最终环节从事了融资的行为,但只要符合其他方面的合规要求,例如履行下文所述的信息披露义务或满足豁免信息披露的条件,①这种操作模式在德国便是合规。②

这一点可与中国监管者关于平台自融的监管思路相对比。按照《网贷办法征求意见稿》第 10 条第(1)项,"网络借贷信息中介机构不得从事或者接受委托从事下列活动:(一)利用本机构互联网平台为自身或具有关联关系的借款人融资"。如果严格按照此项规定,平台自身或平台关联方绝不能通过互联网平台进行融资,即禁止自融行为。中国监管思路中对平台自融的禁止,是源于中国很多平台通过虚构并不存在的他人借款项目为自己融资,最后导致无法兑现本息,损害投资者利益。从而,对自融行为的打击对象,应是平台虚构项目欺诈投资者。而如果某自融(尤其是关联公司融资)的项

---

① 其他的合规要求,例如出让债权的网贷平台或其关联公司不得无牌照经营自营交易(Eigenhandel; proprietary trading)。但自营交易的要件之一是交易人(在此即出让债权的网贷平台或其关联公司)自己完全承担交易中的价格风险和履行风险(Preis-und Erfuellungsrisiko),参见 Schäfer, in: Boos/Fischer/Schulte-Mattler, KWG, §1, Rn. 132。在德国的网贷实践操作中,会通过对操作模式的设计使得出让债权的网贷平台或其关联公司并不承担价格风险和履行风险。具体方法是,只有在网贷投资者已经承诺用确定的价格受让标的债权之后,网贷平台或其关联公司才自贷款银行受让债权,由此平台或其关联公司并不承担价格风险;且网贷投资者必须先履行受让债权之价款的支付义务,从而平台或其关联公司也不承担履行风险。参见 JulianVeith,a. a. O., S. 188。

② 实际上,美国 Lendingclub 模式中,也是先由一家商业银行 Webbank 发放贷款,然后 Webbank 将债权出让给 Lendingclub,由 Lendingclub 经由证券发行的途径,向网贷投资人发行证券。参见廖理、贺裴菲:《从 LendingClub 业务模式转变看 P2P 监管》,《清华金融评论》,2014 年第 2 期。

目真实且已经向投资者进行了完整和准确的信息披露,那么这种正常的(而非欺诈性的)融资交易,不应被禁止。换言之,不能因为欺诈性自融行为的存在,就一概禁止正常的融资行为。《网贷办法征求意见稿》第 10 条第(1)项对于自融行为的禁止打击面过宽,应通过添加"发布虚假信息"这个要件予以限定。

3. 多人小额投资情形豁免信息披露义务是根本之计

网贷投资人认购被拆分数额的债权,实际上是公众投资一笔债权;反过来看是债权出让方向公众要约出让该笔债权。在此,投资者和债权提供方之间存在着信息不对称。此种信息不对称在德国由立法者设置信息披露义务来解决。同时,由于强制性的信息披露义务必然会增加交易成本,不利于融资的便捷,德国立法者也通过对信息披露义务设置例外,在投资者保护和融资便捷间寻找平衡。

德国金融领域的投资者保护体制由数个法律构成。其中,《德国有价证券募集说明书法》(Wertpapierprospektgesetz)主要规制在公开市场发行股票、债券等有价证券时的信息披露义务;《德国资本投资法》(Kapitalanlagegesetzbuch)主要规制公募基金、集合理财计划、私募股权投资基金等;而《德国财产投资法》(Vermoegensanlagengesetz)则规制除上述两法所覆盖的类型之外公开募集的投资项目,例如财产份额(如艺术品份额化)。[①] 按照《德国财产投资法》第 1 条第 2 款第 7 项第 1 种情形,"其他保证还本付息义务的投资"也构成财产投资。故而,投资一笔已经形成的债权会落入《德国财产投资法》的规制范围。按照该法第 6 条和第 8 条,向市场公开要约募集财产投资的行为,原则上须制作经德国联邦金融监管局审核批准的《财产投资销售说明

---

① 在美国,根据 Howey 案(SEC v. W. J. Howey Co., Supreme Court of the United States,1946,328 U. S. 293)所确立的证券定义,美国法下的证券为"投资合同"(investment contract),即"一个合同、交易或计划,基于此某人将其资金投入某个公共的企业,并且该人期待的获利完全取决于发起人或某第三人的努力"。美国 Howey 案的案情即为 Howey 公司通过土地销售合同出售橘子园,认购橘子园之投资者的回报完全取决于 Howey 公司的一家关联公司对橘子园的经营。参见董华春:《从"Howey 检验"看"投资合同"——美国证券法"证券"定义的法律辨析(一)》,《金融法苑》,2003 年第 2 期。从而,《德国财产投资法》下的投资行为在美国法下会被归入证券投资,进而被要求遵循证券公开发行的程序。

书》,说明书中应包括关于此财产投资的详细内容;按照该法第 14 条,还应制作《财产投资信息单》,该信息单篇幅不得超过 3 页 A4 纸,信息单应以清晰易懂的方式概括该财产投资项目的要点。故而,通过网贷平台出售份额化的债权,原则上也要制作《财产投资销售说明书》和《财产投资信息单》。信息披露的义务主体为向市场上出售财产投资的人。① 在网贷的债权让与模式中,便是债权的出让人。在第一种网贷债权让与模式中为贷款银行,在第二种网贷债权让与模式中为向投资者出售债权的网贷平台或其关联公司。实际上,德国立法者是基于直接融资中投资者保护的原理,即运用信息披露的方式,来保护财产投资中的投资者的。

不过,履行上述强制信息披露义务,会给发行人带来巨大的成本。因为此成本的存在,额度较小的融资项目通过这种方式进行融资,便显得得不偿失。② 从而,德国的立法者通过设置小额豁免的方式,豁免符合特定条件之网贷项目的信息披露义务。具体如下:

(1)12 个月内向市场公开要约的财产投资总额不超过 10 万欧元(《德国财产投资法》第 2 条第 1 款第[3]项第[b]子项)。符合此条件的,既无须制作《财产投资销售说明书》,也无须制作《财产投资信息单》。

(2)经由发行人向市场公开要约提供的,同一最终融资人(在网贷债权让与模式中即借款人)的财产投资金额不得超过 250 万欧元(即单项目募集资金总额限制);且每一个非资合公司的投资人就同一财产投资的总投资不得超过 1000 欧元,或当该投资人拥有的银行存款和金融产品总计不低于 10 万欧元时单笔投资不超过 1 万欧元,或不超过该投资人平均月净收入的两倍且最高 1 万欧元(每个投资人针对同一项目的投资限制)(《德国财产投资法》第 2a 条第 1 款和第 3 款)。此种情形的豁免是 2015 年 7 月 10 日生效的《德国小投资者保护法》(Kleinanlegerschutzgesetz)专门针对互联网融资方式所引进的豁免。③

---

① BaFin, Auslegungsschreiben zum Crowdlending, Stand: Oktorber, 2015.

② 赵渊、罗培新:《论互联网金融监管》,《法学评论》,2014 年第 6 期。

③ 对《德国小投资者保护法》的介绍,参见张蓉:《德国股权众筹的现状和立法评析》,《法律与新金融》,2016 年第 9 期。该文作者明确指出,《德国小投资者保护法》借鉴了 2012 年美国专门针对股权众筹所立的 JOBS 法。

　　小额投资豁免信息披露的方式一方面限制了同一借款人可融资的额度,从而使得风险不会聚集,但也不妨碍初创企业以较少的成本通过网贷融资;另一方面通过限制同一投资者对同一项目的投资额度,使得每个投资者的风险均在可控范围内。① 彭冰教授就多人小额豁免举了一个非常形象的例子:人们明明知道乞讨者可能是骗子,但还是会施舍一两块钱,这是因为施舍者即便被骗其损失也有限,而一旦真能帮上对方则收益巨大。② 虽然有研究者认为,德国上述小额豁免规则中单个投资人1000欧元的投资限额太低(意图投资超过1000欧元的投资者则需要公布其资产和收入证明),从而不利于初创企业的融资。③ 不过笔者认为,限额的具体设定可以再讨论,但在对通过互联网平台进行融资(包括P2P网贷和股权众筹)的规制中,多人小额豁免的原理是根本之途。④

　　金融监管永远是在投资者保护和金融便捷之间踩平衡木,对P2P网贷的监管亦然。上文在讨论P2P网贷的简单居间模式时,建议中国监管者针对P2P网贷提高甚至取消吸收公众存款认定中的人数标准,从而给简单居间模式提供合规的可能。这一建议实际是对多人分散投资这种投资风险缓释手段的肯认。而在讨论债权让与模式时,最后也归结到了多人小额投资方式下豁免信息披露义务。因而,无论是针对简单居间模式还是债权让与模式,多人小额投资的模式应是中国未来P2P网贷监管所走的路径。多人小额投资豁免,是平衡投资者保护和金融便捷之间冲突的良方。鉴于股权众筹也应采取多人小额投资豁免证券发行中信息披露义务的监管方式,⑤因此对经由互联网平台的融资(包括P2P网贷和股权众筹)进行监管的路径,应是运用多人小额投资豁免原理,对多人小额分散投资进行监管上的豁免。此原则既适用于对吸收存款也适用于对发行证券(或发行投

---

　　① 关于P2P网贷中小额借贷行为的许可豁免,参见赵渊:《直接融资视角下的P2P网络借贷法律问题研究》,《交大法学》,2014年第4期。

　　② 彭冰:《股权众筹的法律构建》,《财经法学》,2015年第3期。

　　③ 张蓉:《德国股权众筹的现状和立法评析》。

　　④ 对于多人小额豁免原理的进一步介绍和美国法上的经验,参见彭冰:《公募众筹的理论基础》,载郭峰主编:《证券法律评论》(2016年卷),中国法制出版社,2016年,第47—54页。

　　⑤ 彭冰:《公募众筹的理论基础》,第47—55页。

重审斯芬克斯之谜

资产品如债权份额）的规制。

原文发表于《云南社会科学》2016 年第 5 期

这是 2016 年向纪海龙老师约的稿，是 2016 年第 5 期"互联网金融规制"专题文章之一，"互联网金融规制"是法学栏目做的第二个专题。当时处于法学栏目缺乏稿源的艰难时期，也很感谢纪老师的大力支持。本文对 P2P 网络借贷法律规制的德国经验做了介绍，提供了有益视角。全文转载在人大复印资料《管理科学》2016 年第 12 期。

专家评论：

文章将金融现象还原为法律关系，此既有助于认识金融本质，亦有助于厘清金融活动中自由与管制的界限。 ——朱庆育，南京大学教授

中央和地方关系视角下的金融监管

——从阿里小贷谈起

唐应茂[①]

摘　要：中国出现了中央和地方二元式金融监管制度，金融监管是中央和地方关系的新领域。地方金融监管规则与中央金融监管规则存在显著差异，这种差异对地方金融发展产生了直接影响。具体而言，地方金融监管规则中存在与中央金融监管规则直接冲突的规定，而各地方"冲突型"规则与中央规则偏离的程度存在不同，这是阿里巴巴小额贷款公司从浙江"迁"往重庆获得快速发展的重要因素。同时，地方金融监管规则中还存在大量中央规则中没有的"扩展型"规则，而"扩展型"规则越多的省，小额贷款行业发展越不好。"扩展型"规则反映了地方政府出于私利而采取的"寻租性"行为，这类规则的大量存在，限制了阿里小贷这一成功事例的普适性。

关键词：中央和地方关系；地方金融监管；小额贷款；中国式联邦主义；扩展型规则

一、引言：金融监管的中央和地方关系

党的十八届三中全会提出，要"界定中央和地方金融监管职责和风险处置责任"。在金融监管领域，中央和地方关系问题已经成为重要的政策性和

---

①　唐应茂，北京大学副教授，现为复旦大学教授。

制度性议题。可以预期,在十九大以后以及可以预见到的将来,金融领域的中央和地方关系问题仍将是中国法治建设中的一个重要议题。在过去的十年中,在简政放权的背景下,各省纷纷出台了地方金融监管规则、设立了地方金融监管机构,负责小额贷款公司、融资担保公司、地方金融交易平台等地方性金融机构的设立审批和持续监管,地方性金融机构的作用日益突出。比如,各省批准设立的小额贷款公司近 1 万家,其数量已经超过了中央"一行三会"管理的所有金融机构的总和。①

　　在新的形势下如何处理中央和地方关系,尤其是金融领域的中央和地方关系,是近几年中央工作的重点和难点。一方面,从 2008 年开始,金融监管权限下放到省级政府,这一放权思路被十八届三中全会进一步明确。三中全会公报强调,要"最大限度减少中央政府对微观事务的管理","直接面向基层、量大面广、由地方管理更方便有效的经济社会事项,一律下放地方和基层管理"。另一方面,中央也同时强调要"收权",要"适度加强中央事权和支出责任","关系全国统一市场规则和管理等作为中央事权"。党的十八届四中全会更是从依法治国角度要求"推进各级政府事权规范化、法律化,完善不同层级政府特别是中央和地方政府事权法律制度"。因此,从毛泽东时代就反复强调并被写入中国宪法的"发挥中央和地方两个积极性"的制度性、宪法性安排,②近几年又成为中央的中心工作之一。在金融监管领域,这个问题尤为突出。2017 年 4 月,中央政治局在集体学习中强调,要"加强党对金融工作的领导,坚持党中央集中统一领导",同时,"地方各级党委和政府要按照党中央决策部署,做好本地区金融发展和稳定工作,做到守土有责,形成全国一盘棋的金融风险防控格局"。

　　在金融监管领域中,中央和地方关系之所以成为中央工作的重点,与金融监管权下放地方之后法律性、制度性问题层出不穷有非常密切的关系。

---

　　① 截至 2015 年底,全国共有小额贷款公司 8910 家,从业人员 11734 人,实收资本 8459.29 亿元,贷款余额 9411.51 亿元。前述数据来源于中国人民银行:《2015 年小额贷款公司统计数据报告》,http://www.pbc.gov.cn/diaochatongjisi/116219/116225/3010843/index.html,2017 年 6 月 20 日访问。

　　② 苏力:《当代中国的中央与地方分权——重读毛泽东〈论十大关系〉第五节》,《中国社会科学》,2004 年第 2 期。

2008年5月,中国人民银行和中国银监会联合颁布了《关于小额贷款公司试点的指导意见》(以下简称《2008年中央指导意见》),将小额贷款公司设立审批、持续监管和退出监管的权力授予省级政府。《2008年中央指导意见》第5条规定"凡是省级政府能明确一个主管部门(金融办或相关机构)负责对小额贷款公司的监督管理,并愿意承担小额贷款公司风险处置责任的,方可在本省(区、市)的县域范围内开展组建小额贷款公司试点",第2条规定"申请设立小额贷款公司,应向省级政府主管部门提出正式申请,经批准后,到当地工商行政管理部门申请办理注册登记手续并领取营业执照"。因此,各省在其颁布的小额贷款公司管理办法中,也都确认了本省政府对小额贷款公司的监督管理权限。比如,2008年8月1日颁布的《重庆市小额贷款公司试点管理暂行办法》第3条规定,"重庆市人民政府授权重庆市人民政府金融工作办公室负责实施对重庆市行政区域内的小额贷款公司的审核及其业务活动的监督管理"。但是,从法律层面看,只有法律、国务院行政法规和地方性法规才有创设行政许可的权力。[1] 地方金融监管部门批准小贷公司设立是一种行政许可行为。不管是《2008年中央指导意见》,还是各省政府根据该意见颁布的小贷公司管理办法,它们都不属于法律、行政法规或者地方性法规的范畴。[2] 因此,各省政府批准小贷公司设立的行为,缺乏规范意义上的法律基础。

从理论研究来看,在中央与地方关系的研究中,20世纪90年代,钱颖一等经济学家提出了"维护市场的中国式联邦主义"理论,该理论对国内外学

---

[1] 我国《行政许可法》规定,行政许可事项应由法律、行政法规、地方性法规设定,地方政府规章可以设定临时性的行政许可;临时性的行政许可实施期满一年仍需继续实施的,应提请同级人民代表大会及常委会制定地方性法规。有关小额贷款公司及其他类型机构的地方监管缺乏法律基础的讨论,参见段志国:《金融监管权的纵向配置:理论逻辑、现实基础与制度建构》,《苏州大学学报》(哲学社会科学版),2015年第4期。

[2] 在全国省级行政区中,只有西藏没有颁布专门针对小额贷款公司的地方性规章,而是在《西藏自治区"十二五"时期国民经济和社会发展规划纲要》和《2011年深化经济体制改革工作要点》中分别提及了有关小额贷款公司的发展和监管问题。不少省份,如四川、甘肃、青海、宁夏和新疆,发布了一部关于小额贷款公司的管理办法,而其他省份则颁布了两部以上的规章或规则。河北省和陕西省颁布的规则最多,达到了14部。

术界影响很大。他们认为,中央向地方分权、地方之间竞争的制度性安排能够解释中国经济增长之谜。① 这一理论支持中央向地方分权,认为分权导致地方竞争并带来经济增长。从金融监管领域来看,在过去的十来年中,中央授权地方行使部分金融监管职责、地方金融监管体制从无到有、地方性金融机构蓬勃发展,这一发展路径与钱颖一、温加斯特(Barry R. Weingast)等教授的观点一致。

尽管受到其他学者的批评,②钱颖一等学者提出的观点在微观领域还是有很强的解释力。比如,在金融监管领域,阿里巴巴最早在浙江设立小贷公司,为其电商平台的商户提供小额、短期贷款;之后不久,阿里巴巴就在重庆设立了两家小贷公司,逐渐将小额贷款业务放入重庆小贷公司。阿里巴巴选择重庆,"放弃"浙江,很大程度上是重庆市和浙江省之间竞争的结果,重庆市的小贷公司监管规则给予了阿里小贷更大的发展空间。

笔者收集和整理了全国各省发布的小额贷款公司管理规则,比较了各省规则与中央规则(即《2008 年中央指导意见》)的差异、各省规则之间的差异,并分析了这些差异对于该省小额贷款公司发展情况的影响。金融监管领域的中央和地方关系需要进一步的持续探索和构建。

---

① 钱颖一和巴瑞·温加斯特最早提出"维护市场的经济联邦制"概念。参见 Cabriella Montinola et al., "Federalism, Chinese Style: The Political Basis for Economic Success in China", *World Politics*, vol. 48, no. 1 (1996), pp. 58-81。在此之后,围绕分权能否带来经济增长这一命题,不少经济学家做了相关研究。有代表性的作品参见张军:《分权与增长:中国的故事》,《经济学》,2007 年第 1 期;林毅夫、刘志强:《中国的财政分权与经济增长》,《北京大学学报》(哲学社会科学版),2000 年第 4 期。对"维护市场的经济联邦制"的批判及文献综述,参见杨其静、聂辉华:《保护市场的联邦主义及其批判:基于文献的一个思考》,《经济研究》,2008 年第 3 期。

② 与此相对,部分经济学家认为,前述分权学说夸大了分权的作用,忽略了中央对地方的制度性控制措施。比如有学者主张,中央实施党管干部原则,通过对地方干部的任免,"一手高指标、一手乌纱帽",形成地方领导的"晋升锦标赛",中央通过干部任免实现对地方的实际控制。参见周黎安:《中国地方官员的晋升锦标赛模式研究》,《经济研究》,2007 年第 7 期。

二、分权、竞争与增长——阿里小贷的故事

阿里小贷向淘宝商家发放贷款,最低 1 元起贷,最高不超过 50 万元,平均每笔贷款只有几万元;最短 3 分钟放贷,最慢 7 天内放贷。[①] 因此,阿里小贷被认为是真正实现了中央允许设立小额贷款公司的政策目标:期望小额贷款公司发放面向小微企业的、小额分散的贷款。阿里小贷在浙江起家,之后迁往重庆,在重庆获得迅猛发展,这是分权带来地方竞争、地方竞争促进发展的典型案例。

2010 年 6 月,阿里巴巴在浙江设立浙江阿里巴巴小额贷款股份有限公司(以下简称"浙江小贷"),针对阿里巴巴电商平台商家提供小额贷款,主要是订单贷款和信用贷款。2011 年,阿里巴巴在重庆相继设立两家小额贷款公司(以下简称"重庆小贷"),与浙江小贷一起从事阿里电商平台的小额贷款业务。2014 年,在阿里巴巴美国上市过程中,为了解决同业竞争问题,阿里巴巴进行了重组,将包括浙江小贷股权在内的金融资产转让给其关联企业蚂蚁金服。[②] 这样,阿里巴巴专门从事电商业务,而蚂蚁金服侧重金融业务。

从重庆和浙江两地的小额贷款公司管理规则来看,在不少领域,重庆的规则都更为宽松。比如,就外商准入而言,2008 年 7 月 23 日颁布的《浙江省小额贷款公司试点登记管理暂行办法》第 8 条明确规定,"企业法人(不含外商投资企业)、自然人、其他经济组织可以向小额贷款公司投资入股",即不允许外商投资小额贷款公司;而 2015 年 9 月 18 日重庆市颁布的《关于进一步做好小额贷款公司服务实体经济防范风险工作的通知》则规定,"允许企业和自然人在境外设立特殊目的公司投资小额贷款公司",即允许外商投资小额贷款公司。阿里巴巴的股东有日本软银和美国雅虎,阿里巴巴的外资背景对于浙江小贷而言,一直是潜在的不确定因素,这也是 2014 年阿里巴巴

[①]　潘意志:《阿里小贷模式的内涵、优势及存在问题探析》,《金融发展研究》,2012 年第 3 期。

[②]　第一财经:《阿里正式将小贷业务划至蚂蚁金服》,http://www.yicai.com/news/4574812.html,2017 年 2 月 11 日访问。

美国上市前将浙江小贷剥离，转让给纯内资背景的蚂蚁金服的原因之一。而根据重庆的规则，阿里巴巴完全不需要有这方面的顾虑，因为重庆允许外资控股小额贷款公司，有外资背景的阿里巴巴在重庆设立两家小额贷款公司没有任何法律障碍。

又如，就大股东持股比例而言，相对于《2008 年中央指导意见》，各省市规则对大股东比例都有提高，但对于提高的比例不完全相同。重庆允许大股东控股，实践中甚至允许 100％控股，而浙江则只允许大股东持股不超过 20％。2015 年底，浙江省金融办发布《关于促进小额贷款公司创新发展的意见》(75 号文)，进一步放宽大股东持股限制，但股比也不能超过 60％。我国《公司法》规定，增资减资等重大事项需要 2/3 以上的股东同意。因此，阿里小贷在浙江设立的时候，阿里巴巴需要联合复星、万向等其他股东共同发起，设立和相关审批(如对每一个股东资质的审核)成本高，设立之后公司治理的成本也高(如需要开股东会，小股东对重大事项有否决权)。而重庆小贷设立的时候，蚂蚁金服可以独资设立小贷公司，不需要再联合其他股东共同设立，设立审批和持续经营的治理成本大大降低。

最重要的是，从业务范围看，重庆规则从一开始就允许小额贷款公司进行资产转让，从事证券化这样的创新业务，[①]而浙江规则却没有这样的明确规定。[②] 因此，从 2013 年开始，重庆小贷与东方证券合作，将自己发放的小微贷款进行转让，并在此基础上向投资者公开发行证券化产品，证券化产品在深交所公开挂牌。[③] 与此相对应，同样是阿里旗下的浙江小贷，因为浙江省规则相对保守，它就没有从事类似的贷款转让、证券化业务。

---

① 2008 年 8 月 1 日颁布的《重庆市小额贷款公司试点管理暂行办法》第 20 条规定，"经市政府金融办同意，小额贷款公司可经营下列业务：(一)办理各项贷款；(二)办理票据贴现；(三)办理资产转让"。

② 2008 年 7 月 14 日颁布的《浙江省小额贷款公司试点暂行管理办法》第 9 条规定，"小额贷款公司可经营的业务为：(一)办理各项小额贷款；(二)办理小企业发展、管理、财务等咨询业务；(三)其他经批准的业务"。根据笔者 2016 年 7 月在浙江的实地调研，相关人士也确认，浙江还不允许境内小额贷款从事证券化业务。

③ 《东证资管——阿里巴巴 1 号专项资产管理计划 2014 年一季度资产管理报告》，http://www.dfham.com/up-load/pdf/2014-04-22-155956-AL1JB.pdf，2015 年 2 月 11 日访问。

允许从事这类业务有什么好处呢？根据《2008 年中央指导意见》第 3 条的规定，小额贷款公司的主要资金来源是股本，也就是股东的出资，同时，也可以从不超过两个银行借款，但是借款金额不能超过股本的 50%。换算成业内的术语就是说，小额贷款公司能够从事贷款业务的最大金额，只能是注册资本金额的 1.5 倍。这样，小额贷款公司的业务规模就受到注册资本金额和银行借款比例的限制。所以，从全国范围来看，全国所有小额贷款公司的平均贷款余额和注册资本金额是差不多的，平均在 1 个亿左右。而对于银行类金融机构来讲，监管规则相对宽松，贷款余额可以是注册资本金的近 10 倍。

重庆小贷的注册资本只有 18 亿，按照 1.5 倍限制，它最多也只能发放不到 30 亿的贷款。但是，东方证券和重庆小贷合作，通过专项资产管理计划一共发行了 10 期证券化产品，从重庆小贷受让约 50 亿贷款，总共发放了金额达 50 亿的证券。[①] 我们不能简单地说，重庆小贷 18 亿注册资本无法支撑 50 亿贷款。如果贷款期限很短、贷款回收很快，不停地放款、回收，而不良贷款率也比较低，那么 18 亿股本还是可以支持累计发放超过 30 亿的贷款。但是，如果没有证券化产品，如果重庆小贷不能将贷款进行转让，那么，要发放 50 亿贷款还是很困难的。而重庆规则允许资产转让、允许证券化，无疑给了重庆小贷很大的空间来扩展业务规模。因此，阿里小贷的成功，尤其是重庆小贷的成功，不仅在于它更贴近于服务小微、小额分散的政策目标，也在于它的业务规模远超过一般的小额贷款公司（全国小额贷款公司的平均资本金为 1 亿左右）。在对待小额贷款的股东背景、持股比例、业务范围以及其他问题上，浙江和重庆的不同态度，无疑是阿里小贷"迁册"并在重庆获得极大成功的重要因素。

三、分权和竞争的背后——"冲突型"规则和"扩展型"规则

在阿里小贷的故事中，我们看到的是地方与地方规则之间的差异、地方之间的竞争，但是，这是否就是整个故事的全貌？为了更细致地了解小额贷

---

① 新民晚报：《东证资管阿里巴巴专项计划完美收官》，http://news.ifeng.com/a/20141014/42200105_0.shtml，2015 年 2 月 11 日访问。

重审斯芬克斯之谜

款公司地方规则的实质内容、地方规则与中央规则的差异,以及各地方规则之间的差异,笔者对各省小额贷款公司规则进行了梳理。具体而言,笔者以《2008年中央指导意见》具体内容为基础,将小额贷款公司涉及的监管领域或问题进行了细分,梳理出26个具体问题,包括小额贷款公司的业务范围、股东股比限制、股东资质、业务地域限制等问题。[①] 针对每一个具体问题,笔者将各省规则与中央规则进行了比较。在比较的时候,笔者首先看中央规则和相关省规则是否一致,如果一致,那么,就标记为"一致";反之,就标记为"不一致"。

就"一致"而言,地方规则通常就是把中央规则的规定照抄一遍。对于"不一致"的规则,进一步分成两种情况:"冲突"和"扩展"。就"冲突"而言,它说明中央规则和地方规则都有规定,但是地方和中央明显不一致,存在冲突;就"扩展"而言,它说明中央规则没有规定,或者只有非常原则性的笼统规定,而地方作了不同程度的补充规定。

(一)"冲突型"规则

"冲突型"规则在各省规则中存在不少,涉及诸多领域。比如,就注册资本而言,《2008年中央指导意见》规定,小额贷款公司的注册资本不得低于500万(有限责任公司)或1000万(股份有限公司)。在中央规则出台的同时,这个规定就几乎被所有省市突破。根据2008年8月1日颁布的《重庆市小额贷款公司试点管理暂行办法》第6条的规定,重庆将门槛提高到2000万或3000万;根据2008年7月14日颁布的《浙江省小额贷款公司试点暂行管理办法》第7条的规定,浙江将门槛提高到5000万或8000万;就连经济不算发达的青海,根据2012年2月27日颁布的《青海省小额贷款公司管理暂行办法》第7条第4项的规定,也将门槛提高到2000万或4000万。中央规则规定的是注册资本"不低于"多少金额,地方提高标准是否算是与中央规则

[①] 这26个领域包括性质、业务范围、股东人数、注册资本、单一股东/大股东限制(上限)、单一股东/大股东限制(下限)、外资准入规则、股东资格、董监高任职资格、设立流程、分支机构、资金来源、最高贷款额度、贷款利率、发起人承诺制度、公司治理结构与内部控制、资产分类制度和拨备制度、信息披露制度、社会监督机制、人民银行监督、政府监管、行业自律机制、小额贷款公司的变更、小额贷款公司的终止、改制、其他。

冲突,这也许可以商榷。但是,地方规则提高最低注册资本金额,实际就是提高开办小额贷款公司的门槛。从商业角度,这就是为了提高准入门槛、增加投资人的负担,在很大程度上与中央意图是违背的。比如,从国务院 2015 年发布的《非存款类放贷组织条例(征求意见稿)》第 12 条的规定可以看出,该条例草案仍然采用了《2008 年中央指导意见》规定的 500 万元和 1000 万元注册资本金额的标准。

有关最低注册资本金额的地方规则提高了中央规定门槛的规则,各省规则中也有放宽中央规则的规定,从而出现与中央规则的直接冲突的。比如,根据《2008 年中央指导意见》第 4 条的规定,单一股东在小额贷款公司的持股比例不能超过 10%。这一限制的后果是,如果每个股东的股比不超过 10% 的话,那么,小额贷款公司必须有 10 个以上的股东才能设立。这样的要求增加了开办成本(所有股东都要符合资质条件),也提高了公司治理(如开股东会)的成本。同时,所有股东因为股比太小,对公司没有控制力,都因此缺乏办好公司的动力。实践中,这一限制在各个省几乎都无法得到执行。比如,浙江在 2008 年就把比例提高到 20%,[①]重庆在 2012 年提高到 50%。[②]在实践中,部分省市允许独资控股小额贷款公司,提高大股东的积极性。

重庆同浙江相比,在外资准入、大股东持股比例、业务范围等方面都存在巨大差异,而两个省市的规则同中央规则相比,也在不同程度上存在偏离甚至是直接冲突。因此,"冲突型"规则的存在,尤其是在某些核心问题上地方出现的不同做法,在很大程度上支持了钱颖一等学者关于分权导致地方竞争并带来经济增长的观点。

(二)"扩展型"规则

但是,"冲突型"规则只是分权故事的一个方面。在研究中,除了"冲突型"规则以外,还有大量的"扩展型"规则。"扩展"和"冲突"不同。在"冲突"的情况下,中央规则对某一问题有明确规定,地方规则实际上改变了中央规则;而在"扩展"的情况下,中央规则没有规定,地方规则没有改变中央规则,

---

① 2008 年 7 月 14 日颁布的《浙江省小额贷款公司试点暂行管理办法》第 17 条。
② 2012 年 6 月 6 日颁布的《重庆市人民政府关于大力发展民营经济的意见》第 21 条。

但通过补充形成了额外的地方规则。比如,《2008 年中央指导意见》规定,小额贷款公司股东可以是自然人,也可以是机构,只要他们没有"犯罪记录"或"不良信用记录"即可。中央规则对股东资质的要求很低。在股东需要符合什么资质条件这个问题上,各省规则都进行了比较详尽的补充。比如,根据 2008 年 7 月 14 日颁布的《浙江省小额贷款公司试点暂行管理办法》第 15 条的规定,企业法人要成为小额贷款公司的股东,除了具备中央规则规定的条件外,还需要"连续两年盈利",需要具备"较强的经营管理能力和资金实力"。对于主要的发起人股东,这种"较强的经营管理能力和资金实力"被细化为"实力雄厚的当地民营骨干企业,净资产 5000 万元以上且资产负债率不高于 70%,连续三年盈利且利润总额在 1500 万元以上"。类似的股东资质要求,在其他省规则中几乎都能见到。① 除了股东资质外,对董监高资质要求的规定,规定什么人能够担任小额贷款公司的董事、高管和监事,这也是地方规则对中央规则进行扩展的典型例子。②

又比如,对于小贷公司是否可以设立分支机构、小贷公司变更(如股东变化)是否需要审批等问题,中央规则没有任何规定,而各省几乎都对此作了规定。例如,2008 年 7 月 23 日颁布的《浙江省小额贷款公司试点登记管

---

① 比如,根据 2008 年 8 月 1 日颁布的《重庆市小额贷款公司试点管理暂行办法》第 8 条和 2009 年 4 月 27 日颁布的《重庆市人民政府办公厅关于调整重庆市小额贷款公司试点管理暂行办法有关问题的通知》第 2 条的规定,在重庆设立小额贷款公司,其企业法人股东必须具备以下条件:(一)在工商行政管理部门登记注册,具有法人资格;(二)有良好的公司治理结构和健全的内部控制制度;(三)有良好的社会声誉、诚信记录和纳税记录;(四)经营管理良好,最近 2 年内无重大违法违规经营记录;(五)财务状况良好,且最近 2 个会计年度连续盈利;(六)年终分配后,净资产不低于资产总额的 30%(合并会计报表口径);(七)入股资金来源真实合法,不得以借贷资金入股,不得以他人委托资金入股;(八)除国务院规定的投资公司和控股公司外,权益性投资余额原则上不超过本企业净资产的 50%(合并会计报表口径)。

② 比如,2008 年 7 月 14 日颁布的《浙江省小额贷款公司试点暂行管理办法》第 8 条规定,浙江省小额贷款公司的董监高必须符合以下条件:(一)小额贷款公司董事应具备与其履行职责相适应的金融知识,具备大专以上(含大专)学历,从事相关经济工作 3 年以上;(二)小额贷款公司的董事长和经理应具备从事银行业工作 2 年以上,或者从事相关经济工作 5 年以上,具备大专以上(含大专)学历。重庆市还专门颁布了《重庆市小额贷款公司董事、高级管理人员任职管理暂行办法》。

理暂行办法》第7条规定,浙江小额贷款公司不得对外投资,也不得设立任何分支机构。与此相反,重庆于2013年12月1日专门颁布了《重庆市小额贷款公司分支机构管理暂行办法》,允许小额贷款公司设立分支机构。

除了前述实体问题以外,在程序问题上,各省的补充性规定就更多了。比如,中央规则将设立审批、持续监管、终止退出的监管权限都原则上授予了省级政府,各省则进一步对设立申请需要提交的文件、设立审批的流程、终止的情形和处置程序等问题作了相当详细的规定和要求。比如,各省制定的县级初审、市级复审和省级复审的审批流程,通常在各省规则中都有详细规定。①

因此,"扩展型"规则既涉及实体问题,也涉及程序问题;既有相对严格的"扩展型"规则(如不准设立分支机构),也有相对宽松的"扩展型规则"(允许对外投资、允许设立分支机构)。总体而言,无论是从地域分布来看,还是从"扩展型"规则相对于"冲突型"的数量来看,"扩展型"规则都是非常普遍的,数量也是非常多的。

从全国来看,每一个省级区域的规则中,几乎都存在"扩展型"规则。这和"冲突型"规则的情况是一样的。换句话讲,中央向地方分权的后果,同时伴随着地方直接挑战中央("冲突型")和间接挑战中央("扩展型")两种情况。不论是"冲突式"挑战,还是"扩展式"挑战,都同时出现了趋严(严格)和趋松(宽松)两种情况。因此,地方之间的竞争,理论上也会同时出现"趋好"的竞争(比谁更宽松)和"趋坏"的竞争(比谁更严格)。

进一步看"扩展型"规则的数量,就同一省级区域而言,"扩展型"规则的数量通常大大多于"冲突型"规则的数量。比如,即便在强调创新的重庆市,在总计26个领域的规定中,"冲突型"规则有6项,而"扩展型"规则就有9项。在相对保守的浙江,"冲突型"规则只有5项,而"扩展型"规则达到10项,是前者的两倍。其他省市的情况也非常类似,"扩展型"规则都在八九项

---

① 比如,2008年7月14日颁布的《浙江省小额贷款公司试点暂行管理办法》第12条规定,"小额贷款公司试点方案由所在县(市、区)人民政府报市金融办(上市办或相关部门),由市金融办转报省金融办审核;经济强县(市)和参照执行的区,试点方案由县(市、区)人民政府直接上报省金融办审核,并在市金融办备案"。该管理办法第10条则对申请人需要提交的文件作了详细规定。

以上,云南、陕西、河南、黑龙江在 10 项以上。"扩展型"规则较少,或者说相对于"冲突型"规则的数量比较平衡的省是山东。山东的"冲突型"规则有 4 项,"扩展型"规则有 5 项,其他绝大多数是与中央规则一致的规定。

四、阿里小贷故事的启示

"扩展型"规则普遍、大量存在,在每一个省的规则中,"冲突型"规则少,"扩展型"规则多,这对于小额贷款行业整体的影响如何? 阿里小贷的故事仅仅是个案,还是反映了一个普遍的规律?

(一)"扩展型"规则对小额贷款行业的影响

"扩展型"规则对小额贷款行业是否存在影响? 如何衡量这个影响? 为此,笔者收集了各省的小额贷款行业的信息,主要是该省不同年份小额贷款公司的实收资本金额和贷款余额,用来衡量该省小额贷款行业的发展程度,同时观察该省"扩展型"规则对实收资本和贷款余额是否存在影响、影响如何。

某一省小额贷款行业的实收资本金额越大、贷款余额越多,说明该省的小额贷款行业越发达。比如,江苏、浙江、广东、重庆、四川都属于小额贷款行业比较发达的地区,江苏省小额贷款行业的实收资本和贷款余额都在 1000 亿元人民币左右,小额贷款行业非常发达;而青海、西藏、宁夏、海南、贵州、湖南都属于小额贷款行业不太发达的地区,实收资本和贷款余额都在 100 亿元人民币以下。

就"扩展型"规则对小额贷款行业发展的影响来讲,贵州是最为典型的例子。贵州的"扩展型"规则一共有 13 项,属于全国各省中"扩展型"规则最多的省,而贵州小额贷款行业的实收资本和贷款余额都不到 100 亿人民币(86.97 亿和 86.02 亿),属于小额贷款行业发展比较慢的省。同时,贵州的"冲突型"规则很少,只有 1 项,这说明除了大量的"扩展型"规则以外,贵州主要是直接复制中央规则的规定,很少出现与中央规则偏离的规定。其他与贵州类似,"扩展型"规则多、小额贷款行业发展不好的省包括黑龙江、云南和陕西,它们的"扩展型"规则都在 10 项以上,而小额贷款行业的实收资本和贷款余额相比而言不高,都在 200 亿人民币左右。

　　不过,"扩展型"规则多、小额贷款行业发展不好,上述分析没有考虑其他因素的影响。比如,青海、西藏、海南这些省份,甚至上面提到的贵州,它们的经济发展水平本来就不高。这些省的小额贷款行业不发达可能是一个必然的现象,与该省的"扩展型"规则的多少也许并没有必然的联系。因此,考虑"扩展型"规则的影响,乃至法律规则的影响,不能只看规则多少和小额贷款行业发展程度的关系,还需要综合考虑其他因素,比如经济发展水平的影响。在排除其他因素对小额贷款行业发展影响的前提下,才能说是"扩展型"规则影响了某省小额贷款行业的发展。

　　如果考虑其他因素的影响,就能发现"扩展型"规则对某省小额贷款行业的影响。比如,北京、天津、上海、内蒙古、辽宁、福建、广东、山东都是人均 GDP 在全国排名前十的省份,京津沪基本排在前三位,大概属于第一梯队,后面几个省的人均 GDP 大致相当。京津沪都是"扩展型"规则较多的地区,北京有 9 项,天津有 8 项,而上海有 10 项,而这三个地区的小额贷款行业发展都比较慢,实收资本和贷款余额只有 100 多亿、200 亿左右的水平。与京津沪不同的是,内蒙古和山东也属于相对富裕的省份,同时也是"扩展型"规则较少的省份,内蒙古只有 3 项,而山东只有 5 项,而这两个省小额贷款行业的发展都不错,实收资本和贷款余额在三四百亿左右。

　　在人均 GDP 排名靠后的省,云南、贵州、四川的经济发展水平接近,它们"扩展型"规则的数量总体偏多。贵州有 13 项,云南有 12 项,四川有 7 项。相比而言,贵州和云南的"扩展型"规则数量多、小额贷款行业发展较慢,实收资本和贷款余额都在 100 亿元或者 200 亿元的水平;而四川的"扩展型"规则数量相对较少、小额贷款行业的发展较好,实收资本和贷款余额达到五六百亿的水平。因此,从四川和云南、贵州的比较来看,"扩展型"规则对小额贷款行业发展水平的影响还是比较明显的。

(二)"扩展型"规则妨碍小额贷款行业的发展

　　那么,问题是为什么"扩展型"规则有这么大的"伤害"? 为什么"扩展型"规则越多,小额贷款行业的发展越不好? 为什么地方越努力,经济效果反而越不好? 其中一个可能的解释是,"扩展型"规则代表了"寻租",政府的寻租行为影响了地方小额贷款行业的发展。只要是政府,就可能有私心。只要政府有私心,没有完全考虑辖区公共利益,被监管行业的发展就将受制于政府私利行为带来的成本。"扩展型"规则负面影响小额贷款行业的发展,这是比较典型的地方政府存在"私利"、损害地方经济发展的例子。而地方政府存在"私利"、存在不同于中央的利益、存在不同于辖区居民的利益,这是被大量理论文献支持的。①

从小额贷款行业的实践来看,细化股东资质要求、细化董监高资质、增加变更条件,这无疑增加了地方政府的审批权力,加大了小额贷款公司及其股东的责任和义务,同时,也提供了监管寻租的空间。在西部的 S 省,2009年开始试点开办小额贷款公司以后的一段时期,小额贷款公司发展势头不错,小额贷款公司的牌照价值不菲,存在"牌照费"至少四五百万的情况,这是"寻租"赖以存在的经济基础。又比如,从机构层面讲,有关三级审批、审核流程的规定,实际上是为地方自省以下金融监管部门的扩展提供了法律基础。省级政府的金融监管部门通常设立了地方金融管理处来管理小额贷款公司。在一省内部,则针对小额贷款公司设置了县、市和省三级管理体制,每一级都开始有相对固定的部门和人员,负责小额贷款公司的监管。②"扩展型"规则带来了政府机构的扩张,这是"寻租"的另一种表现。地方金融监管机构的扩展,在增加政府监管资源的同时,也提高了监管的成本以及

---

① 比如,萨利·萨吉森和张健认为,地方政府官员更多是从自己的利益出发考虑问题的,经常让自己的利益凌驾于中央的要求和地方民众的意愿之上,因此"地方法团主义"的观点错误地将地方政府的利益、官员个人的利益以及地方社区成员的利益混合在一起,参见 Sally Sargeson and Jian Zhang, "Reassessing the Role of the Local State: A Case Study of Local Government Interventions in Property Rights Reform in a Hangzhou District", *China Journal*, no. 42(1999), pp. 45-74. 张彦认为,地方政府试图控制一切(如任命企业的经理),企业的许多决策权由于被政府的决策权代替而萎缩了,这使得"市场导向"被"政府导向"所取代,参见张彦:《对苏南乡镇企业改制的考察——来自昆山的报告》,《经济社会体制比较》,1998 年第 4 期。

② 比如,截至 2014 年 5 月底,山东省全省 17 个市、134 个县(市、区)均独立设置了金融办。其中,济南等 11 个市将金融办列入本级政府工作部门,威海等 6 个市将金融办列入本级政府直属事业单位;市级金融办内设处室多从 4 个增加到 6 个。参见陈晨:《地方金融监管体制改革路径研究——以山东省为例》,《山东经济战略研究》,2004 年第 10 期。

小额贷款行业设立和运营的成本。

"维护市场的中国式联邦主义"支持中央向地方分权,鼓励地方竞争促进经济发展,这一理论仍然具有很强的解释力。阿里小贷从浙江迁往重庆,在重庆得到飞速发展,这是分权带来竞争、竞争促进发展的典型例子。但是,研究表明,在中央向地方分权的过程中,地方制定的规则中既存在"冲突型"规则,也存在"扩展型"规则。"冲突型规则"是地方突破中央规定、互相竞争放松管制的结果,是阿里小贷这一成功故事背后的推手,但它只是地方分权背景下众多地方规则的一种类型,而且至少从数量来讲,它只是一种少数类型。"扩展型"规则的大量存在,它所反映的政府私利和监管寻租现象,在很大程度上限制了阿里小贷故事的普适性。至少在金融监管领域,就中央和地方关系的构建而言,分权只是其中的一个维度。强调全国统一市场规则、坚持集中统一领导、形成全国一盘棋,这是中央和地方关系的另一个重要维度。

原文发表于《云南社会科学》2017 年第 5 期

入选理由:

本文为 2017 年向唐应茂老师约的稿,并入 2017 年第 5 期"迎接十九大召开专栏·全面深化改革专题"。文章对"中央和地方关系视角下的金融监管"展开论述,结构完整,论述充分。

专家评论:

文章运用经济分析方法,将实证视角与规范视角融合于金融监管的讨论中,有着独到的解释力。
——朱庆育,南京大学教授

论金融风险下金融立法的理念和维度

王　怡[①]

摘　要：在全球金融一体化背景下，金融风险防控被世界各国摆在金融战略的首位。当下，以金融监管为核心的金融风险防范机制业已受到质疑，传统金融立法思路亟待革新；以金融风险防范为核心要务的金融立法应当被理解为一个以制度确权为基础，以制度控权为手段，以制度维权为保障，涉及立法理念和立法维度的系统性工程。

关键词：金融风险；金融法治；立法理念；立法维度

以往人们对于金融风险防控的关注集中于经济学、金融学领域，极少向法学方向延伸。随着法律金融理论等交叉学科的兴起，法律理论在金融领域中的理论作用和实践意义逐渐为人们所认知，结合法律制度研究金融理论、金融实践问题已成为一大趋势。[②] 法律与金融的关系正如 2001 年世界银行的界定，法律是"金融基础设施"的重要组成部分，是决定金融运行质量和金融安全的重要因素。[③] 然而，仅仅认识到制度性机制在金融风险防控中的重要性还远远不够，人们希冀制度安排能够有效降低金融风险指数，现实却难以处处迎合人意。不当的制度安排不仅不能有效遏制风险，反而会加大金融风险的发生概率。所谓工欲善其事，必先利其器，也必须通其用，在金融风险防范问题上，方式和路径远比目的重要。

当下金融法治领域的研究成果，几乎无一例外地在金融风险防范同金

---

①　王怡，北京大学博士研究生，现为中国社会科学院副研究员。
②　郑长德主编：《金融学：现代观点》，中国经济出版社，2011 年，第 554—555 页。
③　项俊波：《金融风险的防范与法律制度的完善》，《金融研究》，2005 年第 8 期。

融监管之间建立必然联系,言风险必谈监管。理论如此,实践亦然。刑会强博士曾将这种治道循环总结为:"金融危机—强化金融安全,加强监管—克服危机,经济发展—强化金融效率,放松管制—经济繁荣,盛极而衰—金融危机—新一轮强化金融安全,加强监管—克服危机—新一轮强化金融效率,放松管制……"①这一总结不仅精准地概括了"金融监管—金融安全"的循环模式,也暗示了这一路径依赖的低效率。而根据莫顿(Merton)的观点,"风险—监管—安全"的治理思路除了无效率之外,还可能是有害的。他认为金融体系的功能相对金融机构来说更具稳定性,而监管制度设计的缺陷却有可能引发金融风险。伯思(Berth)曾以152个国家和地区的银行业为样本,检验监管措施对银行发展的影响,结果发现政府加强监管有时非但不能稳定银行体系,反而适得其反。一个国家对商业银行从事证券或者非银行商业活动进行限制的程度越深,该国的金融体系就可能越脆弱,极易发生金融危机。② 在此方面,中国学者也早有洞察,杨东博士就曾指出:"传统金融法,难以摆脱'金融管制—放松管制—金融危机—金融管制'的恶性循环……不但让金融消费者遭受巨大损失,也会把金融市场带向崩溃的边缘。"③

　　诚然,金融监管对于金融风险防控的重要作用不可否认,但这并不表明,加强监管是防范风险的唯一出路。单纯依靠管制手段谋求秩序与安全,不仅难以奏效,有时还会因牵涉过多人为因素而成为滋生腐败与寻租的土壤,"管"制"风险"的弊端正在于此。现代法治的根本要义之一就在于,法治视某一特定社会秩序或社会效果的完成为一项系统工程,而非简单的一乱一治。具体到金融市场领域,金融风险防控的绩效无法归功于某一特定制度的个人英雄主义,而只能依赖于多元制度设计的通力合作。金融风险防控机制下的制度性机制应当上升到金融立法的法治高度,而不应局限于金融监管的狭窄视域;为防控金融风险而开展的金融立法又不能仅仅以哪一部单一的、特定的法律文件的出台为目的,其应是一项涉及立法理念和立法维度的系统性工程。

---

① 李喜莲、邢会强:《金融危机与金融监管》,《法学杂志》,2009年第5期。
② 商瑾:《金融风险及防范对策研究——基于财政联结的角度》,财政部财政科学研究所博士学位论文,2012年。
③ 杨东:《论金融法的重构》,《清华法学》,2013年第4期。

重审斯芬克斯之谜

一、金融风险与金融立法的主旨

金融风险是金融活动的题中之义。根据《新帕尔格雷夫经济学大辞典》的定义,风险现象在经济生活中无处不在。没有它,金融资本市场的活动就是单纯的票据交换,投资银行的职能将退化为简单的记账。[①] 在任何国家的任何时期,信息不对称的存在必然导致金融业天然是一个高风险的行业,金融风险是金融业存在和发展的常态,金融体系的安全与稳定只能是相对状态。金融风险是否存在及其大小不能完全说明一国金融体系的运行质量。在某些金融创新较为活跃、金融国际化程度较高的国家或地区,金融风险指数较高,但由于该国或地区金融风险防控措施到位,风险能够被有效扼制;而在某些对金融体系实行严格管控,视风险为洪水猛兽的国家或地区,由于其风险厌恶的选择偏好,金融创新被一再扼杀,其金融体系因而也就发展缓慢,呈现一种被动滞后的状态。因此,在金融风险同金融运行质量之间直接建立起来的任何正负关系都是不确定的。

评判一国或地区的金融运行状况,关键是要客观评判该国或地区的金融现实状况,而同其潜在的金融风险要素无涉。承认这一事实并不等于宣称一个充满机遇又危机四伏的金融体系是积极、健康的。在金融市场当中,风险的内因在于行业自身,其中很大一部分是由行业性质决定的,也有一部分内因由行业经营者的主观因素决定。风险的外因来自外部客观环境,这里的外部客观环境既包括市场环境,也包括制度环境,以制度环境最为核心。在风险的内外两种成因中,内因生发于事物的本质属性,无法彻底消除,只能通过合理的约束机制加以防控;外因是风险存在和发展的外部条件,通过内因起作用,影响着风险的存在和发展,加剧或缓解风险的程度和不良影响。因此,风险外因的化解要比风险内因的防范更为关键,也更为根本。金融体系中根源于金融本质属性的那部分风险是同金融行为相伴而生的,盲目扼制这一部分风险,难免会将孩子同洗澡水一起倒掉;金融体系运行当中的制度风险是外部因素,是也必须是通过法律制度的健全和完善加

---

① 徐滇庆:《金融的制度风险和市场风险》,《21 世纪经济报道》,2003 年 4 月 10 日。

以控制的。这也就是说,金融运行质量取决于金融活动各方参与主体行为的规范性,取决于金融法律制度的完善和科学性。金融风险下,金融立法的主旨并不是要消灭所有的金融风险,而是要将金融风险控制在金融监督管理者可容忍的范围和金融机构可承受的区间内。

二、金融风险下金融立法的基本理念

金融制度建设的价值目标与金融立法的基本理念不可避免地要受到一国或地区社会、经济、文化等多种因素的影响,由于不同主体所处的地位存在差异,其对金融立法的理念也会持有不同的观念。[①] 但无论如何,以下三大理念是同金融行为息息相关的,同金融本身的价值理念相伴而生,具有一定的普适性,应当内化于金融法律制度的框架和条文当中。

(一)金融安全

金融财产的安全,以及金融制度和金融体系的稳定、正常运行和发展是世界各国、各地区金融立法的一致追求。各国金融法中的市场准入、审慎监管、信息披露、市场退出、稽核检查等制度都旨在降低和防范金融风险,防止金融机构间恶性竞争,维护金融业的安全和稳定。如前所述,金融风险与金融安全紧密联系,但两者之间又绝不是非此即彼的关系。我们可以认为防控金融风险的目的是确保金融安全,但却不能反过来认为,所谓的金融安全就是杜绝一切金融风险。

金融风险同金融安全的上述关系表明,尽管金融安全是金融风险防范的基本追求,但对于风险与机遇并存的金融活动而言,金融安全并非根本要义。金融安全也绝不能够同金融零风险画等号。这提醒我们,在进行相关立法之时,可以将金融安全作为立法的指导理念和价值追求,但不能将其视作唯一的指导理念和价值追求。

---

① 陈蓉:《"三农"可持续发展的融资拓展:民间金融的法制化与监管框架的构建》,法律出版社,2010 年,第 248 页。

(二)金融效率

效率不仅仅是经济学领域的核心话语,在法学领域也长久占据一席之地。比如,法律经济学就将资源的有效配置和利用作为衡量、检验法律制定和实施优劣的价值标准,认为评价一部法律的好坏应当以其能否促进社会资源的优化配置和有效利用,能否最大限度地增加社会财富为依据。[①] 以金融效率作为指导金融立法的基本理念,其核心要义至少包括以下三点。

1.法律对金融资源的配置应当尊重市场机制的作用。在早期金融市场上,由于市场信息的不完全性和金融体系财务的高杠杆率,市场的运作有时会失灵。20世纪30年代大危机中,大批银行及其他金融机构的倒闭,给西方市场经济国家的金融和经济体系带来了极大的冲击。此次冲击之后,严格的金融监管秩序在西方国家广泛建立起来。随着经济的进一步发展,过分严苛的监管又束缚了金融机构的手脚,金融机构提高效益、优化资源配置的需求日益凸显。越来越多的人开始对金融监管的目标和效果提出质疑,西方国家金融市场结构以及金融监管法规又逐渐向金融自由化倾斜。由此可见,监管本身不能替代市场,更不能强制扭曲市场规律,金融立法应当顺势而为,随着金融市场的变化及时作出相应的调整。

2.通过立法防范金融风险,特别是专门针对金融创新活动进行立法防范金融风险,应当以效率为优先价值配置权力、权利和义务。法律经济学家波斯纳(Richard Posner)主张:"合法权利的初始界定会对经济制度运行的效率产生影响,权力、权利调整会比其他安排产生更多的价值。"[②]因此,权利应当通过法律授予能够创造更多财富的一方。对于一项金融创新而言,其参与主体往往是最具生产性的金融活动参与者。承认金融创新的合法地位,并对其各项权利从法律制度的角度加以确认、规范和保护,能够使得合法的市场主体形成可靠的预期,也能够杜绝和避免各类投机违法行为,净化市场环境,规范市场秩序。

3.如果将金融监管效率视作金融效率的组成部分,那么,能否有效提升

① 周林彬等:《法律经济学:中国的理论与实践》,北京大学出版社,2008年,第40—43页。
② 理查德·波斯纳:《法律的经济分析》,蒋兆康译,中国大百科全书出版社,1997年。

金融监管的效率也应当作为评判金融立法优劣的标准之一。在我国目前的金融形势下,由于缺乏第三方监管,政府垄断监管权,同时国有金融又占垄断地位,很多金融创新为某些既得利益集团创租、寻租提供了机会和场所。[①] 金融监管供给者的这种唯一性和垄断性,不仅导致金融监管工作的低效率,还极易发生监管不公,甚至滋生腐败。为避免上述现象的发生,在针对某类金融风险制定相关规范时,可以适当吸收该金融活动领域长期形成的交易习惯和自律性规范。在监管模式的选择上,可将部分监管权授予行业协会实施自律性监管,减少政府干预,使市场机制和第三方发挥主要的监管作用,这样既可对政府形成监管竞争,又可促使其提高管制效率。

(三)金融自由

金融抑制泛指政府主动地、有意识地对金融市场进行全方位的介入,特别是通过人为地干预金融市场交易,扭曲金融市场的交易价格,从而实现国家在特定时期既定经济发展目标的金融政策或策略。[②] 在实行金融抑制的国家中,政府往往把持着金融主导权,不仅对存贷款利率设置上限,对汇率水平进行控制,还会对金融市场准入设置严苛的条件,对新型金融产品的交易实施高度管制。[③] 20 世纪 70 年代初,麦金农(Dawn McKinnon)针对金融抑制现象提出了他的"金融深化"理论,其主要思想是:放松政府部门对金融体系的管制,使实际利率提高,以鼓励人们储蓄,从而为投资提供资金。金融深化理论为发展中国家制定货币金融政策、推行货币金融改革提供了理论依据。20 世纪 70 年代中期以来,许多发展中国家进行了以金融自由化为核心内容的金融改革。[④]

市场化改革进程之中的中国金融体系带有明显的金融抑制色彩,为中国金融市场法治化转型制造了障碍。[⑤] 一方面,由于缺乏法律规则和司法体

---

① 刘忠和:《第三方监管理论——金融监管主体角色定位的理论分析》,吉林大学博士学位论文,2005 年。

② 黄韬:《"金融抑制"与中国金融法治的逻辑》,法律出版社,2012 年,第 5 页。

③ 王曙光:《金融自由化与经济发展》,北京大学出版社,2004 年,第 65—67 页。

④ 仇娟东等:《金融抑制、金融约束、金融自由化与金融深化的互动关系探讨》,《现代财经》(天津财经大学学报),2011 年第 6 期。

⑤ 黄韬:《"金融抑制"与中国金融法治的逻辑》,第 5 页。

制对公权力的制约,行政部门常常滥用行政权力进行利益寻租;另一方面,国家法律的制定和实施往往只从正规金融出发,忽视了对非正规金融体系的积极、有效回应,使得大量非正规金融游离于金融法制监管之外的灰色地带。实际上,金融市场的发育水平对金融风险的影响是双重的,发达的金融市场的确有可能在一定程度上放大金融风险,但发达的金融市场也可以提供规避金融风险的工具或机制。只要金融监管是有效率的,金融市场的高度发展对于风险抑制利大于弊。①

法治视野下,金融自由的实质是金融行为自由,其意味着金融主体可以按照自己的意愿在法律规定和允许的范围内设立、变更和终止金融权利和义务。金融自由理念所涉范围广泛,不仅涵盖金融行为自由,也涉及金融主体和金融客体等多个方面。具体而言,在金融自由的理念下,金融活动主体只要不违反国家强制性规定,即可按照自己的意愿,在法定条件下设立、变更和终止金融组织,改革金融组织的内部关系;金融主体可以在法律条件下自由对外设立债权债务关系,创新各类金融客体。② 由于目前我国大部分金融法规属于强制性法律,因此,金融自由还可以从其反面理解为法律对金融行为条件的放宽,表现为金融法中的强制性规范较多地吸收任意性规范的理念,比如金融机构准入条件的放宽、金融公司和股东自治、允许混业经营、允许金融创新、利率市场化、资本账户对外开放等。③

三、金融风险与金融立法的基本维度

(一)制度确权

"对财产的保护显然会让人抵御偷盗的风险,与使用强力来分配财富相比,这种保护更有可能实现社会欲求的财富分配。"④通过明确、清晰的法律

---

① 廖君沛等:《宏观与开放视角下的金融风险》,高等教育出版社,2009年,第119页。
② 张宇润:《金融自由和安全的法律平衡》,《法学家》,2005年第5期。
③ 陈蓉:《论民间融资法律规制理念的反思与重构》,《浙江金融》,2011年第7期。
④ 斯蒂文·萨维尔:《法律的经济分析》,柯华庆译,中国政法大学出版社,2009年,第8页。

制度界定权利的归属,明确权利的属性,能够大大降低经济主体无序竞争所造成的经济风险和道德风险,相应地,也就能成功预防和化解经济领域的法律风险。

在现代金融市场中,制度确权大致可以在两个层面展开。第一个层面是通过法律制度,明确金融活动参与主体的地位。名正则言顺,经济主体要想在金融市场当中顺利开展各项金融或类金融业务,必须首先得到法律对其地位的认可。首先,特定的法律地位赋予主体从事相应金融活动的正当性。尽管在私法领域,法无明文禁止即可为之,但由于金融产品的虚拟性、金融交易的高风险性和金融危机的危害性,各个国家都对金融活动的开展采取一种审慎的态度,而非绝对的放任自流。比如许可证制度,就是金融确权的一种典型。由于金融准入许可证是有限供给的,这就增大了许可证的市场价值,对金融企业的风险选择行为具有潜在的影响,行业准入价值作为一种隐性资本与在险资本一样具有抑制道德风险的效应。① 其次,特定的法律地位是金融活动受到法律保护的前提。市场经济条件下,政府对经济活动的干预不仅是为了克服市场的盲目性和无序性,从而维护良好的经济秩序,也是为了更好地保护市场参与者的权益,防止无序竞争给市场主体带来不必要的损失。特别是在全球贸易往来频繁的大背景下,政府对本国经济主体的保护更为不可或缺。金融市场相较于其他经济领域更为脆弱,因而也需要政府当局给予更多的关注,赋予金融活动参与者明确的法律地位不仅具有必要性也具有迫切性。最后,赋予金融交易主体特定的法律地位,是政府正当行使金融监管权的前提。金融监管是为充分防范金融风险而存在的"必要的恶"。金融监管在一国金融制度体系中占据重要地位,不可缺失,但由于监管必然意味着对自由的限制,限制自由的恶果就是扼杀经济活力、限制创新,因而金融监管的权限不是无边无界的,一切监管都应在法治的范围内进行。

金融领域内制度确权的第二个层面,是要针对特定的金融活动设定明确的行为模式。首先,金融活动作为一种涉及大规模投资主体的交易行为,任意为之必然加重信息不对称造成的交易风险隐患,不利于保护投资主体的利益,因而需要通过法治途径为其设定行为边界、行为模式,使其在法律

---

① 梅世云:《论金融道德风险》,中国金融出版社,2010年,第319页。

认可的方式下进行。其次,鉴于金融市场对国家经济生活、社会生活的重大影响,我国现行法律当中有许多公法规范也涉及对金融活动的规制和调整,例如刑法就专门针对金融犯罪设置了许多罪名。在司法实践当中,金融行为的灵活性、多样性和创新性,常常在划定罪与非罪、此罪与彼罪界线的问题上困扰着办案人员,也经常引发学界的争议和讨论,因此需要事先通过立法对特定金融行为的权利、义务及行为模式清晰划定,从而节约司法成本,减少对正当金融行为的不当干扰。最后,制度确权,要对金融活动所有参与者的权利加以确认,权利主体不仅包括金融机构,也包括所有投资者在内的消费者和其他利益相关人。通过法律制度对他们的权利加以认可,也是在金融活动中充分保障其各项权益的基本前提。

(二)制度控权

权力导致腐败,绝对的权力导致绝对的腐败,这是公法领域的经典论断。[①] 在私法领域,这一论断也同样具有深刻的启发性。在金融法治领域,制度化的控权理念表现为一系列的制度安排,这些制度安排因控权的主体和控权的对象不同,表现形式也各不相同,控权力度也有所差异。

1. 多样化的控权主体决定了控权机制的多元化。现代市场经济条件下,一项最简单的交易行为涉及的博弈主体也远不止卖方和买方两者,在交易形态复杂多样的金融领域,更是牵扯到多方主体的利益,除金融产品的提供者和消费者外,政府、同业竞争者、行业协会、大众传媒以及国外金融机构都将涉入其中,使得现代金融交易中的利害博弈千头万绪。尽管多元化的博弈主体决定了多元化的纠纷形态和风险类型,但在硬币的另一面,则有针对金融主体的控权机制的多样化和高效率。在金融领域,不仅仅是政府单方面执掌金融主体生死存亡的大权,消费者用脚投票、行业协会加强自律、大众传媒对负面信息进行曝光、同业竞争者的诉讼和异议都会在一定程度上对金融主体的行为起到约束的作用。相应地,在制度设计方面,控权机制也不一而足。比如,政府控制金融市场的主要手段是金融监管;包括投资者主体在内的消费者则可通过评价机制影响金融主体;行业协会作为自律性

---

① 阿克顿:《自由与权力》,侯建、范亚峰译,商务印书馆,2001年,第42页。

组织,尽管其章程或自治公约同国家的法律制度属于不同领域,在实际效果和控权效率上却毫不逊色;大众传媒的发达为信息交流提供了便利,可以通过曝光和信息公开机制,极大缓解交易行为中的信息不对称,提高金融市场的透明度,督促金融主体加强自律。

2. 不同性质的控权对象要求控权机制的设置有所区分。通常认为,目前我国金融机构大致分为四类:第一类是中央银行;第二类是银行,包括政策性银行、商业银行、村镇银行;第三类是非银行金融机构,主要包括国有及股份制的保险公司、城市信用合作社、证券公司、投资银行、财务公司等;第四类是在境内开办的外资、侨资、中外合资金融机构。形态各异、业务种类繁杂的金融机构自然也相应要求控权机制的设置同其业务特点、风险类型、所有制形式相适应。以所有制的不同为例,国有金融机构鉴于其公有制属性,对其控制机制的设置更为偏向政府监管;对于非公有制金融机构的控权,则更应侧重市场机制的调节。

3. 从制度对金融活动的介入时机看,制度控权又可分为事前的预防性控权和事后的追惩性控权。事前的预防机制是金融违法行为发生的阻力,加大金融违规活动的成本,如金融监管中的各类审查环节,以及金融机构在某些事项上负有的信息公开义务;事后的追惩多以法律责任为表现形式,一方面对已然的金融违法施加惩戒,杜绝其继续违法的可能,另一方面也对潜在违法动机起到抑制作用。从最大限度活跃金融市场、鼓励金融创新的角度来看,过多的风险预防机制极有可能捆住金融主体的手脚,造成金融抑制的不良局面,因而事前预防机制的设置应当张弛有度,保持一定的灵活性和变通性。并且,对于金融创新活跃的非公有制金融机构来说,事前预防宜主要依赖信息公开、公众评价等软性机制。

4. 从操作进路来看,制度控权又可分为惩罚性控权和鼓励性控权两种。控权的本质是防控金融主体的权利滥用,控权的目的是规范金融主体的行为,使其不致滑入违法的轨道,而控权的效果是在宏观层面保持国家金融秩序稳定,在微观层面保障金融机构、非金融机构和广大投资主体的利益。因而,从总体上看,控权本身不仅有利于金融领域内的国计民生,也有利于被控对象自身的可持续发展。在市场当中,市场主体的行为受个人理性支配,会趋利避害作出利益最大化的选择。从上述制度控权的实际效果看,控权机制也完全可以作为一种诱导机制,其表现形式可以是大棒,但更可以是胡萝卜;并且从节约行政成本的角度来看,鼓励性控权这样的胡萝卜机制在规范金融主体行为方面远比惩罚性控权机制高效便捷得多。

(三)制度维权

当金融风险实际发生时,风险波及的不仅仅是金融机构和金融体系,还包括广大的金融投资者。相比于金融秩序的动荡,金融消费者因金融风险遭受的损失更具实质性,修复的难度也更大,许多社会公共事件也由此引发,构成金融风险的后续风险。基于上述原因,金融交易领域的消费者权益保护必然应当成为金融市场风险防控的重点,对消费者有效、明确的预防保护应当成为解决金融危机的核心内容。[①]

在国际范围内的金融法治实践中,金融消费者的权益保护自 20 世纪 60 年代开始就已进入人们的视野,并被一系列金融立法所确立。美国在 1969 年通过了《诚实贷款法》,1974 年通过了《信贷机会均等法》和《公平贷款法》,旨在保护中小投资者、存款人、投保人的利益。2000 年英国《金融服务和市场法》首次将消费者保护写入金融监管的目标体系当中。加拿大 1999 年开始的金融体制改革也以消费者保护为指导原则之一,同时还发布了《改革加拿大金融部门:未来框架》,提出要成立独立的加拿大金融服务督察机构,采取措施阻止金融服务的强制性交易,促使金融机构在消费者接受金融服务或进行投资时提供更多的信息,加强金融机构信息披露。[②]

通观各国立法实践,金融领域内保障消费者权益的职责通常由政府和消费者协会承担。金融立法不能忽视参与金融领域的消费者权益保护问题,首要的应当是认可金融消费者为法律概念,确立参与金融活动的个人在法律上的消费者地位。对此,无论是经历过放松管制挫折的英国、日本,还是正在经历着危机的美国,其金融立法皆已明确态度。[③] 其次,政府应当通

---

① 马桂花:《国际组织官员:保护消费者是解决金融危机的核心》,《环球时报》,2009 年 3 月 4 日。

② 刑会强:《金融危机治乱循环与金融法的改进路径——金融法中"三足定理"的提出》,《法学评论》,2010 年第 5 期。

③ 何颖:《金融消费者权益保护制度论》,北京大学出版社,2011 年,第 40、169 页。

过立法等手段明确金融消费者具备哪些权益,捍卫金融消费者保护的战略地位。再次,政府可以通过颁布法律、法规,强制金融机构进行信息披露,规范信息披露的形式,提高信息披露的有效性,打击虚假广告,使消费者更容易比较各种金融产品的风险,缓解信息不对称问题,降低搜寻成本。此外,进行金融消费者教育,提高消费者自身的金融素质与识别金融产品的能力,也是政府进行金融消费者保护的重要途径,尤其是对低收入水平与低受教育水平的消费人群进行必要的金融教育,是保护其利益不受损害的有效方式。最后,除了上述措施和金融教育外,政府还需要保证消费者在金融交易中受到公平对待,并在损害发生后向消费者提供有效的第三方救济。[1]

当然,过于依赖政府监管提供的金融消费者保护也存在一定的负面作用。在放松管制的金融政策下,金融秩序依赖市场的自我调节,往往会因创新活动或过度竞争牺牲消费者的利益,这在日本 1996 年金融"大爆炸"改革中表现得十分明显。由于政府放松管制,日本金融产业呈现出前所未有的活跃局面,随之而来是银行业危机以及大规模出现的消费者被害事件,日本不得不进行金融"二次爆炸",对金融领域的消费者权益保护给予高度关注。[2] 鉴于政府监管的上述缺陷,在各国的金融实践当中,以消费者协会为典型的社会中介组织正日益成为消费者维权的中坚力量。

原文发表于《云南社会科学》2014 年第 4 期

入选理由:

本文系从自然来稿中筛选登出,摘要转载于《中国社会科学文摘》2014年第 11 期,也是我刊法学栏目获得的第一篇转载。全文主题明确,结构清晰,紧紧围绕论题展开论述,是一篇不错的博士作品。

专家评论:

博士生而具宏观思维,难能可贵。　　　　——朱庆育,南京大学教授

---

[1]　赵煊、魏建:《金融消费者保护理论述评》,《东岳论丛》,2012 年第 3 期。
[2]　何颖:《金融消费者权益保护制度论》,第 40 页。

图书在版编目（CIP）数据

重审斯芬克斯之谜：《云南社会科学》法学论文精编 / 陈慧妮编 . —— 北京：商务印书馆，2024. —— ISBN 978-7-100-24531-9

I . D90-53

中国国家版本馆 CIP 数据核字第 20242277PD 号

重审斯芬克斯之谜

《云南社会科学》法学论文精编

陈慧妮 编

商 务 印 书 馆 出 版
（北京王府井大街 36 号 邮政编码 100710）
商 务 印 书 馆 发 行
北京虎彩文化传播有限公司印刷
ISBN 978-7-100-24531-9

2024 年 11 月第 1 版　　　开本 710×1000 1/16
2024 年 11 月第 1 次印刷　　印张 28½

定价：150.00 元